现代物流与供应链

XIANDAI WULIU YU GONGYINGLIAN

王道平　周　玉　张学龙◎主编

企业管理出版社
ENTERPRISE MANAGEMENT PUBLISHING HOUSE

内容简介

本书全面介绍了现代物流与供应链管理的最新理念、理论和方法，分为现代物流和现代供应链两篇。现代物流部分的内容包括现代物流的系统管理、职能管理、信息技术及绿色物流、应急物流、智慧物流等；现代供应链部分的内容包括供应链合作伙伴关系管理、库存管理、采购管理及精益供应链、绿色供应链、智慧供应链等。

本书适合高等院校供应链管理、物流管理、工商管理等专业本科生使用，也可作为工商管理硕士（MBA）和工程管理硕士（MEM）专业教学用书，同时也是从事企业运营和物流与供应链管理的实际工作者的参考书。

图书在版编目（CIP）数据

现代物流与供应链 / 王道平，周玉，张学龙主编. —北京：企业管理出版社，2024.4
ISBN 978-7-5164-3046-0

Ⅰ.①现… Ⅱ.①王… ②周… ③张… Ⅲ.①物流管理－高等学校－教材 ②供应链管理－高等学校－教材 Ⅳ.① F252.1

中国国家版本馆 CIP 数据核字（2024）第 067394 号

书　　名	现代物流与供应链
书　　号	978-7-5164-3046-0
作　　者	王道平　周　玉　张学龙
策　　划	杨慧芳　唐琦林
责任编辑	杨慧芳
出版发行	企业管理出版社
经　　销	新华书店
地　　址	北京市海淀区紫竹院南路 17 号　邮编：100048
网　　址	http://www.emph.cn　　电子信箱：314819720@qq.com
电　　话	编辑部（010）68420309　　发行部（010）68701816
印　　刷	北京亿友创新科技发展有限公司
版　　次	2024 年 5 月第 1 版
印　　次	2024 年 5 月第 1 次印刷
开　　本	787mm×1092mm　　1/16
印　　张	21.5 印张
字　　数	416 千字
定　　价	78.00 元

版权所有　翻印必究·印装有误　负责调换

前　言

党的二十大报告明确提出："我们要坚持以推动高质量发展为主题，把实施扩大内需战略同深化供给侧结构性改革有机结合起来，增强国内大循环内生动力和可靠性，提升国际循环质量和水平，加快建设现代化经济体系，着力提高全要素生产率，着力提升产业链供应链韧性和安全水平，着力推进城乡融合和区域协调发展，推动经济实现质的有效提升和量的合理增长。"这为企业进一步推进高质量物流和供应链的发展指明了实践路径，也凸显了建设现代物流与现代供应链这项任务的重要性及紧迫性。

物流与供应链管理是一门兼具理论和实践意义的现代工商管理类学科的基础课程，其教学内容涉及面广，相关领域的理论和实践成果发展迅速。因此随着物流与供应链管理研究、实践的发展，对它的教学要求和学习需求也在不断发生变化。当前，物流业迎来了历史上最好的发展机遇，绿色物流、应急物流、冷链物流、逆向物流、智慧物流等是当下物流行业的关键词。同时，制造业升级、商贸模式变革、消费升级等带来商业从需求预测、产品研发、生产制造到流通等供应链全链路的变革，精益供应链、绿色供应链、智慧供应链等新的供应链模式和管理方式是当前供应链管理领域的热点问题。正是考虑到我国企业现实要求和学生对物流与供应链管理不断深化的学习要求，编者在多年教学和实践中取得成果的基础上编写了本教材。教材不仅包括了物流与供应链的常用的理论和知识，也跟踪和采纳了相关的最新成果，目的是使读者掌握最新的理论成果和最实用的管理方法。

全书分为两篇：现代物流篇和现代供应链篇。

现代物流篇主要内容有：第1章介绍了物流概念的产生、现代物流的概念和发展历程、国内外现代物流管理发展概况等内容；第2章介绍了物流系统管理方面的内容，主要有物流系统的特征、目标、结构、分析与设计、评价等；第3章介绍了物流管理的7个职能管理，分别是包装、运输、仓储、装卸搬运、流通加工、配送、信息管理等；第4章介绍了物流管理中的先进信息技术，包括射频识别、定位跟踪、大数据、云计算、物联网等技术；第5章介绍了现代物流发展的新模式，包括绿色物流、应急物流、冷链物流、智慧物流、逆向物流等。

现代供应链篇主要内容有：第 6 章介绍了供应链和供应链管理的概念、特征、发展以及供应链管理的特点和意义；第 7 章介绍了供应链合作伙伴关系管理的相关内容，包括供应链合作伙伴关系的概念和特征、供应链合作伙伴关系管理的措施、供应链合作伙伴的选择方法等；第 8 章介绍了库存管理基本理论、供应链库存的控制方法、供应商管理库存等内容；第 9 章介绍了供应链采购管理的相关内容，重点是准时制采购和国际采购；第 10 章介绍了现代供应链发展的新模式，包括精益供应链、绿色供应链、智慧供应链等。

该书在内容和写作方面具有以下几个特点：

（1）系统地介绍了物流与供应链管理相关的知识。两篇内容分别从物流和供应链的起源讲起，介绍了相应的概念、构成、类型、特征、模式等基础知识以及相关的管理方法，两篇内容又都以现代物流与供应链的最新发展模式，如智慧物流、智慧供应链为结束。

（2）设置了完整的栏目，便于学习和教学。每章都有教学要点、本章小结、本章习题等内容，帮助读者学习和思考。本书在讲解相关供应链管理方法和策略时，注重结合实际案例，做到讲解明了、通俗易懂。掌握了这些管理理论和方法策略，读者能够更好地发现并解决一般工商企业和商业企业的物流与供应链管理问题。

（3）整合了理论应用和实践教学的环节。本书收集了大量的中外典型案例，每章都有导入案例和章末案例，便于读者观察和分析世界著名企业供应链管理的活动，并从中获得经验，还能使读者将所学的知识加以巩固。

本书由北京科技大学王道平、辽宁工程技术大学周玉和广西师范大学张学龙担任主编，负责制定写作提纲、组织编写和最后的统稿工作。参加编写的人员还有王婷婷、李明芳、郝玫、李锋、李小燕、葛根哈斯、余娜娜等，参加校对的有孙彦姝、李益可、邵瑞、向俊名等。

本书为北京科技大学 2023 年度校级规划教材的立项项目，在编写过程中参考了众多专家、学者和企业管理者的文献，同时还得到了企业管理出版社的大力支持，在此一并表示衷心的感谢！

现代物流与供应链管理的内容实践性很强，随着理论研究的不断发展以及实践应用范围的不断扩大，现代物流与供应链管理的内涵、范围与内容等也在不断变化。由于作者水平有限，书中肯定存在不足之处，欢迎广大读者批评指正。

编者

2024 年 3 月

目 录

现代物流篇

第1章 现代物流管理概述 ... 002
本章学习要点 ... 002
导入案例 5G技术助力智慧物流发展 ... 002
- 1.1 现代物流概述 ... 004
  - 1.1.1 物流概念的产生与演变 ... 004
  - 1.1.2 物流的分类 ... 008
  - 1.1.3 现代物流的基本特征 ... 012
- 1.2 现代物流管理的概念和目标 ... 015
  - 1.2.1 物流管理的发展历程 ... 015
  - 1.2.2 现代物流管理的概念和内容 ... 016
  - 1.2.3 现代物流管理的目标 ... 020
- 1.3 国内外现代物流管理发展概况 ... 021

本章小结 ... 027
本章习题 ... 028
章末案例 京东物流：数字化转型的典范 ... 029

第2章 物流系统管理 ... 031
本章学习要点 ... 031
导入案例 海尔物流系统为海尔腾飞插上了翅膀 ... 031
- 2.1 物流系统概述 ... 033
  - 2.1.1 系统的概念、模式和特征 ... 033
  - 2.1.2 物流系统的定义和模式 ... 035
  - 2.1.3 物流系统的特征和目标 ... 036
  - 2.1.4 物流系统的分类 ... 038
- 2.2 物流系统的结构 ... 040
  - 2.2.1 物流系统的要素 ... 040
  - 2.2.2 物流系统的构成 ... 042
- 2.3 物流系统分析与设计 ... 043
  - 2.3.1 物流系统分析的概念和内容 ... 043
  - 2.3.2 物流系统分析的方法、步骤和流程 ... 044

2.3.3 物流系统分析与设计的原则和影响因素 046
　　　2.3.4 物流系统分析与设计的内容和程序 048
　2.4 物流系统评价 050
　　　2.4.1 物流系统评价的步骤和原则 051
　　　2.4.2 物流系统评价的标准、方法和过程 052
　　　2.4.3 物流系统评价的指标体系 054
本章小结 056
本章习题 056
章末案例　一汽大众通过物流整合提高效益 057

第3章　物流系统的职能管理 060

本章学习要点 060
导入案例　电子商务下快件包装面临的挑战 060
　3.1 包装管理 062
　　　3.1.1 包装管理概述 062
　　　3.1.2 包装管理合理化 064
　3.2 运输管理 066
　　　3.2.1 运输管理概述 066
　　　3.2.2 运输业务流程管理 069
　　　3.2.3 运输管理合理化 070
　3.3 仓储管理 072
　　　3.3.1 仓储管理概述 072
　　　3.3.2 仓储作业管理 075
　　　3.3.3 仓储管理合理化 077
　3.4 装卸搬运管理 079
　　　3.4.1 装卸搬运管理概述 079
　　　3.4.2 装卸搬运技术 080
　　　3.4.3 装卸搬运的工作组织 082
　3.5 流通加工管理 084
　　　3.5.1 流通加工管理概述 084
　　　3.5.2 流通加工管理合理化 086
　3.6 配送管理 087
　　　3.6.1 配送管理概述 087
　　　3.6.2 配送管理合理化 090
　3.7 信息管理 091
　　　3.7.1 物流信息的概念和特点 091
　　　3.7.2 物流信息的分类和作用 093
　　　3.7.3 物流信息管理的内容和特点 095
本章小结 097

本章习题	097
章末案例　国家交通运输物流公共信息平台	099

第4章　物流信息技术 ... 101

本章学习要点 ... 101

导入案例　成品油销售企业利用 GPS 技术实现物流配送路径的优化 ... 101

4.1 条码与射频技术 ... 104
- 4.1.1 条码及条码识别技术的产生与发展 ... 104
- 4.1.2 射频识别技术 ... 111
- 4.1.3 RFID 在物流领域中的应用 ... 114

4.2 定位跟踪技术 ... 116
- 4.2.1 全球卫星定位系统 ... 116
- 4.2.2 北斗卫星导航系统 ... 119
- 4.2.3 GPS 在物流中的应用 ... 121

4.3 大数据技术 ... 123
- 4.3.1 大数据概述 ... 123
- 4.3.2 大数据的核心技术 ... 128
- 4.3.3 大数据技术对物流发展的重要作用 ... 130

4.4 云计算技术 ... 132
- 4.4.1 云计算的概念和分类 ... 132
- 4.4.2 云计算的关键技术 ... 136
- 4.4.3 云计算技术在物流中的应用 ... 139

4.5 物联网技术 ... 140
- 4.5.1 物联网的概念和特点 ... 141
- 4.5.2 物联网的架构 ... 142
- 4.5.3 物联网技术在物流中的应用 ... 144

本章小结 ... 145

本章习题 ... 146

章末案例　物联网技术在物流领域的应用——智能仓储物流 ... 147

第5章　现代物流新模式 ... 149

本章学习要点 ... 149

导入案例　菜鸟探索绿色物流中的绿色回收 ... 149

5.1 绿色物流 ... 150
- 5.1.1 绿色物流的产生背景 ... 151
- 5.1.2 绿色物流的内涵和内容 ... 153

5.2 应急物流 ... 156
- 5.2.1 应急物流概述 ... 156
- 5.2.2 应急物流系统分析 ... 159

5.3 冷链物流 ... 161

         5.3.1 冷链概述 161
         5.3.2 冷链物流及其特点 162
         5.3.3 冷链物流关键技术和运行条件 164
    5.4 智慧物流 166
         5.4.1 智慧物流的产生背景 166
         5.4.2 智慧物流的概念和特征 167
         5.4.3 智慧物流的发展方向和应用前景 169
    5.5 逆向物流 172
         5.5.1 逆向物流概述 172
         5.5.2 回收物流与废弃物物流的概念和分类 174
         5.5.3 逆向物流与正向物流的区别 176
    本章小结 178
    本章习题 178
    章末案例 面向未来的亚马逊智慧物流 179

现代供应链篇

第 6 章 供应链与供应链管理概述 182
    本章学习要点 182
    导入案例 苹果公司成功路径——高效的供应链管理 182
    6.1 供应链概述 184
         6.1.1 供应链产生的背景 185
         6.1.2 供应链的概念和特征 188
         6.1.3 供应链的类型 192
    6.2 供应链管理概述 196
         6.2.1 供应链管理的产生和发展 196
         6.2.2 供应链管理的概念和目标 198
    6.3 供应链管理的特征和意义 202
         6.3.1 供应链管理的特征 202
         6.3.2 供应链管理的意义 204
         6.3.3 供应链管理与传统管理的比较 206
    本章小结 207
    本章习题 207
    章末案例 从物流到供应链：宝供物流的战略转型 208

第 7 章 供应链合作伙伴关系管理 211
    本章学习要点 211
    导入案例 本田公司与其供应商的合作伙伴关系 211

7.1 供应链合作伙伴关系概述ㅤ213
　　7.1.1 企业关系的演变历程ㅤ213
　　7.1.2 供应链合作伙伴关系的概念和特征ㅤ214
　　7.1.3 供应链合作伙伴关系类型及与传统企业关系的比较ㅤ216
7.2 供应链合作伙伴关系管理概述ㅤ218
　　7.2.1 供应链合作伙伴关系管理的含义和内容ㅤ218
　　7.2.2 供应链合作伙伴关系管理措施ㅤ219
　　7.2.3 供应链合作伙伴选择的误区ㅤ223
7.3 供应链合作伙伴的选择方法ㅤ224
　　7.3.1 供应链合作伙伴选择的原则ㅤ224
　　7.3.2 供应链合作伙伴选择的流程ㅤ225
　　7.3.3 供应链合作伙伴选择指标体系ㅤ228
　　7.3.4 供应链合作伙伴选择方法ㅤ230
本章小结ㅤ238
本章习题ㅤ238
章末案例ㅤ徐工集团联动供应商企业攻关绿色工艺ㅤ239

第8章 供应链库存管理ㅤ241
本章学习要点ㅤ241
导入案例ㅤ太平鸟公司破解"高库存、高缺货"难题ㅤ241
8.1 库存管理概述ㅤ243
　　8.1.1 库存的概念及发展阶段ㅤ243
　　8.1.2 库存的分类ㅤ246
　　8.1.3 库存管理的作用ㅤ249
8.2 供应链库存控制策略ㅤ250
　　8.2.1 供应链库存管理面临的问题ㅤ250
　　8.2.2 供应链库存的控制方法ㅤ252
　　8.2.3 协同式供应链库存管理方法ㅤ256
8.3 供应商管理库存ㅤ261
　　8.3.1 VMI 概述ㅤ261
　　8.3.2 VMI 的主要模式ㅤ264
　　8.3.3 VMI 的优势与局限性ㅤ267
本章小结ㅤ268
本章习题ㅤ269
章末案例ㅤ登康公司的供应链库存管理优化之路ㅤ269

第9章 供应链采购管理ㅤ272
本章学习要点ㅤ272
导入案例ㅤ青啤公司的采购数字化转型之路ㅤ272
9.1 采购管理概述ㅤ275

		9.1.1 采购与采购管理的概念	275
		9.1.2 供应链采购管理的概念	279
		9.1.3 供应链采购管理的目标	284
	9.2	JIT 采购策略	285
		9.2.1 JIT 采购策略概述	285
		9.2.2 实施 JIT 采购的原则和方法	288
	9.3	国际采购	291
		9.3.1 国际采购概述	291
		9.3.2 国际采购的实施	295
		9.3.3 国际采购的风险防范	301
本章小结			304
本章习题			304
章末案例	北京首钢集中采购标准化管理体系的创新与实践		305

第 10 章　现代供应链新模式　308

本章学习要点			308
导入案例	联想公司的绿色供应链管理体系		308
	10.1	精益供应链	310
		10.1.1 精益供应链的产生历程	310
		10.1.2 精益供应链的概念和特征	312
		10.1.3 精益供应链运作的实现	314
	10.2	绿色供应链	316
		10.2.1 绿色供应链的提出	317
		10.2.2 绿色供应链的概念和特点	318
		10.2.3 绿色供应链体系	320
	10.3	智慧供应链	322
		10.3.1 智慧供应链概述	322
		10.3.2 智慧供应链的流程	324
		10.3.3 智慧供应链的构建与发展趋势	326
本章小结			329
本章习题			329
章末案例	解密京东智慧供应链		330

参考文献　333

现代 物流篇

第 1 章 现代物流管理概述

◉ **本章学习要点**

知识要点	掌握程度	相关知识
物流概念的产生与演变	了解	物流的概念，发展的 4 个阶段
物流的分类	掌握	物流能够按照系统性质、空间范围等进行分类
现代物流的基本特征	重点掌握	10 个基本特征，重点是信息化、智能化等
物流管理的发展历程	了解	物流管理发展 3 个阶段的范围、内容和特点
现代物流管理的概念	重点掌握	寻求服务优势和成本优势的动态平衡
现代物流管理的内容	掌握	物流活动要素管理、物流系统要素管理和物流活动职能要素管理
现代物流管理的目标	掌握	3 个目标：降低物流成本、提高服务水平、为客户创造价值
国内外现代物流管理概况	了解	日本、美国、欧洲一些国家和我国物流管理发展概况

⬇ **导入案例**　5G 技术助力智慧物流发展

5G 技术的特点是高数据速率、减少延迟、节省能源、降低成本，它提高了系统容量和可以进行大规模设备连接，具有大带宽、低时延、高可靠和广连接等优势。

1. 5G 支持制造领域转型升级

5G 逐渐成为传统制造企业在向智能制造转型过程中的关键支撑，能满足工业环境下设备互联和远程交互的应用需求，在协同设计、自动控制、柔性生产、辅助装配等典型工业应用领域中起着关键支撑作用，对于智慧物流中的智能装备、自动化运输、物流追踪等环节，5G 技术都有着深远影响。随着物流技术的深度融合，5G 技术将通过连接升级、数据升级、模式升级、智能升级全面助推智慧物流的发展。

2. 5G 将加速底层通信技术的变革

5G 网络切片根据时延、带宽等不同应用场景需求可以进行网络资源组合，以此来保证网络服务品质的特性，5G 的无线组网解决方案在智慧物流的应用场景可以完美替代拖链电缆、漏波电缆、红外通信、工业 Wi-Fi 等传统的通信方式，真正实现企业园区 5G 一张网，将加快物流领域关键网络基础设施的变革。

3. 5G 将加速物流装备智能化变革

5G 将加速人工智能技术、边缘计算技术与物流装备融合的进程，物流装备通过状态感知、信息交互、实时分析，可以具备物料识别、自助纠错、末端导引的能力，进一步提高物流装备的智能化水平，加快物流装备融合创新研发进程。

4. 5G 将加速物流系统调度控制技术变革

智慧物流领域可以结合 5G 边云协同特性，利用 MEC 边缘计算，实现基于 5G 的移动搬运设备的云化调度控制应用，将设备定位、导航、图像识别及环境感知等复杂计算上移到 5G 边缘服务器，实现云化物流设备大规模密集部署、大范围无缝切换，构建高效、经济、灵活的柔性生产搬运体系。

5. 5G 将加速物流装备运维模式革新

利用智能装备的数字模型和 5G 网络，打通远端设备与本地数字模型的安全传输通道，将远端设备的运行状态、参数、传感器数据及现场监控视频等实时传输到本地监控中心，实现设备的远程监测、信息采集、故障报警和预测性维护等功能。本地 R 眼镜与客户进行远程互动，协助处理系统故障。

在 5G 这条高速公路上，智慧物流就像一个综合交错、复杂柔性的网络，无论是系统层级上的智慧物流，还是产品生命周期上的物流供应链，在协同调度的指挥下，人和设备共享各种资源，设备能够自主协调、自我完善、自我优化，真正实现智慧物流的共享、自主、绿色发展。

资料来源：https://baijiahao.baidu.com/s?id=1752260820456755244&wfr=spider&for=pc

讨论题

（1）物流业在哪些方面为 5G 技术提供了应用场景？

（2）举例说明你对智慧物流的理解。

随着经济全球化和信息技术的迅速发展及企业生产资料的获取与产品经营范围的日趋扩大，社会生产、货物流通、商品交易及其管理方式正在并将继续发生深刻的变革。物流作为一个现代概念，其本质体现的是一种新的思维模式和管理方式。现代物流作为一种先进的组织方式和管理技术，被广泛认为是企业的第三利润源泉，并在国民经济和社会发展中发挥着重要作用。本章将系统介绍现代物流概念的产生与演变、物流的分类、物流的特征、物流管理的发展历程、现代物流管理的概念和内容、现代物流管理的目标以及国内外现代物流管理发展概况等内容。

1.1 现代物流概述

1.1.1 物流概念的产生与演变

1. 早期物流的概念

1921年，美国学者阿奇·萧在《市场流通中的若干问题》(Some Problem in Market Distribution)一书中提出了"流通"(Distribution)的概念，指出"流通是一个与创造需要不同的问题"，并提到"物资经过时间或空间的转移，会产生附加价值"。这里Market Distribution指的是商流；时间和空间的转移，即销售过程的物流。1918年，英国的利费哈姆勋爵成立了"即时送货股份有限公司"。其公司宗旨是在全国范围内把商品及时送到批发商、零售商及用户的手中，这一举动被一些物流学者称为有关物流活动的早期文献记载。

20世纪30年代初，一部关于市场营销的基础教科书开始涉及物流运输、物资储存等业务的"实物供应"(Physical Supply)这一名词，该书将市场营销定义为"影响产品所有权转移和产品的实物流通活动"。这里所说的"所有权转移"是指商流，实物流通是指物流。

1935年，美国销售协会最早对物流进行了定义：物流（Physical Distribution，PD）是包含于销售之中的物质资料和服务从生产地到消费地点流动过程中伴随的种种活动。

1954年，在美国波士顿工商会议召开的第26次波士顿流通会议上，鲍尔·D·康柏斯发表了题为"市场营销的另一半"的演讲，指出无论学术界还是实业界都应该重视和研究市场营销中的物流。这个演讲推动了人们对于物流的认识。1961年，爱德华·W·斯马凯依等出版了《物流管理》一书，在理论上为物流的发展奠定了基础。

日本在1964年开始使用"物流"这一概念。在使用物流这个术语以前，日本把与商品实体有关的各项业务，统称为"流通技术"。1956年日本生产本部派出"流通技术专门考察团"，由早稻田大学教授宇野正雄等一行7人去美国考察，弄清楚了日本以往称为"流通技术"的内容，即相当于美国"Physical Distribution"的内容，从此便把流通技术按照美国的简称叫作PD，从此，PD这个术语得到了广泛的使用。1964年，日本池田内阁的五年计划制定小组谈到PD这一术语时说，比起来，叫作PD不如叫作"物的流通"更好。1965年，日本在政府文件中正式采用"物的流通"这个术语，简称为"物流"。

1981年，日本综合研究所编著的《物流手册》对"物流"的表述是："物质资料从供给者向需要者的物理性移动,是创造时间性、场所性价值的经济活动。从物流的范畴来看,包括包装、装卸、保管、库存管理、流通加工、运输、配送等诸种活动。"

2. 从"后勤管理"向"物流"的演变

在第二次世界大战期间,美国对军备等物资进行的战时供应中,首先采取了"后勤管理"这一名词,对军火的运输、补给、屯驻等进行全面管理。从此,后勤逐渐形成了单独的学科,并不断发展为后勤工程(Logistics Engineering)、后勤管理(Logistics Management)和后勤分配(Logistics of Distribution)。

后勤管理的方法后来被引入商业部门,被称为"商业后勤"(Business Logistics),它被定义为"包括原材料的流通、产品分配、运输、购买与库存控制、储存、用户服务等业务的活动",其领域包括原材料物流、生产物流和销售物流。

在 20 世纪 50 年代到 70 年代期间,人们研究的对象主要是狭义的物流,是与商品销售有关的物流活动,即流通过程中的商品实体运动,因此通常采用的仍是"Physical Distribution"一词。

1985 年,美国物流管理协会(Council of Logistics Management,CLM)将 Physical Distribution 改为 Logistics,定义为:"以满足客户要求为目的,以高效和经济的手段来组织原料、在制品、制成品,以及相关信息从供应到消费的运动和存储计划、执行和控制的过程。"这一定义充分体现了现代物流的思想和理念,首次强调了信息的重要性,被认为是物流管理的经典定义,同时也表明物流活动从销售领域扩展到了生产领域,包括从原材料采购、加工生产到产品销售、售后服务,直到废旧物品回收等整个物理性的流通过程。

1998 年,CLM 再次完善物流的定义:"物流是供应链过程中的一部分,是以满足客户需求为目的,以高效和经济的手段来组织产品、服务,以及相关信息从供应到消费的运动和储存的计划、执行和控制的过程。"这就将物流纳入了企业间互动协作关系的管理范畴,企业站在更广阔的角度上考虑自身的物流运作模式,要从企业上下游链条一体化的方面协调管理,以求进一步降低物流费用,提高企业利润。

2002 年,CLM 进一步修改了物流的定义:"企业供应链运作中,以满足客户要求为目的,对货物、服务和相关的信息从产出地到消费者之间实现高效率、低成本的正向和反向的流动和储存所进行的计划、协调、执行和控制过程"。这一定义将反向物流活动纳入其中,并要求企业进一步提高效率、降低成本。

2005 年,CLM 正式更名为美国供应链管理专业协会(Council of Supply Chain Management Professionals,CSCMP)。物流向供应链概念的转化,标志着现代物流全面进入供应链时代,体现了现代物流的核心价值,反映了物流界对物流认识的深入及物流内涵和外延的变化。

与 Physical Distribution 表示的物流概念相比，Logistics 突破了商品流通的范围，把物流活动扩大到生产领域。物流已不仅仅从产品出厂开始，而是包括从原材料采购、加工生产到产品销售、售后服务，直到废旧物品回收等整个物理性的流通过程。这是因为，随着生产的发展，社会分工越来越细，大型产品的制造商往往把成品零部件的生产任务外包给其他专业性制造商，自己只是组装这些零部件，而这些专业性制造商可能位于世界上劳动力比较便宜的地方。在这种情况下，物流不但与流通系统维持密切的关系，同时与生产系统也产生了密切的关系。

由此可以看出以下几点。

（1）物流的含义有广义和狭义之分

广义的物流是指对原材料的产地发货—生产企业—销售企业—最终消费的全部物流过程进行控制，狭义的物流是仅对商品销售过程中的物流进行管理，即生产企业发货—销售企业—最终消费的物流活动。

（2）Logistics 一词的外延特点

①大于狭义的物流（即销售物流），因为它把起点扩大到了生产领域。

②小于广义的物流（Business Logistics），因为它不包括原材料物流。

③与供应链的外延相一致，因此有人称它为"供应链物流"。

中国国家标准《物流术语》的定义中指出：物流是物品从供应地到接收地的实体流动过程，根据实际需要，将运输、储存、装卸、搬运、包装、流通加工、配送、回收、信息处理等基本功能实施有机的结合。

3. 物流发展的几个阶段

在一个多世纪的时间里，物流和物流产业经历了一个漫长的发展过程。物流的发展不仅与社会经济和生产力发展水平有关，同时也与科学技术发展水平有关。按照时间顺序，物流的发展大体经历了 4 个阶段（图 1-1）。

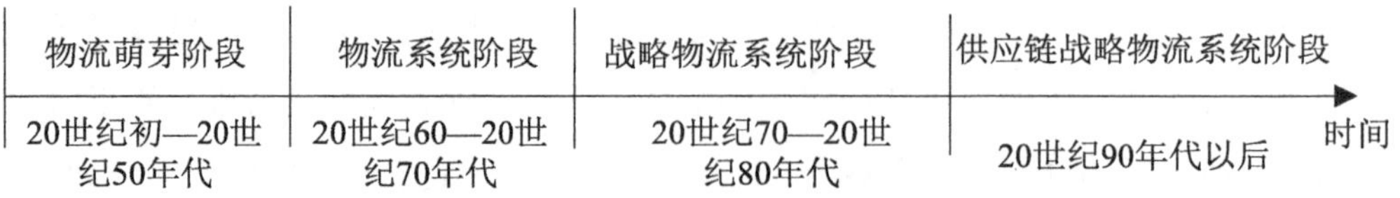

物流萌芽阶段	物流系统阶段	战略物流系统阶段	供应链战略物流系统阶段
20世纪初—20世纪50年代	20世纪60—20世纪70年代	20世纪70—20世纪80年代	20世纪90年代以后

图 1-1 物流的发展的几个阶段

（1）物流萌芽阶段（20 世纪初—20 世纪 50 年代）

这一时期由于生产社会化、专业化程度不高，生产与流通之间的联系较为简单，生产企业的精力主要集中在生产环节上。随着社会经济的不断发展，以及生产和生活消费对物质产品需求的增加，作为克服生产与消费之间背离的物流与生产的矛盾日益暴露出来，直接影响着经济的发展，迫使人们逐渐重视物流的研究并加强物流的管理工作。例如，日本在第二次世界大战以后的国民经济恢复初期，物流尚未被日本人认识，在流通过程中，运输、储存、包装等物流环节基本上是分散管理。随着战时经济向和平经济的转变，物流管理和货物运输严重落后的问题日益突出，供销、货物装卸、运输、储存等方面暴露出很多问题，造成产品一头压货一头短缺、损坏率高、运输流向不合理等现象。为了解决这些问题，日本引进物流管理技术，并首先在铁路系统使用集装箱运输，商社、企业也开始研究如何改进物流工作。

这一阶段物流发展的基本特征是物流观念的萌芽与产生，具体体现在以下几个方面。一是对物流的认识局限在物流活动。无论是美国的配送、后勤，还是日本的"物的流通"，就概念的提出和定义来说都局限于运输、仓储等物流活动，这就限制了物流管理技术研究和实践的范围。二是物流管理处于物流事后处理阶段。物流研究和实践的重点在物流网络的完善及保管效率、运输效率、作业效率等的提高。这一阶段由于不能很好地控制库存，造成了巨大的浪费，即"毫无意义的库存移动"。三是物流技术的研究重点是搬运、存储技术与设备的研究和开发。四是物流企业主要是内部机构实现的，物流产业还没有起步。总之，这一阶段还明显处于传统物流阶段，但后期现代物流已经开始萌芽。

（2）物流系统阶段（20世纪60—20世纪70年代）

这一阶段物流发展的基本特征主要是物流系统化，具体体现在四个方面。一是物流认识方面，物流活动的定义已从单纯的运输、搬运、仓储等扩展到客户服务、需求预测、销售情报、库存控制等方面。二是物流研究与实践方面，基于系统的观点，把各自独立的物流活动纳入物流系统之中，重点研究系统的整体优化，改进物流管理已成为大幅度降低物流成本、提高服务质量、激发企业活力的重要手段。三是物流技术方面，研究的重点是物流企业的系统化、物流设备的自动化、物流装备的标准化，但物流系统的研究主要局限于企业内部系统。四是物流企业方面，内部管理和执行机构实现了系统化，现代物流产业开始萌芽。物流的系统化和现代物流产业的萌芽，标志着传统物流开始向现代物流转变，现代物流产业处于产业发展的导入期。

（3）战略物流系统阶段（20世纪70—20世纪80年代）

这一阶段的物流发展与当时的中东石油危机密切相关。1973年中东战争引起石油危机以后，世界范围内的原材料和燃料价格猛涨，人工费用不断增加，这使一向依靠廉价原材料和劳动力来获取利润的企业不能再轻而易举地从这两方面获取利润。这就迫使企业在物流方面采取强有力的措施，大幅度降低物流费用，以弥补原材料、燃料和劳动力费用的上涨。这一时期物流研究和管理上的特点，是把物流的各种职能作为一个大系统进行研究，从整体上进行优化。现代物流发展的战略性和现代物流产业的成长性是这一阶段物流发展的基本特征。在这一阶段，物流系统逐渐向集成化、智能化、信息化方向发展，促进企业按照总体销售战略目标发展，企业物流的管理和运作体现了企业整体效益，从而排除了缺货导致的销售损失，以及过剩库存和滞留库存引发的成本增加。第三方物流的兴起和逐步壮大，物流社会化、产业化进程的加快，标志着现代物流产业进入了快速发展的成长期。

（4）供应链战略物流系统阶段（20世纪90年代以后）

20世纪90年代以来，随着经济和信息技术的迅速发展，现代物流的内容也在不断地丰富和发展着。信息技术的进步，使人们更加清晰地认识到物流体系的重要性。同时，信息技术特别是网络技术的发展，也为物流发展提供了强有力的支撑，使物流管理加快向信息化和智能化方向发展，特别是促进了电子商务的发展，使物流企业和工商企业建立了更为密切的关系，物流联盟开始进一步扩大和深化。供应链战略下的物流成为这一阶段的主旋律，更加有效地排除了企业间发生的不合理的物流服务和库存的重复持有、物流作业的烦琐过程及数据输入作业，从而使物流企业为客户提供顶级的低成本物流服务，现代物流产业得到高速发展。

现代物流的技术水平表现为：对各环节应用的物流技术进行整合从而形成最优系统技术；以运输设备高速化、大型化、专用化为中心的集装箱系统的开发；将保管和装卸结合为一体的高层自动货架系统的开发；以计算机和通信网络为中心的情报处理和物流信息技术的研发；商品条形码、电子数据交换（Electronic Data Interchange，EDI）、射频识别技术（Radio Frequency Identification，RFID）、全球定位系统（Global Positioning System，GPS）、物联网（Internet of Things，IoT）技术的开发等。

1.1.2 物流的分类

目前，物流活动已经广泛存在于社会经济的各个领域，虽然物流在这些经济领域中有着相同的基本构成要素，但是在不同的领域和活动中，物流的表现形态、基本结构、技术特征和运作方式等还是有诸多差异。构建有效的物流系统，加强物流管理，必须先研究物流的构成，通过科学的分类和研究，探讨物流的共同特点和差异，为此可以按照物流的性质、物流活动空间的范围、物流的作用等，从不同的角度对物流进行分类。图1-2说明了物流分类状况。

图 1-2 物流分类图示

1. 按物流性质分类

物流是一个系统工程，按照物流系统所涉及范围的不同，物流可以分成以下 3 种类型。

（1）社会物流

社会物流也称宏观物流或大物流，它是对全社会物流的总称，一般指流通领域所发生的物流。社会物流的一个标志是，它伴随商业活动而发生，也就是说社会物流的过程和所有权的更迭是相关的。当前的物流科学的研究重点之一就是社会物流，因为社会物资流通网络是国民经济的命脉，流通网络分布的合理性、渠道的畅通性等对国民经济的运行有至关重要的影响，必须进行科学管理和有效控制，只有采用先进的技术手段，才能保证建立高效能、低运行成本的社会物流系统，从而带来巨大的经济效益和社会效益。这也是物流管理科学受到高度重视的主要原因。

（2）行业物流

同一行业中所有企业的物流称为行业物流。行业物流往往促使行业中的企业互相协作，共同促进行业的发展。例如，日本的建筑机械行业提出了行业物流系统化的具体内容，包括有效利用各种运输手段，建设共同的机械零部件仓库；实行共同集约化配送，建立新旧建筑设备及机械零部件的共用物流中心；建立技术中心以共同培训操作人员和维修人员；统一建筑机械的规格等。目前，国内许多行业协会正在根据本行业的特点，提出本行业物流系统化标准。

（3）企业物流

企业物流是指在企业范围内进行相关的物流活动的总称。企业物流涉及企业日常经营生产过程中的相关环节，例如原材料的购进、产成品的销售、商品的配送等都属于企业物流。企业物流系统主要有两种结构形式：一种是水平结构，一种是垂直结构。

根据物流活动发生的先后次序，从水平的方向上可以将企业的物流活动划分为供应物流、生产物流、销售物流、回收与废弃物流4个部分。

企业物流的垂直结构主要可以分为管理层、控制层和作业层3个层次。物流系统通过这3个层次的协调配合来实现其总体功能，如表1-1所示。

表1-1　企业物流的垂直结构及说明

企业物流的垂直结构	说　明
管理层	其任务是对整个物流系统进行统一的计划、实施和控制，包括物流系统战略规划、系统控制和成绩评定，以形成有效的反馈约束和激励机制
控制层	其任务是控制物料流动过程，主要包括订货处理与顾客服务、库存计划与控制、生产计划与控制、用料管理、采购等
作业层	其任务是完成物料的时间转移和空间转移，主要包括发货与进货运输以及厂内装卸搬运、包装、保管、流通加工等

2. 按物流活动空间范围分类

从物流活动所涉及的不同空间范围的角度出发，物流涵盖了地区物流、国内物流和国际物流。

（1）地区物流

地区有不同的划分原则。例如，按行政区域划分，有西南地区、华北地区等；按经济圈划分，有苏（州）（无）锡常（州）经济区、黑龙江边境贸易区等；按地理位置划分，有长江三角洲地区、河套地区等。地区物流系统对于提高该地区企业物流活动的效率、保障当地居民的生活便利具有重要作用。研究地区物流应根据地区的特点，从本地区的利益出发企业做好物流活动。如某城市建设一个大型物流中心，显然这对于当地提高物流效率、降低物流成本、稳定物价是很有作用的。但是也会引起由于供应点集中、载货汽车来往频繁产生废气、噪声、交通事故等消极问题。因此，物流中心的建设不单是物流问题，还要从城市建设规划、地区开发计划出发统一考虑，合理设置。

（2）国内物流

拥有自己领土和领空权力的政治经济实体，所制定的各项计划、法令政策都应该是为其整体利益服务的，因此物流作为国民经济的一个重要方面，一般也都被纳入国家总体规划之内。全国物流系统的发展必须从全局着眼，清除部门和地区分割所造成的物流障碍。物流系统的建设投资方面也要从全局考虑，使一些大型物流项目能尽早建成，从而能够更好地为国家整体经济的发展服务。

（3）国际物流

国际物流是指物品从一个国家（地区）的供应地向另一个国家（地区）的接收地的实体流动过程。全球经济一体化，使国家与国家之间的经济交流越来越频繁，国家之间、洲际之间的原材料与产品的流通越来越顺畅，如果不能置身于国际经济大协作的交流之中，本国的经济技术便很难得到良好发展。因此，研究国际物流已成为物流研究的一个重要分支。

3. 按物流作用分类

企业物流活动几乎渗入所有的生产活动和流通管理工作中，对企业运营的影响十分重要。按照物流在整个生产制造过程中的作用可以将物流分为供应物流、生产物流、销售物流、回收物流、废弃物物流等。

（1）供应物流

供应物流是指物资从生产者、持有者至使用者之间的物质流通，即生产企业、流通企业或消费者购入原材料、零部件或商品的物流过程。对于生产型企业而言，是指对生产活动所需要的原材料、备品备件等物资的采购供应所产生的物流活动；对于流通领域而言，是指从买方角度出发的交易行为所发生的物流活动。企业的流动资金大部分是被供应物流的物资材料所占用的。

（2）生产物流

指从工厂的原材料购进入库起，直到工厂成品库的成品发送为止的这一过程的物流活动。生产物流是制造型企业所特有的物流过程，它和生产加工的工艺流程同步。原材料、半成品等按照工艺流程在各个加工点之间不停地移动、流转形成了生产物流。如果生产物流中断，则生产过程也将随之停顿。

（3）销售物流

销售物流是指物资的生产者或持有者至客户或消费者之间的物流活动，即生产企业、流通企业售出产品或商品的物流过程。对于生产型企业而言，是指因生产出的产成品的销售活动而发生的物流活动；对于流通领域，是指交易活动中从卖方角度出发的交易行为的物流。通过销售物流，生产企业得以回收资金，进行再生产；流通企业得以实现商品的交换价值，获取差价收益。

(4) 回收物流

回收物流是指在生产及流通活动中有一些材料是需要回收并加以再利用的，如作为包装容器的纸箱、塑料筐、酒瓶等，又如建筑行业的脚手架等也属于这一类物资。还有其他杂物的回收分类后的再加工，例如旧报纸、书籍可以通过回收、分类制成纸浆加以利用，特别是金属的废弃物，由于具有良好的再生性，可以回收重新熔炼成为有用的原材料。目前回收物流品种繁多，流通渠道不规则且多有变化，因此管理和控制的难度较大。

(5) 废弃物物流

生产和流通系统中所产生的无用的废弃物，如开采矿山时产生的土石、炼钢生产中的钢渣、工业废水及其他一些无机垃圾等，已没有再利用的价值。但如果不妥善处理，会造成环境污染，就地堆放会占用生产用地以至妨碍生产。对这类物资的处理就产生了废弃物物流。废弃物物流没有经济效益，但是具有不可忽视的社会效益。为了减少资金消耗，保护自然环境，更好地保障生活和生产的正常秩序，对废弃物物流进行合理化的研究是必要的。

除了上述三种分类方式，还可以根据物流的目的和角度的不同，将物流分成其他类型。

1.1.3 现代物流的基本特征

现代物流相对于传统物流而言，是指利用先进的信息技术，将包装、运输、仓储、装卸搬运、流通加工、配送、信息管理等物流活动综合起来的一种新型的集成式物流，其作用是降低物流总成本，提高物流效率，满足客户需要。换句话说，现代物流是指原材料、半成品、产成品从起点至终点及相关信息有效流动的全过程，它将包装、运输、仓储、装卸搬运、流通加工、配送、信息管理等活动有机结合，形成完整的供应链，为客户提供多功能、一体化的综合服务。

现代物流与现代化社会大生产紧密联系，体现了社会经济发展和现代企业经营的需要。现代物流管理和运作，广泛采用了代表当今生产力发展水平的管理技术、工程技术及信息技术等。随着时代的进步，现代物流管理和物流活动的现代化程度不断提高，其基本特征可概括为以下几个方面。

(1) 信息化

现代物流信息化主要包括两个方面内容，即设施自动化和经营网络化。

物流设施自动化是指货物的接收、分拣、装卸、运送、监控等环节以自动化的过程来完成。设施自动化涉及的技术非常多，如条码技术、电子交换数据、数据管理技术、数据挖掘技术、多媒体技术、射频识别技术、全球卫星定位系统技术、地理信息系统技术等。

这些自动化的技术设施可以实现货物的自动识别、自动分拣、自动装卸、自动存取，准确掌握各种信息，如消费者的需求信息、供应商的供应信息、制造商的生产和库存信息等，从而减少低效率、非增值的物流活动，提高物流效率和物流服务水平。

物流经营网络化是指将网络技术运用到物流企业运行的各个方面，包括企业内部管理的网络化和对外联系的网络化。企业的外部网一般都与 Internet 连接，用户可以在网上下订单和完成支付，并对货物实时查找跟踪。

（2）专业化

物流专业化包括两个方面的内容。一方面，在企业中，物流管理作为企业一个专业部门独立地存在并承担着专门的职能，随着企业的发展和企业内部物流需求的增加，物流部门可能从企业中游离出去成为专业化的物流企业。另一方面，社会经济领域中出现了专业化的现代物流企业，提供着各种不同的物流服务，并进一步演变成为服务专业化的物流企业，如我国的京东物流、海尔物流等著名的专业化物流企业。专业化的现代物流实现了货物运输的社会化分工，缩短了供应链，可以为企业降低物流成本、减少资金占用和库存、提高物流效率，在宏观上可以更加优化地配置社会资源，充分地发挥社会资源的作用。

（3）标准化

现代物流标准化是以物流作为一个大系统，完成以下任务：制定系统内部设施、机械设备、专用工具等各个分系统的技术标准；制定系统内各个分领域，如包装、装卸、运输等方面的工作标准；以系统为出发点，研究各分系统与分领域中技术标准与工作标准的配合性，统一整个物流系统的标准；研究物流系统与相关其他系统的配合性，进一步谋求物流大系统的标准统一。

（4）柔性化

随着消费者需求的多样化、个性化特征的出现，市场竞争进一步加剧。为了降低生产成本，制造企业在规模化的基础上开始了多样化的生产，建立了柔性化的生产线。在柔性化制造的条件下，物流呈现小批量、多品种、高频次、订货周期变短、时间性增强、不确定性提高等特点。因此，现代物流的柔性化与制造企业的柔性化是相配套的，以客户的物流需求为中心，能对客户的需求做出快速反应，既能及时调整物流作业，又能有效地控制物流成本。

（5）社会化

物流社会化是社会分工进一步发展的结果，也就是说，物流社会化是建立在物流专业化发展的基础上的，是一个不断深入的市场化发展过程。这是因为物流专业化和物流社会化是互为前提、相互依赖的。只有物流实现了专业化，才能面向社会提供现代物流社会化的服务，而社会化又是现代物流专业化发展的必然结果。物流需求的社会化是物流社会化的重要前提，包括信息平台在内的物流基础设施平台的社会化是物流社会化的基础，而专业化、增值性物流服务的社会化则是物流社会化的发展方向。现代物流服务的社会化，是指大多数企业将物流外包出去，由专业化的物流服务商（如第三方物流或第四方物流）去完成，从而获得物流增值服务。

（6）网络化

物流的网络化是指在供应链企业网络和交通运输网络的基础上形成的地区性、全国性乃至全球的分销和配送网络。企业规模扩大、客户增加、市场覆盖率提高等都要求现代物流建立高效的运营网络；而社会交通运输网络的完善、统一市场的形成、现代网络技术的发展及广泛应用又使高效的物流网络建立成为可能。为了保证对产品高效地分销、配送，提供快速、全方位的物流支持，现代物流需要有完善、健全的物流网络体系。

（7）集成化

物流的集成化是指通过一定的制度安排，对供应链上物流系统的功能、资源、信息、网络等要素进行统一规划、管理和评价，通过要素之间的协调和配合使所有的要素能够成为一个整体来运作，从而实现供应链物流系统要素之间的紧密联系，达到供应链物流系统整体优化目的。集成化运作可使供应链上的物流作业更流畅，产出效率更高，响应速度更快，使各环节的业务更加满足客户的需求。

（8）智能化

物流智能化是指利用集成智能技术，使物流系统能模仿人的智能，具有思维、感知、学习、推理判断和自行解决物流中某些问题的能力。智能物流的未来发展将会体现5个特点：智能化、一体化、层次化、柔性化及社会化。

物流作业过程涉及大量的运筹和决策，例如，物流网络的设计和优化、运输路径的选择、每次运输装载量的选择、多种货物的拼装优化、运输工具的排程和调度、库存水平的确定、补货策略的选择、有限资源的调配、配送策略的选择等问题都需要管理者借助先进的智能工具和大量的现代物流知识来解决。

（9）国际化

自然资源的分布和国际分工导致了国际贸易、国际投资、国际经济合作，经济国际化过程使物流业向全球化方向发展，物流企业需花费大量时间和精力从事国际物流服务。例如，配送中心对进口商品从代理报关业务、暂时储存、搬运和配送、必要的流通加工到送交消费者手中实现一条龙服务。现代物流国际化要求物流的发展必须突破一个国家（地区）地域的限制，以国际统一标准的技术、设施和服务流程来完成货物在不同国家之间的流动。

（10）环保化

社会的进步要求现代物流具备环保化特征，环保化建立在维护地球环境和可持续发展的基础上，改变原来经济发展与物流、消费生活与物流的单向作用关系，在抑制传统直线型的物流对环境造成危害的同时，采取与环境和谐相处的态度和全新理念，通过设计和建立一个环形的、循环的物流系统，使传统物流末端的废旧物质能回流到正常的物流过程中来，同时又要形成一种能促进经济和消费生活健康发展的现代物流系统。

1.2 现代物流管理的概念和目标

1.2.1 物流管理的发展历程

物流管理是指在社会再生产过程中，根据货物实体流动的规律，应用管理学的基本原理和科学方法，对物流活动进行计划、组织、指挥和控制，使各项物流活动实现最佳的协调与配合，从而降低物流成本，提高物流效率和经济效益的过程。物流管理的发展经历了配送管理、物流管理和供应链管理 3 个阶段，如图 1-3 所示。

配送管理阶段	物流管理阶段	供应链管理阶段	
第二次世界大战期间	20世纪80年代	20世纪90年代	时间

图 1-3　物流管理的发展阶段

1. 配送管理阶段

物流管理起源于第二次世界大战中军队输送物资装备所发展出来的储运模式和技术。这些技术在战后被广泛应用于工业界，并极大提高了企业的运作效率，为企业赢得了更多客户。准确地说，这个阶段的物流管理并未真正出现，只有运输管理、仓储管理和库存管理。

2. 物流管理阶段

现代意义上的物流管理出现在 20 世纪 80 年代。人们发现利用跨职能的流程管理方式去观察、分析和解决企业经营中的问题非常有效。每个职能部门都想尽可能地利用产能，不留下任何富余。然而一旦需求突然增加，那么每个职能部门都会成为瓶颈，从而导致整个流程中断。传统的垂直职能管理无法适应现代大规模工业化生产，而横向物流管理却可以综合管理每一个流程上的不同职能，以取得整体最优化的协同作用。

3. 供应链管理阶段

20世纪90年代，随着经济全球一体化进程的加快，企业分工越来越细化，各大生产企业纷纷外包零部件生产，把低技术、劳动密集型的零部件转移到劳动力廉价的国家去生产。以美国的通用、福特和戴姆勒 – 克莱斯勒三大汽车生产厂商为例，一辆汽车的几千个零部件可能产自十几个不同的国家和几百个不同的供应商。这样的生产模式给物流管理提出了新课题：如何在维持最低库存量的前提下，保证所有零部件能够按时、按质、按量，以最低的成本供应给装配厂，并将成品车运送到每一个分销商。

物流各发展阶段的比较如表1-2所示。

表1-2 物流管理各发展阶段的比较

阶段 比较内容	配送管理阶段	物流管理阶段	供应链管理阶段
范围	主要针对企业的配送部分，应用于商品的销售阶段	扩展到除运输外的需求预测、采购、生产计划、存货管理、配送与客户服务等	远远超出一个企业的管理范围
管理主要内容	在成品生产出来后，确定如何快速而高效地经过配送中心把产品送达客户，并尽可能维持最低的库存量	分析物料从原材料到工厂、流经生产线上每个工作站、产出成品、再运送到配送中心、最后交付给客户的整个流通过程，消除看似高效率实际上却降低了整体效率的局部优化行为	企业与各级供应商和分销商建立紧密的合作伙伴关系，共享信息，精确配合，集成跨企业供应链上的关键商业流程，保证整个流程的畅通
特点	在既定数量的成品生产出来后，被动地去迎合客户需求，将产品运到客户指定地点，并在运输领域内去实现资源最优化使用，合理设置各配送中心的库存量	系统地管理从原材料、在制品到成品的整个流程，保证在最低的存货条件下，物料畅通的买进、运入、加工、运出并交付到客户手中，以系统化管理企业运作，达到整体效益最大化	市场竞争已从企业与企业之间的竞争转化到供应链与供应链的竞争，实施有效的供应链管理，达到同一供应链上企业间的协同作用的最大化
美国协会名称	实体配送管理协会	物流管理协会	供应链管理专业协会

1.2.2 现代物流管理的概念和内容

1. 现代物流管理的概念

物流一词从 Physical Distribution 发展到 Logistics 是一次重要的变革，也将物流活动从被动、从属的职能活动上升到企业经营战略层次,意味着物流本身的概念已经从对物流活动的概况和总结上升到管理学的层次。现代物流管理建立在系统论、信息论和控制论的基础上,目的是在尽可能低的总成本条件下实现既定的客户服务水平,即寻求服务优势和成本优势的动态平衡,并由此创造在竞争中的战略优势。现代物流管理内容广泛,物流服务管理、物流质量管理、物流成本管理、物流绩效管理、物流信息管理等都是其主要内容。同时,随着物流全球一体化趋势的日益增强,物流标准化在现代物流管理中的作用也越来越突出,它是一国物流走向世界的通行证。

2. 现代物流管理的内容

现代物流管理应包括物流活动要素管理、物流系统要素管理和物流活动职能要素管理三方面内容。

(1)物流活动要素管理

对物流活动要素的管理,即对运输、仓储、装卸搬运、包装、流通加工、配送和信息管理等环节的管理,如表1-3所示。

表1-3 物流系统各个环节的管理内容

物流环节	主要内容
运输管理	运输方式和服务方式的选择、运输路线的选择、车辆调度
仓储管理	原材料、半成品和成品的储存策略,储存统计,库存控制,商品保管与养护等
装卸搬运管理	装卸搬运系统的设计、设备规划与配置、作业管理等
包装管理	包装容器和包装材料的选择与设计,包装技术和方法的改进,包装系列化、标准化、自动化等
流通加工管理	加工场所的选定、加工机械的配置、加工技术和方法的研究和改进、加工作业流程的制定与优化等
配送管理	配送中心选址及优化布局、配送机械的合理配置与调度、配送作业流程的制定与优化等
信息管理	对反映物流活动内容的信息、物流需求的信息、物流作业的信息等进行搜集、加工、处理和传输等

(2)物流系统要素管理

对物流系统要素的管理是指对构成物流系统的人、财、物、设备、技术和信息6个要素的管理活动,如表1-4所示。

表 1-4　物流系统要素管理的内容

物流要素	主要内容
人的管理	物流从业人员的选拔与录用、物流专业人才的培训与提高、物流教育和物流人才培养规划与措施的制定等
财的管理	物流成本的计算与控制、物流经济效益指标体系的建立、资金的筹措与应用、提高经济效益的方法等
物的管理	物品的运输、储存、装卸搬运、包装、流通加工、配送等
设备的管理	各种物流设备的选择与优化配置，各种设备的合理使用与更新改造，各种设备的研制、开发与引进等
技术的管理	各种物流技术的研究、推广和普及，物流科学技术研究工作的启动与开展，新技术的应用、推广与普及等
信息的管理	物流信息的采集和录入、物流业务信息分析、物流信息的存储与处理、物流信息的传输与输出等

（3）物流活动职能要素管理

对物流活动中具体职能的管理，主要包括物流经济管理和物流质量管理。

① 物流经济管理

物流经济管理是指以物的流动过程（包含储存过程）为主体，运用各种管理职能，对物的流动过程进行系统的统一管理，以降低物流成本，提高物流的经济效益。物流经济管理的基本内容如表 1-5 所示。

表 1-5　物流经济管理的内容

基本内容	概　念	具体内容	地　位
物流计划管理	是指对物质生产、分配、交换、流通整个过程的计划管理，也就是在物流大系统计划管理的约束下，对物流过程中的每个环节都要进行科学的计划管理	物流系统内各种计划的编制、执行、修正及监督的全过程	是物流经济管理的基础工作
物流统计管理	对物流全过程中经济活动的数量研究	对所统计的数字进行分析、研究、发现问题，改进物流工作，提高物流经营水平	是物流经济管理的基础工作
物流费用成本管理	是指在物流经营过程中，对构成成本费用的诸要素进行规划、限制和调节，及时纠正偏差，控制成本费用超支，把实际耗费控制在成本费用计划范围内。物流总成本、物流企业的利润和税金合起来构成物流总费用	通过货币形态可以客观地评价物流活动中各环节的不同经济效果，利用物流成本这个尺度可以简单明了地对条件相似的物流企业的经营活动进行评价、分析和比较	控制合理的物流成本构成是加强物流管理工作的重要内容

续表

基本内容	概　念	具体内容	地　位
物流设施管理	是指在物流全过程中为物品流动服务的所有设施（如交通运输设施、仓储设施等），它是物流活动不可缺少的物质基础	不断加强对各类设施的配套管理，注意设施的维修、养护，不断革新技术，补充扩大原有的设施，提高设施的利用效率	加强各类物流设施管理是物流经济管理的重要内容

物流经济管理的最终目的是提高物流的经济效益，更好地发挥物流在国民经济发展中的作用。物流经济效益是物流经济活动和物流经济管理的综合反映。提高物流经济效益是加强物流经济管理和实现物流合理化的重要目的之一。

② 物流质量管理

物流质量的概念既包含物流对象质量，又包含物流手段、物流方法的质量，还包含工作质量，因此是一种全面的质量观。

物流质量管理是指科学地运用先进的质量管理方法和手段，以质量为中心，对物流全过程进行系统管理，包括为保证和提高物流产品质量和工作质量而进行的计划、控制等各项工作。物流质量具体包含的内容如表 1-6 所示。

表 1-6　物流质量管理的内容

基本内容	具体解释	地　位
商品的质量保证及改善	物流过程并不单是保护和转移物流对象，还可以采用流通加工等手段改善和提高商品的质量	物流过程在一定意义上也是商品质量的"形成过程"
物流服务质量	服务质量因不同的客户而要求各异，因此工作人员必须了解客户要求。服务质量包括：商品狭义质量的保持程度、流通加工对商品质量的提高程度、批量及数量的满足程度、配送和运输方式的满足程度、成本水平和物流费用的满足程度、相关服务（如信息提供、索赔及纠纷处理）的满足程度	整个物流的质量目标就是客户对其服务质量的高满意度。物流服务质量水平取决于各个工作质量的综合
物流工作质量	应注重搬运方法、搬运设备、设施与器具等环节，如加工件应固定在工位器具内，以免磕碰	是对物流各个环节（如运输、搬运、装卸、保管等）的质量保证，工作质量是物流服务质量的保证和基础
物流工程质量	物流质量不但取决于工作质量，而且取决于工程质量。在物流过程中，对产品质量产生影响的各因素（人的因素、体制的因素、设备因素、工艺方法因素、计量与测试因素、环境因素等）被称为"工程"	提高工程质量是进行物流质量管理的基础工作，能提高工程质量，就能做好"预防为主"的质量管理

物流质量管理的目的是在满足"向客户提供满足质量要求的服务"和"以最经济的手段来提供服务"这两个要求的同时，在两者之间找到一条优化的途径。

1.2.3　现代物流管理的目标

随着市场竞争的进一步加剧，物流管理在企业运营中的地位越来越重要。为了发挥物流在企业管理中的战略作用，现代物流管理以客户满意、快速响应、最低库存、降低成本、整合资源、重视流通渠道等作为管理的目标。

（1）提高客户满意度

现代物流管理是以客户需求为出发点，从客户服务目标的设定开始，追求客户服务的差别化战略，以满足客户的个性化需求。现代物流管理通过提供用户所期望的服务，在积极追求自身交易扩大的同时，强调实现与竞争企业在客户服务方面的差异化，在了解竞争对手的战略基础上，努力提高客户的满意度。在现代物流管理中，客户服务的设定优先于其他活动，并且为了使物流客户服务能有效开展，在物流体系的基本建设上，要求具备物流中心、信息系统、作业系统、组织构成等条件。现代物流管理已经从原来强调运力保障、降低成本等企业内部需求，转变为强调物流的服务水平和服务效率。

（2）提高快速响应能力

快速响应关系到一个企业是否具备及时满足客户的服务需求的能力。信息技术提高了在最近的可能时间内完成物流作业和尽快地交付所需存货的能力。这样就可减少传统上按预期的客户需求过度地储备存货的情况。快速响应的能力把作业的重点从根据预测和对存货储备的预期，转移到以从装运到装运的方式对客户需求做出快速反应上来。在现代物流管理中，加工制造、交通服务、物流平台、快递配送、供应链管理、电子商务和仓储设施等多类企业协同运行，从前端采购、运输配送、质量控制等方面全力提高物资需求满足率，增强物流网络协调与优化控制能力，全面提高对物流需求的快速响应速度。

（3）保持最低库存

最低库存的目标涉及资产负担和相关的周转速度。在企业物流系统设计中，由于存货所占用的资金是企业物流作业的最大的经济负担，在保证供应的前提下提高周转率，意味着存货占用的资金得到了有效的利用。因此，保持最低库存的目标是把存货配置减少到与客户服务目标相一致的最低水平，以实现最低的物流总成本。"零库存"是企业物流管理的理想目标，伴随着"零库存"目标的接近与实现，物流作业的其他缺陷也会显露出来。所以，物流系统设计必须将库存占用和库存周转速度当成重点来控制。

（4）降低物流成本

物流成本是伴随着物流活动而发生的各种费用，包括包装、运输、仓储、装卸搬运、流通加工、配送、信息管理等所支出的人力、物力、财力的总和。物流成本的高低直接关系到企业利润水平的高低。物流成本在企业经营成本中占有较大的比重，但是传统的企业总是将目光关注于制造成本的降低和销售利润的提高，很少考虑如何以最低的物流成本将产品及时、准确地送到客户手中，或及时准确地获得自己所需的原材料和半成品。随着客户对交货要求的不断提高，物流成本也随着客户服务水平而水涨船高。物流已经被普遍认为是企业的"第三利润源"，因此降低物流成本是现代物流管理的重要内容之一。

（5）有效整合资源

物流资源整合就是为适应不断变化的市场环境的需要，在科学合理的制度安排下，借助现代科技特别是计算机网络技术，以培养企业核心竞争力为主要目标，将企业有限的物流资源和社会分散的物流资源进行无缝化链接的一种动态管理运作体系。此外，物流企业通过战略联盟可以实现资源共享，开拓新市场等特定战略目标，可以分享约定的资源和能力。通过战略联盟，物流企业可以在未来进行大规模资本投入的情况下，利用伙伴企业的物流服务资源，增加物流服务品种，扩大物流服务的地面覆盖面，为客户提供高效的一体化物流服务，提升市场份额和竞争优势。

（6）重视整个流通渠道的货物流动

以往人们认为的物流是从生产阶段到消费阶段的货物流动，也就是说，物流管理的主要对象是销售物流和生产物流，而现代物流管理的范围不仅包括销售物流和生产物流，还包括采购物流、逆向物流、废弃物物流等。现代物流还突破了企业内部物流的界限，开始从整个供应链的角度构建物流系统，强调供应链成员之间的战略合作，提高供应链物流的整体效率，降低整个供应链的物流成本，从而使供应链成员都从中受益。

1.3 国内外现代物流管理发展概况

自从物流概念产生以来，物流管理的内容和范围就从销售物流扩展到了整个供应链。近年来，随着经济全球化和信息技术的发展，企业物流管理在美国、日本等发达国家呈现了一些新的发展趋势，这些趋势代表了现代物流发展的主要方向。

1. 日本物流管理的发展概况

日本自 1956 年从美国全面引进现代物流管理理念后，大力进行本国物流现代化建设，将物流运输业改革作为国民经济中最为重要的核心课题予以研究和发展，其特点表现在以下几个方面。

（1）建设物流运输体系，确立海运立国战略

日本政府注重全面完善各项物流基础设施的建设，在全国范围内开展了包括高速公路网、新干线铁路运输网、沿海港湾设施、航空枢纽港和流通聚集地在内的各种基础设施建设。投资物流运输体系的建设，既拉动了本国生产的内需，又为日本扩大物流市场提供了充实的硬件保证。另外，作为传统的海运国家，日本政府还提出海运立国战略，把航运作为本国经济发展的生命线。近年来，日本政府又调整了部分物流发展战略，积极倡导高附加值物流，并将物流信息技术作为重点发展方向，力争在物流国际化、系统化、标准化、协作化方面取得更大进展。

（2）物流管理水平不断提高

在日本政府的推动下，日本企业物流管理水平不断得到提高。随着高新技术的突飞猛进和计算机信息网络的日益普及，传统物流不断向现代化物流转变，其主要内涵包括了运输的合理化、仓储的自动化、包装的标准化、装卸的机械化、加工配送的一体化、信息管理的网络化等。在汽车制造业，"零库存"管理、准时制生产管理等新的物流管理方式不断涌现，物流中心、中央物流中心等各种物流管理系统不断增加，物流联网系统、物流配送系统等物流软件也在不断得到运用。

（3）物流运作专业化

日本企业物流运作也正在朝专业化方向发展。很多制造企业为了强化自身的物流管理，降低物流活动总成本，开始将企业的物流职能从其生产职能中剥离开来，成立专业子公司或通过第三方物流企业来完成物流服务，因此一大批物流子公司和专业物流公司应运而生，逐步形成物流产业。进入 20 世纪 90 年代以来，企业自身内部物流与通过物流子公司或第三方物流企业实现物流的费用比例已经发生了根本性的改变。

（4）重视物流信息的处理方法

日本物流企业不仅注重专业化和自动化，而且对于物流信息的处理方法也非常重视。几乎所有的专业物流企业都通过信息管理系统来处理和控制物流信息，为客户提供全方位的信息服务。为此，日本一大批 IT 公司已成为物流信息平台和物流信息系统需求的直接受益者。

2. 美国物流管理的发展概况

美国经济高度发达，是世界上最早发展物流业的国家之一。美国政府推行自由经济政策后，其物流业务量增长迅猛，且十分频繁，呈现出了多渠道和多形式的结构特征。

20 世纪 60 年代，随着世界经济环境的变化，美国企业开始重视物流在为顾客提供服务方面所起到的重要作用。1960 年，美国的 Raytheon 公司建立了最早的配送中心，并结合航空运输系统为美国市场提供物流服务。

进入 20 世纪 80 年代，美国物流管理的内容已由企业内部延伸到企业外部，其重点已经转移到对物流的战略研究上。不少企业开始超越现有的企业结构界限而注重外部关系，将供货商、分销商及客户等纳入管理范畴，并利用物流管理建立和发展与供货厂商及客户稳定、良好、双赢、互助的合作伙伴关系。电子数据交换、准时生产（Just In Time，JIT）、配送计划，以及其他物流技术的不断涌现和应用发展，为物流管理提供了强有力的技术支持和保障。

20 世纪 90 年代，电子商务在美国如火如荼地发展，促使现代物流上升到了前所未有的重要地位。据统计，1999 年美国物流电子商务的营业额高达 80 亿美元以上。电子商务是在互联网开放环境下一种基于网络的电子交易和在线电子支付的新型商业运营方式。电子商务带来的交易方式变革，促使物流向信息化和网络化的方向发展。此外，专家系统和决策支持系统的推广使得美国的物流管理更加趋于智能化。

在美国，企业开始趋向物流服务的外部化。有近 60% 的公司使用外部物流合同承包商提供服务，这样能够减少企业物流设施的投资，而且也降低了在仓库与车队上占用的资金。与此同时，第三方物流企业得以快速成长，许多传统的运输和仓储公司为了避免由于公路运输等传统行业竞争激烈化带来的资金回报下滑和利润率降低，逐渐转型成为开展广泛物流服务的综合物流公司，为客户的需求定制各类新型服务，从而增加额外价值，形成进入门槛较高的细分市场。

在美国物流产业的发展中，人才的使用和培养发挥着重要作用。在物流人才需求的推动下，美国已经形成了较为合理的物流人才教育培训体系。首先，建立了多层次的物流专业教育，包括研究生、本科生和职业教育等多个层次。许多著名的高等院校都设置了物流管理专业，并为工商管理及相关专业的学生开设物流课程。其次，在美国物流管理委员会和企业的倡导下，全面开展了在职教育，建立了美国物流业的职业资格认证制度，经过考试获得上述工程师资格后才能从事该项工作。

3. 欧洲物流管理的发展概况

欧洲也是引进物流概念较早的地区之一，较早地将现代技术用于物流管理，在物流业发展方面走在了世界的前沿。与美国相比，欧洲企业的物流具有不同的特点。

早在20世纪中期，欧洲各国为了降低产品成本，便开始重视企业范围内物流过程的信息传递，对传统的物料搬运进行变革，对企业内的物流进行必要的规划，以寻求物流合理化的途径。当时制造业（工厂）还处于加工车间的模式，工厂内的物资由厂内设置的仓库提供。企业为了实现向客户当月供货的服务要求，在内部实施严格的流程管理。

进入20世纪70年代，欧洲经济实现快速增长，多家企业联合的集团和大公司不断出现，工厂内部的物流已经不能满足集团对物流的要求，因而形成了基于工厂集成的物流。

随着经济和流通的发展，欧洲各国不同类型的企业（厂商、批发商和零售商）也在不断地进行物流变革，纷纷建立物流系统。由于流通渠道中的各主体都拥有不同的物流系统，所以会在节点处产生矛盾。为了解决这个问题，20世纪80年代欧洲开始探索一种新的合作式物流体系，即综合物流供应链管理。它的目的是实现最终消费者和最初供应商之间的物流与信息流的整合，即在商品流通过程中加强企业间的合作，改变原先各企业分散的物流管理方式，通过合作形式来实现原来无法达到的效率。

20世纪90年代以来，欧洲一些跨国公司纷纷在国外，特别是在劳动力价格低廉的亚洲建立生产基地，所以欧洲物流企业的需求信息可以直接从顾客所在地获取，而在运输链上实现组装的方式，可以使得企业的库存量实现最小化。

4. 我国物流管理的发展现状

我国1978年开始实施改革开放政策，从日本引进了物流的概念。经过一段时间的探索，特别是在我国加入了世界贸易组织（WTO）后，我国物流业有了飞速的发展。近年来，我国陆续出台了一些促进物流业发展的政策，营造了良好的物流发展环境。总体而言，我国物流业的总体规模、社会效益和发展水平已经有了明显的提高。近年来我国颁布的物流相关政策如表1-7所示。

表1-7 近年来我国颁布的物流相关政策

发布时间	名称	主要内容	对物流的意义
2007年3月	《国务院关于加快发展服务业的若干意见》	明确要求优先发展运输业，提升物流的专业化、社会化服务水平，大力发展第三方物流	第三方物流地位再次被提及，促进了第三方物流市场的需求
2009年3月	《物流业调整和振兴规划》	确立了我国现代物流业发展的十项主要任务和九大重点工程，并提出了促进物流业发展的九个方面政策措施	从投资、土地、管理、产业、融资方面给予物流业发展以支持和保障

续表

发布时间	名称	主要内容	对物流的意义
2010年5月	《农产品冷链物流发展规划》	建设一体化的冷链物流服务体系，以降低农产品产后损失和流通成本，确保农产品品质和消费安全	冷链物流发展迎来新契机，冷链市场培育性加强
2010年6月	新非公经济"36"条	鼓励和引导民间资本进入基础产业和基础设施、市政公用事业和政策性住房建设、社会事业、服务等领域	物流发展的资本保障
2011年6月	促进物流业发展"国八条"	要切实减轻物流企业税收负担，要加大对物流业的土地政策支持力度	从税收、土地、车辆、技术、投入等方面给予物流业支持
2012年	《商务部促进仓储业转型升级的指导意见》	支持仓储企业创新经营模式，引导仓储企业推广应用新技术，加强仓储企业信息化建设，提高仓储企业标准化应用水平，鼓励仓储资源利用社会化，加大冷库改造和建设力度	推动传统仓储企业由功能单一的仓储中心向功能完善的各类物流配送中心转变，由商品保管型的传统仓储向库存控制型的现代仓储转变
2013年	《交通运输推进物流业健康发展的指导意见》	加快完善交通基础设施，大力创新发展先进运输企业方式，有效提升运输装备技术水平，着力优化市场主体结构，积极推进信息化建设，加快推动重点领域物流发展，切实改善发展环境	加快转变交通运输发展方式，推动行业转型升级，充分发挥交通运输在物流业发展中的重要作用，推进我国物流业健康发展
2014年	《物流业发展中长期规划（2014—2020年）》	着力降低物流成本，提升物流企业规模化、集约化水平，加强物流基础设施网络建设	加快现代物流业发展，建立和完善现代物流服务体系，提升物流业发展水平，为全面建成小康社会提供物流服务保障
2016年	《物流业降本增效专项行动方案（2016—2018年）》	到2018年，物流业降本增效取得明显成效，建立支撑国民经济高效运行的现代物流服务体系	为解决物流领域长期存在的成本高、效率低等突出问题，大力推动物流业降本增效，推进物流业转型升级，提升行业整体发展水平，更好地服务于经济社会发展
2021年	《"十四五"现代综合交通运输体系发展规划》	到2025年，综合交通运输基本实现一体化融合发展，智能化、绿色化取得实质性突破，综合能力、服务品质、运行效率和整体效益显著提升，交通运输发展向世界一流水平迈进	落实碳达峰、碳中和目标要求，贯彻总体国家安全观，强化资源要素节约集约利用，推动交通运输绿色低碳转型，加强运行安全和应急处置能力建设，提升国际互联互通和运输保障水平，保障产业链供应链安全

续表

发布时间	名称	主要内容	对物流的意义
2022年	《"十四五"现代物流发展规划》	到2025年,基本建成供需适配、内外联通、安全高效、智慧绿色的现代物流体系。展望2035年,现代物流体系更加完善,具有国际竞争力的一流物流企业成长壮大,通达全球的物流服务网络更加健全,对区域协调发展和实体经济高质量发展的支撑引领更加有力,为基本实现社会主义现代化提供坚实保障	这是我国现代物流领域一份十分重要的发展规划,对加快构建现代物流体系、促进经济高质量发展具有重要意义

从我国物流现状和蓬勃发展的趋势来看,我国现代物流管理已经步入了一个崭新的发展阶段。

(1) 现代物流的发展受到重视

近几年来,我国很多省市的政府已经认识到物流对于推动区域经济发展、改善当地投资环境以及提高区域经济和工商企业在国内外市场竞争力的重要性,把发展现代物流作为一项涉及经济全局的战略性任务。以天津、上海、深圳和山东为例,为了使地区经济持续高速发展,这些省市都从战略高度出发,把发展现代物流作为经济腾飞的重要措施和支撑点之一。

(2) 企业开始重视物流管理

我国一些工商企业已经开始认识到物流是提高企业增加效益和增强竞争能力的"第三利润源泉"。例如海尔集团将物流能力作为企业的核心竞争力之一,实施企业流程管理再造工程,将集团的采购、仓储、配送和运输等物流活动统一集中管理,对物流业务和物流资源优化重组,从而获得了巨大的经济效益。

(3) 运输、仓储和货代企业逐步向物流企业发展

随着我国社会物流需求的增加,以及对物流认识的深化,我国在计划经济体制下形成的一大批运输、仓储和货代企业,为了适应新形势下的竞争需要,这些企业正在努力改变原有的单一仓储或运输服务方向,积极扩展经营范围,延伸物流服务项目,逐渐向多功能的现代物流企业方向发展。

(4) 国外物流企业开始进入我国

由于我国物流企业的经营规模、管理技术和管理水平相对落后,服务质量还很难满足一些企业的要求,特别是跨国公司对高质量物流服务的需求。因此,越来越多的国际著名物流企业陆续进入我国,在我国许多地方建立了物流网络和物流联盟,为客户提供完整高

效的综合物流服务。

（5）物流企业开始重视物流服务质量管理

物流的本质是服务，物流服务质量直接关系到物流企业在市场竞争中的成败。我国的一些物流企业开始把提高服务质量作为与国际接轨和进入国际物流领域的入门证。它们把质量保证思想运用到物流的运作中，确立了物流质量管理的关键要素，将每项要素的具体标准及要求汇编成《质量管理手册》，还专门设立了质量管理部，具体落实贯彻《质量管理手册》，从而保证了业务运作质量稳定可靠。

（6）信息技术和通信技术已在物流业务中广泛运用

20世纪90年代初期，我国开始在物流活动中应用计算机网络技术。1995年，互联网在商业领域开始应用，这使得信息技术在物流领域有了突破性进展。利用互联网和电子数据交换系统，工厂及其各供应商可随时查看最新交易状况及库存结构和数量，从而使物流总体效益逐步趋向最优化。

（7）物流研究和技术开发工作取得了一定进展

随着我国物流业的发展，从20世纪90年代开始，我国物流理论界不仅引入了大量国外先进的物流管理理论和经验，同时还将国外物流理论研究成果与我国实际情况相结合，在物流系统建设、物流规划法和物流企业的发展战略等方面取得了丰硕的成果，对我国物流发展起到了积极的推动作用。与此同时，我国的物流技术研究也取得了长足进步。例如，我国已经开发了激光导引无人运输车系统、巷道堆垛机、机器人穿梭车等技术，同时在物流信息技术和物流管理技术、网上仓库管理信息系统和汽车调度信息系统、卫星定位系统、配送物流系统等方面也取得了重大进展。

与发达国家相比，我国物流业发展水平仍存在一定的差距，主要表现在社会物流运行效率偏低、物流总费用偏高、物流技术装备落后、资源整合较差等方面。在美国、日本和欧洲地区，生产制造企业是最先重视物流的，从而带动了整个国家物流产业的发展。所以我国物流发展水平的重要标志，除了物流基础设施和通信网络外，还需要生产制造企业实现物流现代化。

本章小结

物流和物流管理在社会经济和企业发展中具有重要的作用，而且物流是提高企业利润和竞争力的重要途径。本章讲解了物流概念的产生和演变历程、物流的分类和现代物流的基本特征、现代物流管理的发展历程、现代物流管理的概念、内容和目标，并介绍了国内外物流管理的发展概况。主要内容包括，物流的发展经历了4个阶段：物流萌芽阶段、物流系统阶段、战略物流系统阶段和供应链战略物流系统阶段；物流可以按照物流的性质、物流活动空间的范围、物流的作用等进行分类；现代物流具有信息化、专业化、标准化等10个特征，其中柔性化、智能化等是智慧物流的重要特征；现代物流管理的目标包括降低物流成本、提高快速响应能力、保持最低库存等。

本章习题

1. 名词解释

（1）物流 （2）企业物流 （3）供应物流 （4）回收物流 （5）物流管理 （6）现代物流管理 （7）物流质量管理 （8）物流资源整合

2. 选择题

（1）按照物流性质分类，物流可以分为：社会物流、行业物流和_____。

A. 销售物流　　B. 供应物流　　C. 企业物流　　D. 生产物流

（2）现代物流的特征之一是_____。

A. 标准化　　B. 市场化　　C. 成本化　　D. 个性化

（3）物流计划管理属于物流_____的内容。

A. 质量管理　　B. 系统管理　　C. 职能管理　　D. 经济管理

（4）现代物流管理的目标不包括_____。

A. 快速响应　　B. 最低库存　　C. 整合资源　　D. 独立决策

（5）准时制生产起源于日本的_____行业。

A. 家电制造　　B. 汽车制造　　C. 钢铁制造　　D. 电脑制造

（6）为了适应新形势下的竞争需要，我国物流企业正在努力改变原有的单一_____服务，逐渐向多功能的现代物流企业方向发展。

A. 包装或流通　　B. 运输或配送　　C. 仓储或运输　　D. 加工或仓储

3. 简答题

（1）为什么说从 Physical Distribution 发展到 Logistics，是对物流概念的一个突破？

（2）简述物流发展的4个阶段。

（3）物流按照作用可以分为哪几类？

（4）选取物流的2个基本特征，予以解释并举例说明。

（5）选取现代物流的2个管理目标，予以解释并举例说明。

（6）简述物流活动要素管理的主要内容。

（7）日本物流管理的发展具有哪些特点？

（8）与发达国家相比，我国物流在哪些方面存在差距？

章末案例　京东物流：数字化转型的典范

京东集团自2007年开始自建物流，并于2017年4月正式成立京东物流集团。2021年5月，京东物流于香港联交所主板上市，是我国领先的技术驱动的供应链解决方案及物流服务商，以"技术驱动，引领全球高效流通和可持续发展"为使命，致力于成为全球最值得信赖的供应链基础设施服务商。近年来，京东物流聚焦"互联网＋物流"，技术上专注于无人设备、应用软件、物流技术研发及应用，致力于对外提供供应链技术和服务赋能，打造着眼未来的智能仓储物流系统，为客户提供供应链数字化、智能化解决方案。

京东物流的产品和服务优势体现在以下几个方面。

1. 一体化供应链物流服务

一体化供应链物流服务是京东物流的主要特点之一。目前，京东物流主要聚焦于快消、服装、家电家具、3C、汽车、生鲜等6个行业，为客户提供一体化供应链解决方案和物流服务，帮助客户优化库存管理、降低运营成本、高效分配内部资源，实现新增长。同时，京东物流将长期积累的解决方案、产品和能力模块化，以更加灵活、可调用与组合的方式，满足不同行业的中小客户需求。

2. 高效的物流网络

京东物流建立了仓储网络、综合运输网络、配送网络、大件网络、冷链网络及跨境网络等6个高度协同网络，具备数字化、广泛性和灵活化的特点。2023年11月，京东物流发布2023年第三季度业绩报告，第三季度，京东物流在全国运营超过1600个仓库，含云仓在内的管理面积超过3200万平方米。京东物流服务范围覆盖了我国的大部分地区、城镇和人口，不仅建立了电商与消费者之间的信赖关系，还通过211限时达等时效产品和上门服务，重新定义了物流服务标准。2020年，京东物流助力京东平台约90%的线上零售订单实现当日和次日达，客户体验持续行业领先。

3. 信息技术创新应用

京东物流始终重视先进信息技术在企业发展中的重要作用，基于5G、人工智能、大数据、云计算及物联网等底层技术，持续提升自身在自动化、数字化及智能决策方面的能力。通过自动搬运机器人、分拣机器人、智能快递车、无人机等，大大提升仓储、运输、分拣及配送等环节的效率；通过自主研发仓储、运输及订单管理等系统，支持客户供应链的全面数字化；通过专有算法，在销售预测、商品配送规划及供应链网络优化等领域实现决策。凭借这些专有技术，京东物流已经构建了一套全面的智能物流系统，实现服务自动化、运营数字化及决策智能化。京东物流现在已经拥有及正在申请的技术专利和计算机软件版权超过 4400 项,其中与自动化和无人技术相关的超过 2500 项。截至 2022 年 6 月,京东物流已经在国内运营 43 座"亚洲一号"大型智能物流园区,形成了世界范围内规模领先的智能物流仓群。

4. 建立协同共生体系

京东物流构建了协同共生的供应链网络,全球各行业的合作伙伴都参与其中。2017 年,京东物流创新推出云仓模式,将自身的管理系统、规划能力、运营标准、行业经验等赋用于第三方仓库,通过优化本地仓库资源,有效增加闲置仓库的利用率,让中小物流企业也能充分利用京东物流的技术、标准和品牌,提升自身的服务能力。2023 年 4 月,京东物流对外发布《2022 年环境、社会及治理报告》,报告数据显示,京东云仓生态平台上业主运营的云仓超过 2000 个,管理总面积超 3000 万平方米。通过与全球合作伙伴的合作,京东物流已建立了覆盖超过 220 个国家及地区的国际线路,拥有约 50 个保税仓库及海外仓库。

随着人工智能、无人技术等技术战略的不断深化,京东物流在无人机、智能快递车、无人仓、服务机器人等一系列智能物流设备研发,以及 WMS、TMS、BMS、OMS 等一系列系统管理软件方面加大开发和应用,为客户提供供应链一体化的智能仓储解决方案,致力于创建出更丰富的应用场景,满足复杂多变的用户需求,实现运营效率和用户体验的提升。

资料来源:https://baijiahao.baidu.com/s?id=1747018203891557514&wfr=spider&for=pc

讨论题

(1)京东物流的数字化转型体现在哪些方面?
(2)京东智慧物流使用了哪些先进的信息技术?

第 2 章　物流系统管理

本章学习要点

知识要点	掌握程度	相关知识
系统概述	了解	系统的概念、模式、特征等
物流系统概述	掌握	物流系统的定义、模式、4个特征和目标
物流系统的要素	掌握	物流系统的一般要素、功能要素、支撑要素和物质基础要素
物流系统的构成	重点掌握	包括物流硬件系统、物流作业系统、物流管理系统和物流信息系统等
物流系统分析概述	了解	物流系统分析的概念和内容
物流系统分析的方法	重点掌握	物流系统分析的两种方法、步骤、所需的4类信息和流程
物流系统分析与设计概述	了解	物流系统分析与设计的4项原则、4个影响因素、2个内容以及5个步骤
物流系统评价概述	了解	物流系统评价3个步骤、3项原则和9个标准
物流系统评价的指标体系	了解	物流系统评价的2类指标和指标体系建立的3个步骤

导入案例　海尔物流系统为海尔腾飞插上了翅膀

海尔集团首席执行官张瑞敏在谈起做物流的原因时说："物流对海尔的发展非常重要，为此我们大约用了两年半时间进行物流的整合和改造。到目前为止，我们认为物流对企业的发展起到了巨大的作用。"

张瑞敏认为："一个现代企业，如果没有现代物流，就意味着没有物可流。为什么这么说呢？因为这是由现代企业运作的驱动力所决定的。现代企业运作的驱动力是什么？就是一个：订单。如果没有订单，现代企业就不可能运作。也就是说，它不可能有物可流。要实现这个订单，就意味着靠订单去采购，为订单去制造，为订单去销售。如果要实现完全以订单销售、采购、制造，那么支持它的最重要的一个流程就是物流。如果没有物流，就不可能有订单的采购；如果没有订单的采购，那就意味着采购回来的就是库存，因为采购回来的这些物料到底给谁不知道；如果没有订单的制造，就等于天天虽然非常忙,但是在制造库存,干出来的产品等于天天增加库存。最后,没有订单的销售,说到家,就是处理库存,因为你不知道卖给谁,唯一的方法、唯一的出路就是降价,削价处理。"

海尔的物流,在目前国内的家电企业,甚至整个制造业中,都是独树一帜的。有人说,"海尔物流"为海尔的腾飞插上了翅膀。没有海尔物流,就没有海尔腾飞的今天。目前除集团内业务外,海尔物流已经开始为华普、长城电脑、郎酒、雀巢、乐百氏等提供高质量物流增值服务。海尔物流希望利用自己高品质的服务为所有企业建立起高效的供应链体系。

1. 海尔物流系统的目标:打造现代化物流网络

海尔物流系统,为订单而采购,消灭库存。海尔物流创新性地提出了"一流三网"的物流系统管理模式。"一流"是以订单信息流为中心;"三网"分别是全球供应链资源网络、全球配送资源网络和计算机信息网络;"三网"同步流动,为订单信息流的增值提供支持。海尔以"市场链"为纽带的业务流程再造,以订单信息流为中心,带动物流、商流、资金流的运转,充分体现了现代物流的特征。通过整合内部资源、优化外部资源,海尔物流建立了更加强大的全球现代化物流网络。

2. 海尔物流系统的模式:先进的供应链管理

海尔在整合物流过程中,首先通过优化供应商组成,与供应商建立了动态优化的战略合作关系,并在采购过程中与供应商一起推进准时制采购,通过信息网络和SAP/R3软件系统,成功地与供应商一起建立了JIT运行机制。其次在企业各生产基地内部生产物流(物料配送)的组织上,也采用了需求拉动式的送料方式。

整合后,供应商由原来的2336家优化至840家,国际化供应商的比例达到74%,从而建立起了强大的全球供应链网络。GE、爱默生、巴斯夫等世界500强企业都已成为海尔的供应商,有力地保障了海尔产品的质量和交货期。

3. 海尔物流系统的支撑:先进的物流技术和设备

海尔先进的物流技术集中体现在物流中心。该物流中心包括原材料、成品两个自动化物流系统,采用了激光导引、条码识别、无线数字通信、红外通信、智能充电、工业控制、现场总线和计算机网络等国际先进技术。成功集成了具有国际先进水平的工业机器人、激光导引车、摄像及语音监控等先进的自动化物流设备。该系统对原材料和成品自动化仓储与收发的全过程实施完全的控制、调度、管理和监控,并与海尔集团的ERP系统实现了信息集成,以最少的人机接口实现了最大的物流自动化。

为了保证物流改革的科学性和合理性,海尔邀请了专业的物流公司协助其确定物流系统的设计方案,其中既有咨询公司,也有做配送、运输、基础设施的企业,还聘请一些专家组成了物流专家委员会,将最新的物流理论和改革方案介绍给海尔,使海尔的物流改革能够紧紧把握世界物流管理的最新成果和潮流。海尔认为,21世纪的竞争将不是单个企业之间的竞争,而是供应链与供应链之间的竞争。谁所在的供应链总成本低、物流水平高、市场响应速度快,谁就能赢得市场。一只手抓住用户的需求,一只手抓住可以满足用户需求的全球物流管理系统,这就是海尔物流创造的企业核心竞争力。

资料来源:https://ju.51tietu.net/juzi/1565156.html

讨论题

(1)海尔物流系统的成功之处在哪里?
(2)海尔物流系统未来应该如何持续发展?

现代物流管理学科的核心问题就是用系统的观点来研究物流活动。物流系统是由相互作用和相互依赖的物流要素构成的、具有特定功能的有机整体,是社会经济大系统中的一个子系统或者组成部分。就物流过程的每个环节来讲,物流系统作用的发挥受到系统内部各要素和外部环境的影响,而且这些影响因子总是处于动态变化之中。因此,以系统理论和系统工程的原理来研究和开发物流系统有着重要的意义,无论是对物流功能的发挥、物流效率的提高、物流费用的降低,还是物流质量的提高或者对社会需求的满足,都具有重大意义。

2.1 物流系统概述

现代物流的灵魂是系统,广义来看,物流系统概念的内涵和外延很大,涉及物流的方方面面。系统(System)一词来源于古代希腊文,意思是部分组成的整体。系统是普遍存在的,在宇宙间,从基本粒子到河外星系,从人类社会到人的思维,从无机界到有机界,从自然科学到社会科学,系统无所不在。

2.1.1 系统的概念、模式和特征

1. 系统的概念

系统的定义应该包含一切系统所共有的特性。一般系统论创始人贝塔朗菲给出的定义是:"系统是相互联系、相互作用的诸元素的综合体"。这个定义强调元素间的相互作用及

系统对元素的整合作用。如果抛开系统的生物的、技术的和生产的具体物质运动形态，仅仅从整体和部分之间的相互关系来考察，我们称这种由相互作用和相互依赖的若干部分（要素）组成的、具有特定功能的有机整体为系统。

2. 系统的模式

系统是相对外部环境而言的，但是它和外部环境的界限往往是模糊的，所以严格地说，系统是一个模糊集合。外部环境向系统提供劳动力、手段、资源、能量和信息，这个过程称为"输入"。系统根据自身的特定功能，将"输入"进行必要的转换处理，使之成为有用的产成品，供外部环境使用，这个过程称为"输出"。输入、处理和输出是系统的三要素。比如，一个工厂输入原材料，经过加工处理，得到一定产品后将其输出，这就是生产系统的运作过程。

外部环境的资源有限、需求波动大、技术进步快等特点会对系统产生一定的影响，这种影响称为环境对系统的限制或者干扰。另外，输出的成果不一定是理想的，可能会与预期的目标有一定的差距，因此，要将输出结果的信息返回给"输入"，以便调整和修正系统的活动，此过程称为反馈。

系统的一般模式如图 2-1 所示。

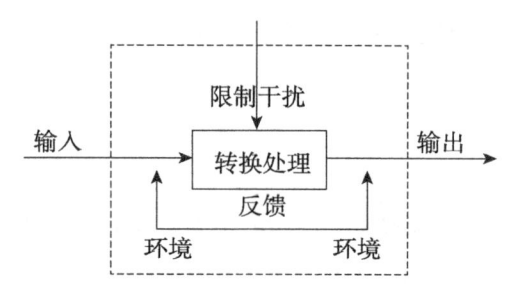

图 2-1 系统的一般模式

3. 系统的特征

（1）集合性

系统是由要素构成的集合，但是系统不是各个要素的简单拼凑，它是具有统一性的一个系统总体。将功能各异的要素组合成一个系统，该系统的整体功能要优于每个个体，同时也会产生全新的功能。例如，继电器在电路中起到开关的作用，现在把许多继电器随便集中起来，其功能不会发生变化，但是如果将这些继电器按照一定的电路逻辑巧妙地连接起来，就构成了一个计算机系统，这样的计算机系统就产生了继电器所不具备的计算功能。

（2）相关性

构成系统的各个要素之间存在着某种相互联系、相互依赖的特定"关系"，即有机联系的整体才能成为系统。系统的要素之间的特定关系是多种多样的，如生物体内部的同化和异化、遗传与变异，人类社会内部生产力与生产关系等。

（3）目的性

系统应该具有一定的目的。系统工程所研究的人造系统或者复合系统是根据系统的目的来设定它的功能，所以，在这类系统中，系统的功能是为系统目的服务的。

（4）动态性

系统处于永恒的运动之中。一个系统要不断输入各种能量、物质和信息，通过在系统内部特定方式的相互作用，将它们转换为各种结果输出。系统就是在这种周而复始的运动和变化中生存和发展，人们也是在系统的动态发展中实现对系统的管理和控制。

2.1.2 物流系统的定义和模式

1. 物流系统的定义

所谓物流系统是指在一定的时间和空间里，由所需输送的物料和包括有关设备、输送工具、仓储设备、人员及通信联系等若干相互制约的动态要素构成的具有特定功能的有机整体。物流系统的"输入"即指采购、运输、储存、流通加工、装卸、搬运、包装、销售、物流信息处理等物流环节所需的劳务、设备、材料、资源等要素，由外部环境向系统提供的过程。

随着计算机科学和自动化技术的发展，物流管理系统也从简单的方式迅速向自动化管理演变，其主要标志是物流计算机管理与控制系统和自动物流设备的出现，如自动导引车（Automated Guided Vehicle，AGV）、自动存储/提取系统（Automated Storage/Retrieve System，AS/RS）、空中单轨自动车、堆垛机（Stacker Crane）等。物流系统的主要目标在于追求时间和空间效益。

物流系统处在整个社会经济环境之中，作为物流外界环境的生产和消费系统，与物流系统不断地交换信息、物质和能量，它们的变化必将引起物流系统内部结构、功能甚至生存状态的变化。社会经济生产和消费环境是物流系统赖以生存的条件，一旦切断物流系统与外界环境的联系，尽管它本身功效很好，但系统功效得不到发挥，物流系统也就失去了存在的必要性。物流系统只有经常与外界的生产和消费环境保持联系，处于最优适应状态，才能不断发展进步。

物流系统作为一个整体，内部要素是不可分割的。系统论的一个主要观点是：局部的最优不等于全局的最优。所以，只有将物流系统内部各要素综合考虑，紧密配合，服从物流系统整体的功能和目的，才能使作为整体的物流系统达到最优。

物流系统的目的是实现物资的空间效益和时间效益，在保证社会再生产顺利进行的条件下实现各种物流环节的合理衔接，达到最佳经济效益。现代物流是伴随着社会再生产过程的循环系统，是社会经济大系统的一个子系统或者组成部分。

2. 物流系统的模式

物流系统模式和一般系统一样，具有输入、转换和输出3个功能。输入和输出使系统与环境进行交换，使系统和环境相依而存，而转换则是这个系统带有特点的系统功能。物流系统如图 2-2 所示。

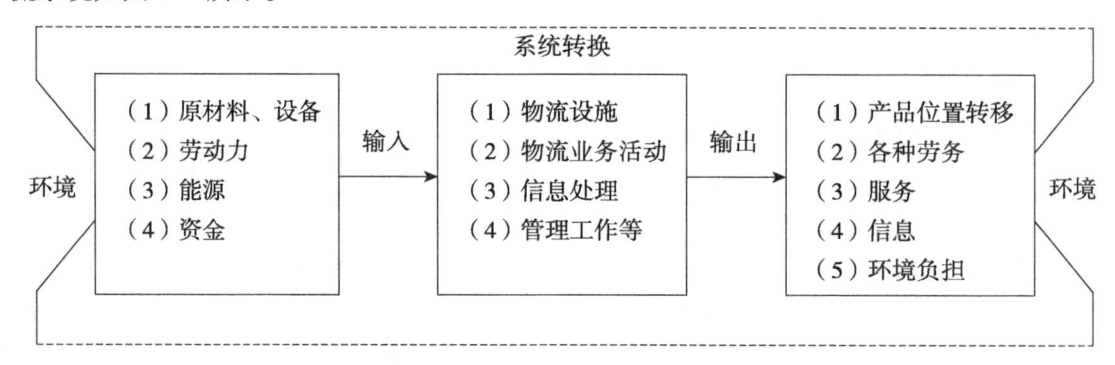

图 2-2　物流系统模式

2.1.3　物流系统的特征和目标

1. 物流系统的特征

物流系统具有一般系统所共有的特性，即集合性、相关性、目的性，同时还具有复杂性、动态性、可分性、多目标性等大系统所具有的特点。

（1）复杂性

物流系统运行对象——"物"，是遍及全部社会的物质资源。资源的大量化和多样性带来了物流系统的复杂性。从物质资源来看，品种成千上万，数量极大；从从事物流活动的人员来看，需要数以百万计的庞大队伍；从资金占用来看，物流活动占用着大量的流动资金；从物资供应点来看，遍及全国和全球。这些人力、物力、财力等资源的组织和合理利用，是一个非常复杂的问题。

（2）动态性

一般的物流系统总是联系着多个生产企业和用户，随需求、供应、渠道、价格的变化，系统内的要素和系统的运行也经常发生变化。这就是说，社会物资的生产状况、社会物资的需求变化、资源变化、企业间的合作关系等，都随时随地影响着物流系统，物流系统受到社会生产和社会需求的广泛制约。物流系统是一个具有满足社会需要、适应环境变化等功能的动态系统，因此人们必须对物流系统的各个组成部分不断地修改和完善，这就要求物流系统要具有足够的灵活性和可变性。在社会环境变化较大的情况下，物流系统要重新进行设计。

（3）可分性

物流系统是由若干相关联的子系统组成的，系统和子系统、子系统和子系统之间都存在着时间、空间及资源方面的关联。根据物流管理的目标和分工的变化，物流子系统也会发生相应的变化。物流系统是国民经济大系统的子系统，对整个国民经济起着重要的作用。因此，对物流系统的研究和分析，不仅要从宏观方面研究整个物流系统的运行全过程，也要从微观方面对子系统进行研究和分析。

（4）多目标性

物流系统是一个多目标函数系统。物流系统的总目标是高效实现物资空间位置的转移。但是，围绕这个目标也常常会出现一些矛盾。通常，对物流数量，希望最大；对物流时间，希望最短；对物流质量，希望最好；对物流成本，希望最低。显然，要满足上述所有要求是很难办到的。例如，在储存子系统中，站在保证供应、方便生产的角度，人们会提出加大储存物资的品种和数量，而站在加速资金周转、减少资金占用的角度，人们则提出减少库存。又如，最快的运输方式是航空运输，虽然其时间效用好，但运输成本高，效益不一定最佳。所有这些相互矛盾的问题，在物流系统中都广泛存在。物流系统要在这些矛盾中运行，在各方面满足人们的要求，显然要建立物流系统多目标函数，并在多目标中求得物流系统的最佳效果。

在对物流活动进行研究时，只有充分考虑物流系统的特征，才能建立一个高效低耗的物流系统，从而实现系统的各种功能。

2. 物流系统的目标

物流系统的目标概括地说就是以较低的成本和优良的顾客服务来完成商品实体从供应地点到消费地点的运动。物流系统的目标如表 2-1 所示。

表 2-1 物流系统的目标

目标	说明
服务性	物流系统的服务性有以下几个标准：配送及时、商品的存库率和订单数量成正比、运输故障率低、包装良好、物流信息系统运作顺畅、成本最低等
快捷性	为了达到及时配送商品的目的，需要根据要求进行物流设施选址或者合理分配物流量
库存控制	库存量过多会增加库存设施的建设费用，同时也会增加库存积压等风险，从而增加了物流成本；而库存量过低会导致产品供不应求，增加相应的缺货损失成本，从而降低了物流利润。因此，合理的库存控制对整个物流系统的成功运作起着重要的作用
规模适当化	着重考量物流设施的集中与分散程度，机械化与自动化如何合理利用，情报系统的集中化所要求的电子计算机等设备的利用等

2.1.4 物流系统的分类

根据不同方式，可以将物流系统划分为如下几类，如图 2-3 所示。

```
                    ┌─ 根据物流发生位置分类 ─┬─ 企业内部物流系统
                    │                      └─ 企业外部物流系统
                    │                      ┌─ 供应物流系统
                    │                      ├─ 生产物流系统
物流系统分类 ───────┼─ 根据物流运行性质分类 ─┼─ 销售物流系统
                    │                      ├─ 回收物流系统
                    │                      └─ 废弃物流系统
                    │                      ┌─ 区域物流系统
                    └─ 根据地域范围分类 ────┼─ 国内物流系统
                                           └─ 国际物流系统
```

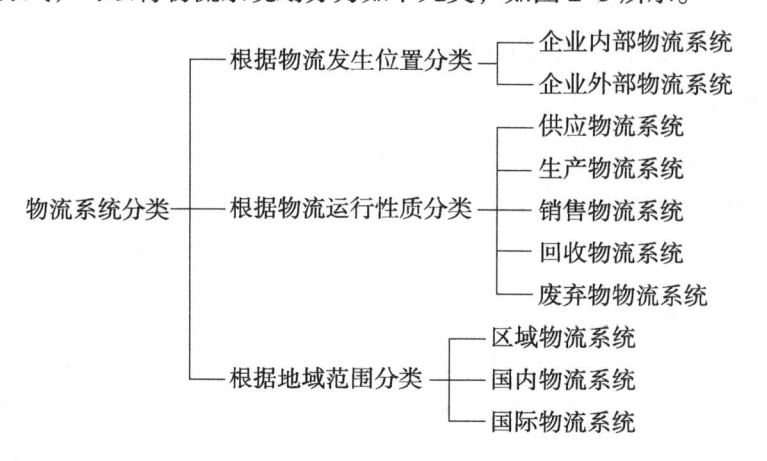

图 2-3 物流系统的分类

1. 根据物流发生位置分类

按物流发生的位置，物流系统可以划分为企业内部物流系统和企业外部物流系统。

（1）企业内部物流系统

例如，制造企业所需原材料、能源、配套协作件的购进、储存、加工直至形成半成品、成品最终进入成品库的物料、产品流动的全过程。

（2）企业外部物流系统

例如，对于制造企业，物料、协作件从供应商所在地到制造企业仓库为止的物流过程，从成品库到各级经销商，最后送达最终用户的物流过程，都属于企业的外部物流系统。

2. 根据物流运行性质分类

根据物流运行的性质,物流系统可以划分为供应物流系统、生产物流系统、销售物流系统、回收物流系统和废弃物物流系统。

(1)供应物流系统

供应物流系统指从原材料、燃料、辅助材料、机械设备、外协件、工具等从供应商处的订货、购买开始,通过运输等中间环节,直到收货人收货入库为止的物流过程。供应物流系统通过采购行为使物资从供货单位转移到用户单位,一般是生产企业进行生产所需要的物资供应活动。

(2)生产物流系统

生产物流系统指从原材料投入生产起,经过下料、加工、装配、检验、包装等作业直至成品入库为止的物流过程。生产物流的运作过程基本上是在企业内部完成。流动的物品主要包括原材料、在制品、半成品、产成品等,物品在企业范围内的仓库、车间、车间内各工序之间流动,贯穿于企业的基本生产过程。辅助生产、附属生产等生产工艺流程的全过程是保证生产正常进行的必要条件。生产物流的运作主体是生产经营者,部分生产物流业务可以延伸到流通领域,如第三方物流所提供的流通加工。

(3)销售物流系统

销售物流系统指成品由成品库(或企业)向外部用户直接出售,或经过各级经销商直到最终消费者为止的物流过程。从事销售物流运作的经营主体可以是销售者、生产者,也可以是第三方物流经营者。

(4)回收物流系统

回收物流系统指物品运输、配送、安装等过程中所使用的包装容器、装载器具、工具及其他可以再利用的废旧物资的回收过程中发生的物流。回收物流主要包括边角余料,金属屑,报废的设备、工具形成的废金属和失去价值的辅助材料等。

(5)废弃物物流系统

废弃物物流系统指对废弃杂物的收集、运输、分类、处理等过程中产生的物流。废弃杂物一般包括伴随产品生产过程产生的副产品、废弃物,以及生活消费过程中产生的废弃物等。废弃物物流通常由专门的经营者经营,国外也有第三方物流经营者参与废弃物物流作业过程的实例。

3. 根据地域范围分类

(1)区域物流系统

区域可以有不同的划分标准:可以按行政区域划分,如分为华东地区、华北地区、华中地区等；可以按经济圈划分，如分为苏锡常地区、延边地区、黑龙江边境贸易区等；也可以按地理区域位置划分，如分为长江三角洲地区、珠江三角洲地区、京津塘地区等。划分标准还有很多。区域物流是指按以上各种区域展开的物流活动。

（2）国内物流系统

国内物流是指一个国家内发生的物流活动，物流活动的空间范围局限在一个国家领土、领空、领海内。国家所制定的各项法律、方针、政策、规划在该国所辖的范围内普遍适用，并且无二义性。国内物流的运作应遵守该国物流管理部门所制定的行业标准。

（3）国际物流系统

国际物流是指国与国之间开展的物流活动。目前，世界发展主流使国家与国家之间的经济交流越来越频繁，任何国家若不投身于国际经济大协作的交流之中，本国的经济技术就得不到良好的发展。国际、洲际的原材料和商品相互流通，形成国际物流。国际物流的研究已成为物流研究的一个重要分支。

2.2 物流系统的结构

2.2.1 物流系统的要素

物流系统的要素可分为多种类型，如图 2-4 所示。

```
                    ┌─ 资本
           ┌─ 一般要素 ─┼─ 物资设备
           │          └─ 任务目标
           │
           ├─ 职能要素 ── 运输、储存、包装、装卸搬运、流通加工、配送和信息管理
           │
           │          ┌─ 体制和制度
物流系统要素 ┼─ 支撑要素 ─┼─ 法律和规章
           │          ├─ 行政命令
           │          └─ 标准化系统
           │
           │            ┌─ 物流设施
           │            ├─ 物流装备
           └─ 物质基础要素 ┼─ 物流工具
                        └─ 信息技术及网络
```

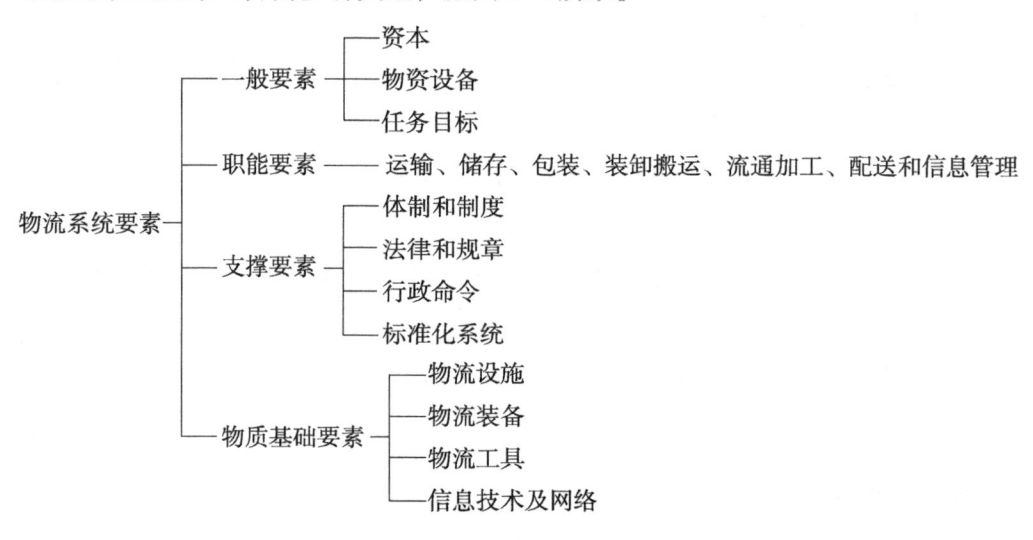

图 2-4 物流系统要素分类

1. 物流系统的一般要素

物流系统的一般要素包括资本、物资设备和任务目标。

（1）资本是指物流活动中不可缺少的资金。交换是以货币为媒介，实现交换的物流过程、物流服务本身也需要以货币为媒介。物流系统建设是资本投入的一大领域，离开资本这一要素，物流不可能实现。

（2）物资设备是指物流作业中的原材料、产成品、半成品、能源、动力等物资条件，包括物流系统的劳动对象，即各种实物及劳动工具、劳动手段，如各种物流设施、工具及各种消耗材料（燃料、保护材料）等。

（3）任务目标是指物流活动预期安排和设计的物资储备计划、运输计划及与其他单位签订的各项物流合同等。

2. 物流系统的职能要素

物流系统的职能要素指的是物流系统所具有的基本能力，这些能力有效地组合、联系在一起，便构成了物流的总功能，从而能合理、有效地实现物流系统的目标。物流系统的职能要素包括运输、储存、包装、装卸搬运、流通加工、配送和物流信息等，有关其分类和定义，观点很多，按照20世纪90年代美国物流管理协会对物流的定义，可以认为运输、仓储、包装、物料搬运、装卸、存货控制、订单处理、需求预测、生产计划、采购、客户服务、工厂和仓库选址、物品回收、零部件和服务保障、废品处理等都是物流系统的职能要素。关于物流系统的职能要素，将在第3章予以介绍。

3. 物流系统的支撑要素

物流系统的建立需要许多条件，要确定物流系统的地位，需协调与其他系统的关系，以下要素必不可少。

（1）体制和制度。物流系统的体制、制度决定物流系统的结构、组织、领导、管理方式，国家对其控制、指挥、管理的方式以及系统的地位、范畴是物流系统的重要保障。有了这个支撑条件，物流系统才能确定其在国民经济中的地位。

（2）法律和规章。物流系统的运行不可避免地会涉及企业或个人的权益问题。法律和规章一方面限制和规范物流系统的活动，使之与更大的系统相协调，另一方面对其有效运作给予保障。合同的执行、权益的划分、责任的确定都需要靠法律、规章维护。

（3）行政命令。物流系统和一般系统的不同之处在于物流系统关系到国家军事、经济命脉，所以行政命令等手段也常常是物流系统正常运转的重要支持要素。

（4）标准化系统。保证物流环节协调运行，是物流系统与其他系统在技术上实现联结的重要支持。

4. 物流系统的物质基础要素

物流系统的建立和运行需要有大量与之相配套的设施，这些设施的有机联系对物流系统的运行有决定意义，对实现物流功能的实现也是必不可少的。

（1）物流设施是组织物流系统运行的基础物资条件，包括车站、货场、仓库、运输线路、建筑、公路、铁路、港口等。

（2）物流装备是保证物流系统开工的条件，包括仓库货架、进出库设备、流通加工设备、运输设备、装卸搬运设备等。

（3）物流工具是物流系统运行的物质条件，包括包装工具、维护保养工具、办公设备等。

（4）信息技术及网络是掌握和传递物流信息的手段。

2.2.2 物流系统的构成

物流系统是指各个相关要素有机结合的、提供高质量物流服务的整体，其总体框架如图 2-5 所示。

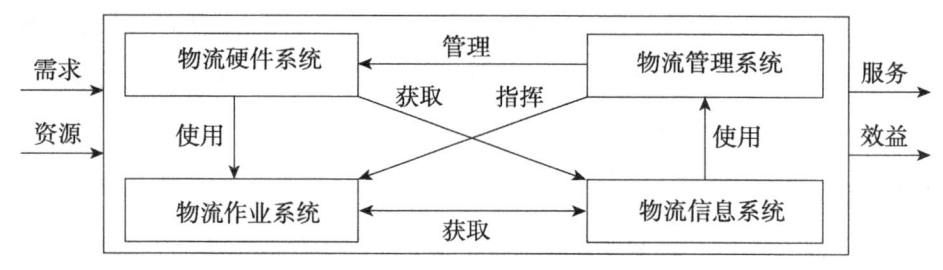

图 2-5 物流系统总体框架

1. 物流硬件系统

物流硬件系统包括基础设施、运输工具和物流中心。

（1）基础设施：公路、铁路、航道、港站（港口、机场、编组站）。

（2）运输工具：货运汽车、铁道车辆、货船、客货船、货机、客货机。

（3）物流中心（配送中心）：仓库、装卸搬运机具、仓储货架、托盘、货箱、自动化设施等。

2. 物流作业系统

物流作业系统是指在运输、储存、保管、搬运、装卸和加工等作业过程中引入各种技术手段，同时，使各个功能之间能够恰当地连接起来的系统，如图 2-6 所示。一些先进的科学技术已经应用于物流作业系统，如自动立体化仓库和机械手臂等，这些科学技术在物流作业系统中的应用大大提高了整个系统的运作效率。

| 运输 | 储存 | 保管 | 搬运 | 装卸 | 加工 |

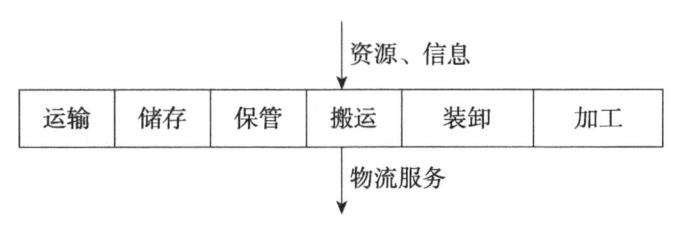

↑ 资源、信息
↓ 物流服务

图 2-6　物流作业系统

3. 物流管理系统

物流管理系统的目标主要是为物流公司解决日常办公和项目管理的需求，协助工作人员进行日常物流管理和人员管理，提高管理效率，降低运作成本，增强企业长期竞争力。物流管理系统的内容如图 2-7 所示。

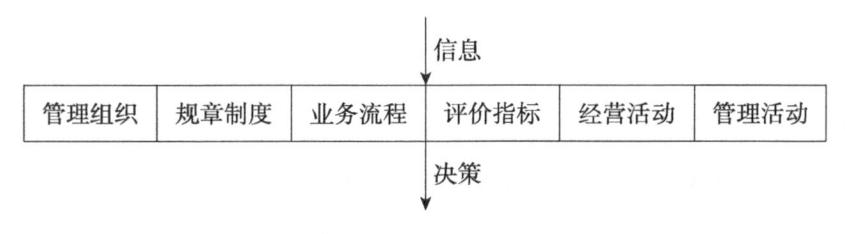

| 管理组织 | 规章制度 | 业务流程 | 评价指标 | 经营活动 | 管理活动 |

↑ 信息
↓ 决策

图 2-7　物流管理系统

4. 物流信息系统

物流信息系统包括对物流作业系统中的各种活动下达命令、实时控制和反馈协调等信息活动。物流信息系统在企业活动中通常和其他的功能，如采购、生产和销售等系统有机地联系起来，可以使从订货到发货的信息活动更加完善，从而提高物流作业系统的效率。由于物流作业系统中的各项活动相互制约，任何一个环节的处理效果都会影响整个物流作业的效益，因此只有通过物流信息系统，从整体上对各项活动统筹安排、实时控制，并且根据反馈信息做出迅速调整，才能保障物流作业系统的高效和快捷。

2.3　物流系统分析与设计

2.3.1　物流系统分析的概念和内容

1. 物流系统分析的概念

物流系统分析是指在一定的时间和空间内对所从事的物流活动作为一个整体来研究，

以系统的观点、系统工程的理论和方法进行分析研究,以实现其空间和时间的经济效应。

具体地说,进行物流系统分析就是指利用科学的分析工具和方法分析和确定系统的目的、功能、环境、费用、效益等,针对系统中需要决策的若干关键问题,根据其性质和要求,在充分调查研究和掌握可靠信息资料的基础上,确定系统目标,提出为实现目标的若干可行方案,通过模型进行仿真试验、优化分析和综合评价,最后整理出完整、准确、可行的综合资料,从而为决策提供充分依据。

简单地说,物流系统分析就是对存在问题的系统,从全局或整体角度对问题进行全面分析,制定解决问题的方案,以及从不同解决问题的方案中确定最优方案。

物流系统分析的实质是:以系统的整体最优化为工作目标,并力求建立数量化的目标函数,为决策者提供直接判断和决定最优方案的信息和资料。物流系统分析强调科学的推理步骤,应用数学的基本知识和优化理论,充分挖掘待开发物流系统的潜力,做到资源的充分利用。

2. 物流系统分析的内容

物流系统是由多种要素构成的,各个要素之间相互关联、相互作用。物流系统既受外部环境的影响,也受内部因素的制约。物流系统分析可以从物流系统主体(微观)和物流系统环境(宏观)两个层面进行,一般来说随系统要解决的问题或系统分析的目的而定。其所涉内容广泛,总体来说所包括内容如表2-2所示。

表2-2 物流系统分析的内容

物流系统分析的内容	物流系统主体分析					物流系统环境分析	
	供应商	企业	客户	合作伙伴	主要竞争对手	环境因素	分析内容
战略与战术分析	企业物流战略与战术、竞争力、优势、劣势、竞争策略;采用第三方物流的情况与态度					政治	国家政体、政局、对外关系
组织与人事分析	决策层、管理层、运作层;组织结构、人员结构;薪酬体系、业绩评估;企业制度、企业文化					行政	宏观管理;行业管理、行政规章、地区封锁与区域合作状况、道路交通管理制度;地区物流发展差距

2.3.2 物流系统分析的方法、步骤和流程

1. 物流系统分析的方法

对于企业物流系统,一般运用两种方法进行分析,一种是短期(静态)分析;另一种

是长期（动态）分析。

（1）短期（静态）分析

以短期的、静态的观点考察物流系统，分析出各项物流活动的成本，在满足公司对物流领域的约束条件下，选择总成本最小的系统，这种方法称为短期（静态）分析方法。从本质上说，短期（静态）分析就是对一个物流系统各项活动所涉及的成本在一个时间点或在一个产出水平上所进行的分析。

（2）长期（动态）分析

长期（动态）分析是强调物流作为一个大系统，利用统计资料，运用统计分析方法，对物流领域的经济现象的发展变化作定量分析。长期（动态）分析的内容包括对物流系统的动态统计资料加以整理、各种动态分析指标的计算及动态趋势的研究，以总结过去、把握现在和预测未来。物流系统是一个动态系统，从一个物流系统状态到另一个物流系统状态，不能瞬间完成，必须经历过渡过程。

2. 物流系统分析的步骤

物流系统分析一般包括以下几个步骤。

（1）对实际部门进行调查，找出存在的问题点或者需要改进的地方。

（2）对整理出的问题或需要改进的地方按照重要程度进行排队整理，根据物流系统合理化、效率化等目标确定研究范围，明确改善的目标。

（3）收集资料，分析问题。这是物流系统分析的很重要的一步。分析的正确性，离不开收集的数据的精确性。一般来讲，必须完全掌握的信息如表2-3所示。

表2-3 物流系统分析所需要的信息

物流系统分析需要的信息	主要内容
产品信息	指对现有生产线和新产品趋向进行透彻的分析，对于每种产品必须掌握年销售量、区域销售量、运输方式、包装状况、原材料状况、产品制造的畅通性和仓储地点等方面的信息
设施信息	包括厂址和生产能力、储存仓库和配送中心的地点和能力、订货处理职能部门的地点，以及运输方式的利用等信息
客户信息	以现有客户为主包括潜在客户的信息。下面几个信息必须掌握，即现有客户和潜在客户的位置、客户所需的产品、订货时间、客户服务的重要性和客户要求的特殊服务等。客户是物流系统的服务对象，所以客户信息也为系统分析提供了关键素材，必须重视
竞争对手信息	这是对公司销售所处的竞争环境的描述，包括竞争对手订货传递方式、订货处理的速度和精度、运输工具的速度和可靠性等

（4）资料收集之后，结合需要设计的物流系统的实际情况，得出需要分析的问题。

（5）掌握了上述情况后，下一步就要对所收集的资料建立数学模型，如计划评审PERT法和模拟实验法等。

（6）提出可行性方案。

（7）对备选方案进行综合分析和评价，确定最优物流系统方案。

3. 物流系统分析的流程

物流系统分析的流程主要有确定问题、明确范围和目标、收集资料并进行问题分析、建立模型并提出方案、对模型结果进行综合分析与评价及对分析和评价的结果进行满意度判断。如果能够达到满意结果，那么就确定可行性方案；如果不能，那么需要重新对问题范围和目标进行确认并循环执行以上操作，整个流程如图2-8所示。

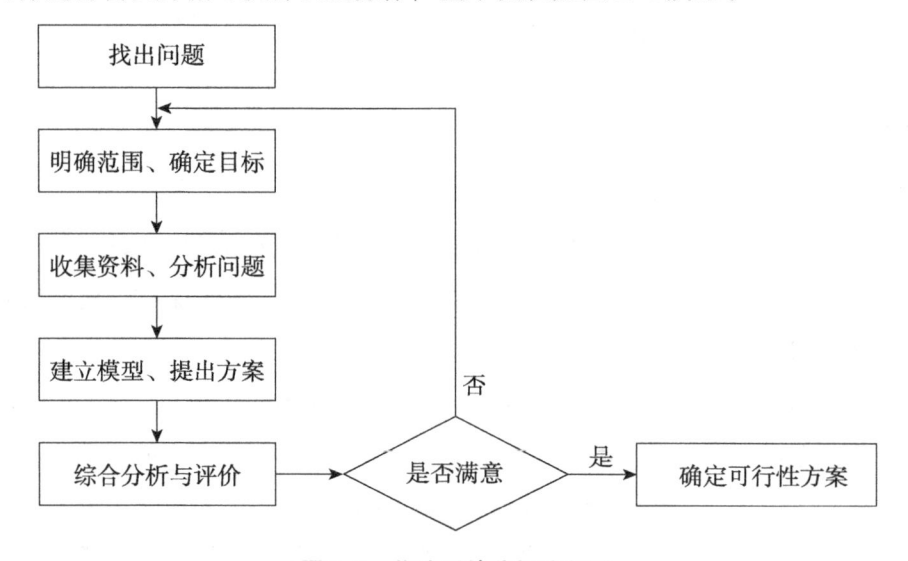

图2-8 物流系统分析流程图

2.3.3 物流系统分析与设计的原则和影响因素

1. 物流系统分析与设计的原则

根据物流系统的特征，在分析中要以特定问题为对象，对物流系统进行决策优化，探索供应链物流运作模式。例如，营销中产品价格的高低在很大程度上反映出企业对产品的市场定位。产品目标市场的决定又成为企业制定促销方案、选择运输方式、仓储模式、确定产品包装等的重要前提条件。反过来，物流成本又是产品定价的重要参考依据。从经验上来看，运输成本往往是生产企业除原材料采购成本以外最大的单项成本，物流管理中其他成本，如仓储成本、库存成本、包装成本等也将直接影响产品的定价。包装问题就更离不开物流，运输方式和运输工具的选择、装卸条件等因素共同决定了包装方式、包装大小、包装材料的选择。随着现代零售业的发展，物流对销售包装的影响进一步扩大到零售企业的货架摆放、条码技术的采用、配送系统的要求等更多方面。此外，零售点的选址一方面基于营销渠道的选择，体现营销的战略意图，另一方面因为直接对配送系统提出要求，特别是小批量、多批次配送成为发展趋势的情况下，零售点的选址将对销售环节，尤其是零售环节的配送能力、物流模式的选择、物流成本造成影响。

一个物流系统由许多要素所组成，要素之间相互作用，并且物流系统与环境互相影响，这些问题涉及面广而又错综复杂，因此进行物流系统分析与设计时，应认真考虑以下一些原则。

（1）物流系统内部与物流系统环境相结合

一个物流系统的形成与发展，不仅受企业内部各种因素（生产规模、产品技术特征、职工文化技术水平、管理制度和管理组织等）的影响，而且还受到社会经济动向及市场状况等环境因素的影响。一个良好的物流系统，总是在全球范围中不断进行系统资源配置的持续优化工作，并及时应对市场需求的变化及经济发展的变化。

（2）局部效益与整体效益相结合

在分析物流系统时常常会发现，物流子系统的效益与物流系统整体的效益并不总是一致的。有时从物流子系统的局部效益来看是经济的，但从物流系统的整体看并不理想，这种方案是不可取的；反之，如果从物流子系统的局部效益看是不经济的，但物流系统的整体效益是好的，这种方案则是可取的。

（3）当前利益与长远利益相结合

在进行分析与设计时，既要考虑当前利益，又要考虑长远利益，如果所采用的方案对当前和长远都有利，这样当然最为理想。但如果方案对当前不利，而对长远有利，此时则要通过全面分析后再做结论，一般来说，只有兼顾当前利益和长远利益的物流系统才是好的物流系统。

（4）定量分析与定性分析相结合

物流系统分析不仅要进行定量分析，而且要进行定性分析。物流系统分析总是遵循"定性—定量—定性"这一循环往复的过程，不了解物流系统各个方面的性质，就不可能建立起探讨物流系统定量关系的数学模型，只有将定性分析与定量分析结合起来，才能达到优化的目标。

2. 物流系统分析与设计的影响因素

物流系统分析与设计是定位物流服务市场，配置各种物流要素，形成一定的物流生产能力，使之能以最低的总成本完成既定目标的一系列工作。只有通过考察分析影响物流系统绩效的内在和外在因素，才能做出合理的分析与设计方案。影响物流系统分析与设计的因素有以下几点。

（1）物流服务需求

物流服务项目是在物流系统的分析与设计的基础上确定的。由于竞争对手、物流服务市场在不断地发生变化，为了适应变化的环境，必须不断地改进物流服务，以寻求最有利的物流系统，支持市场发展前景良好的物流服务需求项目。物流服务需求包括服务水平、服务地点、服务时间、产品特征等多项因素，这些因素是物流系统分析与设计的基础依据。

较短的交货周期，意味着需要采用快捷的运输方式或配置更多的仓库，服务地点和服务时间直接决定物流系统的物流网络配置及运输方案设计，产品特征影响仓储设备、搬运设备、运输设备等的选择。

（2）行业竞争状况

为了成为有效的市场参与者，就应对竞争对手的物流竞争力做详细分析，如竞争者的服务水平、物流资源配置情况、服务方式及商业模式等，全面掌握行业基本服务水平，从而为寻求合适的物流市场定位、培养自身的核心竞争力、构筑合理的物流系统打下良好的基础。

（3）地区市场差异

物流系统中物流设施结构直接同顾客的特征有关。地区人口密度、交通状况、经济发展水平、区域产业结构等都影响着物流设施设置的决策。例如，沿海外向型经济比较发达的省市，其物流系统中常常要考虑国际物流设施的配置、与港口物流环节的有效衔接等。

（4）物流技术应用

在技术领域中，对物流系统最具影响力的是信息、运输、包装、装卸搬运、管理技术等因素，计算机信息和网络技术等对物流的发展具有革命性的影响，及时、快捷、准确的信息交换可以随时掌握物流动态，因而不但可以用来改进物流系统的实时管理控制与决策，而且可以为实现物流作业一体化、提高物流效率奠定坚实的基础。

2.3.4　物流系统分析与设计的内容和程序

物流系统分析与设计就是根据物流系统的功能要求，以提高系统服务水平、运作效率和经济效益为目的，制订各要素的配置方案。其内容包括以下几点。

1. 物流系统分析与设计的内容

（1）物流系统组织结构分析与设计

组织是一切经营活动的载体，也是为规范和协调物流业务活动及相关参与主体利益冲突进行规制安排的一种形式，高效的物流组织是物流系统管理中至关重要的因素。

随着供应链竞争时代的到来，物流业务活动已经越来越多地突破了传统的企业边界，参与主体日趋多元化和复杂化。而许多企业或供应链物流系统却常常因缺乏统一、合理、跨企业的物流组织安排，出现有关物流业务参与主体及相关活动陷于职能混乱与利益冲突之中的状况。因此，必须围绕企业或供应链竞争力的改善，进行有效的物流组织战略重构，合理划分物流业务职能，从而实现物流资源的有效整合。

随着社会的发展，企业物流活动的变化及企业战略目标的改变，众多的物流组织形式出现，如何选择有效的组织形式，是选择自营物流还是选择外包物流，这已成为物流系统组织设计中的主要任务。因此，在物流系统设计中首先要进行物流系统组织设计目标分析和物流业务功能分类，然后再针对每一类物流业务功能，根据相关因素来选择恰当的物流组织模式。

（2）物流系统网络结构分析与设计

物流系统网络的设计是以顾客服务水平、选址决策、库存规划、运输管理这4个主要规划项目为基础的。物流中顾客服务水平包括产品的可得性、产品的交货周期及收到产品的状况等。选址决策与供应和需求的分配有关。库存规划包括建立适当的库存水准和库存补充计划。运输管理涉及运输方式选择、运输路线选择、车辆时间安排、货物拼装等。这4个方面相互联系，为了获得最大效益，必须对它们进行综合考虑。

物流系统网络规划的主要任务是确定货物从供应地到需求地整个流通渠道的结构，包括确定物流结点的类型、确定物流结点的数量、确定物流结点的位置及分派各物流站点服务的客户群体。

2. 物流系统分析与设计的程序

物流系统分析与设计遵循的步骤，如图2-9所示。

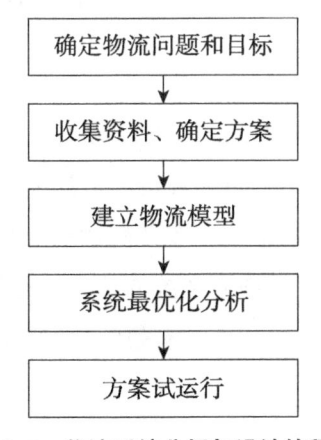

图 2-9 物流系统分析与设计的程序

（1）确定物流问题和目标

当一个研究分析的物流问题确定以后，首先要将对问题做系统化与合乎逻辑的叙述，其目的在于确定目标，说明问题的重点与范围，以便进行分析研究。

（2）收集有关物流资料并探索可行性方案

在问题确定之后就要拟定大纲和决定分析方法，然后依据已经搜集的有关资料找出其中的相互关系，寻求解决问题的各种可行方案。

（3）建立物流模型

为了便于分析，应建立物流系统的各种模型，利用模型预测每一方案可能产生的结果，并根据其结果定量说明各方案的优劣与价值。模型的功能在于利用模型可确认影响系统功能和目标的主要因素及其影响程度，确认各因素的相关程度，系统总目标和分目标的实现途径及其约束条件。如果模型说明了所研究的物流系统的主要特征，就可以算作是一个满意的模型。

（4）系统最优化分析

系统最优化分析即对各种物流可行性方案做对比，然后进行综合评价。利用模型和其他资料所获得的结果，将各个方案进行定量和定性的综合分析，显示出每一种方案的利弊得失和成本效益。同时，考虑各种有关的无形因素，如政治、经济、军事、理论等，所有因素加以合并考虑，获得综合结论。

（5）对方案进行试运行

由决策者根据更全面的要求，以试验、抽样、试运行等方法鉴定所得结论，提出应该采取的最佳方案。

2.4 物流系统评价

物流系统评价是系统分析中既复杂而又重要的一个环节，它是利用模型和各种数据，从系统的整体观点出发，对系统现状进行的评价。对物流系统评价需要有一定的量化指标，这样才能衡量物流系统实际的运行状况。一般把衡量系统状态的技术经济指标称为特征值，它是系统规划与控制的信息基础。对物流系统的特征值进行研究，建立一套完整的特征值体系，有助于对物流系统进行合理的规划和有效的控制，有助于准确反映物流系统的合理化状况和评价改善的潜力与效果。

2.4.1 物流系统评价的步骤和原则

1. 物流系统评价的步骤

物流系统评价是根据明确的目标来测定对象系统的属性,并将这种属性变为客观定量的计算值,或者主观效用的行为过程。这一过程包括 3 个关键步骤,即明确评价目的、建立评价指标体系和选择评价方法并建立评价模型(图 2-10)。

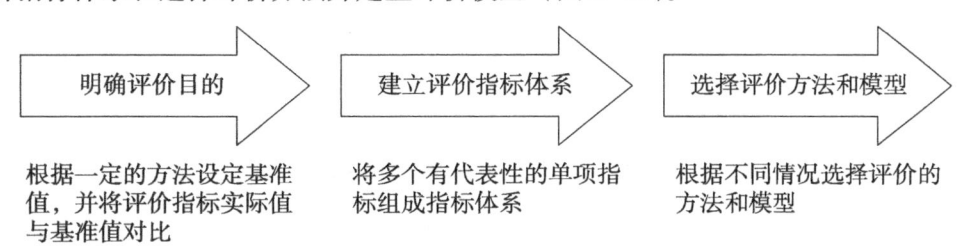

明确评价目的	建立评价指标体系	选择评价方法和模型
根据一定的方法设定基准值,并将评价指标实际值与基准值对比	将多个有代表性的单项指标组成指标体系	根据不同情况选择评价的方法和模型

图 2-10　物流系统评价的步骤

(1)明确评价目的

对物流系统进行综合评价,是为了从总体上把握物流系统现状,寻找物流系统的薄弱环节,明确物流系统的改善方向。为此,应将物流系统各项评价指标的实际值与设定的基准值相比较,以显现现实系统与基准系统的差别,基准值的设定通常有下列 3 种方式。

① 以物流系统运行的目标值为基准值,评价物流系统对预期目标的实现程度,找出实际与目标的差距所在。

② 以物流系统运行的历史值为基准值,评价物流系统的发展趋势,从中发现薄弱环节。

③ 以同行业的标准值、平均水平值或先进水平值为基准值,评价物流系统在同类系统中的地位,从而找出改善物流系统的潜力。

(2)建立评价指标体系

从系统的观点来看,系统的评价指标体系是由若干个单项评价指标组成的有机整体。它应反映出评价目的的要求,并尽量做到全面、合理、科学、实用。为此,在建立物流系统评价指标体系时,应选择有代表性的物流系统特征值指标,以便从总体上反映物流系统的现状,发现存在的主要问题,明确改善方向。

(3)选择评价方法和模型

① 评价指标多且划分为不同层次,可通过逐级综合得出对各部分的评价及对系统的总体评价结果。

② 由于管理基础工作等方面的原因，有些指标无法精确量化；同时由于物流系统是多属性的，评价结果用一个数值来表示不够全面和精确，所以对物流系统的评价一般采用综合评价方法。因而对各指标进行登记评价具有一定的模糊性，通常采用模糊集理论对物流系统进行评价。

2. 物流系统评价的原则

物流系统是一个非常复杂的人造系统，它涉及面广，构成要素繁多且关系复杂，这都给系统评价带来一定的困难。为了对物流系统做出一个正确的评价，应遵循的基本原则如表 2-4 所示。

表 2-4　物流系统评价的原则

原　则	主要内容
要保证评价的客观性	评价的目的是做决策，因此，评价的质量影响着决策的正确性。也就是说，必须保证评价的客观性。必须弄清资料是否全面、可靠和正确，防止评价人员的主观倾向性，并注意人员的组成应具有代表性和独立性
要保证评价的整体性	坚持局部利益服从整体利益的原则。物流系统是由若干个子系统和要素构成的，如果每个子系统的效益都是好的，那么，整体效益也会比较理想。在某些情况下，有些子系统是经济的，效益是好的，但从全局来看却不经济，这种方案理所当然是不可取的。反之，在某些情况下，从局部看某一子系统是不经济的，但从全局看整个系统却是较好的，这种方案则是可取的。因此，我们首先要求的是整体效益化和最优化，其次要求局部效益服从整体效益
要坚持可比性和可操作性	指标体系的建立和评价指标的确定要坚持先进合理和可操作的原则。影响物流系统功能发挥的因素是非常多的，因此，在建立物流系统指标体系时，不可能做到面面俱到，应在突出重点的前提下，尽可能做到先进合理，坚持可操作性。可操作性主要表现在评价指标的设置上，既要可行又要可比。可行性主要是指指标设置要符合物流系统的特征和功能要求，在具体指标的确定上，不能脱离现有的技术水平和管理水平而确定一些无法达到或无法评价的指标。可比性主要是指评价项目等内容含义确切，便于进行比较、评出高低

2.4.2　物流系统评价的标准、方法和过程

1. 物流系统评价的标准

对各种物流系统作出客观公正的评价，应该根据各个系统的不同情况制定出评价的标准。通常，物流系统评价的标准如表 2-5 所示。

表 2-5 物流系统评价的标准

标　准	主要内容
经济性	包括初始投资、每年的运营费用,直接或间接的经济效益、投资回收期及全员劳动生产率等
可靠性	包括物流系统各个环节的可靠性和整个系统的可靠性、技术的成熟程度、设备故障率和排除故障所需时间
灵活性	包括物流系统各环节与企业销售节奏相匹配的能力及调整物流路线的可能性
安全性	包括商品的安全和人员的安全及正常运行和紧急状态下的安全保障
易操作性	操作简单,不容易发生错误,只需要少量指令就可以使设备和整个系统投入运行
可扩展性	物流系统的服务范围和吞吐能力方面有进一步扩大的可能性
劳动强度	物流系统需要劳动力的数量及可能引起的劳动者的劳动疲劳程度
服务水平	物流系统对于顾客要求做出快速响应的能力
敏感性	物流系统对于外界环境条件发生变动的敏感程度

在具体对一个物流系统进行评价时,可以根据所确定的每一项评价标准的重要程度分别给其赋予权重,即用加权平均的方法对物流系统进行综合评价。

2. 物流系统评价的方法

由于各个物流系统结构不同、性能不同及评价因素不同,因此,评价的方法也各有不同。为此,应该根据各个物流系统的不同情况来选择评价方法。目前国内外物流系统评价使用的方法很多,一般可以分为 3 类:定量分析评价、定性分析评价和两者相结合的评价方法。

从评价因素的个数来分,又可以分为单因素评价和多因素评价两种,前者就是在进行物流系统评价时,各个评价方案只考虑一个主要因素,如物流成本、营业利润等;而多因素评价则是在进行物流系统方案评价时,同时考虑两个或两个以上的主要因素。

从时间上来看,物流系统评价主要可以分为两类:一是对物流现状进行系统评价,从而使人们对现行系统有一个全面的了解,为系统调整和优化提供基础信息和思路。二是研究物流项目的可行与否及效益大小,从而为最终决策提供辅助信息。

3. 物流系统评价的过程

评价是根据明确的目标来测定对象系统的属性并将这种属性变为客观定量的计算值或主观效用的行为过程。物流系统评价和物流系统工程的其他步骤一样,本身也要遵循一定的步骤,物流系统的评价过程如图 2-11 所示。

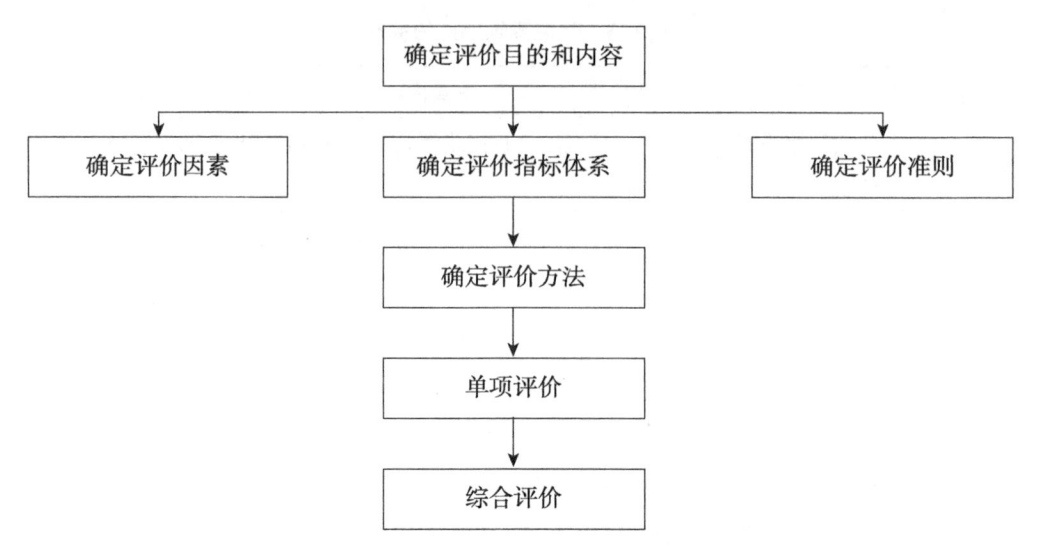

```
                    ┌─────────────────────┐
                    │  确定评价目的和内容  │
                    └──────────┬──────────┘
          ┌────────────────────┼────────────────────┐
          ▼                    ▼                    ▼
    ┌──────────┐      ┌──────────────┐      ┌──────────┐
    │确定评价因素│      │确定评价指标体系│      │确定评价准则│
    └──────────┘      └──────┬───────┘      └──────────┘
                             ▼
                      ┌──────────┐
                      │确定评价方法│
                      └─────┬────┘
                            ▼
                      ┌──────────┐
                      │  单项评价 │
                      └─────┬────┘
                            ▼
                      ┌──────────┐
                      │  综合评价 │
                      └──────────┘
```

图 2-11　物流系统的评价过程

单项评价是就物流系统或者物流系统方案的某一具体方面进行详细的评价，单项评价不能解决最优方案的判定问题。综合评价就是在各单项评价的基础上按照评价标准，就系统整体进行全面的评价。

2.4.3　物流系统评价的指标体系

要对不同的方案进行评价和选优，就必须建立能对照和衡量各个替代方案的统一尺度及评价指标体系（考察系统替代方案的维度）。评价指标体系是指衡量系统状态的技术、经济指标，它既是系统评价的基础，也是所建立的物流系统运行和控制的信息基础。建立一套完整的评价指标体系，有助于对物流系统进行合理的规划和有效的控制，有助于准确反映物流系统的合理化状况及评价改善的潜力和效果。

1. 物流系统评价指标体系的组成

（1）物流生产率

物流生产率指标是指物流系统投入产出转换效率的指标。物流系统的运行过程，是用一定的劳动消耗和劳动占用（投入）完成某种任务（产出）的过程。物流系统的投入包括人力资源、物质资源、能源和技术等，各项投入在价值形态上统一表现为物流成本。物流系统的产出，就是为生产系统和销售系统提供服务。物流生产率指标是物流系统指标体系的重要组成部分，它通常又包括实际生产率、资源利用率、行为水平、成本和库存5个方面的指标。

（2）物流质量

物流质量指标是物流系统指标体系的重要组成部分，它是对物流系统产出质量的衡量。

根据物流系统的产出，物流质量指标可划分为物料流转质量和物流业务质量两个方面。

① 物料流转质量。物料流转质量是对物流系统所提供的物品在品种、数量、质量、时间和地点上的正确性评价。

品种和数量的正确性：物流过程中物品实际的品种和数量与要求的品种和数量的符合程度，常见的指标包括仓储物品盈亏率、错发率（既包括品种的差错，又包括数量的差错）等。

质量的正确性：物流过程中实际质量与要求质量的符合程度，常见的指标有仓储物品完好率、运输物品完好率、进货质量合格率等。

时间的正确性：物流过程中物品流向的实际时间与要求时间的符合程度，常见指标有及时进货率、及时供货率等。

地点的正确性：物流过程中物品流向的实际地点与要求地点的符合程度，常见考核指标有错误送货率等。

② 物流业务质量。物流业务质量是指对物流系统的物流业务在时间、数量上的正确性及工作的完善性的评价。

时间的正确性：物流过程中物流业务在时间上实际与要求的符合程度，常见的指标有对订单的反应时间、发货故障平均处理时间等。

数量的正确性：物流过程中物流业务在数量上实际与要求的符合程度，常见的指标有采购计划完成率、供应计划完成率、供货率等。

工作的完善性：物流过程中物流业务工作的完善程度，常见的指标有对客户问询的响应率、用户特殊送货要求满足率、售后服务的完善性等。

2. 物流系统评价的指标体系的建立

建立物流系统及其子系统的评价指标体系，可以遵循的步骤如表 2-6 所示。

表 2-6　建立物流系统评价指标体系的步骤

步　　骤	主要内容
第 1 步： 建立物流系统的目标体系	对于整个物流系统来说，其指标体系应当能反映物流系统的目的，其实质是对物流系统的目的从几个不同的方面（即维度）用数量进行描述；同样，对于其子系统来说，它是实现整个物流系统目的的一种手段，而这种手段只是物流系统整体目标的分解，以此类推，可以得到一个目标体系
第 2 步： 根据目标体系确定评价指标体系	可以根据该子系统的上一级子系统（或物流系统）的目标来制订它的评价指标体系。换句话说，就是根据系统展开后的目标体系来制订各子系统的评价指标

续表

步　骤	主要内容
第3步： 考虑各评价对象的影响因素，修改评价指标体系	物流系统及其子系统不是孤立的，它们常常受到诸如政治、法律、经济、技术和生态等各种因素的影响。因此，必须把物流系统内外的相互制约、错综复杂的因素层次化、条理化，并结合到相关的子系统中进行考虑。这样制订出来的评价指标体系才能既保持它的合理性，又保证它的完整性

根据系统的观点，系统评价指标体系是由若干个单项评价指标组成的有机整体，它应反映出系统目的的要求，并尽可能做到全面、合理、科学、实用。根据不同的衡量目的，物流系统指标的衡量对象可以是整个物流系统，也可以是供应物流、生产物流、销售物流及回收、废弃物物流等子系统，还可以是运输、仓储、库存管理、生产计划及控制等物流职能，乃至各职能中的具体的物流活动，由此形成了不同的物流系统指标体系。

本章小结

本章在介绍系统概念的基础上，主要介绍了物流系统的概念、模式、特征、分类等内容。物流系统是指由两个或两个以上的物流功能单元构成，以完成物流服务为目的的有机集合体。物流系统是新的系统体系，具有复杂性、动态性、广泛性和可分性的特点。对物流系统的分类通常有以下几个依据：物流发生位置、物流运行性质和地域范围。物流系统的要素可分为一般要素、功能要素、支撑要素和物质基础要素。整个物流系统由物流硬件系统、物流信息系统、物流管理系统和物流作业系统构成。除此之外，本章还介绍了物流系统分析与设计的内容、原则和设计程序。对物流系统的评价，因其构成要素繁多复杂而有一定的难度，要对不同物流方案进行评价，必须建立一套完整的评价指标体系。

本章习题

1. 名词解释

（1）系统　（2）物流系统　（3）供应物流系统　（4）回收物流系统　（5）废弃物物流系统　（6）物流系统分析　（7）物流系统评价　（8）物流生产率

2. 选择题

（1）以下_____不属于系统的特点。

A. 集合性　　　B. 复杂性　　　C. 相关性　　　D. 动态性

（2）物流系统模式的功能不包含_____。

A. 输入　　　　B. 输出　　　　C. 处理　　　　D. 加工

（3）以下_____不是物流系统的目标。
A. 快捷性　　　　B. 服务性　　　　　C. 物流选址　　　　D. 库存控制
（4）物流系统分析与设计的原则不包含_____。
A. 系统内部与外部环境相结合　　　　B. 局部和整体效益相结合
C. 坚持可比性和可操作性　　　　　　D. 定量分析与定性分析相结合
（5）以下_____不是影响物流系统分析与设计的因素。
A. 行业竞争　　　B. 人力资源　　　　C. 地区差异　　　　D. 物流技术
（6）以下_____不是物流系统评价的步骤。
A. 确定评价目的　　　　　　　　　　B. 建立评价指标体系
C. 确定评价相关人员　　　　　　　　D. 选择评价方法和模型
（7）物流系统评价的原则包括坚持评价的客观性、评价的_____，以及坚持可比性和可操作性。
A. 及时性　　　　B. 动态性　　　　　C. 整体性　　　　　D. 有效性
（8）物流系统评价的指标体系由物流生产率和_____组成。
A. 物流成本　　　B. 物流质量　　　　C. 运输时间　　　　D. 物流量

3. 简答题

（1）简述物流系统的特征。
（2）简述物流系统的目标。
（3）举例说明物流系统有哪些分类。
（4）物流系统由哪些要素构成？
（5）物流系统分析与设计的原则有哪些？
（6）画图说明物流系统的评价过程。
（7）物流系统评价有哪些原则？
（8）简述物流系统评价的指标体系。

章末案例　一汽大众通过物流整合提高效益

一汽大众汽车有限公司成立于1991年，是由中国第一汽车集团公司和德国大众汽车股份有限公司共同投资89亿元人民币组建的合资企业。近年来，该企业的市场份额在中国汽车行业中一直名列前茅。其名牌产品捷达轿车和奥迪轿车已成为中国年轻汽车一族所追求的目标，并拥有越来越多的客户。一汽大众集团所取得的成功除了在市场上的开拓与投入、技术创新等有效举措之外，另一重要的因素就是引入了现代化的计算机管理模式，通过企业资源计划对企业物流系统进行了有效整合。

一汽大众集团为了提高自身的竞争能力，求生存、求发展，在我国汽车整车行业中率先引进了 SAP 的 R/3，一整套完整的 ERP 系统来对企业进行管理，为企业管理方式的探索走出了一条新路子。汽车市场需求的变化要求制造商从小品种、大批量的生产方式转变为多品种、小批量生产方式，在一汽大众集团，仅捷达车的品种就有 59 种，面对批量小、生产批次多的情形，如果不采用先进的信息管理系统，必会导致库存量大、生产效率低、生产成本高的情况。因此企业考虑统筹规划，使物流、信息流和资金流并行，整合企业内部物流，从制度上规范了公司业务的各个环节，改善了企业的经营决策功能，实现采购订货及时、库存数量降低、生产计划合理。这一整合提高了企业的应变能力和竞争能力，从而使企业在市场上获得了更高的声誉，整体运营水平大大提高，具体表现在以下几个方面。

1. 采购管理

在采购上根据主计划和物料清单对库存量进行查对，采购管理系统快速计算出所缺物料的品种、数量和进货时间，将采购进货下达到各个厂。然后由采购人员从系统中查看各供应商的历史信息，根据其价格、供货质量、服务等指标来选择供应商，既准确、高质量地实现了物料采购，又大大缩短了采购周期。

2. 库存管理

准确和及时的采购，使库存量大大降低。以前库存资金占用严重，仅国产化配件资金占用量就高达 1.2 亿，使用 R/3 系统后降低到 4000 万左右。同时，系统对库存量的上限和下限都有严格控制，只要库存量达到了上限，系统就会给出报警信号，此时物料无法再进入仓库；而达到下限时，系统也会提醒采购人员立即补充库存，从而起到了自动提示和监督的作用。库存盘点方面也节约了大量的人力和时间，以前每天最多可清查 4 个仓库，而采用计算机管理后，4 个仓库的盘点仅用 10 分钟就可完成。

3. 生产管理

在一汽大众集团的生产装配线上，生产计划一旦形成，就会立即下达到各个生产部门，并分解到工位。同时，物料供应部门也会根据计划要求准确及时地将各种物料送往各个工位，每一种物料都有各自的条形码作为标识，一旦某个工位的物料低于下限，就立即由计算机发出缺料通知，这样可以边干边等，不至于发生停工待料的现象；而供货部门接到信号后，根据其条形码信息可及时将物料送到所需工位。在生产和组装过程中，每一道工序都由系统严格地进行监控，例如，每个工位都做了哪些工作、是否合格等信息都将准确无误地存入系统中。

4. 质量控制

由于每道工序都记录了工作质量的合格与否,所以系统如实地反映了产品和配套零件的质量情况。当整车下线时所有这些信息都被扫描存储在数据库中。这样,质量管理信息的采集与处理、质保的定期跟踪都变得方便和容易,从而很好地实现了全面质量管理。

5. 成本核算与控制

在 ERP 系统中,一汽大众集团的每个部门都是一个独立的成本中心,都有一个预算指标,实施严格准确的成本控制。在使用信息管理系统以前,由于汽车的零部件繁多,每一个产品的成本都较难计算得很准确,现在利用 R/3 系统可对企业业务流程中的每个环节的成本变化进行跟踪,每个工序、每个环节,只要产生增值,就立即动态地进行成本滚加,并可对产品成本按月进行分析,加以控制。整个年度的经营计划都很好地控制在企业的经营者手中。

6. 财务管理

实现了财务电算化后,及时准确的成本跟踪使成本核算实现了自动化,财会部门的职能和工作重点也发生了重大的转变。过去那些忙于记账、核对、做报表的人员,现在的任务是随时对成本进行比较和分析,真正起到了成本控制部门的作用。由于将财务的分块处理变为工作流管理,有效地控制了资金流的流向,提高了财务工作效率,保证了财务数据的准确,加强了财务分析功能,从而大大缩短了财务处理业务时间和财务结算周期。以前,完成月报需要一周的时间,年报则更长;而现在标准的资产负债表,从产生到打印出来仅仅需要一分钟的时间。同时,系统中多种货币及外汇、汇率的管理也为企业的财务运作提供了有效的工具,一汽大众集团每年要支出 4 亿－5 亿德国马克的外汇,仅在汇率管理上就为企业节约了大量的资金。

资料来源:http://ishare.iask.sina.com.cn/f/12NMHOQTPzlb.html

讨论题

(1)一汽大众集团企业内部物流的整合,给该企业带来了哪些优势?

(2)一汽大众集团使用 R/3 系统管理库存有哪些好处?

第3章 物流系统的职能管理

🔊 **本章学习要点**

知识要点	掌握程度	相关知识
包装的概念和功能	了解	包装的概念及其3个功能
包装标准化和管理合理化	掌握	包装标准化的6项内容和不合理包装的3个现象
运输的概念、功能和方式	重点掌握	运输的概念,2项功能,5种方式,各自特点及比较
运输管理合理化和措施	掌握	常见的不合理运输形式,运输管理合理化的措施等
仓储管理的概念和内容	掌握	仓储的概念,7项功能,6项管理内容
仓储作业管理及合理化	了解	仓储作业的过程、内容,仓储合理化的6项内容
装卸搬运的概念和特点	了解	装卸搬运的概念和3个特点
装卸搬运的技术和组织	了解	装卸搬运的3种技术,不同类型起重机的对比
流通加工概述	掌握	流通加工的概念,与生产加工的区别
流通加工管理合理化	了解	流通加工的3项合理化措施
配送的概念及其作用	了解	配送的概念,4个作用和4个环节
物流信息的概念和特点	重点掌握	物流信息的定义和4个特点
物流信息的分类和作用	掌握	按不同标准分类和3个作用
物流信息管理的内容和特点	了解	物流信息管理的6项内容和4个特点

⬇ **导入案例** 电子商务下快件包装面临的挑战

近年来,随着信息技术的飞速发展和互联网的迅速普及,企业的生产成本、报价信息等越来越透明,很多包装印刷企业的发展模式已向电子商务过渡。目前,电子商务中快件包装面临以下挑战。

1. 包装材料规格标准化

电商包装的形式、规格可谓五花八门,只要可以用的包装材料,在电商包装上都有用武之地。包装材料规格繁杂,没有统一的标准,这是最为常见的问题。大部分电商企业会储备一定量的商品和包装材料,然后根据客户订单进行分拣、包装、发货。如果包装材料规格过多，就会造成仓储成本及物流管理成本的增加。因此，包装材料规格的标准化就显得非常必要，这不仅有助于包装企业实行批量化生产，还能帮助电商企业有效利用仓储空间并快速打包。

包装材料的规格可以基于"大数据"来达到标准化，这就需要通过大量数据验证得到经常使用的包装规格。例如，外包装规格可以根据电商产品的特性，如尺寸、重量等信息，进行信息收集整理统计后，尽可能少地定义出多个标准外包装尺寸，这样便可减少外包装材料的规格。缓冲包装材料可以根据对产品的保护性、操作便利性、成本及环保性多方面的考虑，总结出内包装缓冲材料的特性，然后根据电商包装需求来选择恰当的缓冲材料。也就是说，对电商包装的要求从最初的单一整合要求开始上升到技术和研发层面。

2. 规范物流操作，减少破损率

物流运输过程中有很多不可控的因素，个别快递物流公司都存在野蛮操作的情况，造成商品破损的问题，亟须解决。目前，快递物流行业的操作方式还处于人工搬运阶段，且周转搬运次数较多，因此在物流操作过程中，不同程度的破损现象时有发生，导致客户直接拒收或退货，从而引起了不必要的损失。物流的不可控确实令企业非常困惑，如果能够在物流操作规范性上做得更好一些，设计电商包装时也会比较好做。规范物流分拣和配送作业已经势在必行，这也对电商包装提出了更高的要求。包装企业在设计电商包装时应该考虑到电商包装便于搬运、装卸、打包和配送等特性，以及外包装箱的强度应满足对内装物的保护功能，以减少破损现象的发生。

接下来要做的事情是对物流场景进行信息采集，达到与电商包装物流环境的一个匹配度，以减少物流过程中发生破损的概率。一些大型的电商企业将电商包装供应链进行细化，根据不同的运输路径对包装进行优化，减少破损概率，并最大限度地降低成本。因为同一电商包装针对不同的运输路径，破损率是不一样的。例如，亚马逊在短途运输中会使用低成本的包装，对于远距离运输则会使用强度更高的包装；电商平台1号店针对一些外观笨重的产品，从仓库取出后会先发送到配送站重新打包或整合后再配送。

3. 控制成本，避免过度包装和包装保护不足

当前电商企业的利润空间越来越小，特别是日化产品，附加值都比较低，因此理想的电商包装既能很好地保护产品，又能合理地降低物流包装成本。纸箱作为电商的主要包装形式，用量非常大，因此纸箱领域有可能进行技术突破，进一步合理控制包装成本。每家电商企业都非常关注成本问题，这个问题的核心在于如何平衡好产品价值与其包装的成本，同时兼顾电商包装的保护性能，避免过度包装与包装保护不足问题的产生。

资料来源：https://www.chinawuliu.com.cn

讨论题

（1）根据案例内容，总结出在电子商务中包装企业面临的更多挑战。

（2）你平时收到快递后是如何处理包装的？

物流管理的职能包括包装管理、运输管理、仓储管理、装卸搬运管理、流通加工管理、配送管理和信息管理，本章将对这些职能分别加以介绍。

3.1 包装管理

包装功能是使物流过程中的货物完好地运送到用户手中，并满足用户和服务对象的要求，大多数商品都需要进行不同方式、不同程度的包装。包装分工业包装和商品包装两种。工业包装的作用是按单位分开产品，便于运输并保护在途货物。商品包装的目的是便于最后的销售。因此，包装的功能体现在保护商品、单位化、便利化和商品广告等几个方面，前三项属物流功能，最后一项属营销功能。

3.1.1 包装管理概述

1. 包装的概念

包装是指对交易的商品所进行的外部保护措施，以使交易商品得到保护，适于运输、仓储、搬运、销售等。商品种类繁多，性质、特点和形状各异，因而它们对包装的要求也各不相同，除少数商品难以包装，不值得包装或根本没有包装的必要，而采取裸装或散装的形式外，其他绝大多数商品都需要有适当的包装。商品包装是商品生产的继续，凡需要包装的商品，只有通过包装，才算完成生产过程，商品才能进入流通领域和消费领域，才能实现商品的使用价值和价值。

包装是使产品从生产企业到消费者手中，保护其使用价值和价值的顺利实现而具有特定功能的系统。同时，包装又是构成商品的重要组成部分，是实现商品价值和使用价值的手段，是商品生产与消费之间的桥梁。它与人们的生活密切相关。

2. 包装的功能

包装的功能是维持产品状态、方便储运、促进销售，包装是采用适当的材料、容器等，使用一定的技术方法，对物品包封并予以适当的装饰和标志的操作活动。包装层次包括个装、内装和外装 3 种状态。个装是到达作用者手中的最小单位包装，是对产品的直接保护状态；内装是把一个或数个个装集中于一个中间容器的保护状态；外装是为了方便储运，采取必要的缓冲、固定、防潮、防水等措施，对产品的保护状态。

包装在物流系统中具有十分重要的作用。包装是生产的终点，同时又是物流的起点，它在很大程度上制约物流系统的运行状况。对产品按一定数量、形状、重量、尺寸大小配套进行包装，并且按产品的性质采用适当的材料和容器，不仅制约着装卸搬运、堆码存放、计量清点是否方便高效，而且关系着运动工具和仓库的利用效率。具体来讲，包装具有以下几个功能。

（1）保护功能

这是维持产品质量的功能，也是包装的基本功能。在物流过程中各种自然因素（温度、湿度、日照等）对产品的质量发生的影响，都会使产品损坏、变质。在装卸搬运、运输过程中，撞击、震动也会使产品受损。所以，为了维持产品在物流过程中的完整性，必须对产品进行科学包装，避免各种外界不良因素对产品的影响。

（2）方便功能

经过包装的商品能为商品流转提供许多方便的条件。运输、装卸搬运通常是以包装的体积、重量为基本单位的，托盘、集装箱、货车等也是按一定包装单位来装运的。合适的包装形状、尺寸、重量和材料，能够方便运输、装卸搬运、保管等环节的操作，提高其他物流环节的效率，降低流通费用。

（3）促销功能

包装是商品的组成部分，也是商品的形象。对于大量以销售方式为特征的商品，如超市、便利店销售的商品，都是由顾客在购物架上自由选择的，因此，包装具有连接商品与消费者的作用。商品包装上的商标、图案、文字说明等，是商品的广告和"无声的推销员"，它是宣传推销商品的媒体，可激发消费者的购买欲望，起到商品促销的功能。

3. 包装的标准化

当前，包装的标准化已成为发展国际贸易的重要组成部分，以及国际交往中互相遵循的技术准则。国际贸易往来都要求加速实行商品包装标准化、通用化、系列化。

（1）包装材料标准化

商品包装材料应尽量选择标准材料，少用或不用非标准材料，以保证材料质量和材料来源的稳定。为此，要经常了解新材料的发展情况，结合企业生产的需要，有选择地采用。

包装材料主要有纸张、塑料、金属、木材、玻璃、纤维织物等。对这几大类包装材料的强度、伸长、每平方米重量、耐破程度、水分等技术指标应作标准规定，以保证包装材料制成包装容器后能够承受流通过程中各种损害商品的外力和其他条件。

（2）包装容器标准化

包装容器的外形尺寸与运输车辆的内部尺寸和包装商品所占的有效仓库容积有关。因此，应对包装外形尺寸做严格规定。运输包装的内尺寸和商品中包装的外尺寸也有类似关系，因此对运输包装的内尺寸和商品中包装的外尺寸，也应做严格规定。为了节约包装材料和便于搬运、堆码，一般情况下，包装容器的长与宽之比为3∶2，高与长相等。

（3）包装工艺标准化

凡是包装箱、桶等，必须规定内装商品数量、排列顺序、合适的衬垫材料，并防止包装箱、桶内空隙太大、商品游动。如木箱包装箱，必须规定箱板的木质和厚度、装箱钉子的规格、相邻钉子的距离、包角的技术要求及钉子不得钉在夹缝里等；纸箱必须规定如何封口、腰箍的材料、腰箍的松紧及牢固度等；布包则要规定针距及捆绳的松紧度等。回收复用的木箱、纸箱及其他包装箱也都必须制定相应的标准。

（4）装卸作业标准化

在车站、港口、码头、仓库等处装卸物时，都要制定装卸作业标准，实现文明操作。机械化装卸要根据商品包装特点选用合适的机具，如集装袋、托盘等。工业、商业、交通运输部门交接货物时，要实行验收责任制，做到责任分明。

（5）集合包装标准化

集合包装既适合机械化装卸，也能保护商品安全。我国集合包装近几年实现了较快发展，并制订了部分国家标准，其中，20吨以上的集装箱采用国际标准。托盘的标准应和集装箱的标准规定尺寸相配套。

（6）包装检测标准化

包装产品在交付给使用方之前应该通过统一的检测。测试指标如下：测试目标消费者对可以刺激其购买欲望的外包装的形状、规格、色彩、图案、文字说明、品牌标记等信息的反应情况。

3.1.2 包装管理合理化

1. 不合理包装的表现

不合理包装是指在现有条件下可以达到的包装水平却没有达到，从而造成了包装不足、包装过剩、包装污染等问题。目前，不合理的包装形式，如表 3-1 所示。

表 3-1　不合理包装的形式

形　式	主要表现
包装不足	①包装强度不足，导致包装防护性不足，造成商品损失。 ②包装材料水平不足，由于包装材料选择不当，材料不能很好地承担运输防护及促进销售的作用。 ③包装容器的层次及容积不足，缺少必要层次与所需体积不足从而造成损失
包装过剩	①包装强度设计过高，如包装方式大大超过强度要求等，使包装防护性过高。 ②包装材料选择不当，选择过高，如可以选择纸质包装却采用金属包装等。 ③包装技术过高，如包装层次过多、包装体积过大
包装污染	①包装时大量使用纸箱、木箱、塑料容器等，消耗大量的自然资源。 ②采用一次性、豪华性包装，甚至采用不可降解的包装材料，严重污染环境

2. 实现包装合理化的途径

包装合理化是指在包装过程中使用适当的材料和适当的技术，制成与物品相适应的容器，节约包装费用，降低包装成本，既满足包装保护商品、方便储运、有利销售的要求，又提高包装的经济效益的包装综合管理活动。要实现包装合理化，需要从以下几方面加强管理。

（1）采用先进包装技术。包装技术的改进是实现包装合理化的关键。要推广如缓冲包装、防锈包装、防湿包装等包装方法，使用不同的包装技法，以适应不同商品对包装、装卸、储存、运输的要求。

（2）采用绿色包装方式。选择包装方式时，应遵循绿色环保原则，通过减少包装材料，重复使用、循环使用、回收使用材料等包装措施，以及回收利用和生物降解、分解来推行绿色包装，以节省资源。

（3）采用组合单元装载技术，即采用托盘、集装箱进行组合运输。托盘、集装箱是包装、输送和储存三位一体的物流设备，也是实现物流现代化的基础。包装的大型化和组合化有利于机械的使用和物流活动效率的提高。

（4）采用无包装的物流形态。对需要大量输送的商品(如水泥、煤炭、粮食等)来说，包装所消耗的人力、物力、资金、材料是非常巨大的，若采用专门的散装设备，则可获得较高的技术经济效果。散装并不是不要包装，而是一种变革了的包装，即由单件小包装向集合大包装的转变。

3.2 运输管理

运输解决了物资生产与消费在地域上的不一致的矛盾，具有扩大市场、扩大流通范围和稳定价格等经济功能，对拉动现代生产与消费、发展经济、提高国民生活水平起着积极作用。因此，运输是物流的中心环节之一，是物流重要的构成因素。

3.2.1 运输管理概述

1. 运输的概念和功能

运输是指人或者货物通过运输工具经由运输网络，由甲地移动到乙地，完成某个经济目的的行为。简单地说，运输是在一定范围内人与物的空间位移。运输和搬运的主要区别在于，运输是对"货物"进行的较大范围的空间移动，而搬运是对"货物"进行的较小范围的空间移动。

运输的功能主要体现在实现物质实体的转移和储存两个方面。

（1）产品转移

运输的主要目的就是以最低的时间、财务和环境资源成本，将产品从原产地转移到规定地点。无论产品处于哪种形式，是材料、零部件、装配件、在制品，还是制成品，也不管是在制造过程中将被转移到下一阶段，还是更接近最终顾客，运输都是必不可少的。运输的主要功能就是产品在价值链中的移动。既然运输利用的是时间资源、财务资源和环境资源，那么，只有当它确实提高产品价值时，该产品的移动才是重要的。

运输之所以涉及利用时间资源，是因为产品在运输过程中是难以存取的。这种产品通常是指转移中的存货，是各种供应链战略，如准时化和快速响应等业务所要考虑的一个因素，以减少制造和配送中心的存货。运输之所以要使用财务资源，是因为产生于驾驶员劳动报酬、运输工具的运行费用，以及一般杂费和行政管理费用分摊。运输直接和间接地使用环境资源。在直接使用方面，运输是能源的主要消费者之一；在间接使用环境资源方面，由于运输造成拥挤、空气污染和噪声污染而产生环境费用。

（2）产品储存

如果转移中的产品需要储存，且在短时间内又将重新转移，而卸货和装货的成本费用也许会超过储存在运输工具中的费用，这时，可将运输工具作为暂时的储存场所。所以，运输也具有临时的储存功能。通常以下几种情况需要将运输工具作为临时储存场所：一是货物处于转移中，运输的目的地发生改变时，产品需要临时储存，这时采取改道则是产品短时储存的一种方法；二是在起始地或目的地仓库储存能力有限的情况下，将货物装上运输工具，采用迂回线路运往目的地。诚然，用运输工具储存货物可能是昂贵的，但如果综合考虑总成本，包括运输途中的装卸成本、储存能力的限制、装卸的损耗或延长时间等，那么，选择运输工具作短时储存往往是合理的，有时甚至是必要的。

2. 运输的方式

运输方式是指运输过程中使用基础设施形成的铁路、公路、水路、航空和管道运输及不同运输方式的组合运输。每种运输方式特点不同，在特定环境下，最优运输方式依运输物品的种类、场所、距离和价值等条件而定。

（1）公路运输

从广义来说，公路运输是指利用一定载运工具沿公路实现旅客或货物空间位移的过程。从狭义来说，公路运输即指汽车运输。物流运输中的公路运输是专指汽车货物运输。

公路运输按托运量大小可分为整车运输与零担运输，凡托运方一次托运货物在3吨及3吨以上的为整车运输。其货物通常有煤炭、粮食、木材、钢材、矿石、建筑材料等。凡托运方一次托运不足3吨者为零担运输，适合商品流通中货物繁杂，量少批多，价高贵重，时间要求紧迫情况下的运输。

公路运输按运输的组织特征可分为集装化运输与联合运输，集装化运输也称成组运输或规格化运输。它是以集装单元作为运输的单位，保证货物在整个运输过程中不致损失，而且便于使用机械装卸、搬运的一种货运方式，联合运输就是两个或两个以上的运输企业，根据同一种运输计划遵守共同的联运规章或签订的协议，使用共同的运输票据或通过代办业务，组织两种或两种以上的运输工具，相互接力，联合实现货物的全程运输。

（2）铁路运输

铁路运输是指在铁路上以车辆编组成列车载运货物，由机车牵引的一种运输方式。它主要承担长距离、大批量的货物运输，是我国现代最主要的货物运输方式之一，具有昼夜不间断、全天候作业的特点，铁路运输系统技术基础设施主要由线路、机车辆、信号设备和车站4部分组成。

铁路运输可分为车皮运输和集装箱运输两种类型。车皮运输是指使用了适合货物数量和形状的车皮所进行的铁路运输方式。这种方式适合运送大宗货物，主要用来运送煤炭、水泥、石灰等不适合承担高额运费的大宗货物。

铁路集装箱运输是指铁路和公路联运的一种复合型直达运输，其特征是送货到门，可由托运人的工厂和仓库直达收货人的工厂或仓库,适合于化工产品、食品、农产品等多种货物的运输。

(3) 水路运输

水路运输是指利用船舶、排筏和其他浮运工具,在江、河、湖泊、人工水道及海洋上运送旅客和货物的一种运输方式。水路运输按其航行的区域,大体上可分为远洋运输、沿海运输和内河运输三种类型。远洋运输通常是指除沿海运输以外所有的海上运输,在实际工作中又有"远洋"和"近洋"之分。沿海运输是指利用船舶在我国沿海区域各港口之间的运输。内河运输是指利用船舶、排筏和其他浮运工具,在江河、湖泊、水库及人工水道上进行的运输。

(4) 航空运输

航空运输是指使用飞机或其他航空器进行运输的一种形式。主要适合运载两类货物:一是价值高、运费承担能力很强的货物;二是紧急需要的物资。航空运输主要有班机、包机、集中托运3种运输方式。

(5) 管道运输

管道运输是利用管道输送气体、液体和固体料浆的一种运输方式。

表 3-2 和 3-3 分别给出了不同的运输方式适宜运输的货物和 5 种基本运输方式的比较。

表 3-2 不同运输方式适宜运输的货物

方　式	适宜运输的货物
公路运输	煤炭、粮食、木材、钢材、矿石、建筑材料等
铁路运输	大宗、笨重、需长途运输,如矿产、金属、畜牧等工农业原料及产品
水路运输	大宗、远程、时间要求不高的货物等
航空运输	急需、贵重、数量不大的物品
管道运输	主要是原油和成品油、天然气、煤浆及其他矿浆

表 3-3 5 种基本运输方式的比较

方　式	优　点	缺　点
公路运输	机动灵活,装卸方便,对各种自然条件适应性强	运量小,耗能多,成本高,运费贵
铁路运输	运量大,速度快,运费低,受自然因素影响小	造价高,短途运输成本高
水路运输	运量大,投资少,成本低	速度慢,灵活性、连续性差,受自然因素影响大
航空运输	速度快,运输效率高	运量小,耗能大,运费高,设备投资大,技术要求严格
管道运输	运具和线路合二为一,运量大,损耗小,安全性高	设备投资大,灵活性差

在实际业务中，一次运输的全过程并不是只有一种运输方式，而是将运输行程分为几个阶段，每个阶段采用最优的运输方式，这就是复合运输。复合运输是指行程中包含了两种或两种以上不同的运输方式。其目标是组合几种方式的优点，同时避免各自的缺点，如将水路运输的低成本与公路运输的弹性组合。

复合运输的主要问题是每次运输方式间的转换都会导致延迟和增加额外的处理费用，只有在这种转换能有效运作时才能实现。因此，复合运输的核心就是运输方式间的物料转换系统如何实现无缝对接，为此最佳的方法就是采用统一标准化的装卸措施。

3.2.2 运输业务流程管理

运输业务流程管理包括对企业提供的运输服务进行计划、安排、监督及货单审查、运价和服务谈判、货损索赔的预防和处理等活动。在日常工作中，各个运输管理部门管理的业务有所不同，但一般都包括以下业务程序（以公路运输的业务流程为例）。

（1）制订货运计划

制订货运计划的任务就是与采购、分销及与生产部门协调运输计划，运筹和监控运入和运出货物的日程，保证生产和流通的有序进行，不能因运输而使整个业务流程受阻。运输管理应保证在时间安排上不过早或过晚，否则将会因货位、车道拥挤，设备滞留和拖延而支付额外费用或罚款。

（2）选择运输企业与运输方式

运输管理工作涉及对货物运输公司及运输方式的选择。考虑到经济和资源的限制、竞争压力和客户需求，企业应选择最有效的运输方式和运输承运人。对运输承运人通过识别、分析、决策及评价等环节进行选择。无论使用哪种运输方式，都要考虑运输时间、运输价格、运输设备的可利用性、货差与货损等因素。

（3）安排运输服务工作

安排运输服务工作要与相关车辆调配人员取得联系，由他们安排空车或电话通知货运公司当地的调度人员。在这两种情况下，应向运输公司人员通报货主的姓名、接货地点和货物重量，有时还需通知货物体积、类别和到站情况，以便车辆到达后就可开始各项装卸货作业。

（4）运输和货运跟踪

运输和货运跟踪的工作包括连续跟踪货运过程和在必要时提醒运输公司中途改变运输路线。有些货主通过计算机网络直接与运输公司的货运系统联网。这样，每天都可以得到货主的所有车辆和货物位置的报告。货运跟踪对托运人和收货人都具有重要意义，据此他们能根据货运进程或出现的问题来及时调整生产计划并做好接货准备。

（5）验货和确定运费

验货是为一次货运确定适当运费的过程。托运人在运输公司填写货单前要会同承运人验货，这样可以避免或减少超收或少收运费情况的发生。

（6）审验和付费

审验是指检查运费的计费是否准确。这项工作在运输公司提出货单或付费后进行。一些企业由本单位审核，有的则在付费后再请外部人员完成这项工作。货单一般要经过运输部门核实后再交给财务部门。

（7）延期和滞留

延期费是由于装卸超过规定的时间而使运输工具耽搁，由运输公司向托运人或收货人收取的费用。滞留为铁路运输企业用语，概念与延期相同。运输管理人员一般要对延期和滞留负责监控、管理和付费。管理人员必须在装卸和人力成本与设备延期费用之间进行权衡比较，做出最优决策。

（8）索赔

运输公司在货运过程中，可能会发生货差和货损。运输管理人员应负责办理索赔，以补偿部分或全部损失。此外，还要处理货单多收(或少收)运费等事宜。

（9）自用货车和汽车车队的管理

在一些企业中，运输管理部门还要负责对自用货车和汽车车队的管理。为此，需要做好协调和管理工作，以降低车队成本和提供优质服务。

（10）运输管理预算

运输管理预算是防止超支的一项重要工作。运输管理人员应随时掌握现在和未来的各项活动及其开支，并与原定计划相对照。

物流运输管理人员必须熟悉上述业务流程，才能圆满完成运输管理任务。

3.2.3 运输管理合理化

物流合理化是物流系统化的重要内容。物流合理化可以理解为物流活动的成本、效率、效益、服务质量等方面尽可能的最优化。由于运输是物流中最重要的功能要素之一，因此物流合理化在很大程度上依赖于运输合理化。

1. 常见的不合理的运输形式

（1）返程或起程空驶

空车无货载行驶，是不合理运输的严重形式，但是在实际运输组织中，有时候必须调运空车，从管理上不能将其看成不合理运输形式。

（2）对流运输

对流运输也称"相向运输"或"交错运输"，指同一种货物，或彼此间可以互相代用而又不影响管理、技术及效益的货物，在同一线路上或平行线路上作相对方向的运送，而与对方运程的全部或一部分发生重叠交错的运输。

（3）重复运输

本来可以直接将货物运到目的地，但是在未达目的地之处，或目的地之外的其他场所将货卸下，再重复装运送达目的地，这是重复运输的一种形式。另一种重复运输的形式是同品种货物在同一地点一面运进，同时又向外运出。重复运输的最大弊端是增加了非必要的中间环节，这就延缓了流通速度，增加了费用。

（4）倒流运输

倒流运输是指货物从销地或中转地向产地或起运地回流的一种运输现象。其不合理程度要甚于对流运输，其原因在于，往返两程的运输都是不必要的，形成了双程的浪费。倒流运输也可以看成隐蔽对流的一种特殊形式。

（5）过远运输

过远运输是指调运物资舍近求远，近处有资源不调而从远处调，这就造成可采取近程运输而未采取，拉长了货物运距运输的浪费现象。过远运输占用运力时间长、运输工具周转慢、物资占压资金时间长、远距离自然条件相差大，又易出现货损，会增加费用支出。

（6）托运方式不当

托运方式不当是指，对于货主而言，可以选择最好托运方式而未选择，造成运力浪费及费用支出加大的一种不合理运输。例如，在运输容易生锈的铁制品时，就不应使用海运运输方式，因为长期在海上漂泊，容易使其生锈。

2. 选择合理运输的措施

（1）合理选择运输方式

每种运输方式都有自己的优势和劣势。其特点不同、使用范围不同直接导致选择运输方式时应综合对其进行比较分析。可通过对货物的运输要求及品质特征等进行分析从而综合决定选择何种运输方式，如价格、安全性及运输时间等。

（2）合理选择运输工具

商品的性质、数量不同，对运输工具的要求也不同，如有些对温度、湿度有特殊要求，易碎、易变质商品的运输。一般来说，应考虑以下几点，货物的特点、性质、运输速度和路程，运输能力和密度，运输费用。

（3）正确选择运输路线

尽量选择直达运输路线，以保证运输速度最快、运输时间最短，也可合理安排循环运输。总之，以最短路线完成运输任务为宜。

（4）合理利用运输能力

例如，在能源动力允许情况下，火车多加车厢、汽车挂车等都能提高运输能力，同时也节省了原料的耗费、劳动力的投入等，降低了单位货物的运输成本。

（5）通过流通加工使得运输合理化

有些产品由于本身性质的原因，很难实现运输合理化，但如果进行适当加工，就能有效解决这一问题，如将轻泡产品预先捆紧包装成规定的尺寸，就能大幅度提高装载量。

3.3 仓储管理

在社会生产与生活中，由于生产与消费节奏不统一，商品在流通过程中的储存和滞留就成为必然。如何在生产与消费或供给与需求的时间差中，妥善地保持商品的完好性，是物流过程中仓储环节必须要面对的问题。

3.3.1 仓储管理概述

1. 仓储的概念和功能

仓储是指通过仓库对商品进行储存和保管。它随着商品储存的产品而产生，又随着生产力的发展而发展。仓储是商品流通的重要环节之一，也是物流活动的重要支柱，在社会分工和专业化生产的条件下，为保持社会再生产过程的顺利进行，必须储存一定量的商品，以满足一定时间内社会生产和消费的需要，仓储应运而生。

仓储在物流中的主要功能可以概括为以下几点。

（1）可增加货物的价值

物流过程主要包括运输和仓储两个环节，它们用"移动"和"静止"有效衔接了"供给"与"需求"。运输是靠货物的位置移动来实现货物价值的功能，而传统的仓储是靠增加的货物时间实现货物增加价值的功能,如利用仓储对大宗商品低买高卖。现代仓储是指商品在流通过程中处于"停歇"或"静止"状态的物流形式。

（2）可保证社会再生产过程顺利进行

货物的仓储过程不仅是商品流通的必要保证,也是社会再生产过程得以顺利进行的必要条件。商品的生产过程需要原材料、零件、配件的准备和供给,商品生产的链条中如果缺少了仓储过程,生产就难以实现,商品的再生产过程也将停止。

（3）可优化商品流通和降低流通费用

物流过程中的仓储环节是商品流通网络中的一个节点。仓储作业可以使商品流通顺畅,加快商品流通的速度,降低商品流通总体成本。仓储通过储存、分拣等过程使商品在流通过程中单位商品流通距离缩短、时间减少,从而降低商品流通的综合成本。

（4）可保证商品在流通过程中的质量

在仓储环节,对流通商品进行检验,加强商品进入市场前的质量检查工作,可以最大限度地防止不合格商品流入市场。因此,做好商品进出库的检验工作,并管理好商品的在库质量是仓储环节的重要任务。

（5）为商品进入市场做好准备

在仓储环节,可以进行商品的整理、包装、质检、分拣、贴标签、再加工等工作。在销售末端环节运营成本越来越高的情况下,尽可能地利用仓库集中作业的低成本和有效性,可以为下一个流通环节提供方便、创造价值。

（6）为生产提供方便

为优化生产和流通环节,使生产过程品种简化、流通环节减少存货品种,可以在仓储环节开展部分的后续生产,以达到减少生产或储存成本的目的,从而快速应对客户对产品的特殊要求,并减少生产和存货的品种数量。

（7）为逆向物流提供场所

一般意义的仓储是为商品从原材料到产成品的流通过程提供场所,而现代商品流通则向着可持续发展方向发展,商品包装物在使用后的回收越来越被企业重视。商品流通对逆向物流提出了新的要求,仓库也是逆向物流必不可少的通道和场所。

2. 仓储管理的内容

仓储管理是指服务于一切库存商品的经济技术方法与活动。很显然,仓储管理的定义指明了其所管理的对象是"一切库存商品",管理的手段既有经济的,又有纯技术的。仓储管理工作包括以下几个方面的内容。

（1）仓库的选址与建设

它包括仓库的选址原则、仓库建筑面积的确定、库内运输道路与作业的布置等环节。仓库的选址和建设是仓库管理战略层所研究的问题，它涉及公司长期战略与市场环境相关的问题，会对仓库长期经营过程中的服务水平和综合成本产生非常大的影响，所以必须提到战略层面来对待和处理。

（2）仓库机械作业的选择与配置

它包括如何根据仓库作业特点和储存商品的种类及其特性，选择机械装备并确定应配备的数量，如何对这些机械进行管理等。现代仓库离不开仓库所配备的机械设施，如叉车、货架、托盘和各种辅助设备等。恰当地选择利用于不同作业类型的仓库设施和设备可大大降低仓库作业中的人工作业劳动量，并提高货品流通的顺畅性和保障货品在流通过程中的质量。

（3）仓储作业组织和流程

它包括设置什么样的组织结构，各岗位的责任如何分工，存储过程中如何处理信息组织作业流程等。仓库的作业组织和流程随着作业范围的扩大和功能的增加而变得复杂，现代大型物流中心要比传统的储存型仓库组织机构大得多，流程也复杂得多。设计合理的组织结构和明确分工是仓储管理目标得以实现的基本保证。合理的信息流程和作业流程使仓储管理高效、顺畅，并达到客户满意的要求。

（4）仓储管理技术的应用

现代仓储管理离不开现代管理技术与管理手段，例如，选择合适的编码系统、安装仓储管理系统、实行 JIT 管理等先进的管理方法。现代物流越来越依靠现代信息和现代管理技术，这也是现代物流区别于传统物流的主要特点之一。商品的编码技术和仓储管理系统极大地改善了商品流通过程中的识别和信息传递与处理过程，使得商品的仓储信息更准确、快捷，成本也更低。

（5）仓库的作业管理

仓库作业管理是仓储管理日常所面对的最基本的管理内容。例如，如何组织商品入库前的验收、如何安排库位存放入库商品、如何对在库商品进行合理保存和发放出库等。仓库的作业管理是仓库日常所面对的大量和复杂的管理工作，只有认真做好仓库作业中每一个环节的工作，才能保证仓储整体作业的良好运行。

（6）仓储综合成本控制

成本控制是任何一个企业管理者都应实现的重要工作目标，仓储管理也不例外。仓储的综合成本控制要考虑库房内仓储运作过程中各环节的相互协调关系，以平衡局部的利益和总体利益最大化的关系。选择成本控制方法和手段，对仓储过程每一个环节的作业表现和成本加以控制是实现仓储管理目标的要求。

3.3.2 仓储作业管理

仓储作业管理是根据仓库总平面布置和储存任务，确定各类商品的储存位置和储存方法，以使商品有明确的存放货位。合理的商品储存规划既能合理利用仓库设施，使商品储位明确，又便于储存商品的收发、分拣、配送作业，有利于商品的保管保养和仓储作业顺畅。

1. 仓储作业的过程

仓储作业是指物品储存过程中所发生的所有作业活动的总称。仓储作业主要包括接货、验收、入库、保管、保养、出库和发运等环节。不同形式的储存，其作业内容有所不同。以利用仓库作为储存设施的作业为例，其一般程序如图 3-1 所示。

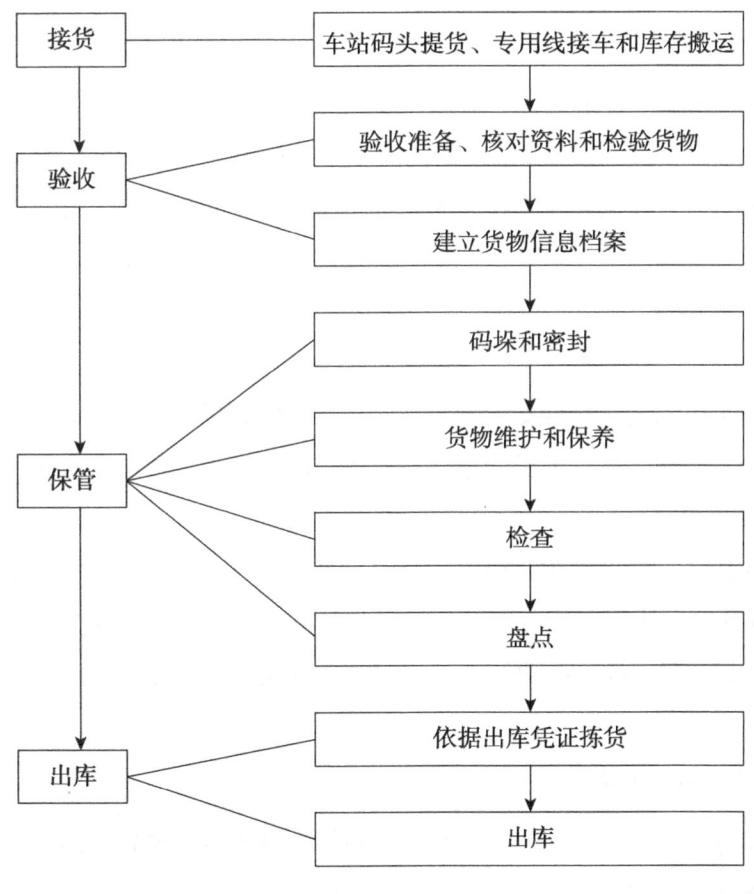

```
接货 ──── 车站码头提货、专用线接车和库存搬运
 │
 ▼
验收 ──── 验收准备、核对资料和检验货物
 │         │
 │         ▼
 │        建立货物信息档案
 │         │
 ▼         ▼
保管 ──── 码垛和密封
 │         │
 │         ▼
 │        货物维护和保养
 │         │
 │         ▼
 │        检查
 │         │
 │         ▼
 │        盘点
 │         │
 ▼         ▼
出库 ──── 依据出库凭证拣货
           │
           ▼
          出库
```

图 3-1 仓储作业的过程

2. 仓储作业的内容与要求

（1）接收入库

货物入库流程为：订购单—送货单—点收检查—办理入库手续—物品放置到指定位置—物品标识卡加以标识。货物入库要求能最快、最准确地将接收到的到货信息转换为入库计划、仓位分配和堆码方案等有用的作业信息。

（2）货物储存

货物储存应首先根据托盘载重的参数选择储存的位置和大小，以实现仓库最大空间利用率。这要求仓库建立一个仓位管理系统，明确货物存放位置和数量。

一个高效的仓位管理系统具有以下功能：①载货能被放到任何一个货架，允许被存放的任何一个可得的空位，这样可以大大增加仓位的利用；②可根据仓位的储存状况进行周期性盘点，并与人工实际盘点量核对，有利于减少可能发生的差错；③能及时更新存货批量和仓位的记录，为仓库管理者提供及时的有用信息，有助于以后的入库、拣货和生产决策的制定。

（3）出库

货物出库的流程为：订单处理—拣选—复核—包装—点交—登账—清理。其中，拣选作业是仓库在接受订货指示、发出货票的同时，拣选人员按照商品分列的清单在库内寻找、提取所需商品的过程。仓位定位系统是实现高效的订单拣货的基础。在多层仓位和区域拣货环境中，仓位选择的准确性对于避免储存货物的废弃和减少完成一个订单所必须前往的仓位数都是十分重要的。

（4）发货

发货是将确定已拣选货物根据收货地点转移到指定区域，以便对来自多个拣货区域的订单控制和整合。同时，通过电子数据交换系统将顾客订单文件、托运单及货物的检验和装载信息发送给顾客。

仓储作业操作还有许多其他功能，比如，从作业角度对员工的绩效进行监督（作业成本计算）；对所有储存活动进行查账，便于纠错；保存生产数据文件，跟踪、存取订单从接单到发货的状态；记录各项活动的报告，用于管理仓储。仓库管理系统建立对提高作业效率具有重要作用。

3. 仓储作业的管理目标

一个仓库储存系统主要由空间、货品、人员、存储设备、搬运与输送设备构成。从仓储组成看，仓库作业管理的目标如下。

（1）仓库空间利用率最大化。这样能够有效地利用空间，减少库房的闲置。

（2）劳动力及设备使用率最大化。做到物尽其用，追求运营成本最小化。

（3）保证所有物品都能随时被存取。因为储存增加商品的时间价值，所以，若能做到一旦有需求时，立即就能满足需要的仓库贮存系统，才算是有计划的储位系统及良好的库房布置。

（4）使物品能够被有效移动。在储存区内进行的大部分活动都是物品的搬运，搬进与搬出物品时需要很多人员及设备。因此，人力与机械设备的操作应保证经济和安全，从而使物品能够被有效转移。

（5）保护好储存的物品。储存的目的在于保证物品在出货前质量完好。所以，必须保证被储存物品在储存期间免受自然或人为因素的影响。

3.3.3 仓储管理合理化

所谓仓储合理化是指用最经济的办法实现仓储的功能，这是合理化的前提和本质。实现合理化的仓储首先要明确仓储合理化的标志并实现仓储的功能，其次如果过分强调仓储功能，又会导致仓储货物的数量过大。所以，合理仓储的实质是尽量保证在低成本的投入下实现仓储功能。

1. 仓储合理化的标志

实现最低成本而又能充分满足客户需求的仓储数量是衡量仓储管理中合理化的一个重要原则。具体仓储合理化标志见表3-4，包括质量标志、数量标志、时间标志、结构标志、费用标志、分布标志6项。

表3-4 仓储合理化标志

标志类型	仓储合理化内容
质量标志	保证被仓储物的质量，是完成仓储功能的根本要求。只有这样，商品的使用价值才能通过物流得以最终实现。在仓储中增加了多少时间价值或是得到了多少利润，都是以保证质量为前提的。所以，仓储合理化的主要标志中，为首的应是反映使用价值的质量
数量标志	仓储管理中物品数量控制体现出整个仓储管理的科学化和合理化程度。一个合理的仓储数量应该既能满足需求而又能做到成本最低
时间标志	在保证仓储功能实现的前提下，寻求一个合理的储存时间。要求仓储管理中，物品的管理应该处于动态的、不断周转的状态。资金的周转率高，运作的成本就低。因此，仓储的时间标志反映出仓储的动态管理制度
结构标志	从所储存物品不同品种、不同规格、不同花色的仓储数量的比例关系可以对仓储合理性进行判断

续表

标志类型	仓储合理化内容
费用标志	从仓储费、维护费、保管费、损失费、保险费和资金占用利息支出费用等实际费用判断仓储合理与否
分布标志	指不同地区仓储的数量比例关系，以此判断当地需求比，以及对需求的保障程度，也可以此判断仓储对整个物流的影响

2. 仓储合理化的主要内容

（1）仓库选址

物品仓储，离不开仓库，仓库建设要求布局合理。仓库选址，对于物品流通速度和流通费用有着直接的影响。仓库的布局要与工农业生产的布局相适应，应尽可能地与供货单位靠近，这就是所谓"近场近储"的原则，否则，就会造成工厂远距离送货的困难。物品供应外地的，仓库选址要考虑临近的交通运输条件，力求接近车站码头，以便物品发运，这就是所谓"近运近储"的原则。

（2）仓储数量

在保证功能实现前提下，物品仓储应该在一个合理的数量范围内，即在新的物品运到之前有一个正常的能保证供应的库存量。影响合理量的因素很多，首先是社会需求量，社会需求量越大，库存储备量就越多；其次是运输条件，运输条件好，运输时间短，则仓储数量可以相应减少；最后是物流管理水平和技术装备条件，如进货渠道、中间环节、仓库技术作业等，都将直接或间接地影响物品库存量的水平。

（3）仓储结构

仓储结构指对不同品种、规格、型号的物品，根据消费的要求，在库存数量上确定彼此之间合理的比例关系。它反映了库存物品的齐备性、配套性、全面性和供应的保证性，尤其是相关性很强的各种物资之间的比例关系更能反映仓储合理与否。

（4）仓储时间

仓储时间即每类物品要有恰当的储备保管天数。合理的仓储时间要求储备天数不能太长也不能太短，储备天数过长就会延长资金占用，储备天数过短就不能保证供应。仓储时间主要根据流通销售速度来确定，其他如运输时间、验收时间等也是应考虑的影响因素。

（5）仓储网络分布

仓储网络分布指不同地区仓储的数量比例关系。仓储网络分布可用于判断仓储数量与当地需求比，对需求的保障程度，也可以由此判断对整个物流的影响。仓储网点布局直接影响到仓库供货范围,对生产领域和流通领域都有较大的影响。生产系统中仓库网点少,储存量相对集中,库存占用资金较少,但要求送货服务要具有很高的服务水平,否则,可能延误生产。流通系统中的批发企业仓储网点相对集中,要考虑相对加大储存量,利用仓储网点合理布局、储存来调节市场供应,以起到"蓄水池"的作用。零售企业一般附设小型仓库,储存量较小,应当加快商品周转。采用集中配送货物的连锁店,可将库存降至最低水平,甚至是"零库存"。

(6)仓储费用

仓租费、维护费、保管费、损失费、资金占用利息支出等的高低,都能作为判断仓储合理与否的标准。

3.4 装卸搬运管理

装卸搬运是随运输和保管而产生的必要的物流活动,是衔接运输、保管、包装、流通加工等物流活动的中间环节,如货物的装上卸下、移送、拣选、分类等。在物流活动的全过程中,装卸搬运活动是频繁发生的。对装卸搬运的管理,主要是使装卸搬运方式、装卸搬运机械设备的选择和合理配置与使用及装卸搬运合理化,尽可能减少装卸搬运次数,以节约物流费用,获得较好的经济效益。

3.4.1 装卸搬运管理概述

1. 装卸搬运的概念

在同一地域范围内(如车站范围、工厂范围、仓库内部等)以改变"物"的存放、支撑状态的活动称为装卸,以改变"物"的空间位置的活动称为搬运,两者的全称为装卸搬运。有时候或在特定场合,单称"装卸"或单称"搬运"也包含了"装卸搬运"的完整涵义。

在习惯使用中,物流领域(如铁路运输)常将装卸搬运这一整体活动称作"货物装卸";在生产领域中常将这一整体活动称作"物料搬运"。实际上,它们活动内容都是一样的,只是领域不同而已。在实际操作中,装卸与搬运是密不可分的,两者是相伴发生的。因此,物流科学并不过分强调两者差别,而是将它们作为一种活动来对待。

"装卸"与"搬运"的主要区别是:"装卸"是指在商品空间上发生的以垂直方向为主

的位移，而"搬运"则是指商品在区域内所发生的短距离，以水平方向为主的位移。由于商品在空间上只发生绝对的垂直位移或只发生绝对的水平位移的情况很少，多数情况都是两者的复合运动，因此，有时以垂直位移为主即"装卸"，以水平位移为主即"搬运"。

2. 装卸搬运的特点

（1）装卸搬运是附属性、伴生性的活动

由于装卸搬运是物流每一项活动开始及结束时必然发生的活动，因而常常被忽视，有时被看作是其他操作不可缺少的组成部分。例如，一般而言的"汽车运输"就实际包含了相随的装卸搬运，仓库中泛指的保管活动，也含有装卸搬运活动。

（2）装卸搬运是支持、保障性活动

装卸搬运的附属性不能理解成是被动的，实际上，装卸搬运对其他物流活动也具有一定的决定性作用。装卸搬运会影响其他物流活动的质量和速度，例如，装车不当，会引起运输过程中货物的损失；卸放不当，会使货物转换成下一步运动时遇到困难。许多物流活动在有效的装卸搬运支持下才能高水平完成。

（3）装卸搬运是衔接性的活动

任何其他物流活动互相过渡时，都是以装卸搬运来衔接的，因而，装卸搬运往往是整个物流的"瓶颈"，是物流各功能之间能否形成有机联系和紧密衔接的关键。建立一个有效的物流系统，关键看装卸搬运这一衔接是否有效。比较先进的系统物流方式——联合运输方式就是要着力解决这种衔接问题。

商品的装卸贯穿于商品实体运动的全过程。无论是商品的运输、储存和保管，还是商品的配送、包装和流通加工都伴随着装卸作业。在整个物流活动中，装卸搬运所占的比重很大。因此，装卸效率的高低、装卸质量的好坏、装卸成本的高低，都与整个物流活动是否高效关系密切。可以说，装卸合理化也是物流合理化的一个重要前提，改善装卸作业是加速车船周转、加快商品运达速度、减少资金占用、简化包装和减少货损的重要手段，对提高物流总体效益具有重要作用。

3.4.2 装卸搬运技术

装卸搬运的技术水平是装卸搬运作业现代化的重要标志之一。装卸搬运技术的发展极大地减轻了人们的劳动强度，提高了物流运作效率和服务质量，降低了物流成本，在物流作业中起着重要作用。

1. 起重技术

起重技术用于垂直升降或水平移动货物，以满足货物的装卸、转载等作业要求。多数起重机械在吊具取料之后即开启垂直或垂直兼有水平的工作行程，货物到达目的地后卸载，再空行到取料地点，完成一个工作循环，之后再进行第二次吊运。不同类型起重机的对比见表 3-5。

表 3-5 不同类型起重机的对比

起重机	特点
轻小型起重机	一般只作升降运动或一个直线方向移动，只需要具备一个运动机构，大多体积小、重量轻、使用方便。轻小型起重设备主要包括起重滑车、吊具、千斤顶、手动葫芦、电动葫芦和普通绞车
桥式类起重机	用一个横跨空间的横梁或桥架支撑起升机构、小车运行机构和大车运行机构，完成起重作业，其特点是依靠这些机构的配合动作，可使挂在吊钩或其他取物装置上的重物在一定的立体空间内起升和搬运
臂架式起重机	特点与桥式类起重机基本相同。结构包括起升机构、变幅机构、旋转机构。依靠这些机构的配合动作，可使重物在一定的圆柱形空间内升降和搬运
垛式起重机	可以在自动化仓库高层货架之间或高层码垛货场完成取送、堆垛、分拣等作业

2. 连续输送设备

连续输送机械是一种可以将物资在一定的输送线路上，从装载起点到卸载终点以恒定的或变化的速度进行输送，形成连续或脉动物流的机械。它具有在一个区间内能连续搬运大量货物、搬运成本非常低廉、搬运时间比较准确、货流稳定等特点，因此被广泛用于现代物流系统中。在现代化货物或物料搬运系统中，连续输送机械起着重要的作用，是生产加工过程中组成机械化、连续化、自动化的流水作业运输线中不可缺少的组成部分，是自动化仓库、配送中心、大型货场的生命线。

尽管连续输送机械具有诸多优点，但是由于它只能按照一定的路线输送，每种机型只能用于一定类型的货物，一般不适于运输重量很大的单件物品，所以通用性较差。此外，大多数连续输送机都不能自行取货，因而需要一定的供料设备。

3. 装卸搬运车辆

装卸搬运车辆是依靠机械本身的运行和装卸机构的功能，实现物资的水平搬运和装卸、码垛（小部分车辆无装卸功能）的车辆。装卸搬运车辆机动性好，实用性强，广泛地应用于仓库、港口、车站、车间和集装箱内的作业。常用的 3 种装卸搬运车辆的对比见表 3-6。

表 3-6 不同类型装卸搬运车辆的对比

装卸搬运车辆	特　点
叉　车	具有一副水平伸出的叉臂，叉臂可做上下移动。叉车在堆码、装卸作业和搬运、移动作业等方面十分灵活便利，因此是目前使用最广泛的装卸机械
搬运车	主要用于短距离搬运货物，由于载货平台低，且起升高度有限或者没有起升能力，所以一般不具备装卸功能
牵引车和挂车	牵引车只有动力，没有装载能力，主要用于拖带火车或挂车，可较远距离运输，一台牵引车可以牵引很长一列挂车。挂车则没有动力，有一个载物平台，仅用于装载货物。牵引车经常和挂车组合使用。挂车可长可短，可任意组合，十分灵活。缺点是需要大量人员参与，而且经常闲置，使用率低，不经济。比较适合长期运输量大的场合，如码头、铁路的中心货站，大型企业的原材料仓库等场所

3.4.3 装卸搬运的工作组织

1. 装卸搬运的基本要求

为了提高物流质量和效率，装卸搬运作业应当注意以下几项要求。

（1）减少不必要的装卸环节

从物流过程分析，装卸搬运作业环节不仅没有增加货物的价值和使用价值，反而有可能增加货物破损的可能性和相应的物流成本。系统地分析研究物流过程各个装卸搬运作业环节的必要性，取消、合并装卸搬运作业环节和次数，避免进行重复的或可有可无的装卸搬运作业，这是减少不必要装卸搬运环节的措施。

（2）提高装卸搬运作业的连续性

必须进行的装卸搬运作业应遵循流水作业原则，各工序间应密切衔接，必须进行的换装作业也应尽可能采用直接换装方式。

（3）相对集中装卸地点

装载和卸货地点的相对集中可以减少装卸工作量。在货物堆场上，应将同类货物的作业集中在一起完成，以便于装卸搬运作业实现机械化和自动化。

（4）力求设备、设施、工艺等实现标准化

为了促进物流各环节的顺畅衔接，装卸搬运作业各工艺阶段间的工艺、装备、设施、效率就要与组织管理工作相协调。装卸搬运作业的工艺、装备、设施、货物单元或包装、运载工具、集装工具、信息处理等作业的标准化、系列化、通用化是装卸搬运作业实现机械化、自动化的基本前提。

(5) 提高货物集装化或散装化作业水平

成件货物集装化、粉粒状货物散装化是提高作业效率的重要方向。所以，成件货物尽可能集装成托盘、集装箱、货捆、货架和网袋等货物单元再进行装卸作业。各种粉粒状货物尽可能采用散装化作业，直接装入专用车、船、库。不宜大量化的粉粒状货物也可装入专用托盘箱、集装箱内，以提高货物活化指数，便于采用机械设备开展装卸作业。

(6) 做好装卸搬运现场组织工作

合理设计装卸搬运现场的作业场地、进出口通道、作业线长度和人机配置能使现有的和潜在的装卸搬运能力充分发挥或被发掘出来，避免由于组织管理工作不当而出现装卸搬运现场拥挤、阻塞、紊乱的情况，确保装卸工作能够安全顺利地进行。

2. 装卸搬运机械的选择

为了保证装卸搬运工作高效、经济完成，就要特别注意装卸搬运机械配置及主体装卸搬运机械设备类型的选择。装卸搬运作业机械的配置选择应遵循以下原则。

(1) 根据作业性质和作业场合进行选择

明确作业是单纯的装卸或搬运还是装卸、搬运兼顾，从而选择更合适的装卸搬运机械。如果是以搬运为主，则采用输送带等设备；若以装卸为主，则可选择吊车；装卸和搬运均存在的作业场所则可选择叉车等设备。

另外，根据物流作业场合的具体情况，可根据需要选择合适的装卸搬运机械类型。例如，在有铁路专用线的车站、码头、仓库等，可选择门式起重机；在库房内可选择桥式起重机；在使用托盘和集装箱作业的生产条件下可尽量选择叉车和跨载起重机。

(2) 根据作业运动形式进行选择

装卸搬运作业运动形式不同，需配置的机械设备也不同。水平运动可选用卡车、连续运输机、牵引机、小推车等机械，垂直运动可选用提升机、起重机等机械。

(3) 根据作业量进行选择

机械设备的作业能力应该和装卸搬运作业量大小相适应，作业量大时，应配备作业能力较强的大型专用机械设备；作业量小时，最好采用构造简单、造价低廉而又能保持相当生产能力的中小型通用机械设备。

(4) 根据货物种类、性质进行选择

货物的物理性质、化学性质，以及外部形状和包装千差万别，有大小、轻重之分，有固体、液体之分，又有散装、成件之分，所以，它们对装卸搬运设备的要求也不尽相同。

(5) 根据搬运距离进行选择

长距离搬运一般选用火车、船舶、载货汽车、牵引机和挂车等运输设备，较短距离可选用叉车、跨运车、连续运输机等机械设备。为了提高机械利用率，应当结合设备种类的特点，使行车、货运、装卸、搬运等作业密切配合。

3.5 流通加工管理

流通加工是指在物品从生产领域向消费领域流动的过程中，为了促进产品销售、维护产品质量和实现物流效率化，对物品进行加工处理，使物品发生物理或化学变化的一系列工作。这种在流通过程中对商品的进一步辅助性加工，可以弥补企业、物资部门、商业部门生产过程中加工程度的不足，更有效地满足用户的需求，更好地衔接生产和需求环节，使流通过程更加合理化，是物流活动中的一项重要增值服务，也是现代物流发展的一个重要趋势。流通加工的内容有装袋、定量化小包装、拴牌子、贴标签、配货、挑选、混装、刷标记等。

3.5.1 流通加工管理概述

1. 流通加工的概念

流通加工是一种特殊的物流功能要素，是在物品从生产领域向消费领域流动的过程中，为了促进销售、维护产品质量和提高物流效率，对物品进行的加工；使物品发生物理变化、化学变化或形态变化，以满足消费者多样化需求和提高服务水平的附加值的需要。我国国家标准《物流术语》GB/T 18354–2006 对流通加工的定义是："物品在从生产地到使用地的过程中，根据需要施加包装、分割、计量、分拣、刷标志、拴标签、组装等简单作业的总称。"

2. 流通加工与生产加工的区别

流通加工是在流通领域从事的简单生产活动，具有生产制造的性质。流通加工和一般的生产加工在加工方法、加工组织、生产管理等方面并无显著区别，但在加工对象、加工程度等方面差异较大，其主要差别见表3-7。

表 3-7 流通加工和生产加工的区别

类 别	生产加工	流通加工
加工对象	原材料、零配件、半成品	进入流通过程的产品
所处环节	生产加工	流通过程
加工程度	完成大部分复杂加工	简单的、辅助性的补充加工

续表

类　别	生产加工	流通加工
附加价值	创造价值和使用价值	完善其使用价值并提高价值
加工单位	生产企业	流通企业
加工目的	交换、消费	消费、流通

3. 流通加工的类型

从充分体现流通加工对物流服务功能增强的角度来看，流通加工可分为以下几类。

（1）为弥补生产领域加工不足的深加工

许多产品在生产领域的加工只能到达一定程度，这是由于许多因素限制了生产领域使其不能完全实现终极加工。例如，钢铁厂的大规模生产只能按标准规定的规格生产，以使产品有较强的通用性，使生产能有较高的效率和效益；木材如果在产地将成材制成木制品的话，就会给运输造成极大困难，所以原生产领域只能加工到圆木、板方材这个程度，进一步的下料、切割、处理等加工则由流通加工完成。

这种流通加工实际是生产的延续，是生产加工的深化，对弥补生产领域加工不足有重要意义。

（2）为满足需求多样化进行的服务性加工

现代生产的要求是生产型用户能尽量减少流程，尽量集中力量从事较复杂的、技术性较强的劳动，而不应将大量初级加工包揽下来。这种初级加工带有服务性，由流通加工来完成，而生产型用户便可以缩短自己的生产流程，提高生产技术密集程度。

（3）为保护产品所进行的流通加工

直到用户投入使用前的这段物流过程都存在对产品的保护问题，以防止产品在运输、储存、装卸、搬运、包装等过程中受到损失，从而使使用价值顺利实现。这与前两种加工不同，这种加工并不改变进入流通领域的"物"的外形及性质。这种加工主要包括稳固、改装、冷冻、保鲜、涂油等。

（4）为提高物流效率进行的流通加工

有一些产品本身的形态使之难以进行物流操作。例如，鲜鱼的装卸、储存操作困难；过大设备搬运、装卸困难；气体运输、装卸困难等。进行流通加工，可以使物流各环节易于操作，如鲜鱼冷冻、过大设备解体、气体液化等。这种加工往往只改变"物"的物理状态，但并不改变其化学特性，并最终仍能使其恢复到原物理状态。

（5）为促进销售的流通加工

流通加工可以从若干方面起到促进销售的作用。例如，将过大包装或散装物（这是提高物流效率所要求的）分装成适合一次销售的小包装的分装加工；将原以保护产品为主的运输包装改换成以促进销售为主的装饰性包装，以起到吸引消费者、指导消费的作用；将零配件组装成用具、车辆以便于直接销售；将蔬菜、肉类洗净切块以满足消费者要求，等等。这种流通加工不是改变"物"的本体，只进行简单改装的加工，也有许多是组装、分块等深加工。

（6）为提高加工效率的流通加工

许多生产企业的初级加工由于数量有限、加工效率不高，企业很难在这一环节使用先进科学技术。流通加工以集中加工形式，克服了单个企业加工效率不高的弊病。以一家流通加工企业代替若干生产企业的初级加工工序，提高流通加工的效率。

（7）衔接不同运输方式的流通加工

在干线运输及支线运输的节点设置流通加工环节，可以有效解决大多品种、少批量、多批次末端运输和集货运输之间的衔接问题，在流通加工点与大生产企业间形成大批量、定点运输的渠道，又以流通加工中心为核心，组织对多用户的配送，也可在流通加工点将运输包装转换为销售包装，从而有效衔接不同目的的运输方式。

3.5.2 流通加工管理合理化

流通加工合理化的含义是实现流通加工的最优配置，它不仅能做到避免各种不合理现象，使流通加工有存在价值，而且能做到最优选择。为避免不合理现象，对是否设置流通加工环节，在什么地点设置，选择什么类型的加工，采用什么样的技术装备等，需要做出正确抉择。实现流通加工合理化的措施如下。

（1）加工和配送结合

将流通加工设置在配送点中，一方面按配送的需要进行加工，另一方面加工又是配送业务流程中分货、拣货、配货之一环，加工后的产品直接投入配货作业。这就无需单独设置一个加工的中间环节，从而使流通加工有别于独立的生产，并使流通加工与中转流通有机结合在了一起。同时，由于配送之前有加工，配送服务水平也得到了提高。这是当前对流通加工做合理选择的重要形式，在煤炭、水泥等产品的流通中已表现出较大的优势。

（2）加工和合理运输结合

用流通加工，在支线运输转干线运输或干线运输转支线运输这本来就必须停顿的环节，不进行一般的支转干或干转支,而是按干线或支线运输合理的要求进行适当加工,从而大大提高了运输效率及运输转载水平。

(3)加工和节约结合

节约能源、节约设备、节约人力、节约耗费是流通加工合理化应重点考虑的因素,也是目前我国设置流通加工,考虑其合理化的较普遍形式。

对于流通加工合理化的最终判断,是看其是否能够提高社会的和企业本身的两个效益,而且是否取得了最优效益。对流通加工企业而言,它与一般生产企业的重要不同之处是,流通加工企业更应树立社会效益第一的观念,只有在明确补充完善为己任的前提下才有生存的价值。如果只是追求企业的微观效益,不适当地进行加工,甚至与生产企业争利,这就有违于流通加工的初衷,或者其本身已不属于流通加工范畴了。

3.6 配送管理

配送是物流中一种特殊的、综合的活动形式,是商流与物流的紧密结合,它几乎包括了物流所有的功能要素,是物流的一个缩影,或在某个小范围中物流全部活动的体现。一般的配送都集装卸、包装、保管、运输于一身,完成这一系列活动才能实现将货物送达的目的。特殊的配送则还要以加工活动为支撑,所以涉及的面更广。

3.6.1 配送管理概述

1. 配送的概念

配送是指按用户的订货要求,在物流据点开展分货、配货等工作,并将配好的货物按时送达指定的地点和收货人的物流活动。

我国国家标准《物流术语》GB/T 18354-2006对配送的定义如下:"在经济合理区域范围内,根据客户需求,对物品进行拣选、加工、包装、分割、组配等作业,并按时送达指定地点的物流活动。"

配送是流通领域中一种以社会分工为基础的,综合性、完善化和现代化的送货活动。可以从以下两个方面理解配送。

(1)配送实质是送货

配送是一种送货活动,但和一般送货又有区别:一般送货可以是一种偶然的行为,而配送却是一种固定的形态，甚至有确定组织、确定渠道，有一套装备和管理力量、技术力量，有一套制度形式。所以，配送是高水平的送货形式。

（2）配送是综合性的、一体化的物流活动

从作业环节看，配送包含着货物运输、集货、储存、理货、拣选、配货、配装等活动；从运作程序上看，配送贯穿收集信息、配货、运送货物等多个环节。

2. 配送的作用

配送是物流过程的重要环节，其推动物流合理化和完善物流系统的作用包括以下 4 个方面。

（1）完善运输和整个物流系统

科学进步带来运输工具的改善，使得干线运输（如铁路、水运）得到了较为充分的发展。但是，物流系统在完成干线运输后，要求以支线运输和小搬运来完成末端运输，这种末端运输成了物流系统中的薄弱环节。配送将支线运输和小搬运结合起来，发挥了灵活性、适应性和服务性的特点，使整个物流系统得到了优化和完善。

（2）使单位存货成本下降，增加了调节能力，提高了经济效益

采用准时制配送方式后，生产企业可以依靠配送中心的准时制配送进行准时制生产，只需保持较低的库存，从而降低了库存占用资金，改善了企业的经营状况。

（3）简化了采购等事务，减少了生产风险

由于客户只需向一处提出订货就能达到向多处采购的目的，因而简化了事务，方便了客户，提高了末端物流的效益。同时，配送中心的集中存货还可以调节企业间的供求关系，降低企业因断货、缺货而影响生产的风险。

（4）为电子商务的发展提供了支持。

配送满足了电子商务的发展需要。一旦配送服务不能与电子商务相匹配，网上购物方便、快捷的优势就无法得到充分发挥。

3. 配送的基本环节

配送的一般流程如图 3-2 所示，这些流程大致可分为 4 个基本环节，分别是备货（集货）、理货、流通加工和送货。

进货 → 储存 → 分拣 → 理货 → 加工 → 配装 → 出货 → 送货

图 3-2 配送的一般流程

（1）备货

备货是指准备和筹集货物等活动的统称，它是配送的基础环节。备货包括两项基本活动：筹集货物和储存货物。

① 筹集货物。在不同的配送方式下，筹集货物的工作是由不同行为主体完成的。若生产企业直接进行配送，则筹集货物的工作就由生产企业自己完成的。如果是专业化的流通企业进行配送，则筹集货物的工作会出现两种情况：

由提供配送服务的配送企业直接承担，一般是通过向生产企业订货完成组织货源的工作；

选择商流、物流分开的模式进行配送，筹集货物的工作通常由货主自己去做，配送组织只负责进货和集货等工作，货物所有权属于接受配送服务的顾客。

② 储存货物。储存货物是购物和进货活动的延续。在配送活动中，货物储存有两种表现形态，分别是暂存形态和储备形态。暂存形态的储存按照分拣、配货工序的要求，在理货场地储存少量货物。这种形态的货物储存是为了适应"日配""即时配货"的需要而设置的，其数量多少会对下一个环节的工作方便与否会产生很大的影响，但不会影响储存活动的总体效益。储备形态是按照一定时期配送活动要求和根据货源的到货情况有计划地确定的，它是使配送持续运作的资源保证。因此，货物储备合理与否会直接影响配送的整体效益。备货是决定配送成功与否、规模大小的最基础的环节。同时，它也是决定配送效益高低的关键环节。如果备货不及时或不合理，又或者成本较高，都会大大降低配送的整体效益。

（2）理货

理货即按照客户需要，对货物进行分拣、配货、包装等一系列操作性活动。理货是配送业务中操作性最强的环节。理货包括货物分拣、配货和包装等经济活动。货物分拣是采用适当的方式和手段，从储存的货物中分出用户所需要的货物。分拣货物一般采取摘取式和播种式两种操作方式。

摘取式分拣方式类似于人们进入果园，在一棵树上摘下已成熟的果子后，再转到另一棵树上去摘果子，所以被称为摘取式，又称为按单分拣，是指分拣人员或分拣工具巡回于各个储存点，按订单所要求的物品完成配货的过程。播种式分拣作业方式类似于农民在土地上播种，一次取出几亩地所需的种子，在地上巡回播撒，所以被称为播种式，又称为批量分拣，是指由分货人员或分货工具从储存点集中取出各个客户共同需要的某种货物，然后巡回于各客户的货位之间，按每个客户的需要量分放后，再集中取出共同需要的第二种货物，如此反复进行，直至客户需要的所有货物都分放完毕，即完成各个客户的配货工作。

（3）流通加工

在配送过程中，根据用户要求或配送对象的特点，有时需要在未配送之前先对货物进行加工，如钢材剪裁、木材截锯等，以求提高配送质量，更好地满足用户需要。融合在配送中的货物加工是流通加工的一种特殊形式，其主要目的是使配送的货物完全适合用户的需要和提高资源的利用率。

（4）送货

送货是配送业务的核心，也是备货和理货工序的延伸。在物流运动中的送货实际上就是货物的运输。所以，常常以运输代表送货。但是，组成配送活动的运输与通常所讲的"干线运输"是有很大区别的，前者是由物流体系中的运输派生出来的，多表现为"末端运输"和短距离运输，并且运输的次数比较多；后者多为长距离运输。由于配送中心的送货需要面对众多客户，并且要多方向运输，所以，在送货过程中，常常进行运输方式、运输路线和运输工具的选择。按照配送合理化的要求，必须在全面计划的基础上制定科学的、距离较短的配送路线，选择经济、迅速、安全的运输方式和适宜的运输工具。

3.6.2　配送管理合理化

由于配送活动所涉及的各项成本之间往往存在着此消彼长的关系，因此配送合理化的一个基本思想就是"均衡"，即从配送总成本的角度权衡得失。例如，对于配送费用，均衡的观点是从总配送费用入手，即使某一配送环节费用支出较高，但如果其他环节能够降低总成本或增加收益，就认为其是均衡的，即是合理可取的。

在配送管理实践中，应做到不仅注意局部的优化，更注重整体的均衡。这样的配送管理对于最大化企业经济效益是最有成效的。

实现配送合理化的常见途径如下。

（1）重视配送的专业化

通过采用专业设备、设施及操作程序，可以取得较好的配送效果，并降低配送的复杂程度及难度，从而实现配送合理化。

（2）重视加工与配送的结合

把加工和配送结合起来，可以充分利用本来应有的中转环节，而不增加新的中转流程，以求配送合理化。同时，借助于配送，加工目的更明确，与用户联系更紧密，避免了配送的盲目性。

（3）实行送取结合

配送企业可以与客户建立稳定、密切的协作关系。配送企业不仅要成为客户的供应代理人，而且要成为客户货物储存的承担者，甚至成为产品的代销人。在配送时，将客户所需的物资送到，再将该客户生产的产品用同一车运回，这种产品也是配送中心的配送产品之一，或者代存代储，降低了生产企业的库存。这种送取结合使运力得到了充分利用，也使配送企业发挥出了更大的作用。

（4）推行即时配送

即时配送是最终解决客户企业断供之忧，大幅度提高供应保证能力的重要手段。即时配送是配送企业快速反应能力的具体化，是配送企业能力的体现。即时配送成本较高，但却是整个配送合理化的重要保证手段。此外，若客户实行零库存，则即时配送也是重要保证手段。

（5）做到准时配送

准时配送是配送合理化的重要内容。配送做到了准时，客户才可以放心地实施低库存或零库存策略，进而有效地安排接货的人力、物力，以追求最高效率的工作。另外，保证供应能力也需要准时供应做保障。

3.7 信息管理

现代物流需要依靠信息技术来保证物流系统高效运作。物流系统的信息服务功能，包括进行与上述6项职能有关的计划、预测、动态（运量、收、发、存数）的信息及有关的费用信息、生产信息、市场信息活动。财物流信息活动的管理，要求建立信息系统和信息渠道，正确选定信息科目和信息的收集、汇总、统计、使用方式，以保证其可靠性和及时性。

3.7.1 物流信息的概念和特点

1. 物流信息的定义

物流信息是物流活动在进行中产生及使用的信息，是对物流活动的内容、形式、过程及发展变化的反映。根据我国国家标准《物流术语》GB/T 18354–2006，物流信息是"物流活动中各个环节生成的信息，一般随着从生产到消费的物流活动的产生而产生，与物流过程中的运输、储存、装卸、包装等各种职能有机结合在一起，是整个物流活动顺利进行所不可缺少的。"物流信息包含的内容和对应的功能可以从狭义和广义两方面来说明。

从狭义范围来看，物流信息是指与包装、运输、仓储、装卸搬运、流通加工、配送等物流基本活动相关的信息，对运输管理、库存管理、订单管理等物流活动具有支持保障功能。图 3-3 表示物流各项活动产生了物流信息,并最终反作用于物流活动。

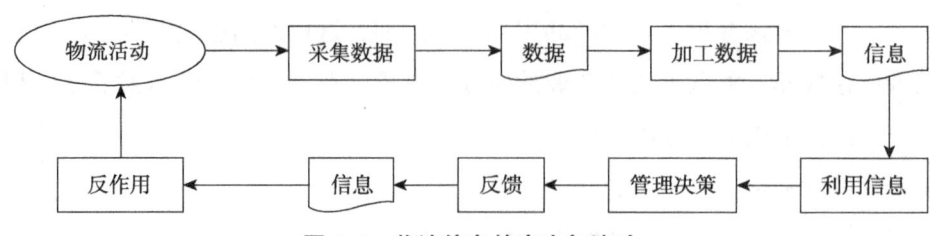

图 3-3 物流信息的产生与流动

从广义范围来看,物流信息不仅指与物流活动有关的信息,还包括与买卖双方交易过程有关的商品交易信息及与市场活动有关的市场信息,具有连接、整合整个物流系统和使整个物流系统高效化的功能。商品交易信息包括销售和购买信息、订货信息和接受订货信息、发出货款和收到货款信息等。市场信息包括消费者的需求信息、竞争者或竞争性商品的信息、与促销活动有关的信息等。物流信息与商品交易信息、市场信息有着密切的联系。例如,零售商根据对消费者需求的预测及库存现状制定订货计划,向批发商或生产商发出订货信息;批发商收到零售商的订单后,在确认现有库存水平能满足订单需求的基础上,向物流部门发出发货配货信息。如果发现现有库存无法满足订单需求,则立即组织生产,再按订单上的数量和时间向物流部门发出发货配货信息。

2. 物流信息的特点

物流信息是随着企业的物流活动而产生的。为使物流的各种功能顺畅运作,物流信息是不可或缺的角色。与其他领域的信息比较,物流信息主要反映出企业物流活动所具有的基本特征,具体表现在以下 4 个方面。

(1)信息量大

物流信息随着物流活动及商品交易活动的展开而大量产生。尤其是现代物流多数以多品种、小批量、多频度生产及配送为主,因此库存及运输活动频繁,会产生大量的物流信息。随着这些物流信息的大量产生,处理信息的信息技术和信息系统也逐渐产生与发展起来,如销售时点信息系统(POS)、电子订货系统(EOS)和电子数据交换(EDI)技术等。随着信息时代的来临,企业之间合作的增强及信息技术的不断发展,物流信息量也随之迅猛增长。

(2)动态性强

信息是在物流活动过程中产生的,货物流和信息流同时流动才能发挥信息的作用。在物流活动中,由于市场状况、用户需求变化多端,物流信息也会在瞬间发生变化,因而信息的价值衰减速度也在加快。物流信息的动态性强、更新速度快的特点导致信息的收集、加工和处理需要很强的及时性。特别是多品种少批量生产,多频率小数量配送,应尽可能地利用各种信息系统及时地进行销售和补货，这就要求物流信息不断地、及时地更新，且更新速度越快越好。

（3）种类多

物流信息不仅包括如生产信息、库存信息等企业内部的信息，而且包括企业间的物流信息及与物流活动相关的基础设施的信息，还包括与物流活动相关的市场等多方面的信息。随着企业对供应链管理思想认识的加深，供应链企业之间的协调合作越来越受到企业的重视，企业之间广泛利用各种信息技术，及时地传递物流信息，实现信息共享。另外，企业从事物流活动还需要利用道路、港口、机场等基础设施的信息。随着物流行业的发展，物流信息的种类将会越来越多。

（4）信息不对称

由于信息在物流活动过程中形成，所以信息的产生、加工在时间、地点上不对称，不仅采集周期和衡量尺度不一致，在应用方式上也不一致。因此，为了有效控制物流系统中的各类信息，需要建立统一完善的数据采集系统。另外，繁忙时节（如618、双11等购物节）与平常时节相比，信息量的差异会很大，因而必须加强系统对信息的处理能力。

3.7.2 物流信息的分类和作用

1. 物流信息的分类

在处理物流信息和建立信息系统时，对物流信息进行分类是一项基础工作。物流信息可以按不同的分类标准进行分类，如表3-8所示。

表3-8 物流信息的分类

分类标准	类别	说明
按物流信息的领域分类	物流活动形成的信息	是发布物流信息的主要信息源，不但可以指导下一个物流运作，也可以提供给社会成为经济领域的一项重要信息
	供给物流使用的其他社会信息源产生的信息	是物流信息收集的对象，也是社会其他领域对物流运作有导向作用的信息
按物流信息的来源分类	外部信息	是发生在物流活动以外供物流活动使用的信息，如供货人信息、客户信息、订货信息、交通运输信息及来自企业内生产、财务等部门与物流有关的信息
	内部信息	是来自物流系统内部的各种信息的总称，如物流管理信息、物流作业信息、物流控制信息等

续表

分类标准	类别	说明
按物流信息的功能分类	计划信息	是尚未实现但已当作目标确认的一类信息，如物流控制、仓储计划、运输计划、配送计划、装卸搬运计划、流通加工计划和包装计划等，以及与物流相关的国民经济计划、工农产品产量计划和物流量等。这类信息的特点是具备相对稳定性，更新速度较慢。掌握这类信息，物流活动就可以制定战略，在计划的基础之上规划长远发展
	控制信息	是物流活动过程中发生的信息，具有较强的动态性，是掌握物流信息实际活动状态不可缺少的信息，如库存种类、库存量、运输量、价格费用、设备情况和港站到发情况等。这类信息的作用是控制调整正在发生的物流活动及指导即将发生的物流活动，以实现对过程的控制和业务活动的微调
按物流信息的功能分类	统计信息	是物流活动结束后，对整个物流活动的一种总结性、归纳性的信息，如上一年度或月度发生的物流量、运输工具使用量、仓储量、装卸量等。这类信息的特点是恒定不变，有很强的资料性
	支持信息	是对物流计划、业务、操作有影响的文化、科技、法律、教育等方面的信息，如物流技术革新、物流人才需求等
按物流信息的加工程度分类	原始信息	是未经加工的信息，是信息工作的基础，也是最有权威性的凭证性的信息，它是加工信息可靠性的保证
	加工信息	是对原始信息进行各种方式和各个层次处理后的信息，它是原始信息的提炼、简化和综合，可以压缩信息存量并将信息整理成有使用价值的数据和资料
按信息载体类型分类	物流单据（凭证）、报表（台账）等	是企业最基础的原始信息，如进货票据、销售票据、运输作业票据、仓储作业票据、装卸作业票据和流通加工单据等
	物流计划	是企业物流管理中很重要的信息，是企业物流管理决策的具体体现。企业的物流计划一般包括物料需求计划、采购计划、运输计划和储存计划等
按管理层次分类	战略管理信息	是企业决策管理层制定企业生产经营目标、企业战略决策所必需的信息
	战术管理信息	是企业部门领导进行局部或者中短期决策所需要的信息
按管理层次分类	知识管理信息	是知识管理部门对其知识进行采集、分类、储存和查询的信息
	运作管理信息	是企业最基层作业部门在实际生产经营和物流运作时形成的信息，是最基础最原始的信息，也是企业管理所需要的第一手资料

2. 物流信息的作用

物流信息贯穿于物流活动的整个过程中，对物流活动起到支持保证的作用，可以被看做是物流活动的中枢神经。物流活动中的信息流可以被分为两类：一类信息流的产生先于物流，它控制物流产生的时间、流量的大小和流动方向，对物流起着引发、控制和调整的作用，如各种计划、用户的订单等，这类信息流被称作计划信息流或协调信息流；另一类信息流与物流同步产生，反映物流的状态，如运输信息、库存信息、加工信息等，这类信息流被称为作业信息流。

可见，物流信息除了反映物品流动的各种状态外，更重要的是控制物流的时间、方向、大小和发展进程。物流信息的总体目标是要把涉及物流企业的各种具体活动综合起来，以增强企业的综合能力。物流信息的作用主要表现在以下3个方面。

（1）物流信息有助于企业内部各业务活动之间的衔接

企业内采购、运输、库存及销售等各项活动互相作用，形成了一个有机的整体系统，物流信息在其中起到桥梁和纽带作用。各项业务活动之间通过信息进行衔接，基本资源的调度也通过信息进行传递。物流信息保证了整个系统的协调性和各项活动的衔接性。

（2）物流信息有助于物流活动各个环节之间的协调与控制

在整个物流活动过程中，每一个环节都会产生大量的物流信息，而物流系统则通过合理应用现代信息技术对这些信息进行挖掘和分析，得到每个环节下一步活动的指示性信息，进而协调和控制各个环节的活动。

（3）物流信息有助于提高物流企业的管理和决策水平

高效的物流管理不仅需要大量、准确、实时的信息，还需要用以协调物流系统运作的控制信息，任何信息的遗漏和错误都将直接影响物流系统运转的效率和效果，进而影响企业的经济效益。物流管理通过加强供应链中各活动和实体间的信息交流与协调，使其中的物流和资金流保持畅通，实现供需平衡。同时，物流管理运用科学的分析工具，对物流活动所产生的各类信息进行科学分析，从而获得更多富有价值的信息。这些信息在系统各节点间共享，有效地缩短了订货提前期，降低了库存水平，提高了搬运和运输效率，减少了递送时间，能高效地响应顾客的各种需求，提高了顾客满意度和物流系统的竞争力。

3.7.3 物流信息管理的内容和特点

1. 物流信息管理的内容

物流信息管理是指运用计划、组织、指挥、协调、控制等基本职能对物流信息搜集、检索、研究、报道、交流和提供服务的过程，并有效地运用人力、物力和财力等基本要素以期达到物流管理的总体目标的活动。具体地说，物流信息管理就是对物流信息资源进行统一规划和组织，并对物流信息的收集、加工、存储、检索、传递和应用的全过程进行合理控制，从而使物流供应链中的各个环节协调一致，实现信息共享和互动，减少信息冗余和错误，辅助决策支持，改善客户关系，最终实现信息流、资金流、商流和物流的高度统一，达到提高物流供应链竞争力的目的。

物流信息管理的主要内容如表3-9所示。

表3-9 物流信息管理的内容

内容	说明
政策制定	可以实现不同地区和国家的企业或者部门之间的物流信息交换和共享，实现物流供应链信息的通畅传递。物流信息政策是一系列需共同遵守和认同的物流信息规则或规范
信息规划	从企业或者行业的战略角度出发，对信息资源的管理、开发和制定进行长远的发展计划，以此来确定后续工作的目标和方向，制定出各个阶段的具体任务，保证信息管理工作有序进行
信息收集	信息收集是利用各种手段，通过各种渠道获取物流信息，从该信息中获取物流系统及其所处的环境状况，为物流信息管理提供素材和原料。信息收集要把握以下几个重点：详细地分析需求、系统性和连续性地开展收集工作、合理地选择信息源、有计划地进行收集
信息处理	根据使用者的信息需求，对收集到的信息进行筛选、分类、加工及储存等活动，从而得到对使用者有用的信息
信息传递	指信息从信息源发出，经过适当的媒介和信息通道输送给接收者的过程
服务与应用	物流信息管理的目标就是将信息提供给用户，其内容主要有：信息发布和传播服务、信息交换服务、信息技术服务和信息咨询服务

2. 物流信息管理的特点

物流信息管理是通过对与物流活动相关信息的收集、处理、分析来达到对物流活动的有效管理和控制的过程，并为企业提供各种物流信息分析和决策支持。物流信息管理具有以下4个特点。

（1）强调信息管理的系统化

物流是一个大范围活动，其信息具有源点多、分布广、信息量大、动态性强、信息价值衰减速度快等特点。物流信息管理要求能够迅速进行物流信息的收集、加工、处理，以提高物流活动的效率和质量。而网络化的物流管理信息系统可以实现企业内各部门间、各企业间的数据共享，从而提高物流活动的整体效率。因此，物流信息管理强调以数据获取、分析为中心，从庞大的物流数据中挖掘潜在的信息价值，从而提高企业的物流运作效率。

（2）强调信息管理各基本环节的整合和协调

物流信息管理的基本环节包括物流信息的获取、传输、储存、处理和分析，在管理过程中强调物流信息管理各基本环节的整合和协调。在包装、运输、仓储、装卸搬运、流通加工、配送等物流活动中，对管理信息各基本环节的整合和协调可以提高物流信息传递的及时性和解决问题的顺畅程度，从而提高物流活动的效率。物流信息管理各基本环节的信息处理一旦间断，就会影响物流活动的整体连贯性和高效性。

（3）强调信息管理过程的专业性和灵活性

物流信息管理是专门收集、处理、储存和利用物流全过程的相关信息，为物流管理和物流业务活动提供信息服务的专业管理活动。物流信息管理过程涉及仓储、运输、配送、货代等物流环节，涉及的信息对象包括货物信息、作业人员信息、所使用的设施设备信息、操作技术和方法信息、物流的时间和空间信息等。此外，物流信息管理的规模、内容、模式和范围等，根据物流管理的需要，可以有不同的侧重点和活动内容，以提高物流信息管理的专业性和灵活性。

（4）强调建立有效的信息管理机制

物流信息管理强调信息的有效管理，即强调信息的准确性、有效性、及时性、集成性、共享性等。在物流信息的收集和整理中，要避免信息的缺损、失真和失效，强化物流信息活动过程中的组织和控制，建立有效的信息管理机制，同时通过制定企业内部、企业之间的物流信息交流和共享机制来加强物流信息的传递和交流，以便提高企业自身的信息积累能力，并使企业实现相应优势的转化。

本章小结

物流系统的职能包括包装管理、运输管理、仓储管理、装卸搬运管理、流通加工管理、配送管理和信息管理，本章分别对这 7 个职能进行了介绍，其中重点介绍了运输管理、仓储管理、装卸搬运管理、信息管理等职能。在介绍各个职能时，主要阐述了相应的概念、管理的内容、合理化措施等内容，这些职能紧密联系，相辅相成，只有重视每一个职能的合力，才能建立起高效、通畅的物流管理系统。

本章习题

1. 名词解释

（1）包装 （2）运输 （3）仓储 （4）装卸搬运 （5）流通加工 （6）配送 （7）配送中心 （8）物流信息

2. 选择题

（1）包装_____已成为发展国际贸易的重要组成部分。

A. 国际化　　　　B. 标准化　　　　C. 电子化　　　　D. 智能化

（2）下列_____不属于物流包装的作用。

A. 保护作用　　　B. 储存作用　　　C. 方便作用　　　D. 促销作用

（3）下列运输方式中，成本最低的是_____。

A. 铁路运输　　　B. 航空运输　　　C. 水路运输　　　D. 公路运输

（4）公路运输的适用范围是_____。

A. 远距离、大批量　　　　　　　　B. 近距离、小批量

C. 远距离、小批量　　　　　　　　D. 近距离、大批量

（5）仓储具有_____和静态仓储两种。

A. 动态　　　　　B. 流动　　　　　C. 静止　　　　　D. 停滞

（6）在仓储过程中对产品进行保护、管理，防止损坏而丧失价值，体现了仓储的_____功能。

A. 保管　　　　　B. 整合　　　　　C. 加工　　　　　D. 储存

（7）流通加工与生产加工的区别不包含_____。

A. 加工对象　　　B. 加工程度　　　C. 加工单位　　　D. 加工过程

（8）_____不是流通加工合理化措施。

A. 加工和配送结合　　　　　　　　B. 加工和配套结合

C. 加工和节约相结合　　　　　　　D. 加工与生产相结合

（9）按订单或出库单的要求，从储存场所选出物品，并放置在指定地点的作业是_____。

A. 分拣　　　　　B. 配送　　　　　C. 流通加工　　　D. 保管

（10）与其他环节相比，_____具有伴随性的特点。

A. 运输　　　　　B. 仓储　　　　　C. 配送　　　　　D. 装卸搬运

（11）按_____可以将物流信息分为内部信息和外部信息。

A. 领域　　　　　B. 功能　　　　　C. 用途　　　　　D. 来源

（12）物流信息管理的内容不包括_____。

A. 信息评估　　　B. 信息规划　　　C. 信息处理　　　D. 信息收集

3. 简答题

（1）简述包装的功能。

（2）5种运输方式分别适合运输哪些货物？

（3）仓储的功能体现在哪几个方面？

（4）简述装卸搬运的特点。

（5）流通加工有哪些类型？

（6）物流信息有哪些特点？

章末案例　国家交通运输物流公共信息平台

国家交通运输物流公共信息平台（简称国家物流信息平台，英文标识 LOGINK）是国务院《物流业发展中长期规划（2014—2020 年）》的主要任务和重点工程之一，是多项国家级和部委级物流业具体发展规划的重点建设内容，是由交通运输部和国家发展改革委牵头，多方参与共建的公共物流信息服务网络，是一个政府主导、承载国家物流领域重大发展战略的服务机构。按照国家及相关部委规划要求，国家物流信息平台致力于构建覆盖全国、辐射国际的物流信息服务基础设施，覆盖全产业链的数据仓库和国家级综合服务门户，有效实现国际间、区域间、行业间、运输方式间、政企间、企业间的物流信息的安全、可控、顺畅交换和共享，逐步汇集物流业内和上下游相关行业的国内外静动态数据信息，提供公共、基础、开放、权威的物流公共信息服务，形成物流信息服务的良好生态基础，从而促进我国物流业产业向绿色、高效全面升级。

国家物流信息平台自 2010 年开始建设以来，经过近十余年的发展，完成了多方面的探索，促进我国物流信息服务领域"国家级公共平台＋区域级公共平台＋商业服务平台"的基本发展模式的形式，在标准化、数据交换、国际合作方面取得了丰硕的成果。目前，该平台可提供如下服务。

1. 标准服务

标准化是国家物流信息平台的基础支撑，是实现跨区域、跨部门物流信息交换，保障各类应用系统互联及提供高质量物流信息服务的关键所在。经过多年建设，该平台标准实现了从省内到全国，再到国际标准的跨越。2014 年，交通运输部正式发布了由该平台主导编制的数据元、道路运输电子单证、物流站场（园区）电子单证三项行业标准（JT/T 919.1—919.3），填补了国内道路运输信息化标准的空白，提升了运输企业的信息化水平。2017 年 4 月，国家物流信息平台标准工作组正式向社会发布了"交通运输物流信息互联共享标准 2016 合集"，涉及 687 余项数据元，104 项代码集，68 个单证，17 个服务功能调用接口。

2. 交换服务

交换服务主要解决跨国、跨行政区域、跨行业、跨部门的各类物流信息平台与物流产业链上下游企业之间缺乏统一数据交换标准、信息传递效率低、集成能力低、交换成本高等问题。

3. 数据服务

数据服务主要解决国家层面物流公共信息服务资源零散、物流行业信息服务需求难以得到有效满足的问题。国家物流信息平台将按照"统一标准,互联互通,共享服务"的理念，主要依托政府及行业已有的物流公共信息资源，通过多种技术手段为用户提供物流信息"一站式"查询服务，打造我国物流公共信息资源的统一的开放窗口。用户可以通过国家物流信息平台网站或数据接口来获取相关服务。国家物流信息平台提供4类数据服务：信用数据服务、跟踪数据服务、资源数据服务和综合数据服务。

资料来源：https://www.logink.cn/col/col15/index.html

讨论题

（1）国家交通运输物流公共信息平台对于我国物流发展具有什么重要意义？

（2）国家交通运输物流公共信息平台包含哪些服务功能？

第 4 章 物流信息技术

本章学习要点

知识要点	掌握程度	相关知识
条码技术的产生与发展	了解	条码技术的起源、发展历程，EAN 组织
一维条码和二维条码	重点掌握	一维条码和二维条码的原理，二维条码的特点
射频识别技术	掌握	RFID 系统组成，RFID 的工作原理和流程
全球卫星定位系统	掌握	GPS 的概念、构成和特点，GPS 在物流中的应用
北斗卫星导航系统	了解	BDS 的发展历程，BDS 的功能和优势
大数据技术概述	重点掌握	大数据的产生背景，信息化的 3 次浪潮
大数据核心技术及应用	了解	大数据的 5 个核心技术及在物流中 6 个方面的应用
云计算技术概述	重点掌握	云计算的提出及特点，公有云、私有云和混合云的概念
云计算关键技术及应用	了解	云计算的 4 个关键技术及在物流中 3 个方面的应用
物联网技术概述	重点掌握	物联网的概念及 5 个特点
物联网的架构及应用	了解	物联网的 3 个层次，在物流中 5 个方面的应用

导入案例　成品油销售企业利用 GPS 技术实现物流配送路径的优化

中国石油化工集团有限公司广东石油分公司（以下简称广东石油分公司）成立于 1950 年，是中国石化销售有限公司在广东的直属销售企业，主营成品油、润滑油的零售和批发业务。多年来以保障广东油品市场供应为己任，坚持"质优、量足、热情、便捷"的服务宗旨，现已发展成为一个下辖 21 个市级分公司、2500 多座加油网点、40 多座油库，总资产超 210 亿元的国有大型企业，形成了遍布广东省的营销网络和日臻完善的服务体系，是广东省成品油市场的主要供应商。该公司精心调度资源，优化物流配送，保障了广东省成品油市场供应的稳定。

1. 传统物流配送路径存在的弊端

运距测量是成品油销售企业在物流管理工作中的重要一环，确保运距真实合理是物流配送线路优化的基础和前提。然而传统运距测量主要靠人工进行实地测量，这种方式主要存在以下几点弊端。

（1）配送路径效率低、成本高

绝大多数成品油销售企业的配送路径都存在变化快、通道多的特点，而人工实地测量耗时耗力，因而效率十分低下。广东石油分公司按要求每半年开展一次全面运距复测，但该企业配送路径多达2700余条，累计21万多公里，按每天行驶500公里来人工测量，至少需花费420天，总耗时近14个月。

（2）配送路径选择主观因素多、精度低

测量人员往往参照百度和高德等导航软件规划的线路进行测量。导航软件规划的线路一般是小轿车的行驶线路，不是货车行驶线路，更不是危化品车辆运输线路。因为油罐车在实际运输中会存在很多限高、限行和限重等交通管制问题，所以使用导航软件测量路径会存在与实际油罐车行驶路径不符等情况。

（3）配送路径覆盖率低、实效性差

以往运距复测完成后再与承运商对接，若存在较大争议，还需进行二次复测。由于测量线路较多，通常采用抽查的方式进行复测，选定标准一般为存在差异或附近路网发生变化的线路，此时承运商就会提出线路结算负差异，而对存在正差异的线路则不予理会。

2. 基于GPS运距测量新方法

由于广东石油分公司承运的车辆均装配GPS定位设备，因此可通过油罐车GPS轨迹数据，"投影"形成车辆行驶轨迹，完成"库—站"线路自动匹配，以大数据驱动实现运距测量智能化。

GPS轨迹数据是目前较为成熟和完善的数据资源，安装了GPS的油罐车已经实现了全天候行驶数据的采集。基于大数据的智能化运距测量，可从GPS轨迹中提取优化路径，从而提升运距测量效率。应用智能锁控系统可采集大量油罐车GPS轨迹数据，但如何有效利用这些数据，解决运距测量中心"效率低、耗时长、耗人力"的问题，是运距测量管理中迫切需要解决的难题。通过获取油罐车运行的GPS历史数据，可以"点—点"投影连线形成车辆行驶轨迹，然后与配送单据匹配找出从油库至加油站的运输线路。

结算运距是运费计算的主要构成部分，按照销售企业与运输企业签订的运输合同，每季度对公路运费结算中的运距标准进行复测修订。通过智能化运距测量系统分析一段时间内配送车辆实际行驶线路和距离，并与结算运距进行对比。运距复核重点对象包括：年销量5000吨以上的加油站、新增加油站、高速公路沿途加油站、路网变化后运距有变化或流向调整的加油站及加油站新增到非定位油库的公路运距。

由于交通路网变化和地方政府对危险品运输车辆的管制，配送线路也在不断优化。当运距核定增加时，运输企业会立即提请复测并按新增运距结算；反之运距核减时，运输企业未必会主动提请复测，运距更新滞后可能会导致运费虚增。通过大数据"明察秋毫"地监测运输线路变化，规范车辆行驶线路，让车辆尽量跑在最优化的线路上，一旦发现车辆偏离最优运输线路，立即提醒相关运输企业给予纠正。

3. 大数据驱动实施运距测量的效果

通过 GPS 轨迹大数据驱动实施运距测量后的成果主要体现在以下 4 个方面。

（1）降费效果显著

通过对 2700 多条运距进行复核，一个季度共核减配送运距 442 条，核减配送里程 5186 公里，以现行运价评估，可节费 443 万元。

（2）实现全覆盖实时测量

测量周期由以前的耗时数月提升至即时完成，有效地解决了传统人工测量中路网不熟、人为偏差等问题，极大提高了测量的精准度，测量费用下降 95% 以上。据测算，每年可节约人工运距复测的差旅成本约 25 万元和 2 万工时。

（3）实现运输路线变化有迹可循

基于 GPS 轨迹大数据的智能化运距测量可以对油罐车有无偏离线路，运输过程有无长时间停车等异常情况进行监督。同时针对油品未按时送达，计划员可事后调出轨迹和时间，分析存在的问题，提出解决措施。此外，所有运输数据长期保存，可实现争议线路和历史问题有据可查，有迹可循。

（4）实现全物流运行统筹平衡

"库—站"配送是加油站保供的最后一道环节，智能化运距测量有助于精准测算出油库因辐射范围及跨省提油辐射范围，减少车辆迂回、空跑，提高车辆周转效率，实现精准配送；有助于与油站销量、油站液位仪库存、路网等实时数据联动，可实现油品自动补货功能；有助于智能配送系统合理选择配送时间，确保油站不脱销；有助于与油库液位仪数据联动，可实时动态调整油库可发量，及时调整车库直接调配，确保油库不停发。

4. 结论

基于 GPS 轨迹大数据的智能运距测量新方法具有较强的可操作性和可靠性，可实现石油配送的智能化运距测量和实时监控。智能运距测量新方法能够有效提升销售企业成品油物流配送效率，具有明显的经济效益，可为后续销售企业开展智能配送、库存分析、全物流联动拓实基础数据。智能运距测量新方法有助于提升企业物流优化水平，尤其对于油站多、路网变化快、路径复杂的企业，更具有广阔的应用和发展空间。

资料来源：刘柏东. GPS 轨迹大数据在优化成品油配送路径中的应用 [J]. 电子测试，2021(03): 56–58

> 讨论题

（1）结合以上案例，分析 GPS 在成品油销售企业物流路径优化中发挥的作用。

（2）通过该案例分析，谈谈 GPS 在现代物流交通中的发展前景及其带来的影响。

物流信息技术是指信息技术在物流活动中的各种应用，是物流现代化的重要标志，也是物流技术中发展最快的领域。随着物流信息技术的不断发展和应用，产生了一系列新的物流管理理念和物流经营方式，推进了物流活动的变革。当今的流通领域已将各种现代物流的高新技术广泛应用于物流中心。物流中心的自动分拣系统、自动化立体仓库、自动拣货系统的计算机控制和无线移动电脑在物流中心入库、出库、拣货、盘点、储位管理等方面的应用，使配送中心的物流作业实现了无纸化。本章着重介绍各种物流信息技术的基础知识及其在物流领域的应用，包括条码与射频技术、定位跟踪技术、大数据技术、云计算技术、物联网技术等。

4.1 条码与射频技术

数据自动采集技术是以计算机技术和通信技术发展为基础，集光、机、电、计算机等技术为一体的综合性科学技术，它是信息数据被自动识读、自动实时输入计算机的重要方法和手段。而条码和射频技术是物流应用中最常用、最重要的数据自动采集技术。物流数据自动采集技术的应用大大促进了物流过程的自动化、标准化和现代化。本节首先介绍条码技术的基础知识、一维条码和二维条码的应用和常用的条码识读设备工作原理；然后介绍基于射频技术的射频识别系统的构成和工作原理及其在物流领域中的具体应用。

4.1.1 条码及条码识别技术的产生与发展

1. 条码技术的产生与发展

条码是一种信息代码，由一组宽度不同、反射率不同的"条"和"空"按规定的编码规则组合起来，用以表示一定的字符、数字及符号组成的信息，它是一种用光电扫描阅读设备识读并使数据输入计算机的特殊代码。

在物流管理过程中，利用条码技术可以实现数据的自动采集、自动识别。商品从供应商到消费者的整个物流过程都可以通过条码来实现数据共享，使信息的传递更加方便、快捷、准确，也使经济效益得到提高。条码技术起源于20世纪40年代、研究于60年代、应用于70年代、普及于80年代，它的每一步发展都引起世界流通领域的大变革。

早在20世纪40年代，美国的乔·伍德·兰德（Joe Wood Land）和伯尼·西尔沃（Berny Silver）两位工程师就开始研究用代码表示食品项目及相应的自动识别设备，并于1949年获得了美国专利。该图案很像微型射箭靶，被叫做"公牛眼"代码。在原理上，"公牛眼"代码与后来的条形码很相近，但当时的工艺和商品经济还没有能力印制出这种码。之后不久，E.F.布宁克（E.F.Brinker）申请了另一项专利，该专利是将条形码标识在有轨电车上。20世纪60年代后期，西尔沃尼亚（Sylvania）发明的一个系统被北美铁路系统采纳。这两项事件可以说是条形码技术最早期的应用。

1970年，美国超级市场Ad Hoc委员会制定出通用商品代码（Universal Product Code，UPC）。UPC首先在杂货零售业中得以试用，这为以后条形码的统一和广泛采用奠定了基础。第二年，布莱西公司研制出布莱西码及相应的自动识别系统，用以库存验算。这是条形码技术第一次在仓库管理系统中的实际应用。1972年，蒙那奇·马金（Monarch Marking）等人研制出库德巴码（Code Bar Code），到此美国的条形码技术进入新的发展阶段。

1973年，美国统一编码委员会（Uniform Code Council，UCC）建立了UPC系统，实现了该码制标准化。同年，杂货业把UPC作为该行业的通用标准码制，对条形码技术在商业流通领域里的广泛应用起到了积极的推动作用。

1974年，Intermec公司的戴维·阿利尔（Davide Allair）博士研制出39码，很快被美国国防部采纳，作为军用条形码码制。39码是第一个由字母与数字相结合的条形码，后来广泛应用于工业领域。

1976年，在美国和加拿大超级市场上，UPC的成功应用给人们带来了很大鼓舞，尤其是欧洲人对此产生了极大兴趣。第二年，欧洲共同体（欧洲联盟的前身，简称欧共体）在UPC-A基础上制定出欧洲物品编码EAN-13和EAN-8，签署了欧洲物品编码协议备忘录，并正式成立了欧洲物品编码协会（European Article Numbering Association，EAN）。1981年，由于EAN已经发展成为一个国际性组织，故改名为"国际物品编码协会"，简称IAN。但由于历史原因和习惯问题，国际物品编码协会多年来一直被称为EAN，于2005年才更名为GS1。

从20世纪80年代初，人们围绕提高条形码符号的信息密度，开展了多项研究。128码和93码就是其中的研究成果。128码于1981年被推荐使用，而93码于1982年得以使用。这两种条码的优点是条形码符号密度比39码高出近30%。随着条形码技术的发展，条形码码制种类不断增加，因而标准化问题显得很突出。同时，一些行业也开始建立行业标准，以适应发展需要。条形码种类越来越多，常用的有 10~20 种，相应的自动识别设备和印刷技术也得到了长足的发展。

从 20 世纪 80 年代中期开始，我国一些高等院校、科研部门及一些出口企业开始研究和使用条形码技术。1988 年，我国成立了统一组织、协调、管理全国物品编码与自动识别标识技术的专门机构——中国物品编码中心，该中心于 1991 年加入 EAN，致力于推广全球通用的、开放的、跨行业的供应链管理标准，负责我国商品条码、物品编码及自动识别技术的研究和推广应用，促进我国商品流通和对外贸易的发展，为全面开展我国条码工作创造了先决条件。

按照维数不同，条码可以分为一维条码和二维条码。下面简要介绍一维条码技术，详细介绍二维条码技术。

2. 一维条码技术

一维条码只在一个方向（一般是水平方向）表达信息，而在垂直方向不表达任何信息，其一定的高度通常是为了便于阅读器的对准。一维条码（图 4-1）由宽度不同、反射率不同的"条"和"空"，按照一定的编码规则(码制)编制而成，条码信息靠"条"和"空"的不同宽度和位置来传递，信息量的大小由条码的宽度和印刷的精度来决定，条码越宽，包容的"条"和"空"越多，信息量越大；条码的印刷精度越高，单位长度内可容纳的"条"和"空"越多，传递的信息量也就越大。

图 4-1　一维条码

编码中的"条"指对光线反射率较低的部分，"空"指对光线反射率较高的部分。这种用"条"和"空"组成的数据编码很容易译成二进制数。因为计算机只能识读二进制数据，所以条码符号作为一种为计算机信息处理而提供的光电扫描信息图形符号，也应满足计算机二进制的要求。世界上约有 225 种以上的一维条码，每种一维条码都有自己的一套编码规格，一般较流行的一维条码有 39 码、EAN、UPC、128 码，以及专门用于书刊管理的 ISBN、ISSN 等。

一维条码的应用可以提高信息录入的速度，减少差错率，但是一维条码也存在一些不足之处。

①数据容量较小，30 个字符左右。

②只能包含字母和数字。

③保密性能不高。

④条码尺寸相对较大（空间利用率较低）。

⑤条码遭到损坏后便不能阅读。

近年来，随着信息自动收集技术的发展，用条码符号表示更多资讯的要求与日俱增，而一维条码最大数据长度通常不超过 30 个字符，故多用来存放关键索引值（Key），作为一种信息标识。不能用其对产品进行描述，要想获取更多的信息只能通过网络到数据库中寻找，因此在缺乏网络或数据库的状况下，一维条码便失去了意义。

3. 二维条码技术

（1）二维条码的产生

二维条码技术是在一维条码无法满足实际应用需求的背景下产生的。由于受信息容量的限制，一维条码通常是对物品的标识，而不是对物品的描述。所谓对物品的标识，就是给某物品分配一个代码，代码以条码的形式标识在物品上，用来标识该物品以便自动扫描设备的识读，代码或一维条码本身不表示该产品的描述性信息。

因此，在 UPC 的应用系统中，对商品信息，如生产日期、价格等的描述必须依赖数据库的支持。在没有预先建立商品数据库或不便联网的地方，一维条码表示汉字和图像信息几乎是不可能的，即使可以表示，也显得十分不便且效率很低。随着信息技术的发展，人们迫切需要用条码在有限的几何空间内表示更多的信息，以满足千变万化的信息表示的需要。

二维条码最早发明于日本。它是用某种特定的几何图形按一定规律在平面（二维方向上）分布的黑白相间的图形记录数据符号信息的；在代码编制上巧妙地利用构成计算机内部逻辑基础的"0""1"比特流的概念，使用若干个与二进制相对应的几何形体来表示文字数值信息，通过图像输入设备或光电扫描设备自动识读以实现信息自动处理。二维条码能够在横向和纵向两个方位同时表达信息，因此能在很小的面积内表达大量的信息，信息容量接近 2000B，通过压缩技术能将凡是可以数字化的信息，包括字符、照片、指纹、声音等进行编码，在远离数据库和不便联网的地方实现信息的携带、传递和防伪。

（2）二维条码的特点

二维条码具有条码技术的一些共性：每种码制有其特定的字符集，每个字符占有一定的宽度，具有一定的校验功能，同时还具有以下特点。

①信息容量大。根据不同的条空比例，每平方英寸可以容纳 250~1100 个字符，比普通条码信息容量高几十倍。

②容错能力强。二维条码因穿孔、污损等引起局部损坏时，照样可以正确得到识读，损毁面积达 50% 仍可恢复信息，比普通条码译码错误率低得多，误码率不超过 1/10 000 000。

③引入加密措施。引入加密措施后保密性、防伪性更好。

④印刷多样。二维条码不仅可以在白纸上印刷黑字，还可以进行彩色印刷，而且印刷机器和印刷对象都不受限制，印刷方便。

⑤可影印及传真。二维条码经传真和影印后仍然可以使用，而一维条码在经过传真和影印后机器就无法识读了。

（3）常见的二维条码

二维条码可以分为堆叠式/行排式二维条码和矩阵式二维条码。堆叠式/行排式二维条码形态上是由多行短截的一维条码堆叠而成，它在编码设计、校验原理、识读方式等方面继承了一维条码的一些特点，识读设备和条码印刷与一维条码技术兼容。但由于行数的增加，要对行进行判定，其译码算法与软件也不同于一维条码。有代表性的行排式二维条码有 16K 码、49 码、PDF417 条码等。矩阵式二维条码以矩阵的形式出现，在矩阵相应元素位置上用点表示二进制"1"，用空表示二进制"0"，由点和空的排列组成代码，其中点可以是方点、圆点或其他形状的点。矩阵式二维条码是建立在计算机图像处理技术、组合编码原理等基础上的一种新型图形符号自动识读处理码制。代表性的矩阵式二维条码有 Data Matrix、QR Code、Maxicode 等。目前二维条码主要的码制有 PDF417 条码（Protable Data File 417）、49 码（Code 49）、16K 码（Code 16K）、Data Matrix、QR Code 和 Maxicode 等，如图 4-2 所示。其中以 PDF417 条码应用范围最广，从生产、运货、行销到存货管理都很适合，故 PDF417 条码特别适用于流通业者；Maxicode 通常用于邮包的自动分类和追踪；Data Matrix 则特别适用于小零件的标识。

(a) Data Matrix　　　(b) QR Code　　　(c) Maxicode

(d) PDF417 条码　　　(e) 49 码　　　(f) 16K 码

图 4-2　二维条码

（4）二维条码的发展和应用

国外对二维条码技术的研究始于 20 世纪 80 年代，二维条码作为一种全新的信息存储、传递和识别技术，自诞生之日起就受到了许多国家的关注。我国对二维条码技术的研究始于 1993 年，随着我国市场经济的不断完善和信息技术的迅速发展，国内对二维条码这一新技术的需求与日俱增。

二维条码具有储存量大、保密性高、追踪性高、抗损性强、备援性大、成本低廉等特性，这些特性特别适用于表单、安全保密、追踪、证照、盘点、备援等领域。

① 表单应用：公文表单、商业表单、进出口报单、舱单等资料之传送交换，可减少人工重复输入表单资料，避免人为错误，降低人力成本。

② 保密应用：商业情报、经济情报、政治情报、军事情报、私人情报等机密资料的加密及传递。

③ 追踪应用：公文自动追踪、生产线零件自动追踪、客户服务自动追踪、邮购运送自动追踪、维修记录自动追踪、危险物品自动追踪、后勤补给自动追踪、医疗体检自动追踪、生态研究（动物等）自动追踪等。

④ 证照应用：护照、身份证、挂号证、驾照、会员证、识别证、连锁店会员证等证照之资料登记及自动输入，可达到"随到随读""立即取用"的资讯管理效果。

⑤ 盘点应用：物流中心、仓储中心、联勤中心之货品及固定资产之自动盘点，可达到"立即盘点、立即决策"的效果。

⑥ 备援应用：文件表单的资料若不愿或不能以磁碟、光碟等电子媒体形式储存备援时，可利用二维条码来储存备援，这种形式携带方便，不怕折叠，保存时间长，又可影印传真，做更多备份。

二维条码已经开始进入到各行各业中，并且发挥了极其重要的作用。在数据采集、数据传递方面，二维条码具有独有的优势。首先，二维条码存储容量多达上千字节，可以有效地存储货品的信息资料；其次，由于二维条码采用了先进的纠错算法，在部分损毁的情况下，仍然可以还原出完整的原始信息，所以应用二维条码技术存储传递采集货品的信息具有安全、可靠、快速、便捷的特点。

在供应链中采用二维条码作为信息的载体，不仅可以有效避免人工输入可能出现的失误，大大提高入库、出库、制单、验货、盘点的效率，而且兼有配送识别、服务识别等功能，还可以在不便联网的情况下实现脱机管理。

4. 条码识别技术

（1）条码识读系统组成

从系统结构和功能上讲，条码识读系统由扫描系统、信号整形、译码等部分组成。扫描系统由光学系统及探测器，即光电转换器件组成，它完成对条码符号的光学扫描，并通过光电探测器，将条码图案的光信号转换成电信号。条码扫描系统可采取不同光源、扫描形式、光路设计实现其功能。

信号整形部分由信号放大、滤波、波形整形组成，它的功能在于将条码的光电扫描信号处理成为标准电位的矩形波信号，其高低电平的宽度和条码符号的条空尺寸相对应。各种条码识读设备都有自己的条码信号处理方法，随着条码识读设备的发展，判断条码符号条空边界的信号整形方法日趋科学、合理和准确。

译码部分由计算机的硬件和软件组成，它的功能是对得到的条码矩形波信号进行译码，并将结果输出到条码应用系统中的数据采集终端。各种条码符号的标准译码算法来自各个条码符号的标准，不同的扫描方式对译码器的性能要求也不同。

（2）条码识读系统工作原理

条码是由宽度不同、反射率不同的条（黑条）和空（白条）按照一定的编码规则（码制）编制成的。由于白色物体能反射各种波长的可见光，黑色物体则吸收各种波长的可见光，所以当条形码扫描器光源发出的光经凸透镜照射到黑白相间的条形码上时，反射光经凸透镜聚焦后，照射到光电转换器上，于是光电转换器接收到与白条和黑条相应的强弱不同的反射光信号，并转换成相应的电信号输出到放大整形电路，白条、黑条的宽度不同，相应的电信号持续时间长短也不同。

但是，由光电转换器输出的电信号一般仅 10mV 左右，不能直接使用，因而先要将光电转换器输出的电信号传送到放大器，放大后的电信号仍然是一个模拟电信号，为了避免由条形码中的疵点和污点导致错误信号，在放大电路后需加一段整形电路，把模拟信号转换成数字信号，数字信号经译码器译成数字、字符信息，它通过识别起始、终止字符来判别条形码符号的码制及扫描方向；通过测量脉冲数字电信号 0、1 的数目来判别条和空的数目，通过测量 0、1 信号持续的时间来判别条和空的宽度。这样便得到了被辨读的条形码符号的条和空的数目及相应的宽度和所用码制，根据码制所对应的编码规则，便可将条形码符号换成相应的数字、字符信息，通过接口电路传送到计算机系统进行数据处理与管理，便完成了条形码识别的全过程，如图 4-3 所示。

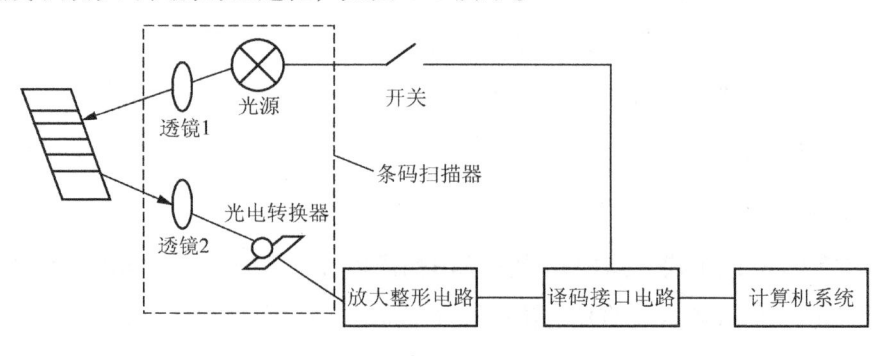

图 4-3 条码的识别过程

4.1.2 射频识别技术

1. 射频识别技术概述

射频识别技术（Radio Frequency Identification，RFID）是利用无线电波对记录媒体进行读写，射频识别的距离可达几十厘米至几米，且根据读写的方式，可以输入数千字节的信息，同时，它还具有极高的保密性。RFID 适用的领域包括物料跟踪、运载工具和货架识别等要求非接触数据采集和交换的场合，对于要求频繁改变数据内容的场合尤为适用。RFID 是对条码技术的补充和发展。它规避了条码技术的一些局限性，为大量信息的存储、改写和远距离的识别奠定了基础。

RFID 系统因应用不同导致其组成会有细微的差别，但基本都是由 3 个部分组成——主机系统、阅读器和电子标签，电子标签和阅读器都装有天线，RFID 系统的基本组成如图 4-4 所示。

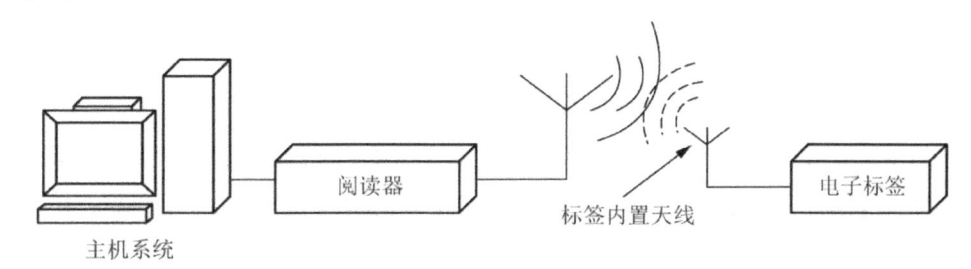

图 4-4 RFID 系统基本组成

（1）主机系统

主机系统是针对不同行业的特定需求而开发的应用软件系统，它可以有效地控制阅读器对标签信息的读写，并且对收到的目标信息进行集中的统计与处理。在实际应用中，主机系统还包含有数据库，可以存储和管理 RFID 系统中的数据，同时根据不同需求提供不同的功能或相应接口。

主机系统可以集成到现有的电子商务和电子政务平台中，通过与 ERP、CRM 和 SCM 等系统的集成，提高工作效率。

（2）阅读器

阅读器又称读出装置或读写器，一般认为是 RFID 系统的读写终端装备，负责与电子标签进行双向通信，可以实现对标签的识别及内存数据的读取或写入，同时接收来自主机系统的控制指令，可以说读写器是 RFID 系统的信息控制和处理中心。阅读器的频率决定了 RFID 系统工作的频段，其功能决定了 RFID 的有效距离。阅读器的组成结构如图 4-5 所示。

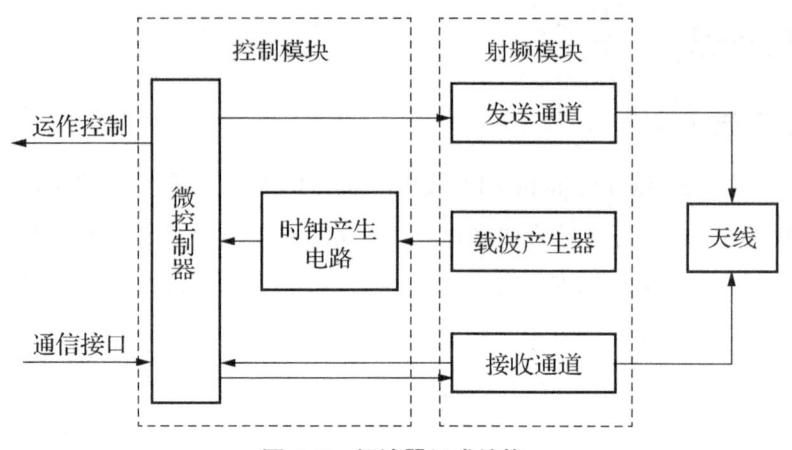

图 4-5　阅读器组成结构

由图 4-5 可以看出，阅读器一般由射频模块（发送通道、载波产生器和接收通道）、控制模块（微控制器和时钟产生电路）和天线构成。

①微控制器：阅读器工作的核心部件，完成收发控制、向 RFID 标签发送命令及写数据、数据读取及处理、与高层处理应用系统的通信等工作。

②时钟产生电路：通过分频器形成工作所需的时钟。

③发送通道：对载波信号进行功率放大，向 RFID 标签传送操作命令及输入数据。

④载波产生器：采用晶体振荡器，产生所需频率的载波信号，并保证载波信号频率的稳定性。

⑤接收通道：接收 RFID 标签传送至阅读器的相应数据。

⑥天线：发射电磁能量以激活电子标签，并向电子标签发出指令，同时也要接收来自电子标签的信息。

（3）电子标签

电子标签是射频识别系统的信息载体，即存储可识别数据的电子装置。电子标签一般保存有约定格式的数据，由耦合元件及芯片组成，内置射频天线，用于与阅读器进行通信。电子标签可根据工作方式和可读写性的不同进行分类。

①主动式标签、被动式标签和半主动式标签。根据工作方式的不同，电子标签可分为主动式标签、被动式标签和半主动式标签。一般来说，有源系统为主动式，无源系统为被动式。

·主动式标签。由于自带电源，主动式标签能传输较强信号，并且能在较高的频率下工作，具有更远的读写距离。但是自带电源会使标签体积变大而且更加昂贵，所以主动 RFID 系统一般用于大型航空工具及普通交通工具等远距离识别。低功耗的主动式标签通常比一副扑克稍大。主动式标签可以在物体未进入识别距离时处于休眠状态，也可以处于广播状态持续向外广播信号。

·被动式标签。它从读写器产生的磁场中获得工作所需的能量。标签进入读写器的识别范围后，通过天线感知电磁场变化，由电磁感应产生感应电流，标签通过集成的电容保存产生的能量。当电容积蓄了足够的电荷后，RFID 标签就可以利用电容提供的能量向读写器发送带有标签 ID 信息的调制信号。由于被动式标签自身不带电源，因而比主动标签价格要低很多，这一优势使得它比主动式标签具有更广泛的应用领域。

·半自动式标签。它内部的电池只对标签内要求供电维持数据的电路供电或为标签芯片工作所需的电压提供辅助支持。区别于被动式标签需要由读写器激活，无需激活的半自动式标签有充分的时间被读写器读取数据，因此，即使被识别标签处于高速移动状态时，仍然能够可靠地读取数据。

图 4-6 和图 4-7 分别是台式读写器和手持式读写器产品，图 4-8 为某电子标签产品。

图 4-6　台式读写器　　　　图 4-7　手持式读写器　　　　图 4-8　电子标签产品

②只读标签、可读写标签和一次写入多次写出标签。根据可读写性的不同，电子标签可分为只读 (Read Only，RO) 标签、可读写 (Read and Write，RW) 标签和一次写入多次写出 (Write Once Read Many，WORM) 标签。

·只读标签。在出厂时已经将完整的标签信息写入标签，使得每一个标签都有一个唯一的标志符 (UID)，也可以在应用之前写入只读标签的信息，有专门的初始化设备将完整的标签信息写入。

·可读写标签。它是一种非常灵活的电子标签，一般可以由用户自行编程，也能够在适当条件下多次对原有数据擦除并重新写入，例如电可擦除可编程只读存储器 (Electrically Erasable Programmable Read–Only Memory，EEPROM) 就是常见的一种用于可读写标签内部的存储器。

·一次写入多次写出标签。它在一次性使用的场合应用非常广泛，如航空行李标签、特殊身份证件等。这种标签的信息一旦被写入后就不能修改了。WROM 标签可分为接触式和无接触式两种。

2. RFID 系统工作原理和流程

RFID 系统是利用感应无线电波或微波能量进行非接触式双向通信、识别和交换数据的自动识别技术。电子标签由耦合元件及芯片构成，含有内置天线，阅读器和电子标签之间可按约定的通信协议互传信息。RFID 的基本原理是阅读器通过发射天线发送一定频率的 RF 信号，当电子标签进入发射天线工作区域时，产生感应电流，电子标签获得能量被激活，将自动编码等信息通过内置发射天线发送出去；系统接收天线收到从电子标签发送的载波信号，经天线调节器传送到阅读器，并对接收的信号进行解调和解码，然后送到后台主机系统进行相关处理。主机系统根据逻辑运算判断该卡的合法性，针对不同的设定做出相应的处理和控制，发出指令信号控制执行机构动作。其工作基本原理如图 4-9 所示。

图 4-9 RFID 基本工作原理

RFID 系统两个重要的组成部分是电子标签和阅读器，通过它们可以实现系统的信息采集和存储功能。电子标签由天线和专用芯片组成，天线是在塑料基片上镀铜膜线圈，塑料基片还嵌有体积非常小的集成电路芯片，芯片中有高速的射频接口。阅读器的控制模块能够实现与应用系统软件的通信，执行应用系统软件发来的命令的功能。

RFID 系统的基本工作流程如下。

①阅读器将经过发射天线以一定频率向外发射无线电载波信号。

②当电子标签进入发射天线的工作区时，电子标签被激活后立即将自身信息标签通过天线发射出去。

③系统的接收天线收到电子标签发出的载波信号，经天线的调节器传给阅读器，阅读器对接收到的信号进行解调解码，发送到后台计算机。

④计算机控制器根据逻辑运算判断电子标签的合法性，针对不同的设定做出相应的处理和控制，发出指令信号控制执行机构的动作。

⑤执行机构按计算机的指令动作。

⑥通过计算机通信网络将各个监控点连接起来，构成总控信息平台，根据不同的需要可以设计不同的软件来完成要实现的功能。

4.1.3　RFID 在物流领域中的应用

RFID 技术发展异常迅速，并且已经深入应用到很多领域，如铁路车辆的自动识别、生产线的自动化及过程控制、货物的跟踪及管理等。它在物流领域主要用于对物品跟踪、运载工具和货架的识别等。下面简单介绍 RFID 技术在物流领域中的一些典型应用。

1. 集装箱自动识别系统

集装箱上需安装电子标签。当集装箱通过汽车、火车、货船等运输方式到达或离开货场时，射频识别设备对集装箱进行自动识别，并将识别信息通过各种网络通信设施传递到信息系统，实现集装箱的动态跟踪和管理，提高集装箱的运输效率。

2. 智能托盘系统

每个托盘上都安装有电子标签，并把阅读器安装在托盘进出仓库必经的通道口上方。当叉车装载托盘货物通过时，阅读器获取标签内的信息，并传递给计算机，记录托盘的通过情况；当托盘装满货物时，自动称重系统会自动比较装载货物的总重量与存储在计算机中的单个托盘重量，获取差异，了解货物的实时信息。使用 RFID 技术，可高效地获得仓库中货物、托盘状况，提高仓库管理水平。

3. 通道控制系统

为仓库中可重复使用的各个包装箱都安装上作为唯一标识的电子标签，并在包装箱进出仓库的通道进出口处安装射频阅读器，将阅读器天线固定在上方，当包装箱通过天线所在处时，计算机把从标签里获得的信息与主数据库信息进行比较，正确时绿色信号灯亮，包装箱可通过；如果不正确，则激活红色信号灯，同时将时间和日期记录在数据库中。该系统消除了以往采用纸张单证管理系统时常出现的人为错误，排除了以往不堪重负的超负荷状况，建立了高效和良好的信息采集途径，可在高速移动过程中获取信息，从而大大地节省时间。同时，该系统采用电子标签还可以使公司快速获得信息反馈，包括损坏信息、可能取消的订货信息，从而降低消费者的风险。

4. 配送过程贵重物品的保护

保税仓库可能存储着价值昂贵的货物，为了防止货物被盗和防止装着这些货物的托盘放错位置而导致延迟交货，可采用 RFID 技术，保证叉车按正确设置的路线移动托盘，降低在非监控道路上货物被盗的可能。在仓库内配备悬浮在上方的阅读器，给叉车装备电子标签。沿途经过的详细资料通过射频连接从中央数据库下载到叉车，这些信息包括正确的装货位置，沿途安装的阅读器将提供经由路径。如果发现标签错误，叉车会被停止，由管理者重新设置交通路径，同时自动称重并实时提供监控信息。

5. 货物防盗系统

在需要重点防盗的商品上安装电子标签。当装有商品的车辆通过装有射频阅读器的出口时，阅读器可实时识别每件商品上的标签信息，若有未被授权出去的商品，可被限制运出。运用 RFID 技术可识别高速移动物体及可同时识别多个电子标签，实现多件商品运输过程的实时监控。

4.2 定位跟踪技术

定位跟踪技术是指获取和记载物体位置的技术，位置包含了与物体有关的坐标。坐标可以是二维或三维的，通常包含了物体所在位置的经度和纬度的有关信息。各类基于位置信息的物流、工业互联网等新兴业务，对定位的精度、实时性、可靠性等方面提出了更高的要求。本节介绍全球卫星定位系统（Global Position System，GPS）和北斗卫星导航系统（BeiDou Satellite Navigation System，BDS）。

4.2.1 全球卫星定位系统

GPS 是由美国国防部开发的一个基于卫星的无线导航系统。它利用分布在高度为 20200 千米的 6 个轨道上的 24 颗卫星对地面目标的状况进行精确测定，每条轨道拥有 4 颗卫星。

1. GPS 的概述

GPS 从根本上解决了人类在地球及其周围空间的导航及定位问题，它不仅可以广泛地应用于海上、陆地和空中运动目标的导航、制导和定位，而且可为空间飞行器进行精密定轨，满足军事部门的需要。同时，它在各种民用部门也获得了成功的应用，在大地测量、工程勘探、地壳监测等众多领域展现了极其广阔的应用前景。

GPS 的定位精度很高，覆盖面广且观测时间短，可以在任何时间、任何地点连续覆盖全球范围，大大提高了 GPS 的使用价值，同时，GPS 具有被动式伪码单向测距和全天候的导航能力，定位方式隐蔽性好，不会暴露用户位置，用户数据也不受限制，接收机可以在各种气候条件下工作，系统的机动性强，通常所用的大地测量方式是将平面与高程采用不同方法分别施测。GPS 可同时精确测定测站点的三维坐标。目前的 GPS 水准可满足四维水准测量的精度。

2. GPS 的分类

GPS 按接收机用途的不同可以分为以下几种。

（1）导航型接收机

导航型接收机主要用于运动载体的导航，它可以实时给出载体的位置和速度。这类接收机一般采用 C/A 码伪距测量，单点实时定位精度较低，一般为 ±25m，这类接收机价格便宜，应用广泛。根据应用领域的不同，此类接收机还可以进一步进行分类（表 4-1）。

表 4-1　GPS 导航型接收机的分类

类　型	用　途
车载型	用于车辆导航定位
航海型	用于船舶导航定位
航空型	用于飞机导航定位，由于飞机运行速度快，因此要求在航空领域使用的接收机能高速运动
星载型	用于卫星的导航定位，由于卫星的运动速度达 7km/s 以上，因此对接收机的要求更高

（2）测地型接收机

测地型接收机主要用于精密的大地测量和精密的工程测量。这类仪器主要采用载波相位观测值进行相对定位，定位精度高，但仪器结构复杂，价格较高。

（3）授时型接收机

授时型接收机主要利用 GPS 卫星提供的高精度时间标准进行授时，常用于天文台及无线电通信。

3. GPS 的构成

GPS 导航系统是以全球 24 颗定位人造卫星为基础，向全球各地全天候地提供三维位置、三维速度等信息。其基本原理是测量出已知位置的卫星到用户接收机之间的距离，然后综合多颗卫星的数据就可知道接收机的具体位置。

GPS 系统包括 3 个部分构件：空间部分——GPS 卫星星座、地面监控部分——地面监控系统、用户设备部分——GPS 信号接收机。GPS 的构成如图 4-10 所示。

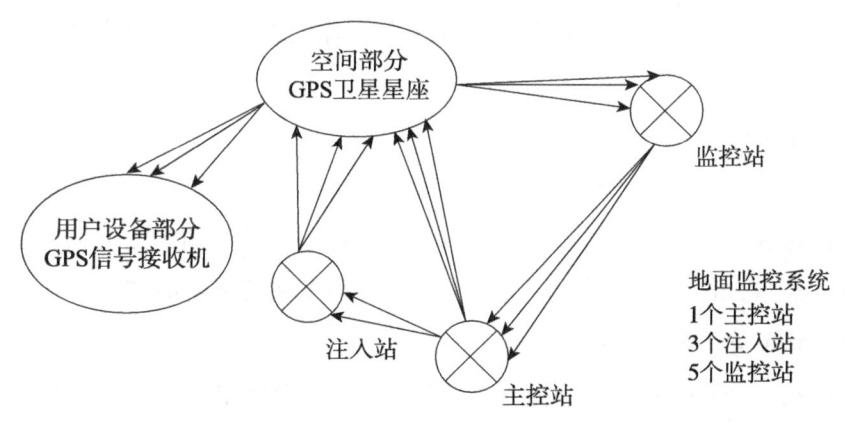

图 4-10　GPS 卫星系统组成

（1）空间部分——GPS卫星星座

GPS卫星星座由均匀分布在6个轨道平面上的24颗（其中有3颗备用卫星）高轨道工作卫星构成，每个轨道平面交点的经度相隔60°，轨道平面相对地球赤道的倾角为55°，每条轨道上均匀分布着4颗卫星，相邻轨道之间的卫星彼此成30°角，以保证信号全球均匀覆盖的要求。

（2）地面监控部分——地面监控系统

地面控制站由美国国防部控制，主要工作是追踪及预测GPS卫星、控制GPS卫星状态及轨道偏差、维护整套GPS卫星使其工作正常。GPS工作卫星的地面监控系统由3部分组成，包括1个主控站、3个注入站和5个监测站。地面监控系统主要用于追踪卫星轨道，根据接收的导航信息计算相对距离、校正数据等，并将这些资料传回主控站，以便分析。

（3）用户设备部分——GPS信号接收机

GPS的空间星座部分和地面监控部分是用户应用该系统进行导航定位的基础，用户只有使用GPS信号接收机才能实现其定位、导航的目的。GPS信号接收机能够捕获到按一定卫星高度截止角所选择的待测卫星的信号，并跟踪这些卫星的运行，对所接收的GPS信号进行变换、放大等处理，以便测量出GPS信号从卫星到接收机天线的传播时间，解译出GPS卫星所发送的导航电文，实时地计算出测站的三维位置，甚至三维速度和时间。

4. GPS的特点

（1）定位精度高

GPS的定位精度很高，其精度由许多因素决定。用C/A码做差分定位时一般的精度是5m，采用动态差分定位的精度小于10cm，静态差分定位精度达到百万分之一厘米。GPS的测速精度为0.1m/s。

（2）覆盖面广

GPS可以在任何时间、任何地点连续地覆盖全球范围，从而大大提高了GPS的使用价值。

（3）观测时间短

随着GPS的不断完善，软件的不断更新，目前，以20km为相对静态定位，仅需15~20min；快速静态相对定位测量时，当每个流动站与基准站相距在15km以内时，流动站观测时间只需1~2min，然后可随时定位，每站观测只需几秒钟时间。

（4）被动式和全天候的导航能力。

GPS被动式、全天候的导航定位方式隐蔽性好，不会暴露用户位置，用户数据也不受限制，接收机可以在各种气候条件下工作，系统的机动性强。

（5）操作简便

随着 GPS 接收机不断改进，自动化程度越来越高，接收机的体积越来越小，重量越来越轻，极大地减轻测量工作者的工作紧张程度和劳动强度。

（6）功能多且应用广

随着人们对 GPS 认识的加深，GPS 不仅在测量、导航、测速、测时等方面得到更广泛的应用，而且应用领域还将不断扩大，如汽车自定位、跟踪调度、陆地救援、内河及远洋船队最佳航程和安全航线的实时调度等。

4.2.2 北斗卫星导航系统

BDS 是我国着眼于国家安全和经济社会发展需要，自主建设运行的全球卫星导航系统，是为全球用户提供全天候、全天时、高精度的定位、导航和授时服务的国家重要时空基础设施。BDS 是继美国全球卫星定位系统（GPS）、俄罗斯格洛纳斯卫星导航系统（GLONASS）之后第三个成熟的卫星导航系统。

1. BDS 的发展历程

20 世纪后期，我国开始探索适合国情的卫星导航系统发展道路，逐步形成了三步走发展战略：2000 年年底，建成北斗一号系统，向中国提供服务；2012 年年底，建成北斗二号系统，向亚太地区提供服务；2020 年，建成北斗三号系统，向全球提供服务。北斗导航系统发展经历的 3 个重要阶段，如图 4-11 所示。

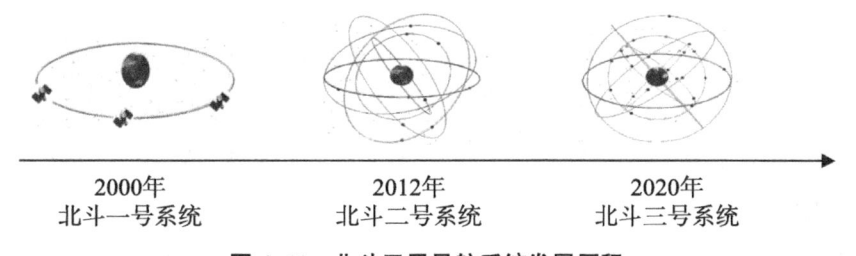

图 4-11 北斗卫星导航系统发展历程

（1）建设北斗一号系统

1994 年，北斗一号系统工程建设正式启动。2000 年，发射 2 颗地球静止轨道卫星，建成系统并投入使用，采用有源定位体制，为我国用户提供定位、授时、广域差分和短报文通信服务。2003 年发射第 3 颗地球静止轨道卫星，进一步增强系统性能。

（2）建设北斗二号系统

2004年，北斗二号系统工程建设正式启动。2012年年底，完成14颗卫星（5颗地球静止轨道卫星、5颗倾斜地球同步轨道卫星和4颗中圆地球轨道卫星）发射组网。北斗二号系统在兼容北斗一号系统技术体制基础上，增加无源定位体制，为亚太地区用户提供定位、测速、授时和短报文通信服务。

（3）建设北斗三号系统

2009年，北斗三号系统建设正式启动。2018年年底，完成19颗卫星发射组网，基本系统建设完成，向全球提供服务。2020年6月，成功发射北斗系统第五十五颗导航卫星，暨北斗三号最后一颗全球组网卫星，至此北斗三号全球卫星导航系统星座部署比原计划提前半年全面完成。

2020年7月31日上午10时30分，北斗三号全球卫星导航系统建成暨开通仪式在人民大会堂举行。截至2023年3月，北斗三号全球卫星导航系统自2020年建成开通以来，全国已有超过790万辆道路营运车辆、4.7万多艘船舶、4万多辆邮政快递干线车辆应用北斗系统，近8000台各型号北斗终端在铁路领域应用推广；北斗自动驾驶系统农机超过10万台，覆盖深耕、插秧、播种、植保、收获、秸秆处理和烘干等各个环节；2587处水库应用北斗短报文通信服务水文监测，650处变形滑坡体设置了北斗监测站点；搭载国产北斗高精度定位芯片的共享单车投放已突破500万辆，覆盖全国450余座城市；基于北斗高精度的车道级导航功能，已在8个城市成功试点，并逐步向全国普及。

2. BDS的功能和优势

（1）BDS的功能

BDS具有实时导航、快速定位、精准授时、位置报告和短报文通信服务5个主要功能。

① 实时导航：结合交通、测绘、地震、气象、国土等行业监测站网资源，提供实时米级、分米级、厘米级等增强定位精度服务，生成高精度的实时轨道、钟差、电离层等产品信息，以满足实时用户应用。

② 快速定位：BDS的性能达到国外同类系统水平，其中瞬态和快速定位指标居国际领先地位，可为服务区域内用户提供全天候、高精度、快速实时定位服务。

③ 精准授时：BDS时钟通过星载高精度的铷原子钟和氢原子钟和UTC时间同步，地面用户北斗接收机接收到来自卫星的时钟信号后，即可完成高精度的时间传递。

④ 位置报告：BDS全球位置报告是用户将卫星无线电导航业务（RNSS）定位结果，通过北斗组网星座中全球连续覆盖的入站链路发送至地面控制中心，实现位置报告功能。

⑤ 短报文通信：BDS 是全球首个在定位、授时之外集报文通信为一体的卫星导航系统，短报文通信是 BDS 的核心优势。它通过空间卫星将信号传输到接收机(如船舶接收机)上，既可以避免传输距离近的弊端，又可以提高通信质量。

（2）BDS 的优势

与其他卫星导航系统相比，BDS 具有以下优势。

① BDS 采用高、中、低三种轨道卫星组成混合星座，与其他卫星导航系统相比高轨卫星更多，抗遮挡能力强，尤其在低纬度地区服务优势更为明显。

② BDS 提供多个频点的导航信号，能够通过多频信号组合使用等方式提高服务精度。

③ BDS 创新融合了导航与通信能力，具备基本导航、短报文通信、星基增强、国际搜救、精密单点定位等多种服务能力。

BDS 是主动式双向测距二维导航，地面中心控制系统解算，供用户三维定位数据。而 GPS 定位系统是被动式伪码单向测距三维导航，由用户设备独立解算自己三维定位数据。BDS 的这种工作原理带来两个方面的问题，一是用户定位的同时失去了无线电隐蔽性，另一方面由于设备必须包含发射机，因此在体积、重量、价格和功耗方面处于不利的地位。

4.2.3　GPS 在物流中的应用

GPS 已经在社会诸多领域中得到越来越广泛的应用，在物流管理中的应用也会更加广泛和深入，并发挥更大的作用。

1. GPS 在物流管理中的应用

（1）用于汽车导航、跟踪调度、陆地救援

汽车导航系统是在 GPS 基础上发展起来的一个实用系统。它通常由 GPS 导航、自律导航、车速传感器、陀螺传感器、微处理器、CD-ROM 驱动器、LCD 显示器组成。它通过 GPS 接收机接收到多颗 GPS 卫星的信号，经过计算得到汽车所处位置的经纬度坐标、汽车行驶速度和时间信息。它通过车速传感器检测出汽车行驶速度，通过陀螺传感器检测出汽车行驶的方向，再依据时间信息就可计算出汽车行驶的动态轨迹。将汽车实际行驶的路线与电子地图上的路线进行比较，并将结果显示输出，可以帮助驾驶人员在正确的行驶路线上行驶。

通过采用 GPS 对车辆进行定位，在任何时候，调度中心都可以知道车辆所在位置、离目的地的距离；同时还可以了解到货物尚需多长时间才能到达目的地，其配送计划可以精确到小时。这样就提高了整个物流系统的效率。另外，借助于 GPS 提供的准确位置信息，可以对故障或事故车辆实施及时的救援。

（2）用于铁路运输管理

我国铁路部门开发了基于 GPS 的计算机管理信息系统。该系统可通过 GPS 和计算机网络实施收集全路列车、机车、车辆、集装箱及所运货物的动态信息，可实现列车、货物的追踪管理。只要知道某一货车的车种、车型和车号信息，就可以立即从近 10 万 km 的铁路网上流动着的几十万辆货车中查找到该货车，从而得到该货车现在何处运行或停在何处，以及其所载货物情况等信息。

（3）用于内河及远洋船队

在我国，GPS 最早被应用于远洋运输船舶的导航。我国三峡工程也利用了 GPS 来改善航运条件，提高运航能力。若国内船运物流公司都能采用 GPS 技术，必然能提高其运营效率，取得更好的经济和社会效益。

（4）用于军事物流

GPS 首先是为军事目的所建立的，其已被广泛应用于军事物流中的后勤保障方面。如对于美国来讲，其在不同地方驻扎的军队无论是在战时还是在平时都对后勤补给提出了很高的需求，GPS 在提高后勤补给的效率方面起到了重要作用。

2. GPS 在货物配送中的应用

（1）车辆跟踪功能

GPS 与地理信息系统 (GIS) 技术、无线移动通信系统 (如 GSM) 及计算机车辆管理信息系统相结合，可以实现车辆跟踪功能。借助于 GIS 和 GSM 技术，GPS 可以在电子地图上实时显示出车辆所在位置，并可以进行放大、缩小、还原、地图更换等操作；可以使显示区域随目标移动，从而使目标始终显示在屏幕上，还可以实现多窗口、多车辆、多屏幕同时跟踪，从而对重要的车辆和货物进行跟踪运输。通过车辆跟踪功能，能够掌握车辆基本信息、对车辆进行远程管理，有效避免车辆的空载现象，同时客户也能通过互联网，了解自己货物在运输过程中的细节情况。

（2）货物配送路线规划功能

货物配送路线规划是 GPS 的一项重要辅助功能。通过与 GIS 软件相结合，它可以进行自动路线规划，即由驾驶员指定起点与终点，由计算机软件按照要求自动设计出最佳行驶路线，包括行驶时间最短的路线、最简单的路线、通过高速公路段数次数最少的路线等。如果驾驶员没有按照指定的路线行驶，其行驶信息将会以偏航报警的方式显示在计算机屏幕上。

(3) 信息查询

客户能够在电子地图上根据需要进行某些目标的查询。查询结果能够以文字、语音或图像的形式输出，并能在电子地图上显示被查询目标的位置。另外，检测中心可以利用监测控制台对区域内任意目标的所在位置进行查询，车辆信息能够被很方便地显示在控制中心的电子地图上。

(4) 话务指挥

指挥中心可以监测区域内车辆的运行状况，对被监控车辆进行合理调度，并可随时与被跟踪目标进行通话，实行有效管理。

(5) 紧急救援

通过 GPS 的定位和监控功能，相关部门可以对遇有险情或发生事故的车辆进行紧急援助。监控台的电子地图可显示出报警目标和求助信息，并以声、光报警方式提醒值班人员进行快速应急处理。

定位跟踪系统以其独特的性能和应用优势，在物流的信息化建设中有着重要的位置，探索和实践 GPS、BDS 等在我国物流领域中的应用，增强国内物流企业竞争能力和服务功能已经成为当务之急。

4.3 大数据技术

最早提出"大数据"时代到来的是全球知名咨询公司麦肯锡，麦肯锡称："数据，已经渗透到当今每一个行业和业务职能领域，成为重要的生产因素。人们对于海量数据的挖掘和运用，预示着新一波生产率增长和消费者盈余浪潮的到来。"大数据在物理学、生物学、环境生态学等领域及军事、金融、通信等行业存在已有时日，却因为近年来互联网和信息行业的发展而引起人们关注。本小节介绍大数据的产生和发展历程、大数据的概念和特征、大数据的核心技术、大数据技术对物流发展的重要作用等内容。

4.3.1 大数据概述

1. 大数据的产生背景

信息化的浪潮是不断更迭的，根据国际商业机器公司（IBM）前 CEO 郭士纳的观点，IT 领域每隔若干年就会迎来一次重大变革，每一次的信息化浪潮，都推动了信息技术的向前发展。从20世纪80年代开始，在IT领域相继掀起了3次信息化浪潮，如表4-2所示。

表4-2 信息化的3次浪潮

信息化浪潮	发生时间	标　志	解决问题	代表企业
第一次浪潮	1980年前后	个人计算机	信息处理	IBM、联想、苹果、戴尔、惠普等
第二次浪潮	1995年前后	互联网	信息传输	雅虎、腾讯、百度、谷歌、中国移动等
第三次浪潮	2010年前后	物联网、云计算、大数据	信息爆炸	华为、滴滴、金蝶、阿里巴巴等

信息化的第一次浪潮发生在20世纪80年代前后，个人计算机的普及，解决了信息处理的问题，也极大地促进了信息化在各行业的发展。当时的主导企业有IBM、联想、苹果、戴尔、惠普等，它们制造的硬件和软件为人们在信息处理的过程中提供了巨大的帮助。

随着互联网的普及，第二次信息化浪潮开始了。20世纪90年代互联网的出现，使得人与人之间的交流有了新的渠道，雅虎公司率先推出的电子邮箱使人们的商务沟通变得更加有效率；腾讯公司的社交软件QQ也让社交变得更加容易。同时人们获取信息的途径也有所改变，以百度、谷歌为代表的搜索引擎让人们可以畅游在知识的海洋之中。

在互联网逐渐走向成熟的同时，第三次信息化浪潮随之而来。在2010年之后，信息量呈现爆发式的增长态势，随之而来的就是云计算、大数据、物联网技术的出现，一大批公司如华为、阿里巴巴等都在为解决信息爆炸的问题不断努力。

大数据是在信息化技术的不断发展下产生的，信息技术的不断更新为大数据的出现提供了可能性。与此同时，云计算技术的成熟又为大数据的存储和处理奠定了技术基础。云计算在处理数据时运用分布式处理、并行处理和网格计算等技术，使庞大的数据量可以在短时间内被处理完成，相比于之前利用传统数据处理技术需要数小时甚至数天的处理时间，运用云计算技术在数分钟甚至几十秒内就可以处理完成，极大地提高了数据处理的效率；在数据存储中，云计算通过集群应用、网格技术、分布式文件系统等方式使大数据可以被储存在云端，方便人们存取，从而为大数据的研究和利用提供了强大的技术支持。

2. 大数据的发展历程

大数据最早起源于20世纪90年代，继个人计算机普及之后互联网的出现，使数据量呈现爆炸式的增长，大数据因此而诞生，并开始被学者们所研究。直至今日，大数据仍然处于蓬勃发展的阶段，还有许多问题亟待研究者们去解决。从整个大数据发展历程来看，

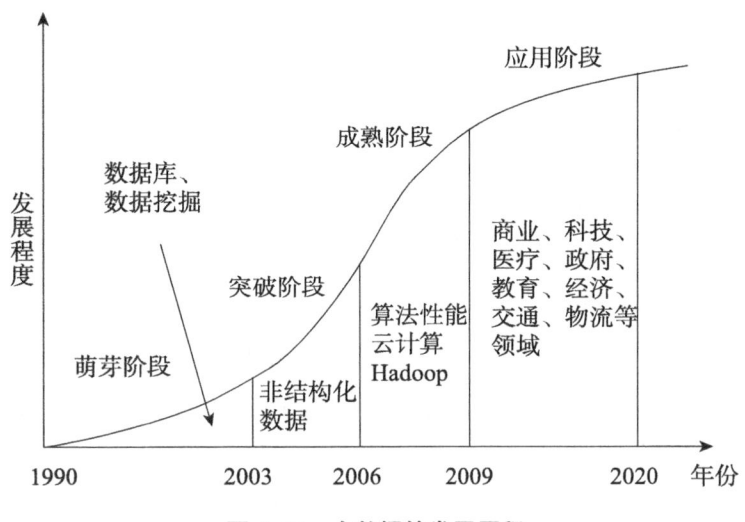

它主要经历了以下 4 个阶段，如图 4-12 所示。

图 4-12 大数据的发展历程

（1）萌芽阶段（20 世纪 90 年代—21 世纪初）

萌芽阶段也被称为数据挖掘阶段。那时的数据库技术和数据挖掘的理论已经成熟，数据的结构类型只有结构化数据，人们把数据储存在数据库或数据仓库里，在需要操作时大多采用离线处理方式，对生成的数据需要集中分析处理。存储数据通常使用物理工具，如纸张、胶卷、光盘（CD 与 DVD）和磁盘等。

（2）突破阶段（2003—2005 年）

突破阶段也称非结构化数据阶段。该阶段非结构化数据大量出现，而传统的数据库处理系统难以应对如此庞大的数据量。学者们开始针对大数据的计算处理技术及不同结构类型数据的存储工具进行研究，以加快大数据的处理速度，增加大数据的存储空间和存储工具的适用性。

（3）成熟阶段（2006—2008 年）

在大数据的成熟阶段，谷歌公司公开发表了两篇论文《谷歌文件系统》和《基于集群的简单数据处理：MapReduce》，其核心技术所包括的分布式文件系统（Distributed File System，DFS）、分布式计算系统框架 MapReduce 等引发了研究者的关注。在此期间，大数据研究的焦点主要是算法的性能、云计算、大规模的数据集并行运算算法，以及开源分布式架构（Hadoop）等。数据的存储方式也由以物理存储方式占主导转变为由数字化存储方式占主导地位。

（4）应用阶段（2009 年以后）

2009 年以后，大数据基础技术逐渐成熟，学术界及企业界纷纷开始从对大数据技术的研究转向对应用的研究。自 2013 年开始，大数据技术开始向商业、科技、医疗、政府、教育、经济、交通、物流等社会的各个领域渗透，为各个领域的发展提供了技术上的支持。

3. 大数据的概念和特征

关于大数据的概念，目前没有统一的定义。维克托·迈尔－舍恩伯格及肯尼斯·库克耶编写的《大数据时代》给出的大数据定义为：大数据指不用随机分析法（抽样调查）这样捷径，而是采用对所有数据进行分析处理。

美国国家科学基金委员会将大数据定义为：大数据指由科学仪器、传感器、网上交易、电子邮件、视频、点击流和 / 或所有其他可用的数字源产生的大规模、多样的、复杂的、纵向的和 / 或分布式的数据集。

麦肯锡全球研究所对大数据的定义为：大数据指一种规模大到在获取、存储、管理、分析方面大大超出了传统数据库软件工具能力范围的数据集合，具有海量的数据规模、快速的数据流转、多样的数据类型和价值密度低 4 大特征。

综合多个定义，可以把大数据的概念理解为：大数据指无法在一定时间范围内用常规软件工具进行捕捉、管理和处理的数据集合，是需要新处理模式才能具有更强的决策力、洞察发现力和流程优化能力的海量、高增长率和多样化的信息资产。

大数据的特征通常被概括为 5 个 V，即数据量大（Volume）、数据类型繁多（Variety）、处理速度快（Velocity）、价值密度低（Value）和真实性强（Veracity）。

（1）数据量大

数据量大是大数据的首要特征，通过表 4-3 数据的存储单位换算关系可更形象地表现出大数据的庞大的数据量。通常认为，处于吉字节（GB）级别的数据就称为超大规模数据，太字节（TB）级别的数据为海量级数据，而大数据的数据量通常在拍字节（PB）级及以上，可想而知大数据的体量是非常庞大的。可以用一个更形象的例子来展现大数据的数据量：2012 年 IDC 和 EMC 联合发布的《数据宇宙》报告显示，2011 年全球数据总量已经达到 1.87ZB，如果把这样的数据量用光盘来进行存储，并把这些存储好的光盘并排排列好，其长度可达 8×10^5 km，大约可绕地球 20 圈。国家互联网信息办公室发布的《数字中国发展报告（2022 年）》显示，2022 年，我国大数据产业规模达 1.57 万亿元，同比增长 18%；数据产量达 8.1ZB，同比增长 22.7%，占全球数据总量的 10.5%。数据量庞大并且在呈几何式爆发增长的大数据，更需要进行认真的管理及研究。

表 4-3 数据存储单位及换算关系

单 位	换算关系
B（Byte，字节）	1B=8bit
KB（Kilobyte，千字节）	1KB=1024B
MB（Megabyte，兆字节）	1MB=1024KB
GB（Gigabyte，吉字节）	1GB=1024MB
TB（Trillionbyte，太字节）	1TB=1024GB
PB（Petabyte，拍字节）	1PB=1024TB
EB（Exabyte，艾字节）	1EB=1024PB
ZB（Zettabyte，兆字节）	1ZB=1024EB

（2）数据类型繁多

进入大数据时代，数据类型也变得多样化了。数据的结构类型从传统单一的结构化数据，变成了以非结构化数据、准结构化数据和半结构化数据为主的结构类型，如网络日志、图片、社交网络信息和地理位置信息等，这些不同的结构类型使大数据的存储和处理变得更具挑战性。除了数据结构类型的丰富，数据所在的领域也变得更加丰富，很多传统的领域由于互联网技术的发展，数据量也明显增加，像物流、医疗、电信、金融行业等领域的大数据都呈现出爆炸式的增长。这样的大数据量和结构类型的多样化，也为数据库和数据仓库及相关的数据处理技术的革新创造了动力。

（3）处理速度快

大数据的产生速度快，变化的速度也很快。例如，Facebook 每天会产生 25 亿以上的数据条目，每日数据新增量超过 500TB。在如此高速的数据量产生的同时，由于大数据的技术逐渐成熟，数据处理的速度也很快，各种数据在线上可以被实时地处理，以便及时全面反映当下的情况，并从中获取到有价值的信息。谷歌的 Dremel 就是一种可扩展的、交互式的数据实时查询系统，用于嵌套数据的分析。它通过结合多级树状执行过程和列式数据结构，可以在短短几秒内完成对亿万张表的聚合查询，也能扩展到成千上万的中央处理器（Central Processing Unit，CPU）上，满足谷歌用户操作 PB 级别的数据要求，同时可以在 2~3 秒内完成 PB 级的数据查询。

（4）价值密度低

大数据虽然在数量上十分庞大，但其实有价值的数据量相对比较低。在通过对大数据的获取、存储、抽取、清洗、集成、挖掘等一系列操作之后，能保留下来的有效数据甚至不足 20%，真可谓是"沙里淘金"。以监控摄像拍摄下来的视频为例，一天的视频记录中有价值的记录可能只有短暂的几秒或是几分钟，但为了安全保障工作的顺利开展，需要投入大量的资金购买设备，以保证相关的区域24小时都在监控的状态下。因此对很多行业来说，如何能够在低价值密度的大数据中更快更节省成本地提取到有价值的数据是它们所关注的焦点之一。

（5）真实性强

大数据中的内容是与真实世界中发生的事件息息相关的，反映了很多真实的、客观的信息，因此大数据拥有真实性强的特征。但大数据中也存在着一定数据的偏差和错误，要保证在数据的采集和清洗中保证留下来的数据是准确和可信赖的，才能在大数据的研究中从庞大的网络数据中提取出能够解释和预测现实的事件，分析出其中蕴含的规律，预测未来的发展动向。

4.3.2 大数据的核心技术

大数据的核心技术一般包括大数据采集技术、大数据预处理技术、大数据存储与管理技术、大数据分析与挖掘技术、大数据可视化与大数据安全保障技术。

（1）大数据采集技术

大数据采集技术是指：通过RFID技术、传感器、社交网络交互及移动互联网等方式获得结构化、半结构化、准结构化和非结构化的海量数据。它是大数据知识服务模型的根本。大数据采集架构一般分为智能感知层和基础支撑层，其中智能感知层主要包括数据传感体系、网络通信体系、传感适配体系、智能识别体系及软硬件资源接入系统，以实现对海量数据的智能化识别、定位、跟踪、接入、传输、信号转换、监控、初步处理和管理等；而基础支撑层提供大数据服务平台所需的虚拟服务器、数据库及物联网资源等基础性的支撑环境。

（2）大数据预处理技术

大数据预处理技术主要用于完成对已获得数据的抽取、清洗等步骤。对数据进行抽取操作是由于获取的数据可能具有多种结构和类型，需要将这些复杂的数据转化为单一的或者便于处理的构型，以达到快速分析和处理的目的。对数据进行清洗操作主要是由于在海量数据中，数据并不全是有价值的，比如：有些数据与所需内容无关或是错误的数据等，这类数据就需要进行"去噪"处理，从而提取出有效数据。

（3）大数据存储与管理技术

大数据存储与管理技术就是利用存储器把采集到的数据存储起来，并建立相应的数据库来进行管理和调用。大数据存储与管理的技术重点是解决复杂结构化数据的管理与处理问题，即主要解决大数据的存储、表示、处理、可靠性和有效传输等关键问题。

通过开发可靠的分布式文件系统（Distributed File System，DFS）、优化存储、计算融入存储、发掘高效低成本的大数据存储技术，突破分布式非关系型大数据管理与处理技术、异构数据的数据融合技术和数据组织技术，研究大数据建模技术、大数据索引技术和大数据移动、备份、复制等技术；开发大数据可视化技术和新型数据库技术等方式可解决这些问题。

目前的新型数据库技术将数据库分为关系型数据库和非关系型数据库，已经基本解决了大数据存储与管理的问题。其中，关系型数据库包含了传统关系型数据库及 NewSQL 数据库；非关系型数据库主要指 NoSQL，它包括键值数据库、列存数据库、图存数据库及文档数据库等。

（4）大数据分析与挖掘技术

大数据分析与挖掘技术包括改进已有的数据挖掘、机器学习等技术，开发数据网络挖掘、特异群组挖掘和图挖掘等新型数据挖掘技术，其中重点是基于对象的数据连接、相似性连接等的大数据融合技术和用户兴趣分析、网络行为分析、情感语义分析等面向具体领域的大数据挖掘技术。

数据挖掘是从大量的、不完全的、有噪声的、模糊的和随机的实际数据中提取出隐含在其中的，人们事先不知道但又有可能有用的信息和知识的过程。数据挖掘涉及的技术很多，可以从很多角度对其进行分类。

①根据挖掘任务可分为：分类或预测模型发现、数据总结、聚类、关联规则发现、序列模式发现、依赖关系或依赖模型发现、异常和趋势发现等技术。

②根据挖掘对象，可分为关系数据库、面向对象数据库、空间数据库、时态数据库、文本数据库、多媒体数据库、异质数据库、遗产数据库等。

③根据挖掘方法又可分为机器学习方法、统计方法、神经网络方法和数据库方法等。

从挖掘任务和挖掘方法的角度，数据挖掘着重研究以下几方面内容。

①数据挖掘算法。可视化是将机器语言翻译成人类交流的语言，而数据挖掘就是机器的母语，通过分割、集群、孤立点分析，精炼数据、挖掘价值，要求数据挖掘算法能在处理大量数据的同时具有很高的处理速度。

②语义引擎。语义引擎需要设计足够的智能以从数据中主动地提取信息。语义处理技术包括机器翻译、情感分析、舆情分析、智能输入和问答系统等。

③数据质量与管理。数据质量与管理是管理成果的最佳检验，运用标准化流程和机器对数据进行处理，可以确保获得达到预设质量目标的分析结果。

④可视化分析。无论是对普通用户还是数据分析专家,数据可视化都是最基本的功能。数据可视化可以让数据"说话",让用户直观地看到结果。

(5)大数据可视化技术

大数据可视化技术能够将隐藏于海量数据中的信息和知识挖掘出来,为人类的社会经济活动提供依据,从而提高各个领域的运行效率,提升整个社会经济的集约化程度。数据可视化的技术可分为基于文本的可视化技术和基于图形的可视化技术。其中基于文本的可视化技术又包括基于云标签的文本可视化、基于关联的文本可视化等;基于图形的可视化技术也包括桑基图、饼图、折线图等图形展现形式。

(6)大数据安全保障技术

从企业和政府层面看,大数据安全保障技术主要是应对黑客的网络攻击及防止数据泄露的问题发生;从个人层面看,大数据安全保障技术主要是为了保护个人的隐私安全问题。安全保障技术具体包括改进数据销毁、透明加解密、分布式访问控制和数据审计等技术,对隐私保护和推理控制、数据真伪识别和取证、数据持有完整性验证等技术进行突破。

4.3.3 大数据技术对物流发展的重要作用

物流行业是个产生海量数据的行业,大数据应用将推动物流业向智慧物流这一更高层次快速发展。大数据时代的到来将给物流业带来极其深远的影响。能否抓住大数据所带来的机遇,将成为物流企业提升核心竞争力的关键。本小节主要阐述大数据给物流企业内外部环境带来的影响,以便更充分地认识大数据的作用,提高物流企业的快速反应能力,更好地满足客户对物流服务要求,提升物流企业竞争力。

1. 大数据技术可以帮助物流企业适应外部环境的变化

物流企业外部环境包括物流企业外部的政治环境、社会环境、技术环境、经济环境等,这些环境始终处于不断的变化中,物流企业要想保持强有力的竞争力,就必须及时调整自身的发展目标及发展策略,使企业的经营理念和目标与外部环境相适应。要想做到这一点,必须在瞬息万变的环境中获取科学、可靠的决策依据(数据)。大数据技术可以帮我们解决这个问题,海量的环境数据通过先进的大数据处理技术处理后,可以更快速、更及时、更准确和更科学地为物流企业领导提供有价值的外部环境的综合数据信息;使管理者及时了解外部环境,有效应对各种环境变化,做出客观评估,准确地判断出这些变化给企业带来的机遇和危险,从而对企业未来的发展方向和发展战略做出科学决策。这样企业就把握住了环境的现状及其变化趋势,利用有利于企业发展的一切机会,避开外部环境中存在的危险的因素，使企业能持续生存和发展，提高自身竞争力，在激烈的市场竞争中立于不败之地。

2. 大数据技术的应用可以改变物流业内部环境

随着大数据成为越来越有价值的资产，有效运用大数据就成了企业竞争的关键，企业管理者有必要将大数据纳入企业计划，因此，大数据会影响到物流企业的内部环境，给其带来相应的变化。

大数据给物流企业带来发展机遇，同时也带来了挑战，科学合理地运用大数据技术，将对物流企业的管理与决策、资源配置等方面起到促进作用。

首先，大数据技术可提高物流企业的信息共享程度和服务质量，大数据时代物流企业的信息交流将更开放，可实现更高程度的信息共享，这势必使物流企业的工作更加透明，从而直接或间接促进物流服务质量的提高。透明公开地发布物流质量和绩效数据，可以帮助客户做出更明智的决策，也可以帮助物流服务提供方提高服务质量，使企业更好地发展。其次，大数据技术可提高物流企业的战略管理和科学决策水平，有助于避免主观偏见和思维定势的消极影响，提升企业的战略洞察力，使企业把握行业发展的新趋势，抓住战略性投资机会。物流企业竞争力的高低，越来越取决于供应链的整体效能，在这种情况下，物流企业还可以在确保顾客隐私和商业机密的前提下，通过与供应链上各合作伙伴的数据共享、交换或者交易，动态检测行业趋势、聚焦优先目标、优化服务组合、避免无端浪费、探索全新的业务模式等。

3. 大数据技术可以优化物流企业市场策略

物流行业网络平台和社区，可产生大量有价值的数据，通过这些数据汇总物流行业客户的消费记录，对其进行高级分析，将能提高物流需求方和物流服务提供方的决策能力。平台的用户数据都是实时更新的，用户行为的预测反映了实际用户需要，根据这些行为预测制定出的市场策略，能够更加符合市场规律。物流行业可快速地采集并分析加工大数据，提供准确和及时的物流咨询信息，大幅提高公司的知名度和开拓市场空间，并提高客户的忠诚度。

4. 大数据技术的应用可以提高物流企业的运作管理

大数据技术可以提升企业业务营运的可视化程度，推动知识和信息在组织内部的共享，从而精准地掌控企业各项资源的运行情况，如人员作业状况，设备运作状况，车辆的位置、时间、速度、性能等，这些都有利于企业高效调度各项资源，提升工作效率。以快递企业为例，大数据技术可以为企业满足个性化订单、开展定制化服务、实施弹性配送等提供技术支持。

适时调配物流资源，实现业务营运的主动性、前置性，提升物流运作效率和顾客满意度。

5. 大数据技术的应用可以提高物流企业市场营销的有效性

大数据应用技术有助于物流企业获得有关顾客偏好、情绪、消费体验等真实信息，从而有利于它们对目标市场进行精确细分和高效筛选。大数据所承载的有关资源、成本、服务、定价等即时性关键信息，有助于物流企业动态监测市场变化，针对高价值客户实施精准营销、精准投放广告，精准测定广告或者促销效果。大数据应用技术还有利于物流企业摆脱繁杂的中间环节、对传统营销的依赖，极大地降低营销成本，大大提高市场营销的有效性。

6. 大数据技术可以为物流企业创造价值和收益

企业应管好自己的私有数据，编制详细目录，把所有能获取的数据(包括公开的可获取的数据和可以购买的数据)进行系统的分类管理。企业可以通过购买或者激励方案获取第三方的数据资源，并与自有的数据整合，从这些海量数据中发现新知识、新价值，推动业务模式创新，物流企业也可在条件成熟时通过数据交易、数据应用辅导等业务获取经济利益、提升竞争优势。

4.4 云计算技术

云计算(Cloud Computer)的概念是由谷歌公司提出的，是一种全新的领先信息技术，可实现超级计算和海量存储。推动云计算兴起的动力是高速互联网和虚拟化技术的发展。云计算作为下一代企业数据中心，可以更有效地为各行各业提供有效的计算与分析。本节主要介绍云计算概念与分类、体系结构及云计算在物流中的应用。

4.4.1 云计算的概念和分类

1. 云计算的内涵

1983年，太阳微电子公司提出"网络是计算机"的概念；2006年3月，亚马逊推出弹性计算云(Elastic Computer Cloud, EC2)服务；2006年8月9日，谷歌首席执行官埃里克·施密特在搜索引擎大会首次提出"云计算"的概念，该概念源于谷歌工程师克里斯托弗·比希利亚所做的"Google 101"项目中的"云端计算"。2008年年初，Cloud Computer正式被翻译为云计算。

云计算是分布式计算、并行计算、效用计算、网络存储、虚拟化、负载均衡、热备份冗余等传统计算机和网络技术发展相融合的产物。它是一种能够通过网络以便利的、按需付费的方式获取计算资源(包括网络、服务器、存储、应用和服务等)并提高其可用性的模式。这些资源来自一个共享的、可配置的资源池，并能够以最省力和无人干预的方式获取和释放。

云计算通常可以分为6个部分，分别是云基础设施、云存储、云平台、云应用、云服务和云客户端。

（1）云基础设施

云基础设施主要是指 IaaS(Infrastructure as a Service，IaaS)，包括计算机基础设施(如计算、网络等)和虚拟化的平台环境等。

（2）云存储

云存储即将数据存储作为一项服务(类似数据库的服务)，通常以使用的存储量为结算基础。它既可交付作为云计算服务，又可以交付给单纯的数据存储服务。

（3）云平台

云平台是指 PaaS(Platform as a Service，PaaS)，即将直接提供计算平台和解决方案作为服务，以方便应用程序部署，从而帮助用户节省购买和管理底层硬件和软件的成本。

（4）云应用

云应用是指用户利用云软件架构获得软件服务，不再需要在自己的计算机上安装和运行该应用程序，从而减轻软件部署、维护和售后支持的负担。

（5）云服务

云服务是指云架构中的硬件、软件等各类资源都通过服务的形式提供。

（6）云客户端

云客户端是指为使用云服务的硬件设备(台式机、笔记本电脑、手机、平板电脑等)和软件系统(如浏览器等)。

2. 云计算的特点

云计算具有以下特点。

（1）可靠性强

云计算主要是通过冗余方式进行数据处理的服务。在大量计算机机组存在的情况下，系统中出现的错误会越来越多，而采取冗余方式则能够降低错误出现的概率，同时保证数据的可靠性。

（2）服务性好

从广义的角度来看，云计算本质上是一种数字化服务，同时这种服务较以往的计算机服务更具便捷性，用户在不清楚云计算具体机制的情况下，就能够得到相应的服务。

（3）可用性高

云计算具有很高的可用性。在存储上和计算能力上，云计算技术相比以往的计算机技术具有更高的服务质量，同时在节点检测上也能做到智能检测，在排除问题的同时不会对系统造成任何影响。

（4）开发成本低

云计算平台的构建费用与超级计算机的构建费用相比要低很多，但是两者在性能上基本持平，这使得其开发成本能够得到极大节约。

（5）多样性服务

用户在服务选择上将具有更大的空间，可通过缴纳不同的费用来获取不同层次的服务。

（6）编程便利性

云计算平台能够为用户提供良好的编程模型，用户可以根据自己的需要进行程序制作，这样既为用户提供了巨大的便利性，同时也节约了相应的开发资源。

3. 云计算的分类

云计算从服务方式角度可以分为公有云、私有云、混合云。

（1）公有云

公有云是指基础设施被一个销售云计算服务的组织所拥有。该组织将云计算服务销售给广泛群体。公有云被认为是云计算的主要形态，公有云通常指第三方提供商为用户提供的能够使用的云，让具有权限的用户通过互联网来使用。公有云价格低廉，其核心属性是共享服务资源。目前，公有云占据着较大的市场份额，在国内公有云可以分为以下几类。

①传统的电信基础设施运营商建设的云计算平台，如中国移动、中国联通和中国电信等提供的公有云服务。

②政府主导建设的地方性云计算平台，如贵州省建设的"云上贵州"等，这类云平台通常被称为政府云。

③国内知名互联网公司建设的公有云平台，如百度云、阿里云、腾讯云和华为云等。

④部分IDC运营商建设的云计算平台，如世纪互联云平台等。

⑤部分国外的云计算企业建设的公有云平台，比如Microsoft Azure, Amazon AWS等。

（2）私有云

私有云是云基础设施被一个单一的组织拥有或租用，该基础设施完全由该组织管理。私有云是企业内部建设和使用云计算的一种形态，私有云是在企业内部原有基础上部署应用程序的方式。由于私有云是为企业内部用户使用而构建的，因而在数据安全性及服务质量上自己就可以有效管控，私有云可以部署在企业数据中心的防火墙内，其核心属性是专有资源。

私有云可以搭建在企业的局域网上，与企业内部的公司监控系统、资产管理系统等相关系统连通，从而更有利于企业内部系统的集成管理。私有云虽然在数据安全方面比公有云高，但是维护的成本也相对较高（对于中小企业而言），因此一般只有大型企业会使用这类的云平台。另外一种情况是，一个企业尤其是互联网企业发展到一定程度之后，自身的运维人员及基础设施都已经充足完善了，搭建自己私有云成本反而会比购买公有云服务来得低。

（3）混合云

混合云的基础设施由私有云和公有云组成，每种云仍然保持独立，但用标准的或专有的技术将它们组合起来，具有数据和应用程序的可移植性。混合云融合公有云与私有云的优势，近几年来快速发展起来。混合云综合了数据安全性及资源共享性双重考虑，个性化的方案达到了节约成本的目的，从而获得越来越多企业的青睐，但在部署混合云时需要关注下面几个问题。

①数据冗余方面：对于企业数据而言，做好冗余及容灾备份是非常有必要的。但混合云缺少数据冗余，因此实际上数据安全性也不能得到很好的保证。

②法律方面：由于混合云是私有云和公有云的集合，因此在法律法规上必须确保公有云和私有云提供商符合法律规范。

③服务水平协议（Service Level Agreement，SLA）方面：混合云相比于私有云而言在标准统一性方面会有欠缺。

④成本方面：混合云虽然兼具私有云的安全性，但是由于应用程序编程接口（Application Programming Interface，API）带来的复杂网络配置使得传统系统管理员的知识、经验及能力受到挑战，随之而来的是高昂的学习成本或者系统管理员能力不足带来的额外风险。

⑤架构方面：基于混合云的虚拟私有云（Virtual Private Cloud，VPC）要求对公有云的整体网络设计进行重构，这对企业来说是很大的挑战。

（4）公有云、私有云和混合云比较

公有云、私有云和混合云在建设地点、服务对象和数据安全等方面的区别见表4-4。

表 4-4 公有云、私有云和混合云比较

云类别	建设地点	服务对象	数据安全	功能拓展	服务质量	弹性扩容	成本	核心属性
私有云	企业内部	内部用户	高	高	强	差	维护成本高	专有
公有云	互联网	外部用户	低	低	中	强	数据风险成本高	共享
混合云	企业内部+互联网	内部用户外部用户	高	中	差	中	学习成本高	个性化配置

关于公有云和私有云，有专家打比喻说："私有云相当于自己建个水塔，塔里有多少水是固定的；而公有云就相当于自来水厂，可以应付波动的用水需求。"究竟哪种云才是云计算的最终形态，业界有很多争论：公有云阵营认为，混合云是国内用户从"购买服务器"到"购买云服务"的过渡阶段，用户未来会把所有资源放在云端，这是趋势；而混合云阵营则认为，"公有云虽然实现了弹性扩容，但无法满足定制化需求；私有云可提高资源利用率，但无法为突发业务长期租用资源"；混合云阵营认为，私有云与公有云均有弊端，混合云才能融合两者的优势。我国"十四五"规划强调打造数字经济新优势，明确了以混合云为重点的云服务产业发展路线和以混合云为重点培育行业解决方案、系统集成、运维管理等云服务行业的发展方向。混合云已成为产业内众多服务商和客户关注的焦点，吸引了包括公有云服务商、私有云服务商、电信运营商、传统信息技术服务商在内的多类厂商。

因此，企业最终选择部署私有云、公有云还是混合云，一方面取决于企业内部业务及基础设施建设情况，另一方面取决于云计算技术的发展对数据安全、资源利用、弹性扩容等企业需求的满足情况。

4.4.2 云计算的关键技术

云计算技术是由计算机技术和网络通信技术发展而来的，其核心技术主要包括了编程模型、分布式技术、虚拟化技术和云平台技术。

1. 编程模型

云计算以互联网服务和应用为中心，其背后是大规模集群和大数据，需要编程模型来对数据进行快速分析和处理。目前较为通用的编程模型是 MapReduce。MapReduce 是一种简化的分布式编程模型，由谷歌公司开发且成为谷歌核心的计算模型，支持 Python、Java、C++ 等编程语言，能实现高效的任务调度，用于规模较大的数据集（大于 1TB）的并行运算。MapReduce 的思想是将要解决的问题分解成 Map（映射）和 Reduce（化简）的方式，先通过 Map 程序将输入的数据集切分成许多独立不相关的数据块，分配调度给大量的计算机进行并行运算、处理，再由 Reduce 程序汇总输出结果。

MapReduce 模型的工作流程描述如图 4-13 所示。实际上，MapReduce 是分治算法的一种，分治算法即分而治之，将大的问题不断分解成与原问题相同的子问题，直到不能再分，对最小的子问题进行求解，然后不断向上合并，最终得到大问题的解。MapReduce 在面对大数据集时，会先将其利用 Map 函数分解成成百上千甚至更多相互独立的小数据集，每个小数据集分别由集群中的一个节点，通常指一台普通的计算机进行计算处理，生成中间结果。这些中间结果又由大量的节点利用 Reduce 函数进行汇总合并，形成最终结果并输出。

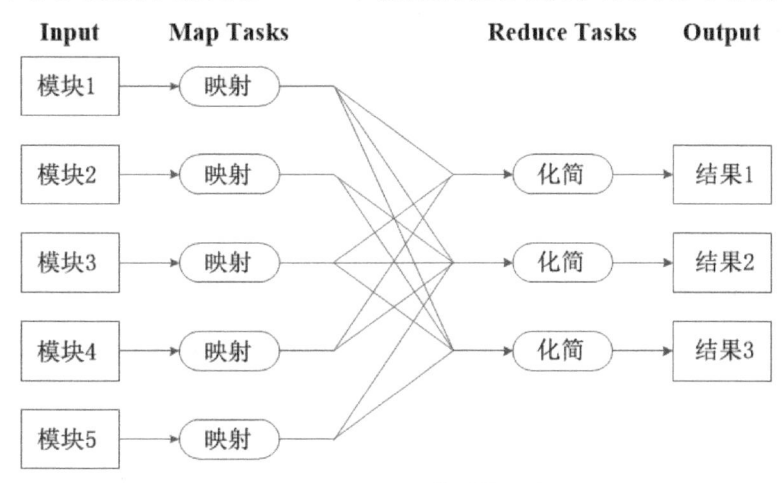

图 4-13　MapReduce 模型的工作流程

2. 分布式技术

随着网络基础设施与服务器性能的不断提升，分布式技术的优势逐渐突显，越来越受到人们的关注和重视，成了云计算系统的核心技术之一。分布式技术主要包括分布式计算和分布式存储。

（1）分布式计算

分布式计算是指将分布在不同地理位置的计算机资源，通过互联网组成共享资源的集群，它能够提供高效快速计算、管理等服务，使稀有资源可以共享，各计算机的计算负载能力得到平衡。分布式计算的思想是把大的任务分割成若干较小的任务单元，通过互联网分配给不同的计算机进行计算处理，并将计算结果返回，最终汇总整合计算结果。

与传统的计算模式相比，分布式计算具有强容错能力、高灵活性、高性能、高性价比等优势。当某个节点的计算机出现故障时，可通过冗余或重构的方式保证计算正常进行，而不会影响其他的计算机，因此具有很好的容错能力。由于分布式计算是模块化结构，所以扩充较为容易，维护方便，灵活性强。分布式计算采用了分布式控制，能够及时响应和处理用户的需求，性能较高。分布式计算只需较少的投资即可实现昂贵处理机所能完成的任务，性能甚至还较优，维护难度相对较小，具有较高的性价比。

（2）分布式存储

分布式存储的体系架构有两种形式：中心化体系架构和去中心化体系架构。中心化体系架构是以系统中的一个节点作为中心节点，其余节点直接与中心节点相连接所构成的网络。所有的分布式请求及处理结果的返回都要经过中心节点，因此中心节点的负载较重，一般都会设置副中心节点，当中心节点出现故障无法正常工作时，副中心节点将会接替中心节点的工作。去中心化体系架构不存在中心节点，每个节点的功能作用几乎都是相等的，相较于中心化体系架构均衡了负载。通常来说，系统中的一个节点一般只与自己的邻居相交互，而不可能知道系统中的所有节点信息，分布式存储体系需要思考的是如何将这些节点组织到一个网络中，以提高各节点的信息处理能力。

分布式存储的体系架构的两种形式各有各的特点。中心化体系架构管理方便，可对节点直接进行查询，但对中心节点的频繁访问加重了中心节点的负担，且中心节点的故障可能会影响整个系统；去中心化体系架构均衡了每个节点的负载，但管理存在一定的难度，不能对节点进行直接查询，系统高度依赖节点之间的通信，通信设备发生故障会对系统产生一定的影响。

3. 虚拟化技术

虚拟化技术是云计算中的关键技术之一，它是指将真实环境中的计算机系统运行在虚拟的环境中。计算机系统的层次包括硬件、接口、应用软件，虚拟化技术可应用在不同的层次，实现了物理资源的抽象表示，用户可在虚拟的环境中实现在真实环境中的部分或全部功能，且虚拟化后的逻辑资源对用户隐藏了不必要的细节，从而提高了资源的利用率。

虚拟化技术的优势表现在许多方面，它可以提供高效的应用执行环境，简化计算机资源的复杂程度，降低资源的使用者与具体实现的耦合程度。高效的执行环境之一表现在当底层资源实现方式发生改变或系统管理员对计算机资源进行维护时，不会影响用户对资源的使用。同时，虚拟化技术还能根据用户不同的需求实现对CPU、存储、网络等资源的动态分配，减少了对资源的浪费。

4. 云平台技术

云计算系统的服务器数量众多而且分布在不同的地点，根据用户的各种需求，服务器同时提供着大量的服务，因此服务器整体的规模非常大。云平台是为存在于互联网中，能够扩展、向其他用户提供基础服务、数据、中间件、数据服务、软件的提供商。云平台的架构及如何有效地进行管理成了云平台技术的重点。合理的架构能够使云计算更加高效，提升计算的速度和准确性，一定程度上能节约计算机及网络资源。而对云平台进行有效的管理则有利于快速发现和恢复系统故障，更好地进行云服务。不同的公司有着不同的云平台技术和云服务。

4.4.3 云计算技术在物流中的应用

将云计算技术应用于物流行业，可提升物流业的信息管理和服务水平，降低管理与服务成本，发展大物流产业，打破传统物流业运作模式，整合地域优势，整合信息资源，优化供给链，培育和发展现代物流业，促成物流行业整体水平的进步，形成行业的良性发展。

1. 云计算可以为物流行业有效整合信息资源

我国物流服务市场基本上还处于分散、割裂、封闭和无序竞争状态，物流信息化水平相对滞后，多数物流企业缺乏规范的物流流程和信息化标准，严重限制了物流活动向专业化、信息化方向发展。究其原因在于我国没有形成优势互补、强强联合、共同发展的局面，而且分散单一的功能也不能满足一体化的物流需要。结合当前互联网发展趋势，实现物流信息的资源整合势在必行。

通过云计算对信息资源进行统一整合，提高了物流企业对整个系统信息资源的有效管理，同时对业务进行支撑的可用性也大大提高了。云计算架构灵活的扩展性，随着整个系统资源和需求的部署而动态进行。云计算的基础本身就是虚拟化，能够把单个的物理资源整合起来划分给更多的用户使用。云计算高效的资源整合为物流企业带来的成本优势也是非常明显的。现在信息技术设备的淘汰率比较高，更新周期缩短，后期的运维费用也较高。采用云计算的理念来整合资源，投资相对减少很多，不用多占建筑资源，设备更新相对节省，人员的配置也将减少。

2. 云计算技术可以为物流业构建云平台

物流行业涉及面广，天生具有全球化的特点，以服务为核心业务的网络遍布全球。其中，国际货运代理、报关行、仓储和集卡运输等物流公司及相关链条上的公司，由于与国外机构的紧密合作，平均信息化水平已经高于其他行业，但是有些公司与公司之间，同一个公司不同的分公司之间，信息不能互联互通，尚未能通过互联网来提供的服务。

要解决以上问题，正是云计算平台的优势。云计算平台采用云计算核心集成技术"单点登录、统一认证、数据同步、资源集成"，可实现物流企业业务全程电子化，实现在线询价、在线委托、在线交易、在线对账和在线支付等服务，让物流生意中的买卖双方尽享电子商务"门到门"服务的便捷，降低成本，提升效率，降低差错率，并可实现国际物流各类服务商和供应商之间订单的数据交换、物流信息的及时共享，以及交易的支付和信贷融资等完整的一条龙服务。将国际物流业务操作系统和服务平台作为切入点，通过云平台建立用户基础，构建互联互通网络，可以深入挖掘用户特征，开展快速营销，牢牢把握住客户资源。

3. 云计算可以为物流行业提供云存储

(1) 云存储可为物流企业提供空间租赁服务

随着物流企业自身不断发展，企业的数据量随之不断增长。数据量的增长意味着更多的硬件设备投入，更多的机房环境设备投入，更多的运行维护成本和人力成本投入。而高性能、大容量的云存储系统，可以满足物流企业不断增加的业务数据存储和管理服务，同时，大量专业技术人员的日常管理和维护可以有效地保障云存储系统运行安全，确保数据不会丢失。

(2) 云存储可为物流企业提供远程数据备份和容灾

数据安全对于物流企业来说也是至关重要的，大量的客户资源、平台资源、应用资源、管理资源、服务资源、人力资源不仅要有足够的容量空间去存储，还需要实现数据的安全备份和远程容灾。不仅要保证本地数据的安全性，还要保证当本地发生重大的灾难时，可通过远程备份或远程容灾系统进行快速恢复。高性能、大容量的云存储系统和远程数据备份软件，可以为物流企业提供空间租赁和备份业务租赁服务，物流企业也可租用云计算数据中心提供的空间服务和远程数据备份服务功能，建立自己的远程备份和容灾系统。

(3) 云存储为物流企业提供视频监控系统

通过云存储、物联网等技术建立的视频监控平台中，所有监控视频都集中托管在数据中心，在远程服务器上运行应用程序，运用客户端通过互联网访问它，并通过在服务器层级将数据处理的计算能力和存储端的海量数据承载能力整合到单一的监控中心或多个分级监控中心。客户通过网络登录管理网页，既可及时、全面、准确地掌握物品的可视化数据和信息，也可以远程、随时查看已录好的监控录像。

4.5 物联网技术

物联网（Internet of Things，IoT）是21世纪最重要的发展之一，因为它几乎可以应用于所有行业，并帮助企业在各方面做出改进。物联网技术有着巨大的应用前景，被认为是将对 21 世纪产生巨大影响力的技术之一。物联网从最初的军事侦察等无线传感器网络，逐渐发展到环境监测、医疗卫生、智能交通、智能电网、建筑物监测等应用领域。随着传感器技术、无线通信技术、计算技术的不断发展和完善，各种物联网将遍布在我们的生活中。

4.5.1 物联网的概念和特点

1. 物联网的概念

顾名思义，物联网就是物物相连的互联网。这说明物联网的核心和基础是互联网，物联网是互联网的延伸和扩展，其延伸和扩展到了人与人、人与物、物与物之间都可进行信息交换和通信的程度。所以，物联网可以定义为：物联网是通过各种信息传感设备及系统（传感网、射频识别系统、红外感应器、激光扫描器等）、条码与二维码、全球定位系统等，按约定的通信协议，将人与人、人与物、物与物连接起来，通过各种接入网、互联网进行信息交换，以实现智能化识别、定位、跟踪、监控和管理的一种信息网络。这个定义的核心是，物联网的主要特征是每一个物件都可以寻址，每一个物件都可以控制，每一个物件都可以通信。

由上述定义可知，物联网融合了各种信息技术，突破了互联网的限制，把物体接入信息网络，实现了"物—物相连的物联网"，将物理世界、数字世界和虚拟世界有机地融合为一体，如图 4-14 所示。物联网支撑信息网络向全面感知和智能应用两个方向扩展、延伸和突破，从而影响国民经济和社会生活的方方面面。

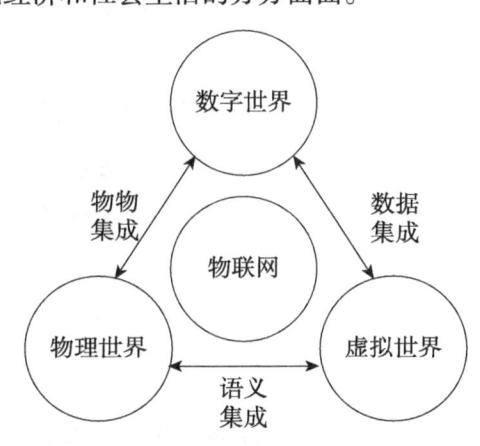

图 4-14 物理、数字、虚拟世界和社会互动共生

2. 物联网的特点

从网络的角度来观察，物联网具有在网络终端层面呈现联网终端规模化和感知识别普

适化的特点。在通信层面，物联网呈现出异构设备互联化的特点，而在数据层面和应用层面则分别呈现出管理处理智能化和应用服务链条化的特点。

（1）联网终端规模化

物联网时代的一个重要特征是"物品触网"，即每一件物品均具有通信功能，成为网络终端。据国家工信部数据，截至2023年9月我国蜂窝物联网终端用户达21.48亿户，物联网企业数量超过8000家，产业规模接近3万亿元，保持高速增长态势。

（2）感知识别普适化

作为物联网的末梢，自动识别和传感网技术近些年来发展迅猛，应用广泛。当今社会，人们的衣食住行都能折射出感知识别技术的发展。无处不在的感知与识别将物理世界信息化，对传统上分离的物理世界和信息世界实现高度融合。

（3）异构设备互联化

尽管硬件和软件平台千差万别，但各种异构设备（不同型号与类别的RFID标签、传感器、手机、笔记本电脑等）还是可以利用无线通信模块和标准通信协议构建成自组织网络，并在此基础上运行不同协议的异构网络之间通过"网关"互联互通，实现网际间信息共享及融合。

（4）管理处理智能化

物联网将大规模数据高效、可靠地组织起来，为上层行业应用提供智能的支撑平台。数据存储、组织及检索成为行业应用的重要基础设施。与此同时，各种决策手段包括运筹学理论、机器学习、数据挖掘、专家系统等被广泛应用于各行各业。

（5）应用服务链条化

链条化是物联网应用的重要特点。以工业生产为例，物联网技术覆盖从原材料引进、生产调度、节能减排、仓储物流，到产品销售、售后服务等各个环节，成为提高企业整体信息化程度的有效途径。更进一步，物联网技术在一个行业的应用也将带动相关上下游产业发展，并最终服务于整个产业链。

4.5.2 物联网的架构

物联网技术复杂、形式多样，通过对物联网多种应用需求的分析，目前比较认可的观点是把物联网分为3个层次：感知层、网络层和应用层，如图4-15所示。

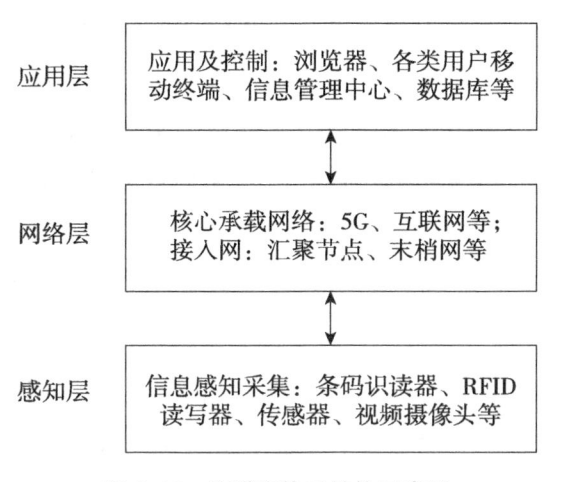

```
应用层    应用及控制：浏览器、各类用户移
          动终端、信息管理中心、数据库等

            ↕

网络层    核心承载网络：5G、互联网等；
          接入网：汇聚节点、末梢网等

            ↕

感知层    信息感知采集：条码识读器、RFID
          读写器、传感器、视频摄像头等
```

图 4-15 物联网体系结构示意图

（1）感知层

感知层相当于整个物联网体系的感觉器官，如同人体的皮肤和四肢。感知层主要负责两项任务，分别是识别物体、采集信息。识别物体是通过物品编码来确定物品是什么；采集信息是利用传感器来感知物品怎么样。其中，物联网中的物，指的是现实世界中的客观事物，诸如电器设备、基础设施、家用电器、计算机、建筑物等。所采集的物品信息，指的是物品能够被感知的因素，诸如温度、湿度、压力、光线等。

感知层在实现其感知功能时所用到的主要技术或设备有RFID、传感器、摄像头、GPS等。RFID主要实现的是对物品的识别，通过识别装置靠近物品上的编码，读取物品的信息，从而来确定物品。传感器技术主要利用各式各样的传感器来感知物品的温度、湿度、压力、光线等可被感知的因素。摄像头技术可以实时地采集到物品在空间中的动态影像信息。利用GPS定位卫星，可以在全球范围内实时进行定位、导航。

感知层的主要目标就是要实现对客观世界的全面感知，其核心是要解决智能化、小型化、低功耗、低成本的问题。

（2）网络层

网络层由各种私有网络、互联网、有线和无线通信网、网络管理系统和云计算平台等组成，相当于人的神经中枢和大脑，负责传递和处理感知层获取的信息。物联网的网络层包括接入网与互联网的融合网络、网络管理中心和信息处理中心等。接入网包括移动通信网、有线电话网，能将信息传入互联网。网络管理中心和信息处理中心是实现以数据为中心的物联网中枢，用于存储、查询、分析和处理感知层获取的信息。

网络层主要技术有光纤接入技术、电力网接入技术和无线接入技术等。其中，光纤接入技术是指光纤到楼、光纤到路边、以太网到用户的接入方式，由此真正实现了千兆到小区、百兆到楼、十兆到家庭；电力网接入技术是利用电力线路为物理介质，将家中电器连为一体，实现家庭局域网；无线接入技术有 4G、5G、Wi-Fi、蓝牙等。当前以 5G 技术为代表的新一代通信技术发展日新月异，物联网也将迎来新的发展。移动通信网络从 2G 到 4G 都是面向人的连接，而 5G 则扩充到了人与物和物与物的连接。5G 定义了 eMMB（增强移动宽带）、uRLLC（超可靠低时延通信）、mMTC（海量机器类通信）这 3 种业务场景。5G 网络的设计更符合物联网所需要的基本特性，不仅体现在高带宽、低时延的"增项能力"，更具有低能耗、大连接、深度覆盖的低成本优势。5G 的通信速度比以往的移动通信网络高出 10~100 倍，可传送高清视频等大容量数据，即使同时连接多台设备，速度也不会下降。全球各大电信运营商均积极跟进 5G 技术发展，在日本，NTT DoCoMo、KDDI、软银这三大移动通信运营商正致力于 5G 的商业化运营；在我国，电信、移动和联通三大运营商更是积极部署 5G，力求取得先发优势。

（3）应用层

应用层由各种应用服务器组成（包括数据库服务器），其主要功能包括对采集数据的汇聚、转换、分析，以及对用户层呈现的适配和事件触发等。对于信息采集，由于它从末梢节点获取了大量原始数据，且这些原始数据对于用户来说只有经过转换、筛选、分析处理后才有实际价值，所以这些应用服务器会根据用户的呈现设备完成信息呈现的适配，并根据用户的设置触发相关的通告信息。同时，当需要完成对末梢节点的控制时，应用层还能完成指令生成控制和指令下发控制。应用层要为用户提供物联网应用 UI 接口，包括用户设备（如 PC、手机）、客户端浏览器等。除此之外，应用层还包括物联网管理中心、信息中心等利用下一代互联网的能力对海量数据进行智能处理的云计算功能。

4.5.3 物联网技术在物流中的应用

1. 仓储管理

在仓储中应用物联网技术，可组成能够提高货物基础效率的智能仓储管理系统、增加储存量、降低人力强度、降低人力成本，并可实时显示、监控货物的进出量，提高发货精度，完成收货入库、盘点和调拨、拣货出库及全系统数据查询、备份、统计、报表制作、报表管理等工作。

2. 运输管理

通过物流车辆管理系统，实时监测运输车辆和货物，可以完成车辆和货物的实时定位跟踪，监控货物状况和温湿度状况，同时监控运输车辆的运行状况、胎温、胎压、燃油消耗、车速、制动次数等驾驶行为，在货物运输过程中将货物、司机、车辆驾驶状况等信息有效结合起来，以更高效、更低的运输成本，更低的货品损耗，更好地理解运输流程。

3. 智能物流配送

配送中心可利用物联网技术，实现货物进出、库存、配送的一体化管理。进入库门后，系统自动读取货物信息，并将信息通过网络传输到数据库和订单比对，清点无误后即可入库，系统信息库随之更新。日常清点工作时，可使用固定式或手持式读写器实现自动扫描，大大提高了工作效率。在配送过程中，智能软件系统根据客户需求自动安排货物出库计划，可在物联网中实现智能码垛机器人、无人搬运车等智能物流终端设备与操作软件相结合，进一步提高物流中心的智能化程度。

4. 供应链管理

供应链管理通过 RFID、IR（红外线）等技术可实时获得物品的当前状态，然后通过物联网的网络层与销售商、制造商和原料供应商进行沟通，使得供应链中的每个环节都具有快速获取信息的能力，并增加了处理时间；通过对供应链中的智能物流进行信息化管理，可以提高顾客需求预测的准确性，促进供应链上下游企业之间的紧密合作，以实现供应链整体效益的提高。

5. 追溯性管理

应用物联网建立一个可追踪的智能系统，主要目的是在智能物流流程中实现质量管理和责任问责。利用产品追溯系统，可在物流中实现产品质量、效率等智能化保障。

物联网技术在物流行业的应用实质是整合物流信息，逐步把信息技术的单点应用集成到系统中，整体推进物流系统向自动化、智能化、系统化、网络化方向发展，最终形成智慧物流系统。

▶ 本章小结

本章介绍了与现代物流管理相关的信息技术，包括条码技术、射频识别技术、定位跟踪技术、大数据技术、云计算技术、物联网技术等，并分别讲述了它们在物流中的应用。这些技术在现代物流发展中起着重要的作用，并且它们之间是相互关联、相互促进的关系。云计算和物联网通过建立平台，将物流中的各种资源有机整合在一起，而物流系统的高效运转离不开条码、射频识别、跟踪定位、大数据等技术的支持。随着物流行业的快速发展，这些信息技术之间的联系也会越来越紧密，并与其他的信息技术，如人工智能技术、5G 通信技术等，一起为未来的智慧物流提供支撑。

本章习题

1. 名词解释

（1）条码 （2）RFID （3）GPS （4）BDS （5）大数据 （6）云计算 （7）云存储 （8）物联网

2. 选择题

（1）用"条"和"空"组成的数据编码目的是容易翻译成_____。

A. 标准码　　　　B. 二进制数　　　　C. 机器码　　　　D. 识别码

（2）RFID 系统两个重要的组成部分是_____。

A. 阅读器和翻译器　　　　　　　　B. 控制器和阅读器

C. 电子标签和阅读器　　　　　　　D. 指令器和翻译器

（3）GPS 具有_____伪码单向测距和全天候的导航能力，定位方式隐蔽性好。

A. 被动式　　　　B. 主动式　　　　C. 单级　　　　D. 多级

（4）_____全球卫星导航系统开通服务，标志着我国成为世界上第三个独立拥有全球卫星导航系统的国家。

A. 北斗一号　　　B. 北斗二号　　　C. 北斗三号　　　D. 北斗四号

（5）信息化第二次浪潮的标志是_____。

A. 互联网　　　　B. 云计算　　　　C. 大数据　　　　D. 物联网

（6）在大数据的存储与管理中，非关系型数据库指_____。

A. MapReduce　　B. NoSQL　　　　C. NewSQL　　　　D. DFS

（7）云计算的概念是由_____公司率先提出的。

A. 苹果　　　　　B. 亚马逊　　　　C. IBM　　　　　D. 谷歌

（8）实际上，MapReduce 是_____算法的一种。

A. 分治　　　　　B. 递归　　　　　C. 迭代　　　　　D. 循环

（9）物联网将物理世界、数字世界和_____有机地融合为一体。

A. 逻辑世界　　　　　　　　　　　B. 媒体世界

C. 虚拟世界　　　　　　　　　　　D. 现实世界

（10）物联网分为 3 个层次：感知层、_____和应用层。

A. 数据层　　　　B. 应用层　　　　C. 逻辑层　　　　D. 网络层

3. 简答题

（1）简述二维条码的特点。

（2）GPS 系统由哪几部分构成？

(3)简述大数据的"5V"特征。

(4)画表比较公有云、私有云和混合云。

(5)物联网具有哪些特点？

(6)画图简要说明物联网的架构。

章末案例　物联网技术在物流领域的应用——智能仓储物流

电子商务的蓬勃发展推动了物流管理运作水平的提高，进入物流智能化新阶段，而物流系统自动化、信息化能力的提升又反过来促进了电子商务的进一步发展。电商物流为物联网技术提供了良好的应用环境，未来几年，物联网技术将是解决该行业所面对的人员紧张、信息阻塞、合规问题的最佳途径，成为电商企业进一步抢占市场的重要技术支撑。

为实现快速发展，电商企业正在积极寻求与物联网企业多维度的合作，力求借助物联网技术实现物流持续升级，强化自身竞争力。2022年3月1日，综合快递物流服务商韵达与阿里云在上海宣布成立"智慧物流数据库创新应用中心"，共同探索推进分布式数据库在智慧物流核心系统中的深度应用。

2022年6月，神州数码提出了新的物联网解决方案助推仓储物流数字建设，神州数码物联网解决方案通过RFID、定位跟踪、三维测量等技术应用，对货物的收货、入库、在库、拣选和出库进行管理，实现全业务流程自动化，在提高工作效率的同时，大幅降低了运营成本。

在货物进入大门时，三维测量、光栅测量和机器视觉分析等技术对货物尺寸进行测量，并将测量结果与空置货位、运输车辆空间进行实时匹配，保证货位、运输资源的合理利用。在出入库环节，为货物粘贴RFID标签、为叉车安装RFID读写设备，实现货物信息、货架信息的自动识别，通过定位设备确定车辆与货物位置，实现出入库货物实时信息提示、最佳行驶路径推荐、最优货位选择等功能，保证出入库工作零差错。同时，通过对资产管理、业务流程和数据物资的可视化管理，神州数码为库房构筑起了全面数字化管理的解决方案，实现了库房智能化和精细化管理。

对于货物运输过程及收货过程中的破损责任界定问题是这样解决的。在收货环节，物联网解决方案通过智能眼镜设备，让员工以第一人称视角，实现收货过程的全程录像、直播，以避免纠纷产生。同时，智能眼镜可实现在线实时的条码、二维码自动识别，支持手势和语音交互，不仅操作便捷，还可提供结构化信息用于未来视频录像的检索查询。

除此之外，为了在库房运营中快速部署的同时，有效地提高业务效率、降低人力成本，物联网解决方还对终端设备信息进行全面采集，并根据需要推送应用、设置应用黑白名单。

同时，对设备工作状态进行诊断、分析，为企业建立预防性维修体系和预案，并自动生成设备维护报表。

随着智能制造战略的推进，越来越多的企业在物流系统中采用物联网技术，尤其是传感器和智能控制技术的应用最多。智能制造除了要求物流系统实现智能化，还需要与生产线相匹配，进行无缝对接，实现信息系统的互联互通。

资料来源：https://www.ofweek.com/ai/2021-09/ART-201700-8100-30525458.html, [2022-08-22].

讨论题

（1）神州数码提出了新的物联网解决方案包含本章介绍的哪些信息技术？

（2）该案例介绍了物联网技术在物流领域中的哪些应用？

第 5 章　现代物流新模式

🔊 **本章学习要点**

知识要点	掌握程度	相关知识
绿色物流的产生背景	了解	物流活动对环境的负面影响
绿色物流的内涵和内容	重点掌握	绿色物流的概念，绿色物流的 3 个特征，绿色贯穿物流管理的 7 个职能
应急物流的概念	掌握	应急物流的定义，应急物流与普通物流的对比
应急物流系统分析	了解	应急物流系统的特点和支撑环境
冷链物流的概念和特点	重点掌握	冷链的概念和构成，冷链物流的概念及其 5 个特点
冷链物流的关键技术	了解	产品储藏和保鲜技术等，冷链物流的运行条件
智慧物流的概念和特征	重点掌握	智慧物流的产生背景，智慧物流的定义及其 6 个特征
智慧物流的发展方向和应用前景	了解	智慧物流的 4 个发展方向和 4 个应用前景
逆向物流的概念和特点	掌握	逆向物流的定义及其 3 个特点，逆向物流的分类
回收物流与废弃物物流的概念和分类	掌握	回收物流的概念与分类，废弃物物流的概念和分类
逆向物流与正向物流的区别	了解	逆向物流与正向物流在 6 个方面的区别

导入案例　菜鸟探索绿色物流中的绿色回收

近年来，我国快递业务量猛增，作为快递物流行业中最早发起绿色行动的企业之一，菜鸟在绿色回收、绿色供应链、绿色园区三个方向上不断探索物流领域的减碳减塑。菜鸟绿色物流的具体做法包括推广电子面单、装箱算法、智能路径规划、绿色回收、太阳能物流园区等，菜鸟已形成了从订单生成到包裹送达的全链路绿色物流解决方案，其中绿色回收是菜鸟推动消费者参与的最核心动作。

菜鸟绿色回收目前已形成线上线下的绿色物流阵地。通过线下铺设的绿色回收箱和物联网（IoT）扫码箱，消费者在寄取件时可以再利用快递包装，完成回收后可在线上领取绿色能量，这种方式通过兑换商品刺激了消费者的参与积极度。IoT 扫码箱是菜鸟自研产品，用于识别快递包装上面的电子面单，用户扫描电子面单后，其菜鸟 App 的绿色家园中会收到绿色能量，类似于积分。每回收一个快递包裹，用户的绿色家园会多一份绿色能量，用户使用绿色能量可以兑换鸡蛋和可降解的垃圾袋、帆布袋等带有环保性质的产品。

2017年11月，菜鸟率先开启绿色"回箱"计划，首次提出快递纸箱重复利用再寄件，并在全国菜鸟驿站铺设绿色回收箱，目的是为引导更多消费者参与快递包装的回收。在快递的减碳占比中，快递包装回收减碳所占比例比较高。在菜鸟驿站，每回收一个快递箱就能减碳37克。菜鸟线上线下的物流阵地，可激励更多消费者参与，未来仅绿色回箱这一环节所减少的碳排放量将不可忽视。

菜鸟绿色回收计划覆盖了全国315个城市近10万个菜鸟驿站，预计每年可回收上亿个包装。借助菜鸟推出的绿色全链路减碳方案，菜鸟联合商家仅在2021年"双十一"期间就使用绿色包装9000万个，减少使用胶带长度8400万米。

2021年11月1日至11日，包括使用电子面单、原箱发货、装箱算法、驿站绿色回收和寄件等行为在内，基于菜鸟绿色物流全链路，菜鸟、商家和消费者合计产生18亿次绿色行为，为社会减碳5.3万吨。3000万人次查看了自己的绿色物流"个人减碳账单"，480万人参与和分享了快递包装回收换鸡蛋活动。2022年"618"购物活动期间，菜鸟、商家和消费者合计为社会减碳2.9万吨。

面对商家，菜鸟还推出从仓储到配送、回收的全链路绿色减碳方案，通过电子面单、装箱算法、原箱发货、智能路径规划等减碳"七件套"，协助商家在供应链上实现有效减碳。以电子面单为例，以前在包裹上贴的是五联单，即贴五张纸，现在则是薄薄的一张纸。

目前伊利、雀巢等商家已入驻菜鸟绿色家园，消费者可查看这些商家的快递包装减碳量，菜鸟绿色全链路减碳解决方案也可协助商家实现有效减碳。此外，菜鸟已接入浙江碳普惠平台，成为首批接入政府碳普惠系统的物流企业之一。菜鸟绿色家园未来将与浙江碳普惠平台完全打通，物流领域的减碳环节将触达越来越多的消费者。

资料来源：https://www.yicai.com/news/101580737.html

讨论题

（1）为推广绿色物流，菜鸟在哪些方面做出了努力？
（2）谈谈你对绿色物流重要性的理解。

5.1　绿色物流

随着世界生产力的突飞猛进，地球环境的不断恶化和资源的过度消耗给人类的生存环境和经济运行带来了严峻的挑战。越来越多的人已意识到自己生存的环境正遭到破坏和污染，环境保护问题摆在了全世界各国面前。作为经济活动的一部分，物流活动同样面临环境问题，需要从环境角度对物流体系进行改进，形成绿色物流管理系统。

5.1.1 绿色物流的产生背景

1. 物流活动对环境的负面影响

物流活动具有运输、仓储、装卸搬运、包装、流通加工等功能。物流活动中的各项功能在不同程度上因存在非绿色因素而对环境造成污染。

（1）运输对环境的负面影响

运输是物流活动中最重要、最基本的活动。运输活动离不开交通工具的使用，交通网的新建和交通工具的大量使用无疑大大增强了企业的物流能力，提高了全社会的物流速度，但运输活动也产生了较为严重的环境污染。运输对环境的负面影响，主要表现在两个方面。

①运输工具本身的负面影响。运输车辆的燃油消耗和燃油污染是物流作业造成环境污染的主要原因。不合理的货运网点及配送中心布局，会导致货物迂回运输。JIT虽然能增强敏捷性，实现无库存经营，但实施JIT必然会大量利用公路网，以实现"门到门"的运输，从而使货运从铁路转到公路。以上这些都增加了车辆燃油消耗，加剧了废气污染、噪声污染和交通阻塞。

②运输物品的负面影响。被运输物品，尤其是如酸液、有毒类药品、油类、放射性物品等危险品、化工原料等在运输活动中发生爆炸、泄漏可能对环境造成严重的损害和污染。尽管国际组织和各国政府为此制定了严格的规章制度，并准备了完善的预防措施，但泄漏的事故还是经常出现，且泄漏后即使有完善的补救措施，对环境的负面影响仍然无法挽回。例如，石油在海运过程中发生泄漏而造成大片海域污染，这样的污染在很长时期内都无法恢复常态。据统计，由于油轮频繁泄漏，欧洲海域污染严重，情况如表5-1所示。

表5-1 欧洲海域油轮泄漏污染情况

事故发生时间	1967年3月18日	1992年12月3日	1993年6月5日	1996年2月16日	1999年12月12日	2002年11月14日
船名	大峡谷号	爱琴海号	布雷尔号	海洋女王号	埃里卡号	威望号
油轮泄漏的原油量/吨	120000	74000	85000	60000	13000	77000

（2）仓储对环境的负面影响

仓储是物流的一项重要功能，它解决了商品生产与消费在时间上的差异问题，创造了商品的时间效用。如果储存方法不当，储存货物腐败变质或泄漏，就会影响人体健康，从而污染和破坏周围环境。同时，储存过程中工作人员必须用一些化学方法对储存物品进行养护，如喷洒杀虫、除菌剂等，这也对周边生态环境造成了污染和破坏。

（3）装卸搬运对环境的负面影响

装卸搬运是伴随运输和储存而附带产生的物流活动，贯穿物流活动始终。但在装卸搬运时如果方法不当、野蛮操作，发生货物损坏，就会造成资源浪费和废弃，而废弃物如化学液体商品很有可能对水源和土壤造成污染。

（4）包装对环境的负面影响

包装具有保护商品品质、美化商品和便利销售及运输等作用。但现在大部分商品的包装材料和包装方式，不仅造成了资源的极大浪费，不利于环境可持续发展，而且严重污染了环境，也无益于生态经济效益。例如，市场上流行的塑料袋、玻璃瓶、易拉罐等包装品种，使用后给自然界留下了长久的污染物，对自然环境造成了严重影响。

（5）流通加工对环境的负面影响

流通加工是流通过程中为适应用户需要而进行的必要加工，以完善商品的使用价值并便利销售。但不合理的流通加工方式会对环境造成负面影响。例如，流通加工中心选址不合理会造成费用增加，还会因为增加了运输量而造成新的污染；过分分散的流通加工，其产生的边角废料、废气、废水难以集中处理和有效再利用，也会带来废弃物污染，对环境和人体造成危害。

2. 绿色物流的产生背景

1972年，在斯德哥尔摩召开的人类环境会议发表了《我们只有一个地球》的报告，提出人类资源和环境已陷入危机和困境。面对人类面临的人口膨胀、环境恶化、资源短缺三大危机，为了实现人口、资源与环境相协调的可持续发展，在联合国的倡议和引导下，许多国际组织和国家相继制定出台了一系列与环境保护和资源保护相关的协议及法律，如《蒙特利尔协定书》(1987)、《里约环境和发展宣言》(1992)、《工业企业自愿参与生态管理和审核规则》(1993)、《贸易与环境协定》(1994)、《京都协定书》(1997)，以及美国的《空气洁净法案》(The Clean Air Act, 1990)、中国的《环境保护法》等。这些协议及法律的宗旨就是保护地球环境，保护自然资源，减少对环境的负面影响，改善全球环境，造福人类。这种可持续发展战略及有关协议、法律同样适用于物流活动，因为物流在促进经济发展的同时，也会给环境带来负面影响。

日益严峻的环境问题和日趋严厉的环保法规，都要求从环境保护的角度对物流体系进行改造，形成一种物流与环境共生型的物流管理系统，改变原来经济发展与物流、消费生活与物流之间的单向作用关系。在抑制物流对环境造成污染、浪费资源及引起危害等的同时，实现对物流环境的净化，使物流资源得到最充分利用，形成一种能促进经济和消费生活健康发展的现代物流系统。物流与环境之间日益形成了一种相辅相成的推动和制约关系，即物流的发展必须建立在与环境共生的基础上，必须考虑环境问题，需要从环境角度对物流体系进行改进。因此，绿色物流管理强调全局和长远的利益，强调全方位对环境的关注，是一种新的物流管理趋势。

5.1.2 绿色物流的内涵和内容

1. 绿色物流的概念

现代物流的飞速发展一方面为社会经济的发展做出了巨大贡献，另一方面伴随着物流活动的越来越频繁，也产生了一系列的社会问题，如空气污染、废弃物污染、资源浪费、城市交通堵塞等。这些问题的产生严重地威胁了人类的生存质量。为了解决物流产业的可持续发展问题，人们提出了绿色物流这一概念。

绿色物流（Environmental Logistics/Green Logistics）是20世纪90年代中期才被提出的新概念，目前为止还没有一个统一的定义。由A.M.布鲁尔、巴顿和亨舍尔合著的《供应链管理和物流手册》一书把"绿色物流"定义为与环境相协调的高效运输配送系统。美国逆向物流执行委员会（Reverse Logistics Executive Council，RLEC）对绿色物流的定义是："绿色物流，也称为生态型的物流，是一种对物流过程产生的生态环境影响进行认识并使其最小化的过程。"我国国家标准《物流术语（GB/T 18354—20017）》规定：绿色物流是指在物流过程中抑制物流对环境造成危害的同时，实现对物流环境的净化，使物流资源得到最充分的利用。

纵观以上对绿色物流的定义，基本上都是从物流的微观层面上做出的，而忽略了物流概念中的宏观层面。因此，对绿色物流应该从微观和宏观两个层面上做出定义。微观层面上，绿色物流应该在保证物流作业时效性、安全性等前提下，以减少资源消耗、提高资源使用效率和减少环境污染为目的，通过政策引导、提升管理水平和科学技术水平等手段，净化物流活动，实现物流产业的可持续发展。宏观层面上，绿色物流旨在通过调控城市、区域乃至全国的产业布局、人口分布，尽可能减少重复物流活动，降低物流发生量，从而减小物流对社会、环境的压力，实现物流与社会、环境的可持续发展。

2. 绿色物流的特征

绿色物流除了具有一般物流所具有的特征外，还具有学科交叉性、多目标性、多层次性、时域性和地域性等特征。

（1）学科交叉性

绿色物流是物流管理与环境科学、生态经济学的交叉。结合环境科学和生态经济学的理论、方法进行物流系统的管理、控制和决策。学科的交叉，使得绿色物流的研究方法非常复杂，研究内容十分广泛。

（2）多目标性

绿色物流的多目标性体现在企业的物流活动要顺应可持续发展的战略目标要求，注重对生态环境的保护和对资源的节约，注重经济与生态的协调发展，即追求企业经济效益、消费者利益、社会效益与生态环境效益这4个目标的统一。

（3）多层次性

绿色物流的多层次性体现在以下3个方面。

①从对绿色物流的管理和控制主体看，绿色物流可分为社会决策层、企业管理层和作业管理层3个层次的绿色物流活动。其中，社会决策层的主要职能是通过相关政策和法规的手段传播绿色理念、约束和指导企业物流战略；企业管理层的任务则是从战略高度与供应链上的其他企业协同，共同规划和管理企业的绿色物流系统，建立有利于资源再利用的循环物流系统；作业管理层主要是指物流作业环节的绿色化，如运输的绿色化、包装的绿色化、流通加工的绿色化等。

②从系统的观点看，绿色物流系统是由多个子系统构成的，如绿色运输子系统、绿色仓储子系统、绿色包装子系统等。这些子系统又可按空间或时间特性划分成更低层次的子系统，不同层次的物流子系统相互作用，构成一个有机整体，实现绿色物流系统的整体目标。

③绿色物流系统是另一个更大系统的子系统，包括促进经济绿色化的法律法规、人口环境、政治环境、文化环境、资源条件、环境资源政策等，它们对绿色物流的实施将起到约束或推动作用。

（4）时域性和地域性

时域性指的是绿色物流管理活动贯穿于产品的全生命周期，包括从原材料供应，生产内部物流，产成品的分销、包装、运输，直至报废、回收的整个过程。

绿色物流的地域特性体现在两个方面。

①由于经济的全球化和信息化，物流活动早已突破了地域限制，形成跨地区、跨国界的发展趋势，相应地，对物流活动绿色化的管理也具有了跨地区、跨国界的特性。

②绿色物流管理策略的实施需要供应链中所有企业的参与和响应。例如，欧洲有些国家为了更好地实施绿色物流战略，对于托盘的标准、汽车尾气排放标准、汽车燃料类型等

都进行了明确规定，对于不符合要求的货运车辆将不允许进入。

3. 绿色物流的内容

根据第 3 章介绍的物流 7 个职能，绿色物流包括绿色包装、绿色运输、绿色仓储、绿色装卸搬运、绿色流通加工、绿色配送、绿色信息管理等内容。

（1）绿色包装

绿色包装要求企业在生产领域、商家在消费领域，也要求消费者在消费的终端环节都重视包装对环境的影响。绿色包装要求醒目环保，还应符合 4R 要求，即少耗材（Reduce）、可再用（Reuse）、可回收（Reclaim）和可再循环（Recycle），绿色包装可以提高包装材料的回收利用率，有效控制资源消耗，避免环境污染。

（2）绿色运输

绿色运输需周密策划运力，合理选择运输工具，对运输线路进行合理布局与规划，通过缩短运输路线、提高车辆装载率等措施，克服迂回运输和重复运输，多快好省地完成运输任务，同时注重对运输车辆的养护，使用清洁燃料，减少能耗及尾气排放。

（3）绿色仓储

绿色仓储要求仓库选址要合理，有利于节约运输成本，危险品在选址上尽量远离居民区，消除商品储存对周边存在的安全隐患；仓储布局要科学，使仓库得以充分利用，从而实现仓储面积利用的最大化，减少仓储成本。

（4）绿色装卸搬运

绿色装卸搬运要求企业在装卸搬运过程中正当装卸，避免商品损坏，从而避免资源浪费及废弃物造成的环境污染。另外，绿色装卸搬运还要求企业消除无效装卸搬运。

（5）绿色流通加工

绿色流通加工要求企业在选址上合理，在资源的利用上节能、节料，在废气的排放、废料的处理上达到国家的相关标准，使流通加工在加工方式不断改进、加工程度不断深化的情况下对环境的污染程度逐步降低。

（6）绿色配送

绿色配送是指通过选择合理运输路线，有效利用车辆，科学配装，提高运输效率，降低物流成本和资源消耗，并降低尾气排放。绿色配送是在配送过程中抑制配送对环境造成危害的同时，实现对配送环境的净化，使配送资源得到最充分利用。它包括配送作业环节和配送管理全过程的绿色化。从配送管理过程来看，主要是从环境保护和节约资源的目标出发，实现配送运输全过程的绿色化。

（7）绿色信息管理

绿色信息管理要求搜集、整理、储存的都是各种绿色信息，并及时将其运用到物流中，通过整合现有资源，优化资源配置，促进物流的进一步绿色化发展。绿色物流系统的运行和信息管理是一致的，仅有物流运作的绿色化，而管理上仍因循守旧、墨守成规是行不通的。物流管理只有树立绿色思想，运用绿色、先进的技术手段，争取绿色的绩效，才能与绿色物流营运同步而发挥更大的作用。

5.2 应急物流

自然灾害、公共卫生事件等给人类造成的重大打击，信息的不完备而导致的决策者失误，由国际环境复杂化而引起的供应链复杂化和冗长，为维护消费者权益而实行的召回政策等都促使物流体系中一个新的门类——应急物流的产生。

5.2.1 应急物流概述

1. 应急物流的概念

应急物流是指为应对严重自然灾害、突发性公共卫生事件、公共安全事件及军事冲突等突发事件而对物资、人员、资金的需求进行紧急调配的一种特殊物流活动。应急物流与普通物流一样，由流体、载体、流向、流速、流量、流程等要素构成，具有空间效用、时间效用和形质效用。应急物流多数情况下通过物流效率实现其物流效益，而普通物流既强调效率又强调效益。

应急物流与普通物流的不同之处见表 5-2。

表 5-2 应急物流与普通物流的对比

构成要素	普通物流	应急物流
流体	一般物品，品种无所不包，物品来源单一	主要集中在救灾物资，包括救生类、生活类、医疗及药品。物流来源复杂，由政府提供与社会捐献等
载体	固定的设施与场所	固定的和机动的设施与场所共用
流向	按用户的需求，流向确定，可以充分安排	指向救援地，目标事先很难确定

续表

构成要素	普通物流	应急物流
流速	完成物流的时间比较稳定	完成物流的时间延长或缩短
质量	物流的数量稳定	特定品种流量激增,其他物品通常减少
流程	基本上可按合理化的原则进行安排	由于设施的损坏等原因,路程常发生一定改变

2. 应急物流的特点

应急物流是一般物流活动的一个特例,它具有以下区别于一般物流活动的特点。

（1）突发性和不可预知性

应急物流是针对突发事件的物流需求,其最明显的特征就是受灾地点和时间的不可预知性,也无法在较短的时间里准确地估计灾害的持续时间、强度大小及灾难引起的后果、物品需求的数量等因素。因此,在危机突然爆发时,物流系统要马上做出正确的、有效的应急反应。通常使用的物流运行机制不能满足应急情况下的物流需要,必须要有一套应急的物流机制来组织和完成这种特殊的物流活动。

（2）非常规性与紧迫性

应急物流本着特事特办的原则,许多平时物流的中间环节将被省略,整个物流流程将表现得更加紧凑、物流机构将更加精干。特别是应急物流机构往往都是根据需要临时建立的,各种应急物流设施也是临时调配的,因此具有临时性。而且应急物流的活动具有紧迫性,应急物资多具有抢险抗灾、挽救生命的用处,往往事关全局,所以应急物流的响应速度决定了突发事件造成的损失和后果的严重程度。

（3）弱经济性与公益性

在灾难面前,平时物流的经济效益原则将不再作为一个物流活动的中心目标加以考虑,人民群众的生命和财产安全成了第一位的选择。因此,应急物流的目标具有明显的弱经济性,甚至在某些情况下成为一种纯消费性的行为。应急物流更多的是社会公共事业物流而非商业物流,而公共利益相对于经济利益也必然具有至高无上的地位。

（4）政府与市场共同参与性

应急物流供给是在物流需求产生后,在极短的时间内在全社会采购所需的应急物资。而为了保证应急救助工作的顺利完成,应急指挥部门的运作必须首先依靠强有力的政府职权,同时引导物流企业积极参与,因而应急物流活动的协调和一体化运作是应急物流运作中的主要问题。

（5）物资需求的不确定性

应急物流的突发性和随机性，决定了应急物流的供给不可能像企业内部物流或供应链物流，根据客户的订单或需求提供产品或服务。应急物流的突发性也决定了应急物流系统必须能够将大量的应急物资在极短的时间内快速运送。

3. 应急物流的地位和作用

为了应对突发事件提供物资支援的应急物流是现代物流新兴的分支领域，属于特种物流，已经成为当今社会经济持续健康发展的重要保障力量。

（1）应急物流是国家安全保障系统的重要力量

社会经济在发展过程中总难免发生一些突发事件。一般来说，在突发事件发生后，短时间内需要大量的救援物资。良好的应急物流体系能够及时补充充足的救援物资，因此它既是综合国力的重要组成部分，也是其发展水平的重要标志，更是综合国力转化为救援实力的物质桥梁。

应急物流建设事关国计民生，意义十分重大。从宏观上讲，它与社会和谐稳定、国防安全巩固、国家和各级政府的利益息息相关；从微观层面上讲，它关系着百姓的生活幸福、身体健康等。因此，为确保国家安全、经济建设、国计民生等方面能够对突发事件应对自如、减少损失，应站在战略角度重视应急物流体系建设，充分发挥应急物流提供物资保障的作用，由被动应对变为主动应对、片面应对变为全面应对、劣质应对变为优质应对。

（2）应急物流为应急管理提供强大的物资支持

应急管理理论认为，突发事件可分为潜伏期、发展期、暴发期和恢复期4个阶段。应急物流在突发事件潜伏期做好各种准备，发展期启动，在暴发期和恢复期真正发挥作用。应急行动大致可分为实施抢救的现场救援活动和实施物资保障的物流活动。应急物流必须经过包装加工、组配、储存、配送、分发等多个环节，通过物流的桥梁作用，才能为现场救援提供不间断的物资供应。

历次应对社会突发事件的经验表明，人们应该时刻保持忧患意识，居安思危。只有这样，当洪水、地震等突发事件来临时，才能从容应对，争取主动。所以应对社会突发事件是应急物流针对事件的性质与特点，在事发地点实现有效匹配而形成的抗灾减灾能力。尽管应急物流是因突发事件引发的现场救援而存在，但并不说明它是现场救援的附属，相反，它同现场救援共同构成应急处置不可分割的两个方面，贯穿应急处置的全过程。

（3）应急物流是做好应对准备的重点建设工程

我国现行分类管理、分级负责、条块结合、属地管理的应急管理体制，各种类型突发事件所需应急物资，均以本主管部门为主线，构建相对独立、自上而下、垂直式的补给通道，各个部门之间平行作业，整个物流呈分离式平行线性运作。这一模式导致补给线路细长凌乱、保障对象补给分离、保障能力分散、建设效率较低，这些都给应急物流的组织指挥带来巨大困难。

应急物流系统集成、整体优化的理念，将有力促进现场救援的物资保障要素高度集成、环节衔接流畅、集约性能显著。应对突发事件的任何行动都离不开物流的保障和支持，信息流的畅通更离不开物流系统。因此，应急物流是做好应对突发事件的重点建设工程。

5.2.2 应急物流系统分析

1. 应急物流系统的特点

应急物流系统是指为了完成突发性的物流需求，由各个物流元素、物流环节、物流实体组成的相互联系、相互协调、相互作用的有机整体。它是一般物流系统的一个特例。应急物流系统与一般的企业内部物流系统或供应链物流系统具有如下几个不同的特点。

（1）应急物流系统的快速反应能力

应急物流的突发性和随机性，决定了应急物流系统应具有快速反应能力，具有一次性和临时性的特点。这一特点决定了应急物流系统区别于一般的企业内部物流或供应链物流系统的经常性、稳定性和循环性。

（2）应急物流系统的开放性和可扩展性

应急物流需求的随机性和不确定性决定了应急物流系统的设计应具有开放性和可扩展性。应急物流需求和供给在突发事件发生前是不确定的，但必须在突发事件发生之后将其纳入应急物流系统中。

应急物流系统的目标就是以最短的时间、尽可能低的成本获得所需要的应急物资，以适当的运输工具把应急物资在适当的时间运送到适当的需求地，并以适当的方式分发到需求者手中。

2. 应急物流系统的支撑环境

应急物流系统的支撑环境是指为了保证在突发事件发生后，应急物流系统能够高效运转，完成系统的各项功能，实现系统的目标，以及整个社会的行政制度、公共政策、法律制度和技术支持设施所应具备的条件。

（1）社会公共应急机制

社会公共应急机制是指为了使应急物流系统高效运转，应该建立和完善的行政制度和公共政策。它包括建立国家突发事件预控中心、应急物资的采购或征用机制、应急运载工具的租用机制、应急物资的发放机制、应急资金的筹集和使用机制、应急人员的组织和调度机制。社会公共应急机制又可进一步分为政府协调机制和全民动员机制。

紧急状态下处理突发性自然灾害和突发性公共事件的关键在于，政府对各种国际资源、国家资源、地区资源、地区周边资源的有效协调、动员和调用；及时提出解决应急事件的处理方案、措施或指示；组织筹措、调拨应急物资、应急救灾款；根据需要，紧急动员相关生产单位生产应急抢险救灾物资；采取一切措施和办法协调、疏导或消除不利于灾害处理的人为因素和非人为障碍。

应急物流中的全民动员机制可通过传媒通信等技术手段告知民众，如受灾时间、地点，受灾种类、范围，赈灾的困难与进展，民众参与赈灾的方式、途径等，从而实现以下几个目标：达到全民参与、关心赈灾事宜，调动民众的主观能动性，为赈灾献计献策；根据需要可以以有偿或无偿方式筹集应急物资或用于采购应急物资的应急款项；为实现快速应急物流提供各种方便；为赈灾提供必要的人力资源。

（2）法律保障机制

政府应确立国家突发事件预控中心的法律地位和职责范围，明确各级地方政府和国家机关在突发事件中的职责范围及与国家突发事件预控中心的关系，以及企业和公民在突发事件中的责任、权利和义务。

应急物流中的法律机制实际上是一种强制性的动员机制，也是一种强制性保障机制。例如，在发生突发性自然灾害或公共卫生事件时，政府有权有偿或无偿征用民用建筑、工厂、交通运输线、车辆、物资等，以解救灾和赈灾急时之需。许多国家都制定了具有上述功能的法律法规，如美国的《国家紧急状态法》、俄罗斯的《联邦公民卫生流行病防疫法》、韩国的《传染病预防法》等。

（3）"绿色通道"机制

在重大灾害发生及救灾赈灾时期，建立地区间的、国家间的"绿色通道"机制，即建立并开通一条或者多条应急保障专用通道或程序，可有效简化作业周期和提高速度，使应急物资以方便快捷的方式通过海关、机场、边防检查站、地区间检查站等，让应急物资、抢险救灾人员能够及时、准确到达受灾地区，从而提高应急物流效率，缩短应急物流时间，最大限度地减少生命财产损失。"绿色通道"机制可通过国际组织，如国际红十字会，也可通过相关政府或地区政府协议实现，还可通过与此相关的国际法、国家或地区制定的法律法规对"绿色通道"的实施办法、实施步骤、实施时间、实施范围进行法律约束。

（4）应急物流系统的技术支持平台

建立应急物资信息系统或数据仓库、应急物流运载工具信息系统或数据仓库、应急物流预案数据库，构筑应急运输方案自动生成的应急物资运输调度平台，以及基于 GPS 和 GIS 的应急物资运输监控平台。

5.3 冷链物流

在电子商务和"互联网 +"的双重推动下，人们对冷链产品的需求飞速增长，冷链物流已成为助推物流行业发展的新增长点。因此，对生鲜产品、药品等冷链物流管理愈发受到企业的重视，它不仅是企业在生产与流通过程中的一项基础管理工作，也是确保产品安全、降低运作成本、提高冷链附加值的关键。本节介绍冷链的概念、冷链物流的概念及其特点、冷链物流的关键技术和运作条件等内容。

5.3.1 冷链概述

1. 冷链的概念

冷链（Cold Chain）是指易腐食品从产地收购或捕捞之后，在产品加工、仓储、运输、分销和零售等环节中，始终处于产品所必需的低温环境下，以保证食品质量安全，减少损耗，防止污染的特殊供应链系统。

国家标准《物流术语》（GB/T 18354—2006）对冷链的定义是：根据物品特性，为保持其品质而采用的从生产到消费过程中始终处于低温状态的物流网络。其中，物流网络是物流过程中相互联系的组织、设施与信息的集合。

美国的食品药品管理局（Food and Drug Administration，FDA）将冷链定义为：贯穿从农田到餐桌的连续过程中维持正确的温度，以阻止细菌的生长。欧盟给出的冷链定义强调可操作性，具有标准化的特征：冷链是指从原材料的供应，经过生产、加工或屠宰，直到最终消费为止的一系列有温度控制的过程。日本在冷链的发展和研究中注重采用新的流通方法和技术及先进的设施设备，定义冷链为：通过采用冷冻、冷藏、低温储藏等方法，使鲜活食品、原料保持新鲜状态由生产者流通至消费者的系统。

各个国家或组织虽然对冷链的定义有所不同，但基本上都强调了温度的重要性，基本思想可归纳为：使易腐、生鲜食品在生产、储藏、运输、销售直到消费前的各个环节中始终处于规定的低温环境下，以保证食品质量安全、减少损耗、防止污染的特殊供应链系统。

冷链适用的易腐食品可以分为三大类，一是初级农产品，如蔬菜、水果、水产品、禽、肉、蛋等；二是加工的农副产品，如蔬菜、水果加工品、水产加工品、肉类加工品、速冻产品、奶制品等；三是特殊产品，如药品、生物供体、血液等。

2. 冷链的构成

冷链一般由冷冻加工、冷冻贮藏、冷藏运输及配送、冷冻销售4个环节构成。下面以食品冷链为例来介绍。

（1）冷冻加工

冷冻加工包括肉禽类、鱼类和蛋类的冷却与冻结，以及在低温状态下的加工作业过程；也包括果蔬的预冷；各种速冻食品和奶制品的低温加工等。这个环节主要涉及冷链装备有冷却、冻结装置和速冻装置。

（2）冷冻贮藏

冷冻贮藏包括食品的冷却储藏和冻结储藏，以及水果蔬菜等食品的气调贮藏，它要保证食品在储存和加工过程中所需的低温保鲜环境。此环节主要涉及各类冷藏库、加工间、冷藏柜、冻结柜及家用冰箱等。

（3）冷藏运输

冷藏运输包括食品的中、长途运输及短途配送等物流环节的低温状态。它主要涉及铁路冷藏车、冷藏汽车、冷藏船、冷藏集装箱等低温运输工具。在冷藏运输过程中，温度波动是引起食品品质下降的主要原因之一，所以运输工具应具有良好的性能，在保持规定低温的同时，更要保持稳定的温度，这一点对远途运输来说尤其重要。

（4）冷冻销售

冷冻销售包括各种冷链食品进入批发零售环节的冷冻储藏和销售，它由生产厂家、批发商和零售商共同完成。随着大中城市各类连锁超市的快速发展，各种连锁超市正在成为冷链食品的主要销售渠道，这些零售终端中大量使用了冷藏、冻陈列柜和储藏库，由此逐渐成为完整的食品冷链中不可或缺的重要环节。

5.3.2 冷链物流及其特点

1. 冷链物流的概念

冷链物流（Cold Chain Logistics），也叫低温物流（Low-Temperature Logistics）。《冷链物流分类与基本要求》（GB/T 28577—2012）将冷链物流定义为：冷链物流是指以冷冻工艺为基础、制冷技术为手段，使冷链物品从生产、流通、销售到消费者手中的各个环节中始终处于规定的温度环境下，以保证冷链物品质量，减少冷链物品损耗的物流活动。冷链物流是随着科学技术的进步、制冷技术的发展而建立起来的,是以冷冻工艺学为基础、以制冷技术为手段的低温物流形式,其具体过程如图 5-1 所示。

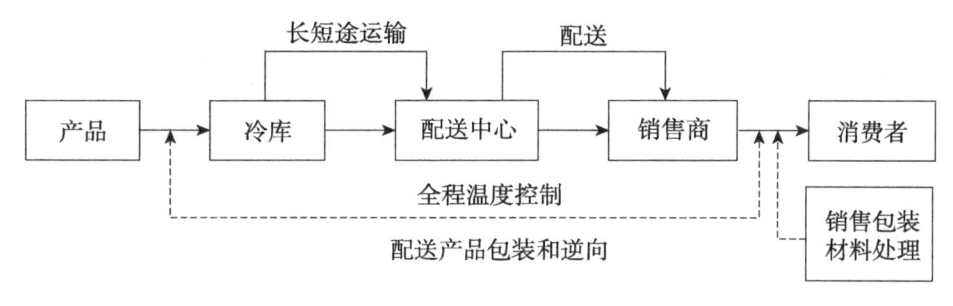

图 5-1 冷链物流的过程

2. 冷链物流的特点

冷链物流的特殊性体现在需要特别的运输工具,需要注意运送过程、运输形态、时间掌控等,与一般常温物流相比,冷链物流具有复杂性、动态性、协调性、增值性、高成本性等特点。

(1) 复杂性

冷链物流的最终质量取决于冷链的流通时间、储藏温度和产品本身的耐储藏性。物品在流通过程中质量随着温度和时间的变化而变化,不同的产品都有对应的必需的温度控制和储藏时间。这就大大提高了冷链物流的复杂性,所以说冷链物流是一个复杂的系统工程。

(2) 动态性

动态性原理是系统原理的要点之一。系统的稳定状态是相对的,运动或变化的状态是绝对的,运动是系统的生命,冷链系统更是如此。冷链系统的功能是时间的函数,而且随着时间发生的变化对系统的影响是明显甚至是巨大的。在流通过程中,冷藏物品质量随着温度和时间的变化而变化,不同的产品都必须有对应的储藏温度和时间。与常温物流相比,冷链物流在运营过程中对时间的要求非常高。

(3) 协调性

冷链物流的时效性要求冷链各环节都要具有更高的组织协调性。一旦运营过程中的某一环节出现差错,就很有可能破坏物品的品质。如果冷链各环节没有较高的自主协调性,不能及时协调解决问题,那么无论托运方还是承运商,都将面临巨大的经济损失。

(4) 增值性

商品的增值指的是其相对价值或价格的提高。冷链物流服务就要针对客户(即终端用户)的需求,尽力提高商品的使用性能和价值,以更高的品质和性能面向市场。比如,农产品的深加工就是一个典型的增值过程，需要有一个强大的冷链物流为其提供支撑。

（5）高成本性

为了确保物品在流通各环节中始终处于规定的低温条件下，运输这些物品时必须安装温控设备，使用冷藏车或低温仓库，而为了提高物流运作效率又必须采用先进的信息系统等，这些都决定了冷链物流的成本要比其他物流系统成本偏高。

5.3.3 冷链物流关键技术和运行条件

1. 冷链物流的关键技术

（1）产品储藏和保鲜技术

先进的产品储藏和保鲜技术是冷链物流良好运行的前提。冷链物流中的产品从产地或加工厂到销售网点的过程中，只要进入流通领域，就应该始终处在一个符合产品保质要求的冷藏链的通道中。不同的产品有不同的保鲜要求和方法。

① 冷藏保鲜技术。冷藏保鲜的主要特点表现在冷冻柜、冷藏柜、冷藏专用车的使用，以及建立完善的冷库建筑、装卸设备、自动化冷库进行储藏。具体来说，冷藏保鲜可分为冰藏和机械冷藏。冰藏是利用天然冰来维持低温的储藏方法。机械冷藏是通过机械制冷系统的不同作用，控制库内的温度与湿度，使产品延长储藏寿命的一种储藏方式，具有不受地区气候条件限制的特点，可根据不同产品的要求，精确控制储藏温度和湿度。

② 气调储藏保鲜技术。气调储藏保鲜就是通过改善产品包装内的气体组成使产品处在不同于空气组成的环境中，从而延长产品的保鲜期。气调储藏保鲜包括人工气调储藏和自发气调储藏。

人工气调储藏是指在相对密闭的环境中（如库房）和冷藏的基础上，根据产品的需要，利用机械设备，人为地控制气调冷库储藏环境中的气体，从而实现产品保鲜。气调库要求精确调控不同产品所需的气体组分浓度，并严格控制温度和湿度。但气调库建筑投资大，运行成本高，制约了其在产品储藏保鲜中的应用及普及。

自发气调储藏是在相对密闭的环境中（如塑料薄膜密闭），依靠储藏产品自身的呼吸作用和塑料薄膜所具有的一定的透气性，自发调节储藏环境中的氧气和二氧化碳浓度的一种气调储藏方法。这种方法使用方便，成本较低，可设置在普通冷库内或常温储藏库内，还可以在运输中使用，是气调储藏中的一种简便形式。

③ 减压储藏保鲜技术。减压储藏保鲜是用降低大气压力的方法来保鲜水果、蔬菜、花卉、肉类、水产和一切易腐食品的方法。具体来说，减压储藏是把储藏场所的气压降低，

形成一定的真空度,使密闭容器内各种气体组分的分压都相应降低,当然氧气也相应降低,其压力大小要根据物品特性及储温而定。这种方法可促进物品组织内发挥性有害气体向外扩散,除去物品的田间热、呼吸热和代谢所产生的乙烯、二氧化碳、乙醛、乙醇等不利因子,使物品长期处于最佳休眠状态,从而减少由这些物质引起的衰老和生理病害。采用减压储藏保鲜,不仅储藏期可比一般冷库延长数倍,产品保险指数大大提高,而且出库后货架期也能明显延长。

(2)冷冻冷藏设施设备的运行和管理技术

冷链物流涉及物流的每一个环节,而且设施设备具有专用性的特点,需要专门的运行和管理,具体包括以下几个方面。

① 冷库相关技术设备的运行和管理技术,如自动化冷库的设计和建设、堆码系统和车辆运行以及装卸平台的设计、库体和库门的隔热设计等。

② 冷藏运输系统的运营和管理技术,如叉车、货架、储运设备,冷藏车、车用冷藏机组及部件的使用和日常维护与管理的技术。

③ 冷冻冷藏保鲜电器设备的运行与管理技术,如冷柜、冰箱、冷藏箱、医用低温冷藏设备的配置及制冷剂的选用和温度控制技术等。

④ 食品药品包装材料、保鲜容器、材料等的规范化使用和日常维护与管理的技术。

⑤ 配送及采购系统、安全检测等冷链管理系统信息技术。

2. 冷链物流的运作条件

冷链物流与一般物流系统相比,对设施设备和运行环境有着特殊的要求。冷链物流必须具备以下运作条件。

(1)"3P"条件

"3P"条件是指冷链加工过程中原料(Product)、处理工艺(Processing)和包装(Package),其内容是:要求被加工原料一定要用品质新鲜、不受污染的产品;采用合理的加工工艺;成品必须具有既符合卫生健康规范又不污染环境的包装。这是物品进入冷链的"早期质量"。

(2)"3C"条件

"3C"条件是指在整个生产加工与流通过程中,对物品的爱护(Care)、保持清洁卫生(Clean)的作业环境及低温(Cool)的环境。也就是说,要保证产品清洁,不受污染;要使产品尽快冷却下来或快速冻结,尽快地进入所要求的低温状态;在操作的全过程中要小心谨慎,避免产品受任何伤害。

(3)"3T"条件

"3T"条件是指时间(Time)、温度(Temperature)和耐藏性(Tolerance)。它是指产

品最终质量取决于其在冷链中储藏和流通的时间、温度和产品耐藏性。在一定的温度下，每一种冻结物品所发生的质量下降与其储运的时间存在确定的关系，大多数冷冻食品的质量稳定性是随着食品温度的降低而呈指数提高；冻结物品在储运过程中，由时间增加和温度升高而引起的质量降低是累积的，并且是不可逆的。

（4）"3Q"条件

"3Q"条件是指冷链中设备的数量（Quantity）协调、质量（Quality）标准一致，以及快速的（Quick）作业组织。对冷链物流各个作业环节的衔接管理与协调是非常重要的，冷链中设备数量（能力）和质量标准的协调能够保证物品总是处在适宜的环境（温度、湿度、气体成分、卫生、包装）中，并能提高各项设备的利用率。快速的组织则是指加工部门的生产过程，经营者的货源组织，运输部门的车辆准备与途中服务、换装作业的衔接，销售部门的库容准备等都应快速组织并协调配合。

（5）"3M"条件

"3M"条件是指保鲜工具与手段（Means）、保鲜方法（Methods）和管理措施（Management）。冷链物流中所使用的储运工具及保鲜方法要符合物品的特性，以达到最佳的保鲜效果，同时要有相应的管理机构和行之有效的管理措施，以保证冷链协调、有序、高效运转。

5.4 智慧物流

伴随着社会经济的飞速发展，物流产业逐渐崛起，成为支撑国民经济的战略性产业之一。物流行业涉及多个领域，在服务商流、保证生产、方便生活等方面起到了不可替代的重要作用。近年来，我国的物流体系不断完善，物流业得到了各方的重视和投资。当前，"互联网+"是各行各业积极践行的战略，以"互联网+"为驱动是我国社会经济发展的新方向。随着物流业的不断发展，基于物联网、大数据等新一代信息技术的智慧物流理念被提出并在实际中得以应用。

5.4.1 智慧物流的产生背景

IBM于2009年提出建立一个面向未来的具有先进、互联和智能3个特征的供应链，通过感应器、RFID标签、制动器、GPS和其他设备及系统生成实时信息的"智慧供应链"

概念。紧接着，智慧物流的概念由此延伸而出，智能物流强调构建一个虚拟的物流动态信息化的互联网管理体系，而智慧物流更重视将物联网、传感网与现有的互联网整合起来，通过精细、动态、科学的管理，实现物流的自动化、可视化、可控化、智能化、网络化，从而提高资源利用率和生产力水平，创造更丰富社会价值的综合内涵。

2009年，奥巴马提出将"智慧的地球"作为美国国家战略，认为信息技术产业下一阶段的任务是把新一代信息技术充分运用在各行各业之中。具体地说，就是把感应器嵌入和装备到电网、铁路、桥梁、隧道、公路、建筑、供水系统、大坝、油气管道等各种物体中，并且被普遍连接，形成所谓物联网，然后将物联网与现有的互联网整合起来，实现人类社会与物理系统的整合。这个整合的网络当中存在能力超级强大的中心计算机群，能够对整合网络内的人员、机器、设备和基础设施实施实时的管理和控制，在此基础上，人类可以以更加精细和动态的方式管理生产和生活，达到智慧状态，提高资源利用率和生产力水平，改善人与自然间的关系。

2009年8月7日，时任国务院总理温家宝在无锡提出了"感知中国"的理念，表示中国要抓住机遇，大力发展物联网技术。同年11月3日，温家宝总理再次指示要着力突破传感网、物联网关键技术。进入2010年，物联网成为当年"两会"的热门话题，"积极推进'三网'融合，加快物联网的研发应用"也首次被写入政府工作报告。

基于以上背景，结合物流行业信息化发展现状，考虑到物流业是最早接触物联网的行业，也是最早应用物联网技术，实现物流作业智能化、网络化和自动化的行业，2009年中国物流技术协会信息中心、华夏物联网、《物流技术与应用》编辑部率先在行业提出了智慧物流的概念。

智慧物流概念的提出，顺应历史发展潮流，既符合现代物流业发展的自动化、网络化、可视化、实时化、跟踪与智能控制的发展新趋势，也符合物联网发展的趋势。

5.4.2 智慧物流的概念和特征

1. 智慧物流的概念和内涵

智慧物流是指以信息化为依托并广泛应用物联网、大数据、云计算、人工智能等技术，在包装、运输、仓储、装卸搬运、流通加工、配送、信息服务等环节实现系统感知和数据采集的现代综合智能型物流系统。智慧物流可以简单地理解为在物流系统中采用物联网、大数据、云计算和人工智能等先进技术，使得整个物流系统实时收集并处理信息，做出决策，实现最优布局和物流系统中各组成单元的高质量、高效率、低成本的分工和协同，并最终服务于整个经济与社会系统的可持续改进和优化的物流体系。

智慧物流有两个内涵：一是物流通过先进技术实现信息化和智能化，这是"物流＋智慧"的过程；二是大数据和智能技术嵌入物流系统后，将传统的物流产业转型升级为新的业态，使物流在技术、业态、模式等方面都出现了变革，这就是"智慧＋物流"的过程。

（1）感知和规整智慧

智慧物流能够运用各种先进技术获取生产、包装、运输、仓储、装卸搬运、流通加工、配送、信息管理等各个层面的大量信息；实现实时数据收集，使各方能准确掌握货物、车辆和仓库等方面的信息；将收集的数据归档，建立强大的数据库；将数据分类后，使各数据按要求规整，实现数据的动态性、开放性和联动性使用，并通过对数据和流程的标准化，推进跨网络的系统整合，从而实现感知和规整智慧。

（2）学习和推理智慧

通过对以往模型的分析，智慧物流可以利用数据训练出更加"聪明"的解决方案，随着系统中知识量的不断增加，可以越来越多地避免以前出现的问题，实现更加优化的决策，由此使系统不断趋于完善，从而实现学习和推理智慧。

（3）优化决策和系统支持智慧

运用物联网、大数据、云计算、人工智能等技术对物流的各个环节进行评估，对资源进行整合优化，可以使所有环节都能相互联系、互通有无、共享数据、优化资源配置，从而为物流各个环节提供最强大的系统支持，使得各环节协作、协调、协同。根据系统各部分不同的需求对系统进行自适应调整，可以降低人力、物力和资金成本，提高服务质量，从而实现决策和系统智慧。

2. 智慧物流的特征

智慧物流是一种以信息技术为支撑的现代化的综合物流管理系统，可以将物流的各个环节无缝连接、全面分析并及时进行各个环节信息的处理，实现物流与资源的共享。智慧物流已经成为推进我国物流业高质量发展的必由之路。随着信息技术的不断发展及智慧物流与先进技术的不断深度融合和应用，智慧物流呈现出以下特征。

（1）智能交互

智慧物流的基础是物理世界的互联互通。现代物流信息技术可以促进整个智慧物流生态体系中各参与方，包括物流服务提供方、物流服务接收方（客户）、物流装备及货物本身之间的动态感知和智能交互，处理物流信息可以实现实时沟通与互动、实时响应，进而实现物流过程的高效运作。

（2）数据驱动

智慧物流利用大数据、互联网、人工智能等技术构建物流信息平台，从内部管理和外部服务的角度优化资源配置。它通过信息系统建设、数据对接协同和手持终端实现对物流数据的采集、录入、传输、分析等一切业务的数字化，实现物流系统全过程的透明可追溯，实现一切数据的业务化，以数据驱动决策与执行，为物流生态赋能。

（3）深度协同

智慧物流的核心是协同共享。它可以跨集团、跨企业、跨组织进行深度协同，并基于物流系统全局优化的智能算法调度整个物流系统中各参与方高效分工协作，实现存量资源的社会化转变与闲置资源的最大化利用。

（4）情景感知

自动识别技术与智能技术的应用，使智慧物流在最大程度上具备了情景感知的能力。面对日益变化的物流市场环境，要使整个物流过程都安全可靠、高效优质，就必须借助现代物流信息技术，这样才能保证物流运输配送的全程情景感知。条码技术、射频识别技术、跟踪定位技术等能够为物流的全过程获取相关数据和信息，为智慧物流提供最可靠的信息支持。

（5）智能决策

智慧物流利用先进的信息和物流技术，结合特定需要进行预测分析，实现自主决策，推动物流系统向自动化和智能化方向发展。通过大数据、云计算与人工智能等技术构建物流大脑，在感知中决策，在执行中学习，在学习中优化，使物流管理在实际运作中不断升级。

（6）多元目标

智慧物流能够结合物流技术、应用和经营管理系统使物流的每一个阶段都能协调发展，从而实现低成本、高效率、优质服务及高满意度等多元发展目标。

5.4.3 智慧物流的发展方向和应用前景

1. 智慧物流的发展方向

随着消费需求的持续升级，如何提高消费者的物流服务体验水平成为未来物流业发展的重要驱动力，智能化物流设施设备的发明和应用也在很大程度上促进了物流效率和效益的提升。而与此同时，我国物流业发展仍然存在许多问题，如智能化物流基础设施设备的应用尚未普及，物流业标准化程度不高，物流过程中无效运输、过度仓储与包装等耗费大量资源，供应链上各企业之间协同不足等，都成为目前阻碍物流业发展的主要因素。未来智慧物流的发展将致力于解决目前物流业中存在的主要问题，为此智慧物流将更加注重消费者体验，采用更多智能化的设施设备，促进物流业的绿色发展及供应链的协同共享和深度融合。

（1）体验升级创造智慧物流价值

随着消费者需求的持续升级及消费者对于个性化需求的凸显，物流服务质量和客户体验成为这一行业发展追求的主要目标之一，如何在适当的时间为客户提供满意的物流服务、提升用户体验成为未来智慧物流发展的主要方向。预计未来，开放共享的物流服务网络将全面替代现有的集中化物流运作网络，物联网、大数据、人工智能等新技术的应用可充分挖掘用户的消费特征，精准预测用户消费需求，满足用户个性化的需求，以体验式经济创造智慧物流价值。

（2）智能升级促进物流业降本增效

物流业作为重资产行业，物流成本高仍然是阻碍其发展的主要因素。如何以更低的物流成本为客户提供更有效率的物流服务仍然是未来一段时间内物流行业面临的主要问题。随着人工智能技术的快速迭代，自动化、智能化物流设施设备在运作效率及效益等方面的优势逐渐凸显，众多企业纷纷助推物流智能化，智能革命开始改变智慧物流格局。预计未来，智能化物流设施设备将成为智慧物流发展的基础运作单元，以更加高效率低成本的运作优势促进物流业的降本增效。

（3）绿色升级促进物流业可持续发展

随着环境保护问题的凸显和资源压力的加剧，绿色发展逐渐成为行业发展的主要目标，物流行业作为基础性行业，对于资源的需求巨大，如何提高资源利用效率、减少能源消耗，成为物流行业可持续发展的关键因素。智慧物流将以更加准确的计算方法、更加绿色的包装材料等，实现物流资源利用率的最大化和资源消耗的有效减少。预计未来绿色包装、绿色运输、绿色仓储等新技术与新管理模式将得到更快的推广应用，绿色低碳将成为智慧物流的一个重点发展方向。

（4）供应链升级强化企业联动和深化融合

随着经济全球化的发展，供应链在企业合作和竞争中的重要性越来越受到重视，物流作为连接供应链中各环节的重要组成部分，其重要性不言而喻。预计未来智慧物流将引领智慧供应链变革，以智慧物流为纽带，带动产业链上下游之间的分工协作，进而实现存量资源的社会化转变和闲置资源的最大化利用，并最终促进供应链协同共享生态经济的形成。

2. 智慧物流的应用前景

随着互联网技术的迅速普及，越来越多的智能技术开始在物流领域中得到应用。以数字化、智能化为主要特征的智慧物流相对于传统物流来说体现了更为突出的高效率、广覆盖及适应性等特征，具有更为广阔的应用前景。当前我国智慧物流的发展仍然处于初级阶段，未来随着智慧物流新技术、新管理、新模式的不断成熟，物流业将焕发出新的活力，人工智能技术的普及、智慧化平台的升级、数字化运营技术的加深及智能化作业的广泛应用将促进智慧物流的快速发展。

（1）人工智能技术普及

当前，消费者对物流的时效性要求越来越高，为了满足这一需求，未来更加便捷、高效的人工智能技术将被广泛应用于物流领域中。可穿戴设备、无人机、无人车、3D打印技术等有望得到大面积的推广和使用；移动终端设备的便利性、智能化程度将进一步加强；智能化仓库、机器人、AGV等设备之间的连通性将进一步加强，并具有自主感知、自主学习和自主决策的能力；大数据、云计算、物联网、人工智能等技术的应用将不断深化，应用场景将会持续增加。

（2）智慧平台持续升级

随着商品交易类别和物流服务范围的逐渐扩大及社会对物流时效要求的提高，物流资源的有效整合分配及供应链上下游的协同连接将面临巨大挑战，智慧化平台依托大数据、云计算等技术的加持，通过数据驱动有效整合社会物流资源，促进供应链上下游企业之间的信息共享和协同共赢。预计未来互联网思维将进一步与物流业深度融合，智慧化平台的应用将重塑物流产业发展方式和分工体系，进而促进物流行业的资源整合和优化配置。

（3）数字化运营逐渐加深

随着物流需求的多样化、个性化的出现，物流信息化、数字化将成为物流业未来发展的主要方向。数字化技术将应用于仓储、运输、配送、流通加工、信息处理等物流的全流程业务过程中，同时也将在决策、计划、执行、监控、反馈等运营全过程中发挥重要作用。随着供应链上下游企业之间联系的逐渐密切，信息共享和业务互联将成为主要发展趋势，这对数字化技术的要求也会越来越高，大数据、云计算、智能信息系统在物流行业的应用场景也会逐渐增加。

（4）智能化作业广泛应用

随着智能化技术的发展和智能化物流设施设备的开发和应用，传统的物流作业方式将逐渐向智能化作业方式转变。智能化的作业方式利用智能信息系统实现物流设施设备的远程操控，依赖智能化算法和设备实现机器的自感知、自学习和自决策，在很大程度上可以实现物流操作的智能化与无人化，大大减少人力投入，提升作业效率。伴随建设制造强国战略的实施，我国物流智能化作业未来将会得到更广泛的普及和应用。

5.5 逆向物流

在物流过程中，运输和仓储服务备受青睐，但退回的物品、产品使用后的废弃物品等的处理却长期被排除在企业经营战略之外。对于这些物品沿供应链逆向渠道的收集、运输和分拨一直没有引起人们的足够重视。

但是，随着市场竞争的加剧、消费者地位的上升、废弃产品数量的激增、全球环境保护意识的兴起等，这个相对较新的物流领域——逆向物流领域的机会和潜在意义开始受到越来越多物流学者和企业管理者的重视。比如，美国在内华达州特别成立了美国逆向物流执行委员会（Reverse Logistics Executive Council）；通用汽车、IBM、西尔斯、强生、雅诗兰黛等国外许多知名企业已经将逆向物流纳入企业管理战略之中。

5.5.1 逆向物流概述

1. 逆向物流的概念

逆向物流（Reverse Logistics）最早出现在美国的学者 Stock 提供给美国物流管理协会的一份研究报告中。随后 Carter 和 Ellram 对此加以解释，认为逆向物流是物品在渠道成员间的反向传递过程，即从产品消费地（包括最终用户和供应链上的客户）到产品来源地的物理性流动。这一过程中的物理性再循环、再利用，使企业在环境管理方面更有成效。

美国逆向物流执行委员会主任 Rogers 和 Tibben Lembke 在 1999 年出版的逆向物流著作"*Going Backwards：Reverse Logistics Trends and Practices*"中，对逆向物流的定义是：为了重新获取产品的价值或使其得到正确处置，产品从其消费地到来源地的移动过程。他们认为逆向物流的配送系统是由人、过程、计算机软件和硬件及承运商组成的集合。它们相互作用，并共同实现物品从终结地到来源地的流动。美国物流管理协会对逆向物流的定义是：逆向物流是对原材料、在制品库存、制成品和相关信息从消费点到来源点的高效率、高效益的流动进行的计划、实施与控制过程，从而达到回收价值和适当处置的目的。我国对逆向物流的表述是:"逆向物流是指不合格物品的返修、退货及周转使用的包装容器从需方返回到供方所形成的物品实体流动。"

这些表述虽各有不同,但它们所包含的逆向物流的内涵却是基本相同的。简单地说,逆向物流就是物品及相关信息从消费端向供应端的反向流动过程,目的是为了回收价值或适当处置物品。逆向物流与顺向物流无缝对接,构成一个完整的供应链物流系统。

综上所述,逆向物流有狭义和广义之分。狭义的逆向物流是指由于环境问题或产品已过时等原因而回收产品、零部件或物料的过程。它是将废弃物中有再利用价值的部分加以分拣、加工和分解,使其成为有用的资源并重新进入生产和消费领域。广义的逆向物流除了包含狭义的逆向物流外,还包括废弃物物流的内容,其最终目标是减少资源使用,并通过减少使用资源达到废弃物减少的目标,同时使正向和回收物流效率更高。

2. 逆向的特点

逆向物流具有以下 3 个特点。

（1）高度不确定性

逆向物流产生的地点、时间及回收品的质量和数量难以预测,导致了逆向物流供给的高度不确定性,加上再利用产品市场的高度不确定性,使得对回收产品的需求更是难以预测,因而供需平衡难以掌握。

（2）运作复杂性

逆向物流的回收过程和方式按产品的生命周期、产品特点、所需资源、设备等条件不同而显得复杂多样,因此与正向物流的产品生产过程相比存在更多的不确定性和复杂性。

（3）实施困难性

逆向物流普遍存在于企业的各项经营活动中,从采购、配送、仓储、生产、营销到财务,需要大量的协调和管理工作。尽管在一些行业,逆向物流已经成为在激烈竞争中找到竞争优势从而独树一帜的关键因素,但是许多管理者仍然认为逆向物流在成本、资产价值和潜在收益方面没有正向物流重要,因此分配给逆向物流的各种资源往往不足。另外,相关领域专业技术和管理人员的匮乏,缺少相应逆向物流网络和强大的信息系统及运营管理系统的支持,都是逆向物流有效实施的障碍。

3. 逆向物流的分类

逆向物流的分类有很多种,以下主要介绍从按照退货渠道、按照退货成因和按照再利用方式的角度对逆向物流进行的分类,如表 5-3 所示。

表 5-3 逆向物流的分类

一级分类	二级分类和相应说明
按照退货渠道	制造业退回：对于生产出的产品质量不满意或是过剩而退回
	商业退回：根据商业协议包含逆向物流中的相关活动，其中 B2B 一般指的是过期的产品退回；B2C 一般指的是到货时间和产品质量问题引起的产品退回
按照退货成因	产品召回：召回已进入供应链的有缺陷的产品
	保修退回：在质量保证期或维修期内被退回并修理
	终端使用退回：使用期满后产品被收集进行重新制造、回收或者焚烧
按照再利用方式	直接再利用：回收的物品不经任何修理可直接再用（可能要支付花费比较低的清洗和维护费用），如集装箱、瓶子等包装容器
	修理：通过修理将已坏产品恢复到可工作状态，但可能质量有所下降，如家用电器、工厂机器等
	再生：只是为了物料资源的循环再利用而不再保留回收物品的任何结构，如从边角料中再生金属、纸品再生等
	再制造：与再生相比，再制造则保持产品的原有特性，通过拆卸、检修、替换等工序使回收物品恢复到"新产品"的状态，如飞机发动机的再制、复印机的再制造等

5.5.2 回收物流与废弃物物流的概念和分类

1. 回收物流的概念与分类

回收物流是退货、返修物品和周转使用的包装容器等从需求方返回供应方或专门处理企业所引发的物流活动。它是对于生产、流通、消费活动中所产生的具有再利用价值的废旧物品进行回收、拣选、加工、分解、净化等作业，使其成为有用的资源或转化为能源而重新投入生产或生活这一循环系统的物流过程。

回收物流可分为商业退货、维修回收、产品寿命终结的退回、包装物回收等。

（1）商业退货

退货逆向物流是指下游顾客将不符合订单要求的产品退回给上游供应商，或由于顾客对所购产品的数量、包装、款式等方面不满意而向企业退货，或企业发现产品存在质量问题，而对已经售出的产品予以召回，由此产生的逆向物流属于商业退货逆向物流。退货处理是否妥当，是企业产品售后服务的重要内容，对于消除顾客不满、建立顾客满意度、提升企业形象、避免企业信誉危机等具有积极的作用。由于退货原因不同，退货的处理方式也各不相同。若仅仅是由于包装、款式、型号等问题而出现退货，产品就不必退回生产企业，在分销处作适当处理即可；若属于产品质量上的缺陷，则需要退回生产企业进行检测、返工或维修，尽量使其再回到供应链的下游节点上。

(2) 维修回收

维修回收逆向物流是指有缺陷或被损坏产品在销售以后，根据售后服务承诺条款或协议的要求，退回经销商或制造商，它通常发生在产品生命周期的中期，如有缺陷的家用电器、电脑、手机等。维修回收一般由制造商进行维修处理，再通过原来的经销渠道返回给用户，或由制造商委托经销商的维修点进行维修处理，然后直接交给消费者。

(3) 产品寿命终结的退回

产品出售且其使用寿命终结以后（即产品不能再使用），消费者的处理方式可以选择回收，也可以选择丢弃。这些废旧物品还具有一定的残余价值，通过回收再处理可使其残余价值重新利用，这就形成了产品寿命终结的退回的逆向物流。产品寿命终结的退回主要是由经济、资源环境、法律法规等因素驱动的。废旧产品的回收能给企业带来一定的经济收益，如汽车轮胎、飞机零部件等。随着全球经济的迅猛发展，资源短缺、环境污染已成为全球实现可持续发展的"瓶颈"环节，产品回收不仅有利于节约资源，同时也有利于环境保护，如回收的家用电器、电脑、手机等主板含有大量的金、锡、铜等重金属，而电池则含有大量的铅。

(4) 包装物回收

包装是物流的起点，这一物流要素无论是在保护商品、提高企业物流效率，还是在促销商品上，还是对产品的促销上都具有十分重要的作用。不管是商业包装还是运输包装，都要消耗大量的自然资源，而且大量的包装物废弃后对环境的污染也非常严重。因此，包装材料的回收再利用，对于节约能源、保护环境及减轻垃圾掩埋和焚烧设施的负担都大有裨益。

2. 废弃物物流的概念和分类

废弃物物流是指将经济活动或人民生活中失去原有使用价值的物品，根据实际需要进行收集、分类、加工、包装、搬运、储存等，并分送到专门处理场所的物流活动。它是对生产、流通、消费活动中所产生的不能再利用的废弃物进行妥善处理，以达到排放标准、减少废弃物对环境污染的物流活动。

废弃物物流可以按废弃物的物理形态、废弃物的来源和废弃物的化学组成进行分类。

(1) 按废弃物的物理形态分类

按废弃物物理状态的不同，可以将废弃物物流分为固体废弃物物流、液体废弃物物流和气体废弃物物流。固体废弃物也称为其他垃圾，其形态是各种各样的固体物、半固体物的混合杂体，固体废弃物物流一般采用收集、分类、加工、包装、搬运、储存等典型的物流方式，是废弃物物流的主体。液体废弃物也称为废液、废水，其形态是各种成分液态混合物，液体废弃物物流常采用管道运输方式。气体废弃物也称为废气，主要是工业企业，尤其是化工类型工业企业及汽车等交通工具的气态排放物，多种情况下是通过管道系统直接向空气排放的。

（2）按废弃物的来源分类

按照废弃物来源可以将废弃物物流分为生活废弃物物流和产业废弃物物流。生活废弃物又称为生活垃圾，是人们生活中各种排放物的混合体，其主要成分是食品屑、水果屑、蔬菜腐叶及变质的食物等有机物，还有各种生活用品的包装废物和家具、用具损坏形成的无机物等。生活废弃物物流的特点是，其本身对资源和环境有很大影响，有污染、有异味、有细菌传播和蚊蝇滋生，而且数量巨大，是经常性排放物。生活废弃物需用防止散漏的半密封的物流器具进行存储和运输，且由于可回收与不可回收的废弃物往往混合在一起，增加了废弃物的分拣难度和分拣成本，因而物流费用较高。产业废弃物来自不同的产业，第一产业中的废弃物为农田杂屑及农产品加工过程中的废渣、废液等，大多不需要收集处置，少部分可用于堆肥或制造沼气。第二产业中的废弃物数量巨大，包括工业垃圾、废液、废气等，废弃物物流规模很大。第三产业中的废弃物主要是建筑垃圾和一些生活垃圾，废弃物种类多，且较为分散，物流难度较大，物流费用较高。

（3）按废弃物的化学组成分类

按废弃物的化学组成不同，可以将废弃物物流分为无机废弃物物流和有机废弃物物流。无机废弃物包括碎砖瓦、灰土、碎玻璃、铁屑、废金属等，有机废弃物包括动物尸体、植物残渣、废橡胶、废皮革、废织物、废纸等。有机废弃物又可以分为可分解废弃物和不可分解废弃物，例如，聚乙烯薄膜和聚苯乙烯泡沫塑料餐具，由于其不可分解性而造成了"白色污染"。

5.5.3 逆向物流与正向物流的区别

当今，越来越多的企业已经认识到逆向物流管理的重要性。逆向物流与正向物流密切相关。典型的企业物流系统如图5-2所示。

通过图5-2可以看出，逆向物流与正向物流是有很大差别的。

（1）服务范围不同

正向物流系统只需要为消费者的需求服务，整个物流系统都围绕消费者的需求自行调整，呈发散状，即一个制造商通过正向系统，将产品配送给许多消费者，而逆向物流系统却同时高度发散和集聚。逆向系统要从消费者手中将旧产品和废弃物料收集起来，还要将这些物料再销售出去。

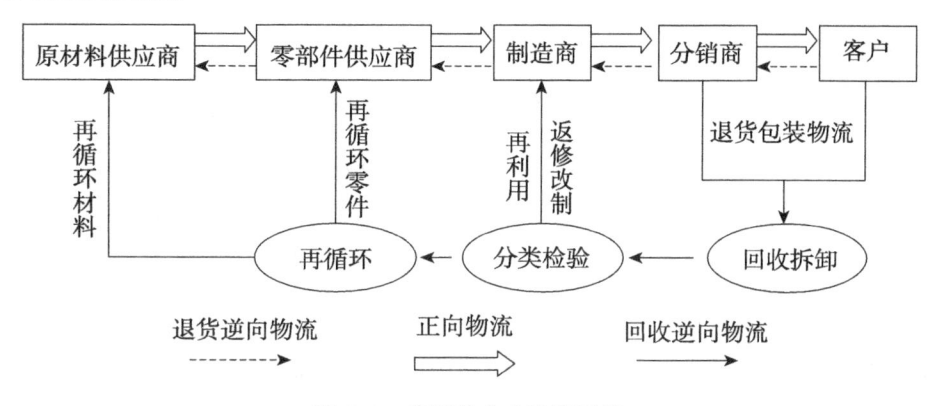

图 5-2　典型的企业物流系统

（2）运作过程不同

在逆向物流系统中，回收的物品会通过一定的工艺转化为新产品、部件、零件、材料等。转换过程常常与整个网络相结合，覆盖从网络起点（旧产品和废弃物收集者或供应者）到终点（重新回到正向物流系统）的整个过程。

（3）包装方式不同

逆向物流和正向物流在包装方面也有区别，从而需要不同的运输方式。正向物流系统中产品是统一包装的，而进入逆向物流系统的产品的包装形态是各式各样的，包装的情形极大地影响着产品运输和处理的难易程度。

（4）产品品质不同

正向物流和逆向物流另一个不同之处就是产品的品质。正向物流往往从总体最优化角度来使运输实现规模经济最大化，但逆向物流即使采取了整合的程序也很少有这种优化的机会。逆向物流，除了具有更高的运输成本之外，非标准的包装也意味着产品很难被安全地运送回来。产品往往在逆向流动的过程中进一步遭到损坏。

（5）决策内容不同

一旦回流产品到达分拨中心，必须做出处理决定。对正向物流而言，这是一个较简单的事情，产品就是要送到客户手中。而对于逆向物流来说，最终的处理却不确定，回流的产品也许回到货架上，或许回到上一层的供应者手中，或许被转售，或许被送去修复，或许送到专门进行再生资源回收的公司。

（6）处理速度不同

产品的处理速度对于逆向物流管理至关重要，因为逆向物流中产品的生命周期缩短了，所以使产品尽快通过逆向物流渠道的紧迫性就增加了；逆向物流中的产品，尤其是电子类产品，若生产厂商在决定如何处理产品时犹豫不决，则那些产品很容易失去价值。

本章小结

本章介绍了现代物流中的一些典型模式，包括绿色物流、应急物流、冷链物流、智慧物流和逆向物流等。绿色物流是指在物流过程中抑制物流对环境造成危害的同时，实现对物流环境的净化，具有学科交叉性、多目标性、多层次性、时域性和地域性等特征。应急物流是指为应对严重自然灾害、突发性公共卫生事件、公共安全事件及军事冲突等突发事件而对物资、人员、资金的需求进行紧急保障的一种特殊物流活动，具有空间效用、时间效用和形质效用。冷链物流的特殊性体现在需要特别的运输工具，需要注意运送过程、运输形态、时间掌控等，具有复杂性、动态性、协调性、增值性、高成本性等特点。智慧物流可以理解为在物流系统中采用物联网、大数据、云计算和人工智能等先进技术，使得整个物流系统实时收集和处理信息，并做出决策。逆向物流是指不合格物品的返修、退货及周转使用的包装容器从需方返回到供方所形成的物品实体流动，具体形式包括回收物流和废弃物物流。

本章习题

1. 名词解释

（1）绿色物流　（2）应急物流　（3）冷链　（4）冷链物流　（5）智慧物流　（6）逆向物流　（7）回收物流　（8）废弃物物流

2. 选择题

（1）绿色包装要求醒目环保，还应符合_____要求。

A. 4P　　　　　　B. 4A　　　　　　C. 4Q　　　　　　D. 4R

（2）应急物流多数情况下通过物流_____实现其物流效益。

A. 效率　　　　　B. 效果　　　　　C. 效益　　　　　D. 效用

（3）与一般常温物流相比，冷链物流具有_____。

A. 组织性　　　　　　　　　　　　B. 成本性

C. 协调性　　　　　　　　　　　　D. 稳定性

（4）智慧物流的特征之一是_____驱动。

A. 业务　　　　　　　　　　　　　B. 过程

C. 技术　　　　　　　　　　　　　D. 数据

（5）商业退货属于_____。

A. 逆向物流　　　　　　　　　　　B. 废弃物物流

C. 正向物流　　　　　　　　　　　D. 反向物流

3. 简答题

（1）简述绿色物流的地域性特征。

（2）简述应急物流与普通物流的区别。

（3）简述冷链物流的动态性特征。

（4）智慧物流具有哪些特征？简要说明其应用前景。

（5）从广义和狭义两个角度说明逆向物流的内涵。

（6）简述逆向物流与正向物流的区别。

章末案例　面向未来的亚马逊智慧物流

世人皆知的美国电商企业亚马逊公司其实也是著名的物流企业。通过运用机器人、无人机和大数据技术，亚马逊将智慧物流的概念演绎得淋漓尽致，未来它将不断适应智慧物流相关技术标准，建立更为庞大的物流网，领跑电商物流行业的发展。如今，亚马逊已经形成了一整套以高科技为支撑的智慧电商物流模式。以下简单介绍亚马逊智慧物流中的智能仓储、智能配送、智能客户服务、智能入库等内容。

1. 亚马逊的智能机器人 Kiva 技术

亚马逊在 2012 年收购了 Kiva Systems，这一技术对于亚马逊的物流系统有着很大的帮助。亚马逊的各大运转中心都是通过机器人来运作的。Kiva 系统的工作效率要比传统的人工物流工作效率提升数倍，而且机器人的准确率高，可达到 99.99%。机器人作业模式颠覆了传统电商物流中心以人工为主导的作业模式。整个物流中心全部是无人化操作，运作准确高效。

2. 利用无人机配送快递

亚马逊 Prime Air 是一种新的物流方式，整个配送过程实现了无人化。客户下单购买物品重量 5 磅以下的产品，就可以选择用无人机配送。通常 30 分钟之内包裹就可以通过无人机快递到家，就跟自己下楼去便利店购物一样便捷。据悉，亚马逊目前正在设计新无人机送货系统，未来将采用无人机派送生鲜产品。

3. 客户服务与订单中的大数据应用

亚马逊将大数据运用到电商物流平台，完整电商端到端的服务分为用户浏览、仓储服务、包裹配送、在线客服等类别。亚马逊有一套基于大数据对应地精准分析客服的体系，可以实现客户跟卖家实时交流。除此之外，后台系统会记录客户的浏览历史，把客户感兴趣的货品放在离他们最近的配送中心，这样就方便了客户下单。而在客户浏览页面时，智能系统根据历史数据可以在瞬间确定最快捷的发货方式，使客户的体验达到最佳，从而实现快速准确的配送。

4. 智能入库管理系统

亚马逊采用独特的入库监控系统，对产品入库出库的各个环节严格把关。除此之外，亚马逊还会测量商品，即用智能系统对新入库的商品进行长宽高及体积的测量，并根据这些信息自动分配存储位置，优化入库。同时，货品的存储位置与它的销售情况、保存期限等也会自动挂钩，系统的智能分配可以实现热销货品离出入口距离最短，以加快货品的周转率。

亚马逊智慧物流代表了先进的物流技术方案，全面智能化是所有电商未来的出路，亚马逊智慧物流在电商洪流中势不可挡，相信未来一定会越来越好。

资料来源：https://global.lianlianpay.com/article_platform_amazon/37-69395.html

讨论题

（1）亚马逊智慧物流使用了哪些信息技术？

（2）通过该案例分析，谈谈你对智慧物流的理解。

现代 供应链篇

第 6 章 供应链与供应链管理概述

◆ 本章学习要点

知识要点	掌握程度	相关知识
供应链产生的背景	了解	纵向一体化的概念和弊端
供应链的概念和特征	掌握	供应链的定义，6个特征和3类构成要素
供应链的类型	掌握	从3个角度对供应链进行分类
供应链管理的产生和发展	了解	供应链管理发展的4个阶段
供应链管理的概念	重点掌握	相关定义，与传统物流管理的区别
供应链管理的内容和目标	掌握	管理内容的4个领域和5个目标
供应链管理的特点	重点掌握	7个特点：对互动界面的管理、物流管理的更高级的形态、协商的机制等
供应链管理的意义	了解	节省成本、提高客户服务水平、增加市场占有率等
供应链管理与传统管理的比较	掌握	供应链管理在5个方面发生了转变

◆ 导入案例　苹果公司成功路径——高效的供应链管理

现代供应链之父、美国国家工程学院院士李效良教授说："最好的供应链将是世界级企业的标配。"2011年10月，美国苹果公司（以下简称苹果）推出了划时代的iPhone4s智能手机，从此把诺基亚等一众手机品牌送上了末班车。据统计，iPhone4s的全球销量超过1.5亿台，和苹果一起赚得盆满钵满的，还有其生态体系下的整个供应链。

富士康、台积电等因为给苹果代工而发展壮大，成为标杆；立讯精密、歌尔股份、蓝思科技的市值更是在两年内涨幅高达5倍，成为A股三大龙头。某种程度上，赢得苹果公司的认同，似乎就是一种身份象征。跟苹果合作，成为苹果供应商，能从这场盛宴中分得一杯羹，不但可以提升业绩，还可以提升品牌影响力，在竞争对手面前有更强的议价能力。那么，苹果在供应链的管理上究竟采取了哪些措施？又是如何让这些供应商与自己精诚合作的呢？

1. 掌控核心技术，进行战略卡位

苹果对核心技术有着极强的控制欲。如苹果核心技术——芯片和操作系统一直遥遥领先对手。近几年苹果还决定自己研发GPU，这也表明公司决心要对其产品中的核心技术拥有更大控制权。此外，在加强自身核心能力之外，苹果还通过注资、收购等手段获得供应商技术。比如，iPhone 中的触摸屏等关键零部件，苹果在供应商建厂时就会投入巨资，直接买断其 6 – 36 个月的产能。等到这些技术实现大众化，竞争对手可以采购时，苹果则利用早已谈好的合同，拿到供应商的相对优惠价。iPad、iPhone 能始终保持高利润，也与此有关。

苹果一旦发现某供应链厂商的技术与苹果未来的核心利益绑定，则会选择收购这家厂商，拥有话语权。2012 年，苹果宣布以 3.56 亿美元收购生物公司 AuthenTec，而后苹果便可以使用 AuthenTec 的硬件、软件及专利技术。一年之后，苹果在当时的 iPhone5s 中配置了 Touch ID 技术。核心原因就是为了阶段性垄断指纹识别技术。而主流手机厂商基本是在两年后才真正普及该技术。

2. 半监督半合作，构筑降本空间

苹果作为整个供应链的"链主"，主导着整个供应链的价值分配和运行协调。在保证供应链成员企业之间合作关系的基础上，苹果还有一整套管理和控制措施，以对整个供应链的运行质量和标准进行管理，帮助各个环节优化、创造价值。

（1）从挑选代工制造商开始，苹果就秉持了极其审慎的态度和超高的标准。在选择供应商的时候，苹果美国总部会派出专门团队到工厂考察，考核项目众多，要求严格，苹果只对占据所属加工业前 5 名地位的制造商感兴趣，非常注重制造商的工艺水平、信息化建设、流程管控能力。

（2）对供应商进行"事无巨细"的管理。从厂房的规划建设到如何培训工人，再到生产监控所需的计算机系统和软件、原材料，供应商都能从苹果那里得到建议，而且这种建议是带有强制性的。凡被苹果选中的代工厂商，必须使用苹果指定的生产设备，以保证每一个产品模具的质量。苹果还深入生产过程中的每一个环节，事无巨细，都要过问。

（3）强大的数字化支撑。为使苹果和供应商能获得准确的信息流，苹果设置了与富士康等零部件供应商共享的关于生产计划和进程的数据库。信息的集成化打破了传统供应链的线性和多层结构，形成了一种端对端的、共享、动态的伙伴关系网络，极大地加速了苹果和供应商之间的沟通，使得苹果的供应链具备了更强的伸缩性和敏捷性。

3. 庞大的库存就是反商业效率

供应链的管理除了议价权、话语权、成本控制和产品质量控制等外，低库存的高效协同也是重要指标。苹果公司首席执行官库克认为，"库存本身就彻底是一种罪恶"，庞大的库存就是反商业效率。《库克传》曾提到，库克为了加强对供应链的掌控，说服供应商搬到苹果工厂的附近，这样能使组件交付的效率更高，然后又投资了企业资源规划（ERP）系统，并且直接打通了零件供应商、组装厂和渠道的信息系统，从系统中就能一手掌握每周销售预测的具体情况、零售渠道精确的库存统计、向外包工厂发出订购需求、库存是否积压过多等细节，并随时调动。这样做的结果使苹果有效地降低了库存，从而节省了大量流动资金。

4. 深度协同，构建生态系统

一个全球化供应链的基本逻辑是集优互补，即供应链上的每一个节点都是强强联合，每个企业只集中精力致力于各自核心的业务过程，成为自组织的独立制造岛，根据需求信息的传导，高效整合资金流和物流，以满足消费者需求。苹果将制造等非核心业务外包后，初步建立起了一个全球化的供应链。但苹果并不满足，而是致力于将供应链升级为一个竞争对手难以模仿的"生态系统"，这可以说是苹果供应链管理的一个核心智慧。供应链实际运行的效率取决于供应链合作伙伴关系是否和谐，因此，建立战略伙伴关系的合作企业关系模型是实现最佳供应链管理的保证。只有充分发挥系统中成员企业和子系统的能动性和创造性，实现系统与环境的总体协调，供应链生态系统才能发挥出最佳的效能。

资料来源：https://baijiahao.baidu.com/s?id=1768008138133793620&wfr=spider&for=pc

讨论题

（1）总结一下苹果公司供应链管理的成功之处。

（2）苹果公司是如何有效管理供应商的？

党的二十大报告提出"着力提升产业链供应链韧性和安全水平"，2022年中央经济工作会议也把"加快建设现代化产业体系"作为2023年经济工作的主要任务之一。随着经济全球化和知识经济时代的到来及全球制造模式的出现，供应链管理理念在各行各业的管理中得到广泛应用。尤其企业面对的是市场竞争日益激烈、客户需求的不确定性和个性化增加、高新技术迅猛发展、产品生命周期缩短和产品结构越来越复杂的环境，企业管理如何应用供应链管理的理论和方法以适应新的竞争环境，成为广大企业经营者和理论工作者十分关注的焦点。本章将介绍供应链产生的背景及概念，供应链的特征和类型，供应链管理的概念、内容、目标、特点及其意义，并将供应链管理与传统管理做比较。

6.1 供应链概述

当前全球市场上的激烈竞争、产品生命周期的缩短及客户期望的提高，都促使企业更加关注其供应链。同时，通信技术和运输技术方面的进步也使供应链及供应链管理技术不断发展。供应链涵盖了从供应商的供应商到客户的客户之间有关最终产品或服务的形成和交付的一切业务活动。在一个组织内部，供应链涵盖了实现客户需求的所有职能，包括新产品开发、采购、生产、分销、财务和客户服务等。本节将详细介绍供应链的概念、供应链的特征和类型、供应链管理的概念和特点、供应链管理与传统管理的比较等内容。

6.1.1 供应链产生的背景

20世纪90年代以来，由于科学技术飞速进步和生产力的发展，顾客（Customer）消费水平不断提高，企业之间竞争（Competition）加剧，加上政治、经济、社会环境的巨大变化（Change），使得需求的不确定性大大加强，从而导致需求日益多样化。"3C"既是多样性与市场需求不确定性的根源，也是促进企业不断提高自身竞争能力的外在压力。在全球市场的激烈竞争中，企业面对一个变化迅速且无法预测的买方市场，传统的生产与经营模式对市场剧变的响应越来越迟缓和被动。为了摆脱困境，企业采取了许多先进的单项制造技术和管理方法，如计算机辅助设计、柔性制造系统、准时生产制、制造资源计划（MRPII）等，虽然这些方法取得了一定的实效，但在经营的灵活性、快速满足顾客需求方面并没有实质性改观。人们终于意识到问题不在于具体的制造技术与管理方法本身，而是在于它们仍囿于传统生产与经营模式的框架之内。

1. 传统管理模式以"纵向一体化"为主导

从管理模式发展历程来看，在20世纪80年代以前，企业出于对制造资源的占有要求和对生产过程直接控制的需要，传统上常采用的策略是自身投资建厂或参股到供应商企业，一个产品所需要的各种零部件都是在自己企业内由各个工厂加工出来的，企业直接控制着各个零部件的生产过程，这就是人们所说的"纵向一体化（Vertical Integration）"管理模式，或者称为"大而全、小而全"的管理模式。"纵向一体化"也称为垂直一体化，是指企业将生产与原材料供应或生产与产品销售相结合的战略形式。它是企业在两个可能的方向上拓展现有业务的发展战略，也是将公司的经营活动向后延伸到原材料供应或向前延伸到销售终端的战略体系。

例如，许多制造商拥有从铸造、毛坯准备、零件加工到装配、包装、运输等一整套设备设施及组织机构，但企业构成比例却又是畸形的：受长期卖方市场决策背景的影响，企业的产品开发能力和市场营销能力都非常弱，但拥有庞大的加工体系。在产品开发、加工、市场营销3个基本环节上呈现出中间大、两头小的"腰鼓形"。"腰鼓形"企业适合于以卖方为主导的市场环境，而在买方主导的市场环境下无法快速响应用户需求。

"纵向一体化"的目的是加强核心企业对原材料供应、产品制造、分销和销售全过程的控制，使企业在市场竞争中占据主动，从而增加各种经营活动的利润。这种管理模式在工业化发展初期是有效的，因为那时企业处于相对稳定的市场环境中，人们的消费水平较低，企业竞争力的主导因素是价格。以生产汽车为例，20世纪初，亨利·福特通过流水作业方式，使过去通过手工方式制造的、价格昂贵的汽车，能像"别针和火柴"那样大量生产出来，成本和价格大幅降低，使普通工薪阶层都能买得起汽车。

然而，进入20世纪90年代以来，消费者的需求特征发生了前所未有的变化，整个世界的经济活动也出现了全球经济一体化特征，这些变化对企业参与竞争的能力提出了更高的要求，原有的管理模式已不能完全满足新的竞争形势。

2. "纵向一体化"管理模式的弊端

在20世纪90年代科技迅速发展、世界竞争日益激烈、顾客需求不断变化的形势下，"纵向一体化"管理模式暴露出了种种缺陷。

（1）*增加企业投资负担*

在"纵向一体化"管理模式中，不管是投资新建工厂，还是用于控股其他公司，都需要企业自己筹集必要的资金。这一工作给企业带来许多不利之处。首先，企业必须花费人力、物力设法在金融市场上筹集所需要的资金。其次，资金到位后，随即进入项目建设周期（假设新建一个工厂）。为了尽快完成基本建设任务，企业还要花费精力从事项目实施的监管工作，这样一来又消耗了大量的企业资源。由于项目有一个建设周期，在此期间内企业不仅不能安排生产，而且还要按期偿还借款利息。显而易见，用于项目基本建设的时间越长，企业背负的利息负担越重。

（2）*承担丧失市场时机的风险*

对于某些新建项目来说，由于有一定的建设周期，往往出现项目建成之日，也就是项目下马之时的现象，市场机会早已在你的项目建设过程中逝去。这样的事例在我国有很多。从选择投资方向看，决策者当时的决策可能是正确的，但就是因为花在生产系统基本建设上的时间太长，等生产系统建成投产时，市场行情可能早已发生了变化，错过了进入市场的最佳时机而使企业遭致损失。因此，项目建设周期越长，企业承担的风险越高。

（3）*迫使企业从事不擅长的业务活动*

"纵向一体化"管理模式的企业实际上是"大而全""小而全"的翻版，这种企业把产品设计、计划、财务、会计、生产、人事、管理信息、设备维修等工作看作本企业必不可少的业务工作，许多管理人员往往花费过多的时间、精力和资源去从事辅助性的管理工作。

结果是，辅助性的管理工作没有抓起来，关键性业务也无法发挥出核心作用，这不仅使企业失去了竞争特色，而且增加了企业产品的成本。例如，某机器制造厂为了解决自己单位富余人员的就业问题，成立了一个附属企业，把原来委托供应商生产的某种机床控制电器转而自己生产。由于缺乏技术和管理能力，不仅成本比外购的高，而且产品质量低劣，最后影响到整机产品的整体性能和质量水平，一些老客户纷纷撤出订单，使企业蒙受了巨大的损失。

（4）每个业务领域都直接面临众多竞争对手

企业采用"纵向一体化"管理模式的另一个问题是，它必须在不同业务领域直接与不同的竞争对手进行竞争。例如，有的制造商不仅生产产品，而且还拥有自己的运输公司。这样该企业不仅要与制造业的对手竞争，而且还要与运输业的对手竞争。事实上，即使是 IBM 这样的大公司，也不可能拥有开展所有业务活动所必需的技能。因此，从 20 世纪 80 年代末期起，IBM 就不再进行纵向发展，而是与其他企业建立广泛的合作关系。例如，IBM 与苹果公司合作开发软件，协助 MCT 联营公司进行计算机基本技术研究工作，与西门子公司合作设计动态随机存储器等元器件。

（5）增大企业的行业风险

如果整个行业不景气，采用"纵向一体化模式"的企业不仅会在最终用户市场遭受损失，而且会在各个纵向发展的市场遭受损失。例如，某味精厂为了保证原材料供应，自己建了一个辅料厂。但后来味精市场饱和，该厂生产的味精大部分没有销路。结果不仅味精厂遭受损失，与之配套的辅料厂的发展也举步维艰。

3. 供应链管理思想的萌芽——"横向一体化"

鉴于"纵向一体化"管理模式在新的市场竞争环境下的种种弊端，从 20 世纪 80 年代后期开始，国际上越来越多的企业放弃了这种经营模式，随之采用的是"横向一体化（Horizontal Integration）"管理模式。"横向一体化"管理模式，又称为横向一体化战略，是指企业为了扩大生产规模、降低成本、巩固企业的市场地位、提高竞争优势、壮大企业实力而与同行业企业联合起来的一种战略。在"横向一体化"管理模式中，企业利用其外部资源快速响应市场需求，企业只抓最核心的东西：产品方向和市场。至于生产，只抓关键零部件的制造，甚至全部委托其他企业加工。例如，福特汽车公司的 Festiva 车就是由美国人设计，在日本的马自达生产发动机，由韩国的制造厂生产其他零件和装配，最后再在美国市场上销售。制造商把零部件生产和整车装配都放在了企业外部，这样做的目的是利用其他企业的资源促使产品快速上马，避免自己投资带来的基建周期长等问题，从而赢得产品在低成本、高质量、早上市诸方面的竞争优势。"横向一体化"形成了一条从供应商到制造商再到分销商的贯穿所有企业的"链"。由于相邻节点企业表现出一种需求与供应的关系，所以当把所有相邻企业依次连接起来时，供应链（Supply Chain，SC）便形成了。

由此可见，供应链管理的概念是把企业资源的范畴从过去单个企业扩大到整个社会，企业之间为了共同的市场利益而结成战略联盟，因为这个联盟要"解决"的往往是具体顾客的特殊需要（至少有别于其他顾客），例如，供应商就需要与客户共同研究如何满足客户的需要，还可能要对原设计进行重新思考、重新设计，这样供应商和顾客之间就建立了一种长期联系的依存关系。供应商以满足于顾客、为顾客服务为目标，顾客当然也愿意依靠这个供应商。因此，供应链管理模式也得到越来越多人的重视，成为当代国际上最有影响力的一种企业运作模式。这种生产管理模式的变化如图6-1所示。

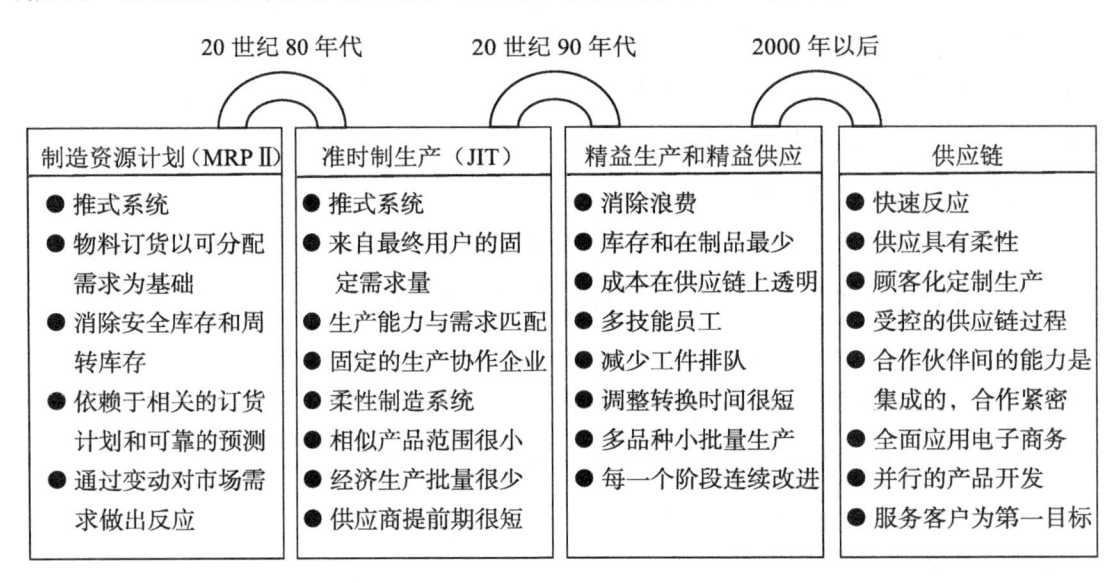

20世纪80年代	20世纪90年代	2000年以后
制造资源计划（MRP II）	准时制生产（JIT）	精益生产和精益供应	供应链
● 推式系统 ● 物料订货以可分配需求为基础 ● 消除安全库存和周转库存 ● 依赖于相关的订货计划和可靠的预测 ● 通过变动对市场需求做出反应	● 推式系统 ● 来自最终用户的固定需求量 ● 生产能力与需求匹配 ● 固定的生产协作企业 ● 柔性制造系统 ● 相似产品范围很小 ● 经济生产批量很少 ● 供应商提前期很短	● 消除浪费 ● 库存和在制品最少 ● 成本在供应链上透明 ● 多技能员工 ● 减少工件排队 ● 调整转换时间很短 ● 多品种小批量生产 ● 每一个阶段连续改进	● 快速反应 ● 供应具有柔性 ● 顾客化定制生产 ● 受控的供应链过程 ● 合作伙伴间的能力是集成的，合作紧密 ● 全面应用电子商务 ● 并行的产品开发 ● 服务客户为第一目标

图6-1 建立在最佳生产系统平台上的供应链

6.1.2 供应链的概念和特征

1. 供应链的概念

供应链的概念出现于20世纪80年代，至今尚未形成统一的定义。许多学者从不同角度给出了它的定义。

早期的观点认为，供应链是生产企业中的一个内部过程，它是指企业把外部采购的原材料和零部件通过生产转换和销售等活动，再传递给零售商和客户的一个过程。这种供应链的概念局限于企业内部操作层面上，注重企业自身资源的利用，并没有关注其他与之相关的企业。

随着供应链理念的发展，有些学者把供应链的概念与采购、供应链管理相关联，用来表示制造商与供应商之间的关系。这种观点得到了研究合作关系、准时采购（Just In Time，JIT）关系、精细供应、供应商行为评估和客户满意度等问题的学者的重视。但这样一种关系也仅仅局限在制造商与供应商之间，而且供应链中各企业独立运作，忽略了与外部供应链其他成员和企业的联系，往往造成企业之间目标的冲突。

后来，学者们注意到供应链的概念与其他企业的联系和供应链的外部环境，认为供应链是一个"通过链中不同企业的制作、组装、分销、零售等过程将原材料转换成产成品，再将成品送到最终客户的转换过程"。这是更大范围、更为系统的概念。例如，美国学者史蒂文斯（Stevens）认为，"通过增值过程和分销渠道控制从供应商的供应商到客户的客户的流就是供应链，它开始于供应的源点，结束于消费的终点"。

与供应链管理相关的文献对供应链给出了几个不同的定义，其中最为广泛接受的是由 Lee 和 Billington 于 1993 年提出的定义，即：供应链是一个由供应商、制造商、分销商、零售商及客户构成的系统，该系统中物料从供应商流动到下游的客户，而信息流则在两个方向传播。

当前，供应链的概念注重围绕核心企业的网链关系，如核心企业与供应商、供应商的供应商及与一切上游企业的关系，与客户、客户的客户及一切下游企业的关系。对供应链的认识从线性的单链转向非线性的网链，形成了一个网链的概念。哈里森将供应链定义为"执行采购原材料，将它们转化为中间产品和成品，并且将成品销售到客户的功能网链。"我国学者马士华认为，"供应链是围绕核心企业，通过对信息流、物流、资金流的控制，从采购原材料开始，制成中间产品以及最终产品，最后由销售网络把产品送到消费者手中的供应商、制造商、分销商、零售商直到最终客户连成一个整体的功能网链结构模式。"它是一个范围更广的企业结构模式，包含所有加盟的节点企业，从原材料的供应开始，经过供应链中不同企业的制造加工、组装、分销等过程直到最终客户。它不仅是一条连接供应商到客户的物料链、信息链、资金链，而且也是一条增值链，物料在供应链上因加工、包装、运输等过程而增加其价值，给相关企业都带来效益。

尽管上述各种定义不尽相同，表述也不尽一致，但是各定义都强调了供应链的基本内容和实质。实际上，供应链涵盖了生产、流通和消费等环节。从广义上讲，供应链涉及了企业的生产、流通，再进入到下一个企业的生产和流通，并连接到批发、零售和最终客户。它既是一个社会再生产的过程，又是一个社会再流通的过程。从狭义上讲，供应链是企业从原材料采购开始，经过生产、制造、销售到终端客户的全过程。这些过程的设计、管理、协调、调整、组合及优化是供应链的主体；通过信息和网络手段使其集成化、协调化和最优化是供应链的内涵；运用供应链管理实现生产、流通、消费的最低成本、最高效率和最大效益是供应链的目标。

2. 供应链的特征

供应链是从供应商的供应商到客户的客户的关系，它不是单一链状结构，而是一个网链结构，由围绕核心企业的供应商、供应商的供应商和客户、客户的客户组成。一个企业是一个节点，节点企业和节点企业之间是一种需求与供应关系。一般来说，供应链具有以下几个特征。

（1）复杂性

供应链节点企业组成的跨度和层次不同，供应链往往由多个、多类型或多国企业构成，它们之间的关系错综复杂，交易繁多。因此，供应链结构模式比一般单个企业的结构模式更为复杂。

（2）增值性

供应链的特征还表现在其是增值的。企业的生产运营系统是将一些资源进行转换和组合，增加适当的价值，然后通过供应链把产品分送到客户手中，并为顾客创造价值，从而更好地满足顾客的需求。

（3）需求性

供应链的形成、存在、重构都是基于一定的市场需求而发生的。在供应链的运作过程中，客户的需求拉动是供应链中信息流、物流、资金流运作的驱动源。

（4）交叉性

在供应链的网链结构中，一个节点企业既可以是某个供应链的成员，同时又可以是另一个供应链的成员，众多的供应链形成交叉结构。

（5）动态性

供应链企业的战略随市场需求的变化而变化，这些节点企业需要动态地更新和调整，这就使得供应链具有了明显的动态性。

（6）集成性

供应链的节点企业之间应建立起合作伙伴关系，通过这种关系将客户需求、企业内部运作、供应商资源等整合在一起。这种集成不是简单地把两个或多个节点企业连在一起，而是将原来没有联系或联系不紧密的节点企业组成具有一定功能的、紧密联系的新系统。

3. 供应链的构成要素

从供应链的结构上看，多个集成的成员企业可以看作是"点"，将供应链集成的成员企业或要素属性在时间和空间排列，这些排列可看作是"线"，这些"点"由不同方向的"线"排列起来，构成了供应链。供应链结构构成要素的三维结构如图 6-2 所示，这一结构包括了某种产品生产供应所涉及的所有主体。

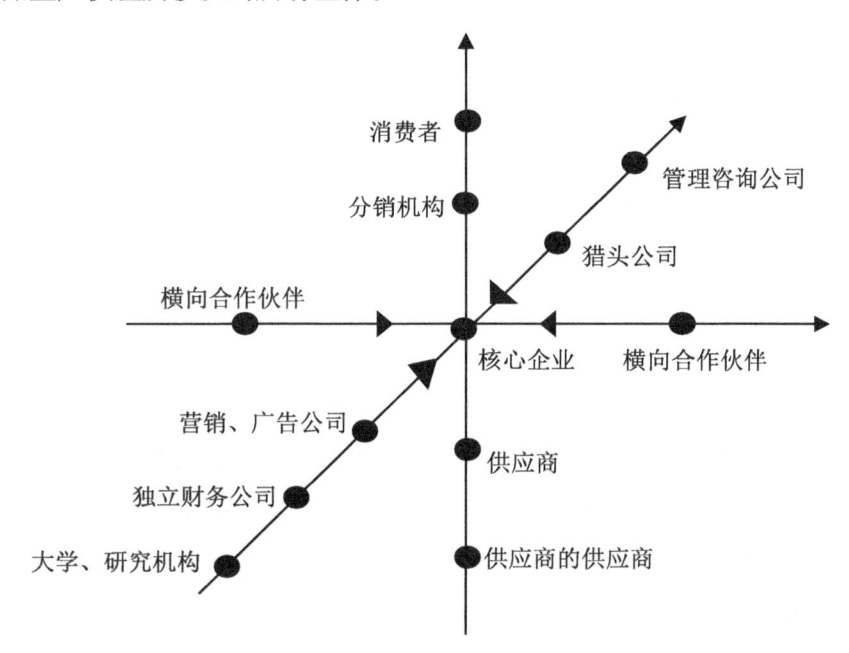

图 6-2 供应链结构构成要素的三维结构

根据图 6-2 可以将供应链结构的构成要素分为以下 3 类。

（1）横向合作伙伴（X 轴）

横向合作伙伴分布在图中的 X 轴上，它们是与核心企业平行的，合作伙伴之间主要是产品协作和技术协作的关系，同时也是一种合作竞争的关系。横向合作伙伴构成了供应链的横向结构，反映供应链中相同功能合作企业之间的结构。

横向合作伙伴之间的关系一般有两种，即生产兼组装和仅组装，其具体含义如下。

① 生产兼组装：关键部件的生产商担负起了组装任务，如 IBM 公司联合摩托罗拉公司和苹果公司共同开发出了 PowerPC 微处理器，它既向其他信息设备生产商出售这种芯片，同时也利用它组装自己的商务电脑。

② 仅组装：只担当组装任务但不生产任何部件，比如，戴尔公司和康柏公司就是采用这种模式。

两种横向合作伙伴关系如图 6-3 所示。

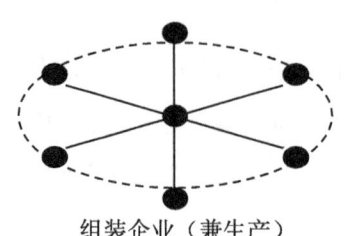

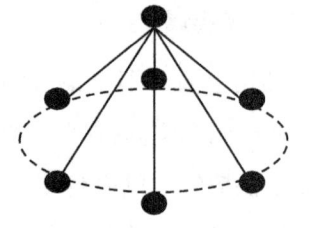

组装企业（兼生产）　　　　　组装企业（仅组装）

图 6-3　两种横向合作企业之间的关系

（2）纵向合作伙伴（Y 轴）

纵向合作伙伴分布在图中的 Y 轴上，主要包括最终产品制造商、零部件供应商、原料或中间产品供应商、分销商和最终客户，这是传统供应链所包括的成员。纵向合作伙伴构成了供应链内部的纵向结构，反映供应链上下游企业之间的结构。

（3）侧向合作伙伴（Z 轴）

侧向合作伙伴分布在图中的 Z 轴上，是指为企业提供生产性服务的各种主体。例如，为企业提供产品生产技术的大学实验室、独立的产业研究机构，提供财务服务的独立的财务咨询、管理公司，提供营销服务的营销顾问、广告公司，提供人事服务的猎头公司、人力资源管理公司，提供管理服务的管理咨询公司等。这些与产品生产紧密相关的功能性服务，在过去绝大多数都是由企业内部完成的。

在实际应用中，以上 3 个要素的区分并不严格，它们相互之间是交叉、并存和兼容的。供应链的复杂性决定了供应链中的各类成员在很多情况下发生的都不是"一对一"的关系，而是"一对多"或"多对一"的关系，相同的成员在不同的供应链中可能处于不同的位置，也可能发挥着不同的作用。也正因为如此，供应链更多地被视为是一种"网链"，而非"单链"，而且供应链不是封闭的，对成员企业来说，如何在这个复杂的系统中确定自己的位置，并根据系统内外部环境的变化随时调整自己的位置，是企业成功的关键。

6.1.3　供应链的类型

由于供应链的主导企业、主导产品、流通渠道等不同，所以实际运作的供应链各有特色，有多种类型。为了更好地认识供应链，可以从不同角度对供应链进行划分，根据不同的划分标准，供应链可以分为不同的类型。

1. 平衡供应链与倾斜供应链

根据供应链容量与用户需求的关系，供应链可以分为平衡的供应链和倾斜的供应链。供应链具有一定的、相对稳定的设备容量和生产能力（所有节点企业能力的综合，包括供应商、制造商、运输商、分销商、零售商等），但用户需求处于不断变化的过程中，当供应链的容量能满足用户需求时，供应链就处于平衡状态。而当市场变化加剧，造成供应链成本增加、库存增加、浪费增加等现象时，企业不是在最优状态下运作，供应链就处于倾斜状态。如图6-4所示。

（a）平衡的供应链　　　　　　（b）倾斜的供应链

图6-4　平衡的供应链和倾斜的供应链

2. 效率型供应链与响应型供应链

根据供应链的功能模式（物理功能和市场中介功能），供应链可以分为效率型供应链（Efficient Supply Chain）和响应型供应链（Responsive Supply Chain）。

效率型供应链聚焦于产品的生产效率，即以最低的成本将原材料转化成零部件、半成品、产品，并以较低的成本完成运输等；响应型供应链聚焦于对客户需求的快速响应，即把产品分配到满足用户需求的市场，对未预知的需求做出快速反应等。两种类型供应链的比较如表6-1所示。

表6-1　效率型供应链与响应型供应链的比较

项　　目	效率型供应链	响应型供应链
基本目标	以最低的成本供应可预测的需求	尽可能地反映不可预测的需求，使缺货、降价、废弃库存达到最小化
制造核心	保持较高的利润率	配置多余的缓冲库存
库存策略	产生高收入而使整个供应链的库存最小化	部署好零部件和库存品的缓冲库存
提前期	尽可能缩短提前期(在不增加库存的前提下)	大量投资，用于缩短提前期
选择供应商的方法	以成本和质量为核心	以速度、柔性、质量为核心
产品设计策略	最大化绩效、最小化成本	用模型设计，提高设计效率

3. 推式供应链与拉式供应链

（1）推式供应链

推式供应链（Push Supply Chain）管理模式，在运行上以制造企业生产产品为中心，以生产制造商为驱动源点，在管理上是以生产为中心，尽量提高生产率，降低单件产品成本来获得利润。通常，生产制造企业会根据自己的 MRPII/ERP 计划来安排整个采购、生产和销售流程。

在推式供应链上，生产商以自己为核心企业（核心组织）购买原材料、生产产品，并将产品经过各种渠道，如分销商、批发商、零售商一直推至终端客户。在这种供应链上，生产商对整个供应链起主导作用，是供应链上的核心成员，其他环节的成员则处于被动地位，其运作和实施都相对容易。推式供应链的最大特点是合作者之间的集成度低，由于生产商在供应链上远离客户，缺乏对客户需求的了解，所以往往会出现供给和需求不相匹配，满足消费者需求和快速响应程度较低，主要依靠增加库存量来满足需求的情况。早期出现的供应链几乎都属于推式的，现今仍有些供应链采用推式管理模式，如图 6-5 所示。

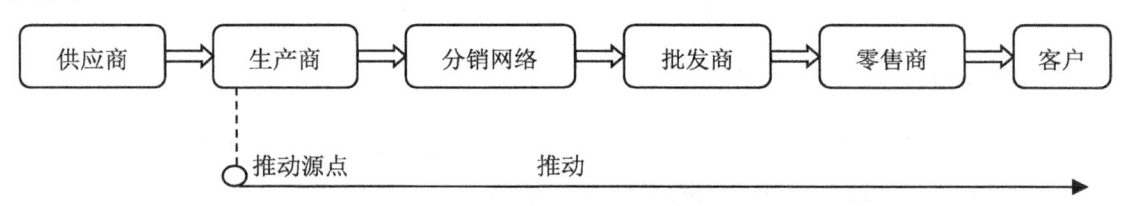

图 6-5 推式供应链管理模式

（2）拉式供应链

随着经济的发展，生产率和产品质量不再是生产企业的绝对竞争优势。为更好地适应市场竞争，企业纷纷把满足客户需求作为经营的核心。由此，供应链管理的运营模式也从推动式转变为以客户需求为原动力的拉动式模式。拉动式供应链（Pull Supply Chain）管理的理念是以客户为中心，按照市场和客户的实际需求及对需求的预测来拉动产品的生产和服务。在拉动式供应链上，生产商以客户需求为核心来组织生产，然后按下游需求向市场分销产品。分销商、零售商和消费者处于主动地位，最终客户是生产的核心驱动力。拉动式供应链管理模式在运作和管理方面都需要整个供应链有较高集成度，供应链成员间有更强的信息共享、协同、快速响应和适应能力。拉动式供应链管理模式如图 6-6 所示。

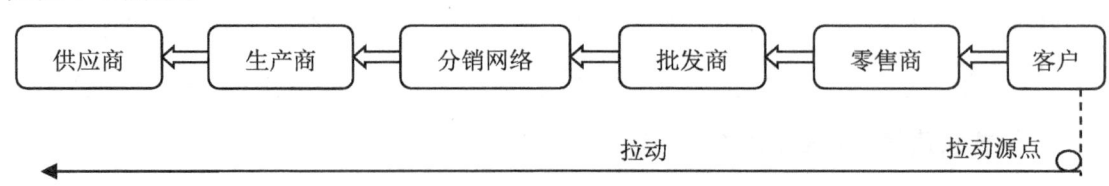

图 6-6 拉式供应链管理模式

在拉动式供应链管理模式中，生产和分销根据客户需求进行协调，企业不需持有太多库存，只需对订单快速反应即可。同时，按订单生产，可缩短提前期。这样，供应链下游分销商和零售商的库存大大减少，供应链系统变动较小，尤其是生产商的变动性小，生产商的库存也降低了。拉动式供应链管理模式虽然绩效整体上表现出色，但对供应链上合作企业的管理和信息化程度要求较高，对整个供应链的集成和协同运作的技术和基础设施要求也较高。

（3）推拉式供应链

现实经济活动中，很多供应链的业务流程并不是完全推动或完全拉动，而是采取推拉结合的战略，这种方式称为推拉式供应链。推拉式供应链在运作和管理上完全取决于客户的订单。比如，供应链的下游即面向客户端应尽可能提高响应性，因为客户并不关心整个供应链是怎样运作的，客户最关心的是自己的订单提出后企业的响应速度怎样。所以从供应链运作来讲，应力争做到既提高响应性，同时又尽可能降低成本，或者说以合理的成本完成对客户需求的响应。这就要求供应链的一端按照低成本、高效率及规模经济的要求组织生产和分销，另一端按照客户要求尽量提高反应速度。推拉式供应链管理模式如图6-7所示。推拉式的接口处被称为推拉边界，也称客户需求切入点或顾客订单分离点（Customer Order Decoupling Point，CODP），它是供应链中产品的生产从基于预测转向基于响应客户需求的转折点。

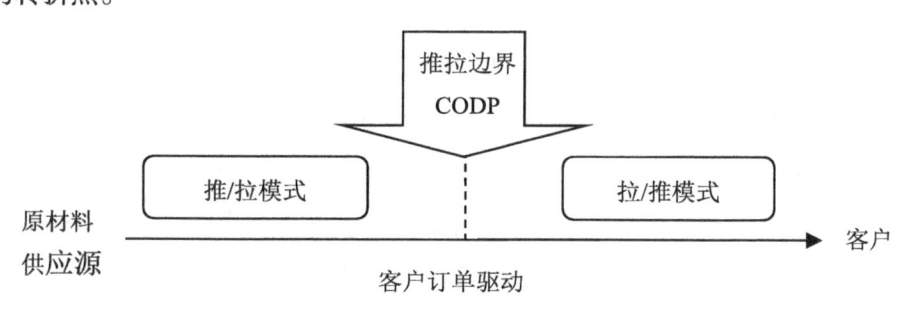

图 6-7 推拉式供应链管理模式

在图6-7中，CODP的位置可以进行调整，如果把切入点向供应链上游方向移动，客户的需求信息会更早地切入生产过程，通用化的阶段就会缩短，按订单来执行的活动范围就会扩大。如果把切入点向供应链下游方向移动，产品的差异化时间会被进一步推迟，通用化的阶段会延长。通常应当根据产品的特点和客户的要求来确定切入点的具体位置，如在建筑业，客户的要求通常会早在建筑物的设计阶段就被考虑。在电脑行业，客户的要求在电脑的装配阶段才被考虑。

推式供应链、拉式供应链和推拉式供应链的比较如表6-2所示。

表 6-2　推式、拉式和推拉式供应链的比较

项　目	推式供应链	拉式供应链	推拉式供应链
优点	能稳定供应链的生产负荷，提高机器设备利用率，缩短提前期，增加交货可能性	大大降低各类库存和流动资金占用，减少库存变质和失效的风险	低成本，高效率，规模经济，快速响应
缺点	需要有较多的原材料、在制品和成品库存，库存较大，当市场需求发生变化时，企业应变能力较弱	将面对能否及时获取资源和及时交货以满足市场需求的风险	运作和管理上完全取决于客户订单，且提高响应性和降低成本是对立的，需权衡处理

6.2　供应链管理概述

6.2.1　供应链管理的产生和发展

20 世纪 90 年代以前，企业出于管理和控制方面的目的，对与产品制造有关的活动和资源主要采取自行投资和兼并的"纵向一体化"的模式，企业与为其提供原材料或服务的单位是一种所有权的关系。"大而全""小而全"的思维方式使许多制造企业拥有从材料生产，到成品制造、运输和销售的所有设备及组织机构。甚至很多大型的企业还拥有医院、学校等单位。但是，面对经济全球化迅速发展、全球竞争日益激烈、客户需求不断变化的趋势，"纵向一体化"模式会增加企业的投资负担，迫使企业从事并不擅长的业务活动，而且企业也会面临更大的行业风险。进入 20 世纪 90 年代以后，越来越多的企业认识到了"纵向一体化"的弊端，为了节约投资、提高资源的利用率，转而把企业主营业务以外的业务外包出去，自身则采取集中发展主营业务的"横向一体化"战略。这样，原有企业和为它提供材料或服务的企业就形成了一种平等的合作关系。

这种形式，对同一产业链上的企业之间的合作水平、信息沟通、物流速度、售后服务及技术支持提出了更高的要求，供应链管理就是为适应这一形式产生和发展起来的。供应链管理的发展历程基本上可分为 4 个阶段。

1. 传统的供应链管理阶段

1980—1989 年，供应链管理的萌芽阶段。此时，市场环境是各企业所面临的市场份额大、需求变动不剧烈，供应链上成员企业的管理理念基本上都是"为了生产而管理"，企业之间的竞争是产品在数量上和质量上的竞争，企业间的业务协作是以"本位主义"为核心的，

即使在企业内部，其组织结构也是以各自为政，缺少部门之间的合作。此时的供应链管理是一种层级式的、静态的、信息不透明的管理模式。虽然供应链管理已经有了雏形，但仍存在不少缺陷。供应链管理还处于企业内部供应链管理阶段，同上游企业之间的供应商关系管理系统，以及与下游客户之间的客户关系管理系统都还没有建立起来，仍有很大发展空间。

2. 精细供应链管理阶段

1990—1995年，供应链管理处于初步形成阶段。精细供应链（Lean Supply Chain，LSC）的出现，减少了不确定性对供应链的负面影响，使得生产和经营过程更加透明，将没有创造价值的活动减少到最低限度，同时使订单处理周期和产品生产周期得以缩短。

在这个阶段，由于信息技术的发展和计算机系统的引入，企业有了更好的管理工具，其业务联系方式也不断改善，使上下游业务链在市场竞争的驱使下逐渐向供应链运作方式演变，这些都促使供应链管理概念在企业管理理念的不断变化过程中逐步形成。但由于供应链中的各个企业的经营重点，仍是注重企业的独立运作，时常忽略与外部供应链成员企业的联系，所以，与供应链相关的各企业（部门）之间时有发生利益冲突，这种冲突导致供应链管理效率下降，无法从整个供应链的角度出发来实现供应链的整体竞争优势。另外，信息流在向上传递时还会发生信息曲解现象及客户不满意现象。信息不能有效地共享也成为企业提高供应链整体竞争力的一个重要障碍。

3. 集成化供应链管理阶段

1996—2000年，在新的经济一体化的竞争环境下，供应链业务运作也不断地发展和成熟，利润的源泉已经转移到企业与外部交易成本的节约、库存的控制和内部物流的梳理上。为了进一步挖掘降低产品成本和满足客户需求的潜力，各行各业的领先型企业均开始认识到，如何尽可能地提高效益，需求预测、供应链计划和生产调度应作为一个集成的业务流程来看待，因此，企业开始将目光从管理企业内部生产过程转向产品全生命周期中的供应环节和整个供应链系统。

同时，随着市场环境逐步转变为需求品种多、需求变动大，集成化的敏捷供应链管理应运而生，该管理模式将供应商、制造商、分销商、零售商及终端客户整合到一个统一的、无缝化程度较高的功能网络链条，以形成一个极具竞争力的战略联盟，其实质是在优化整合企业内外资源的基础上快速响应多样化的客户需求。

4. 客户化供应链管理

2000年以后，在供应链竞争为主的经济环境中，为了寻找新的竞争优势，企业必须以"订单需求"为中心，将客户化生产和供应链管理一体化，通过客户化供应链管理（Customized Supply Chain Management，CSCM）来提升供应链的市场应变力和整体竞争力。

在这个阶段，许多企业开始把它们的努力进一步集中在供应链成员之间的协同，特别是与下游成员业务间的协同上，同时供应商关系管理（Supplier Relationship Management，SRM）、产品生命周期管理（Product Life-Cycle Management，PLM）、供应链计划（Supply Chain Planning，SCP）和供应链执行（Supply Chain Executing，SCE）等系统的应用使得供应链成员间的业务衔接更加紧密，整个供应链的运作更加协同化。企业正是通过与供应商和客户间的这种协同运作，来更准确地明白要从供应商那里得到什么，以及要提供给客户什么。

客户化的敏捷化供应链管理强调在敏捷供应链的基础上，进一步加大对客户个性化需求的满足。管理的前一阶段为供应链通用化过程，按照推动式管理模式组织通用模块或部件的生产、包装和配送等；后一阶段为客户个性化需求体现过程，即从事产品的差异化生产，以拉动式管理模式对产品定制单元进行生产、装配和运送等。

供应链管理从其产生到发展经历了若干阶段。在物料采购领域，随着供应双方在信息、技术、资金、人员等方面有了更多的交流，供应链从采购管理发展到了供应链管理；在流通配送领域，以消费者的需求为出发点，以此来制定生产计划，进行供应链上的生产管理、库存管理和采购管理，从而形成了快速反应（Quick Response，QR）、有效客户反应（Efficient Consumer Response，ECR）等管理方法。

6.2.2 供应链管理的概念和目标

1. 供应链管理的概念

供应链管理（Supply Chain Management，SCM）源于迈克·波特 1980 年发表的《竞争优势》一书中提出的"价值链"（Value Chain）的概念。其后，SCM 的概念、基本思想和相关理论在美国开始迅速发展。到 20 世纪 90 年代初，关于 SCM 的文献大量出现，SCM 相关的学术组织也开始涌现，到目前为止，比较公认的几个 SCM 定义如下。

美国 Willian C.Copacino 将 SCM 定义为 "The Art of Managing the Flow of Materials and Products from Source to User"（管理从物料供应者一直到产品消费者之间的物料和产品的流动的技术）。管理科学到目前为止都将主要的注意力放在业务流程内各个环节的改进上，但是 SCM 强调的是将注意力放在从物料供应一直到产品交付的整个业务流程的流动和相互连接上。

1996 年成立于美国的供应链协会将 SCM 定义为 "Encompasses Every Effort Involved in Producing and Delivering a Final Product, from the Supplier's Supplier to Customer's Customer"（SCM 是为了生产和提供最终产品，包括从供应商的供应商，到顾客的顾客的一切努力），该定义表明 SCM 是一种跨企业、跨行业、多种职能的管理活动。

日本经营学杂志《日经情报》在其"供应链革命"特集中，将 SCM 定义为"跨越企业组织的边界，作为各完整的流程共享经营资源和信息，以整体优化为目标，彻底消除流程中的浪费的管理技术"。它强调了供应链是由多个企业组成的，因此为了达到供应链整体优化的目标，多个企业必须共享资源，这首先就需要多个企业建立合作关系。

日本的学术团体 SCM 研究会认为以上诸定义都忽略了一个重要的视角：客户。他们从客户的角度出发，提出 SCM 的定义为"将整个供应链上各个环节的业务看作一个完整的、集成的流程，以提高产品和服务的客户价值为目标，跨越企业边界所使用的流程整体优化的管理方法的总称"。

我国的《物流术语》国家标准（GB/T 18354—2021）对供应链管理的定义是：利用计算机网络技术全面规划供应链中的商流、物流、信息流、资金流等，并进行计划、组织、协调与控制等。供应链管理的思想，是要把整条"链"看做一个集成组织，把"链"上的各个企业都看做合作伙伴，从而对整条"链"进行集成化管理。供应链管理的目的，主要是通过"链"上各个企业之间的合作和分工，致力于整个"链"上物流、商流（链上各个企业之间的关系形态）、信息流和资金流的合理性和优化，从而提高整条"链"的竞争能力。

SCM 的概念是一个观念上的创新，其对企业资源管理的影响，可以说是一种资源配置的创新。供应链中每个节点企业在供应链网络中扮演着不同的角色，它们在分工基础上相互依赖，通过资源共享，优势互补，结成伙伴关系或战略联盟，谋求整体利益最大化。要使一个供应链获得良好的整体绩效，实现各节点企业的多赢，在供应链之间的竞争中获得优势，就必须对供应链中各节点企业进行有效的组织和协调，尽可能减少矛盾和冲突，对供应链中的物流、信息流、资金流及伙伴关系进行有效的计划、组织、协调和控制，使供应链中的各个节点及节点之间的信息、资金、物料能够高效流动。

SCM 体现的是集成化的系统管理思想和方法，正如全球供应链论坛所描述的那样，SCM 是为消费者带来有价值的产品、服务及信息，从源头供应商到最终消费者的集成业务流程。SCM 是把供应链上的各个节点企业作为一个不可分割的整体，通过对节点企业的相关经营活动进行同步化、集成化管理，整合它们的竞争力和资源，从而形成更强的竞争力，为客户提供最大价值。通过贯穿于供应链中从供应商到最终客户的物料流、信息流、资金流的计划和控制的全过程的管理活动,将供应链上各企业分担的采购、生产、分销和销售的职能联系起来并协作运营,从而使生产资料以最快的速度,通过生产、分销环节变成增值的产品,送达客户手中,以寻求在快速多变的市场中处于领先地位。

SCM 与传统企业管理的角度和侧重点不同,这些区别主要体现在以下几个方面。

(1) SCM 关注的是整个供应链

SCM 与传统企业管理分析问题的角度不同,SCM 是从整个供应链的角度出发,寻求供应链物流成本与客户服务之间的均衡。

(2) SCM 强调战略管理

SCM 强调和依赖战略管理,"供应"是整个供应链中节点企业之间事实上共享的一个概念(任意两节点之间都是供应与需求关系),同时它又是一个具有重要战略意义的概念,因为它影响或者决定了整个供应链的成本和市场占有额。

(3) SCM 采用集成的思想和方法

SCM 最关键的是需要采用集成的思想和方法,更侧重与供应链成员企业间接口物流活动的管理优化,这也是 SCM 的利润空间所在。

(4) SCM 注重合作的联盟

SCM 具有更高的目标,更注重组织之间的关系管理,通过合作和联盟等关系去实现高水平的客户服务,而不是仅仅完成一定的市场目标。

(5) SCM 是新的管理思想

SCM 作为一种新的管理思想,是对整个供应链中各参与组织、部门之间的物料流、信息流与资金流进行计划、组织、协调和控制等,其目的是通过优化提高所有相关过程的速度和确定性,最大化所有相关过程的净增加值,提高组织的运作效率和效益。

2. 供应链管理的内容

供应链管理覆盖了从供应商的供应商到客户的客户的全过程。我国著名的供应链学者马士华教授认为,供应链管理主要涉及供应、生产计划、传统物流和需求 4 个领域,如图 6-8 所示,包括战略性供应商和客户合作伙伴关系管理,供应链产品的需求预测和计划,供应链设计(节点企业、材料来源、生产设计、分销系统与能力设计、管理信息系统和物流系统设计等),企业内部和企业之间的物料供应与需求管理,基于供应链的客户服务和物流(运输、库存、包装),企业间资金管理,基于互联网的供应链交互信息管理等。

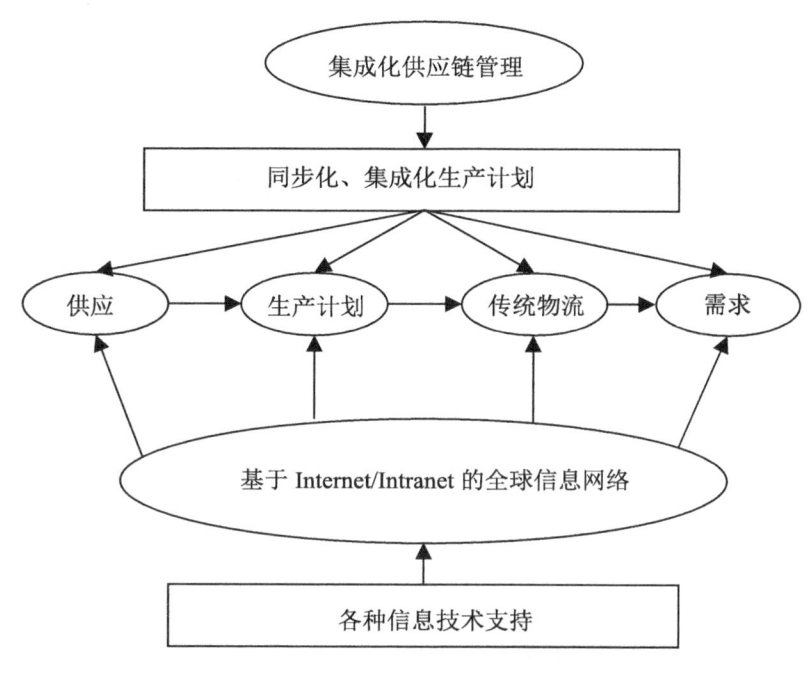

```
                    ┌──────────────────┐
                    │ 集成化供应链管理 │
                    └────────┬─────────┘
                             ↓
              ┌──────────────────────────────┐
              │   同步化、集成化生产计划     │
              └──┬────────┬────────┬────────┬┘
                 ↓        ↓        ↓        ↓
              ┌────┐  ┌──────┐  ┌──────┐  ┌────┐
              │供应│→│生产计划│→│传统物流│→│需求│
              └──┬─┘  └──┬───┘  └──┬───┘  └─┬──┘
                 ↑       ↑         ↑        ↑
              ┌──────────────────────────────┐
              │ 基于 Internet/Intranet 的     │
              │     全球信息网络              │
              └──────────────┬───────────────┘
                             ↑
                    ┌──────────────────┐
                    │ 各种信息技术支持 │
                    └──────────────────┘
```

图 6-8　供应链管理涉及的领域

3. 供应链管理的目标

供应链管理的目的是使成员企业在分工基础上密切合作，通过外包非核心业务、资源共享和协调整个供应链，这样不仅可以降低生产成本、减少库存、增强企业竞争力，而且通过信息网络、组织网络，还可以实现生产与销售的有效连接和物流、信息流、资金流的合理流动，使各类资源得到优化配置。因此，供应链管理的目标就是要在总成本最小化、客户服务最优化、总库存最小化、提前期（Lead time）最短化及物流质量最优化等目标之间寻找最佳平衡点，以实现供应链绩效的最大化。

（1）总成本最小化

供应链管理的目标在于提高客户服务水平和降低总的交易成本，并且寻求两个目标之间的平衡。采购成本、运输成本、库存成本、制造成本及供应链的其他成本都是相互联系的。因此，实现有效的供应链管理必须将供应链各成员企业作为一个有机整体来考虑，并使整个供应链的供应物流、制造装配物流与实体分销物流之间达到高度平衡。从这一意义出发，总成本最小化目标是指整个供应链运作与管理的所有成本的总和最小化。

（2）客户服务最优化

供应链管理的本质在于为供应链的最终客户提供高水平的服务。由于低成本与高客户服务水平之间的关系是矛盾的，因此要建立一个效率高、效果好的供应链网络系统，就必须考虑总成本与客户服务水平之间的均衡。供应链管理以客户为中心，因此，供应链管理的目标之一就是要以最小化的总成本实现整个供应链客户服务的最优化。

（3）总库存最小化

在实现供应链管理目标的同时，要将整个供应链的库存水平控制在最低程度，零库存反映的是这一目标的理想状态。总库存最小化目标的达成有赖于对整个供应链的库存水平与库存变化的最优控制，而不只是实现单个成员企业库存水平的最低。

（4）提前期最短化

当今的市场竞争不再是单个企业之间的竞争，而是供应链之间的竞争。从某种意义上说，供应链之间的竞争实质上是基于时间的竞争。如何对客户的需求做出快速有效的反应，最大限度地缩短从客户发出订单到获取满意交货的时间，即提前期，已成为决定企业成功的关键因素之一。

（5）物流质量最优化

企业产品或服务质量的好坏直接关系到企业的成败。同样，供应链管理下的物流服务质量的好坏也直接关系到供应链的存亡。因此，达到与保持高水平的物流服务质量是供应链物流管理的重要目标。而这一目标的实现，必须从原材料、零部件供应的零缺陷开始，直至供应链管理全过程、全人员、全方位质量的最优化。

从传统的管理思想来看，上述目标相互之间呈现出互斥性：客户服务水平的提高、提前期时间的缩短、交货品质的改善，必然以库存、成本的增加为前提，否则无法达到最优。然而，通过运用供应链一体化的管理思想，从系统的观点出发，改进服务、缩短时间、提高产品质量与减少库存、降低成本是可以兼得的。

6.3 供应链管理的特征和意义

6.3.1 供应链管理的特征

供应链管理是一种集成化、系统化的管理方式，它从全局的角度通过合作伙伴间的密切合作对供应链上的物流、信息流、资金流等进行控制和调度，以最小的成本和费用产生最大的价值和最佳的服务。良好的供应链管理可以大幅度降低链上企业之间的交易成本，实现供应链整体利润的最大化。与传统物流管理相比，供应链管理的特征表现在以下几个方面。

1. 供应链管理是对互动界面的管理

从管理对象来看，物流是以存货资产为管理对象的。而供应链管理则是对存货流动（包括必要的停顿）中的商务过程的管理，即对关系的管理，因此更具有互动的特征。美国兰博特教授认为，必须对供应链中所有关键的商务过程实施精细的管理，包括需求管理、订单执行管理、制造流程管理、采购管理和新产品开发及其商品化管理等。有些企业的供应链管理过程还包括从环境保护理念出发的商品回收渠道管理，如我国的联想公司。

2. 供应链管理是物流管理的更高级的形态

事实上，供应链管理也是从物流的基础上发展起来的，在企业动作的层次上，从实物分配到整合物资管理，再到整合相关信息，通过功能的逐步整合形成了物流的概念。从企业关系的层次来看，则有从制造商向批发商、分销商再到最终客户的前向整合，再有向供应商的后向整合。关系的整合形成了供应链管理的概念。从作业功能的整合到渠道关系的整合，使物流从战术的层次提升到了战略高度。所以，供应链管理实际上是传统物流管理的延伸，物流是供应链管理系统的子系统。

3. 供应链管理是协商的机制

物流在管理上是一个计划的机制。主导企业通常是制造商，它力图通过一个计划来控制产品和信息的流动，与供应商和客户的关系本质上是利益冲突的买卖关系，这种关系常常导致存货向上游企业的转移或成本的转移。供应链管理同样制定计划，但目的是为了谋求在渠道成员之间的联动和协调。供应链管理作为一个开放的系统，它的一个重要目标就是通过分享需求和当前存货水平的信息，来减少或消除所有供应链成员企业所持有的缓冲库存。这就是供应链管理中"共同管理库存"的理念。

4. 供应链管理更强调组织外部一体化

物流主要是关注组织内部的功能整合，而供应链管理认为只有组织内部的一体化是远远不够的。供应链管理是一项高度互动和复杂的系统工程，需要同步考虑不同层次上的相互关联的技术经济问题，进行成本效益权衡。比如，要考虑在组织内部和组织之间，存货以什么样的形态放在什么样的地方，在什么时候执行什么样的计划；供应链系统的布局和选址决策，信息共享的深度；实施商务过程一体化管理后所获得的整体效益如何在供应链成员之间进行分配；特别是要求供应链成员在一开始就共同参与制定整体发展战略或新产品开发战略等。

5. 供应链管理对共同价值的依赖性

作为系统结构复杂性增加的逻辑必然，供应链管理将更加依赖信息系统的支持。如果说物流管理是为了提高产品的客户可行性，那么供应链管理则是首先要解决在供应链伙伴之间的信息可靠性问题。所以，有时也把供应链看作是基于信息增值交换的协作伙伴之间的一系列关系，互联网为提高信息可靠性提供了技术支持，但如何管理和分配信息则取决于供应链成员之间对商务过程一体化的共识程度。所以，与其说供应链管理依赖网络技术，还不如说供应链管理首先是对供应链伙伴的相互信任、相互依存、互惠互利和共同发展的共同价值观和依赖。

6. 供应链管理是"外源"整合组织

与垂直一体化物流不同，供应链管理更多是在自己的"核心业务"基础上，通过协作整合外部资源来获得最佳的总体运作效果，除了核心业务以外，几乎每件事都可能是"外源的"，即从公司外部获得的。著名的企业，如耐克（Nike）公司和Sun微系统公司（现已被甲骨文公司收购），通常外购或外协所有的部件，而自己则集中精力于新产品的开发和市场营销。这一类公司有时也被称为"虚拟企业"或者说"网络组织"。垂直一体化以拥有为目的，而供应链管理则以协作和双赢为手段。所以，供应链管理是资源配置的更优化的方法，其内在的哲学是"有所为有所不为"。供应链管理在获得外源配置的同时，也将原先的内部成本外部化，这有利于清晰的过程核算和成本控制，可以更好地优化客户服务和实施客户关系管理。

7. 供应链管理是动态的响应系统

在供应链管理的具体实施中，贯穿始终地对关键过程的管理测评是不容忽视的。高度动态的商业环境要求企业管理层对供应链的动作实施规范的和经常的监控和评价，当管理目标没有实现时，就必须考虑采用可能的替代供应链和做出适当的应变。

6.3.2 供应链管理的意义

目前，供应链管理已经成为企业界重要的策略性议题，供应链管理结合上下游成员企业，通过信息共享促使供应链体系运作效率化，进而建立起整体之竞争优势，达成共赢的目的，所以供应链管理可为企业创造诸多效益。

1. 降低供应链的不确定性

对买方而言，可降低如成本、数量折扣、品质、时间等因素的不确定性；对卖方而言，将可降低市场、客户需求的不确定性;对双方而言,将可汇聚双方目标及共识、降低外部环境的影响及降低投机性。

2. 节省成本

供应链成员的合作可以降低库存,减少削价处理的滞销损失,从而提高企业资源的利用效率,包括达到订购、生产及运输的经济规模,管理成本的降低,技术及实务上流程的整合及资产利用率的提升。

3. 合作开发产品及流程

整合买卖各方,使各方信息得以共享,进而促使供应链成员各方得以共同合作开发更适合消费者之产品。

4. 增进沟通

由于供应链管理使供应链中各环节实现了透明化,因此有助于各方的沟通与了解。

5. 分担风险及分享收益

供应链整合买卖各方,形成了一个"供应共同体",可分享销售成果,也可承担营运过程中的相关风险。

6. 提高客户服务水平

供应链可以改进交货的可靠性,缩短交付时间,从而实现准时供应,提高客户服务水平。

7. 加快资金周转

实施供应链管理的企业比一般企业的资金周转时间要短得多,资金周转率也提高了近一倍。

8. 增加市场占有率

通过联合产品开发、协同生产,产品上市更快,竞争对手也难以介入;通过建立合作联盟,受欢迎的业务伙伴得以产生。

如今,经济一体化和竞争全球化使现代经济领域中的竞争由单个企业扩展到供应链之间的竞争。供应链管理不只是一个企业内部的管理问题,它也是上下游企业的全局问题。上下游企业之间形成相对紧密的供应关系,已经成为越来越多的企业应对日趋激烈的市场竞争的有效手段。

6.3.3 供应链管理与传统管理的比较

与传统管理相比,供应链管理在以下几个方面发生了转变。

1. 从功能管理向过程管理的转变

传统管理是企业组织按纵向设计的,也就是说,企业的组织是围绕生产、营销、销售和配送功能来设计,每个功能都有相应的任务,这是一种已经被广泛应用的组织形式,这种方法存在的问题是过于集中内部资源的使用,而不是集中于产品价值的创造。传统管理认为,供应链中的采购、制造、营销、配送等功能是相互分割且独立运作的,并且这些功能都具有相应独立的目标和计划,但目标和计划经常是相互冲突的。供应链管理是达成一种协调和一致机制,将水平方向上的组织结构进行连接、协调与合作,实现了企业从功能管理向过程管理的过渡,同时在企业外部,企业同样需要管理供应链上游、下游的各个合作伙伴的业务。

2. 从利润管理向赢利性管理转变

传统管理将利润作为企业管理的重心,而现代管理认为,利润只是一个绝对指标,用绝对指标衡量企业的经营业绩是无法实现的,应该用相对指标来衡量企业的经营业绩,赢利性就是一个相对指标。所以,强调进行赢利管理是建立在"双赢/多赢"基础上的,只有供应链各方均具有较好的赢利性,企业自身的赢利性才有可能得到保障。

3. 从产品管理向客户管理转变

产品和客户都是供应链上的重要环节。传统管理理念下的市场特征是卖方市场,以产品管理为重点,而现在是买方市场,是客户而不是产品主导企业的生产和销售活动,因此客户是核心。因为客户是主要的市场驱动力,所以客户的需求、客户的购买行为、客户的意见等都是企业要谋求竞争优势所必须争夺的重要资源。在买方市场上,供应链的中心由生产者向消费者倾斜,客户是供应链上更为重要的一环,客户管理成了供应链管理的重要内容。

4. 从交易管理向关系管理转变

传统企业之间的关系是交易和竞争对手关系,所考虑的主要是眼前的既得利益,因此不可避免地出现为了自身利益而牺牲他人利益的情况,现代供应链管理理论指出的途径是,协调供应链成员之间的关系,同时增加供应链各方的利益。

5. 从库存管理向信息管理转变

大型生产系统日趋复杂,其复杂程度可由其复杂的产品物流反映出来。不同的供应商以其不同的方式将原材料、零部件送到生产现场，经过复杂的生产过程生产出各种零部件和最终产品，再将零部件和产品送至客户，即原材料经过运输、生产、再运输、再生产，最后成为成品，并送到客户手中。企业的库存本身存在着矛盾，一方面库存是提高服务水平和客户满意度的手段，必须拥有，另一方面库存又是成本和累赘，必须尽可能降低库存水平。现代供应链管理用信息代替了库存，使企业持有"虚拟库存"而不是实物库存，只有供应链的最后一个环节才交付实物库存，这样就大大降低了企业持有存货的风险。因此，用及时和准时的信息代替实物库存就成为供应链理论的重要观点。

本章小结

本章首先介绍了供应链的相关理论知识，包括供应链产生的背景、供应链的概念及特征、供应链的类型等，重点讲解了推式供应链、拉式供应链和推拉式供应链；然后介绍了供应链管理的产生和发展历程，并在介绍供应链相关概念的基础上，给出了供应链管理的定义，同时介绍了供应链管理的内容和目标；最后介绍了供应链管理的特征、意义，并将供应链管理与传统管理进行了比较。通过本章的学习，读者可对供应链、供应链管理基本理论与方法有所了解和掌握，从而为之后各章的学习奠定基础。

本章习题

1. 名词解释

（1）供应链 （2）纵向一体化 （3）横向一体化 （4）推式供应链 （5）拉式供应链 （6）推拉式供应链 （7）供应链管理 （8）总成本最小化

2. 选择题

（1）_____战略是指企业为了降低成本，提高竞争优势而与同行业企业联合起来的一种战略。

A. 纵向一体化　　B. 垂直一体化　　C. 准时制　　D. 横向一体化

（2）当供应链的容量能满足用户需求时，供应链处于_____状态。

A. 倾斜　　B. 平衡　　C. 过剩　　D. 均衡

（3）_____供应链以最低的成本将原材料转化成零部件、半成品、产品，以及在供应链中的运输等。

A. 反应型　　B. 响应型　　C. 效率型　　D. 平衡型

（4）供应链管理的目标之一是_____。

A. 采购成本最低化　　　　　　　　B. 交货时间最快化

C. 客户服务最优化　　　　　　　　D. 总库存量最小化

（5）供应链管理的意义之一是_____。

A. 加快资金周转　　　　　　　　B. 提高产品价格

C. 企业利润最大化　　　　　　　D. 降低交易成本

（6）与传统管理相比，供应链管理特点之一是从产品管理向_____管理转变。

A. 质量　　　　B. 供应　　　　C. 营销　　　　D. 客户

3. 简答题

（1）"纵向一体化"管理模式有哪些弊端？

（2）画图说明供应链的构成要素。

（3）简述供应链管理发展的各个阶段。

（4）供应链管理的目标有哪些？

（5）简述供应链管理的重要意义。

（6）与传统管理相比，供应链管理在哪些方面发生了转变？

章末案例　从物流到供应链：宝供物流的战略转型

宝供物流企业集团有限公司（以下简称宝供）创建于1994年，1999年成为国内第一家以物流名称注册的企业集团，是我国最早运用现代物流理念为客户提供一体化物流服务的专业第三方物流企业，也是目前我国最具规模、最具影响力、最领先的第三方物流企业之一。经过20多年的开拓与发展，宝供已成为物流与供应链解决方案的引领者，并与IBM合作，以20多年服务全球500强企业的智慧，为广大工商企业提供供应链一体化服务，并成功实现了由第三方物流企业向供应链服务商的战略转型。

（1）储运利润摊薄，宝供携手IBM瞄准新的利润源

作为国内较为成功的第三方物流企业，宝供在短时期内似乎并无利润之忧。从承包一个铁路货运转运站到成为业内翘楚，宝供董事长刘武和宝供的故事一度被作为国内第三方物流兴起的典范而广为流传。但不可忽视的是，物流行业的整体利润正日趋摊薄却是不争的事实。随着传统行业的竞争日趋激烈，这些企业为获得竞争优势而纷纷在压缩成本方面下功夫，而储运成本在很多时候成为它们下手的首要目标。

许多企业缺乏对从上游的原材料供应商、自身内部的生产流程到下游的仓库配送商、承运商直到零售商等物流环节的全过程的整体规划，致使因在物流的某一环节压缩成本而导致整体成本上升的事情时有发生，许多企业正在为供应链问题付出高昂的代价。

此外，随着专业分工的细化，越来越多的企业开始将主要精力放在强化自己的核心竞争力上，除了主要技术的研发和产品主要部件的生产，越来越多的业务正在被外包出去，

它们愿意花在上游的原料采购及下游的产品销售环节的精力也在变少。在这种情况下，它们就更加希望与其合作的物流公司能以专业公司的身份对它们的整个物流体系提出一揽子解决问题的方案，而不需要它们为这些问题操心。这些都在推动物流企业向供应链方向靠拢。

正是在这种背景下，宝供提出了要向供应链方向转型。为了确保转型成功，宝供主要采取了3个方面的措施。一是对运作资源进行整合，宝供投入巨额资金在广州、上海、苏州、合肥等地建设大型的物流基地。二是加强信息技术的应用，开发仓库管理系统，并实施ERP系统。三是提高人员素质，邀请专家加盟，充实物流规划方面的工作人员，并实施用于加深员工对供应链认识的人员培训计划——"北极星计划"。

（2）信息不透明，利益难平衡，宝供胜算几何

"以后我们的主要业务，一是与需要服务的企业制订一个合理的供应链解决方案，二是通过我们的物流服务确保这个方案的实施能达到目标。"宝供相关人士说。"宝供的这步转型应该说已经涉及他们核心价值的转移，他们以后的利润着眼点和现在将会有很大的区别。"一位物流专业人士分析道。宝供以物流专业公司的身份参与企业物流计划的制订，对以前的销售、生产、采购等单个环节的物流业务进行综合性的规划，以自身的专业经验为企业提供更为优化的物流方案，这不仅能为企业降低物流成本，也使得宝供在物流企业传统的运输费、仓储费等收入的利润空间正在缩小的条件下，获得了一个新的且主要的利润来源。通俗一点说，就是宝供以前主要靠储运业务赚钱，以后则主要靠供应链解决方案获取利润。

宝供转型的底气主要来自3个方面：一是宝供丰富的专业经验，二是宝供在业内较高的运作水平，三是宝供的人力资源水平及由此带来的较高的规划和执行能力。宝供不仅要以自身的专业经验与企业共同制订一个合理的方案，更要具体执行这个方案来确保达到提出的目标，因而，对于服务的企业而言，宝供提供的方案将显得更有可信度和可操作性。

但在另外一些人看来，宝供要向供应链服务商的角色转型，其面临的困难也不小。首要的一个困难来自信息的透明化。目前，国内第三方物流企业主要的服务对象都是三资企业，宝供自身80%的客户都是这类企业。国内目前应用第三方物流的传统企业只占2%~3%。对于国内的许多企业而言，它们不愿意应用第三方物流，并不是没有意识到其中的好处，而是因为应用第三方物流就意味着原先许多不规范的操作要在与第三方物流信息共享时做到透明化。而供应链的整合尤其是对上游供应商材料采购的物流整合则直接牵涉企业自身的生产计划等核心信息，要使这部分信息透明化，更是难上加难。

更大的困难来自相互间的利益平衡问题。供应链整合的一大基础在于分工细化的各个

企业专注于自身的核心竞争力。对于国内许多缺乏领先技术的企业来说，它们的比较优势就在于生产和营销等环节。目前，国内许多企业都拥有一个庞大的营销体系，这不仅是它们的利润来源之一，更是它们同下游经销商们讨价还价的一张底牌。如果在供应链整合的过程中需要对这一环节进行调整，那么遇到的阻力之大可想而知。

资料来源：http://www.hyzdgroup.com/index.php?m=home&c=View&a=index&aid=1939

讨论题

（1）谈谈宝供向供应链服务商转型的背景和意义。

（2）宝供向供应链服务商转型面临哪些困难？应该如何克服？

第 7 章 供应链合作伙伴关系管理

本章学习要点

知识要点	掌握程度	相关知识
企业关系的演变历程	了解	3 个阶段和各阶段的特征
供应链合作伙伴关系概念	重点掌握	供应链合作伙伴关系的定义和 3 个特征
供应链合作伙伴关系类型及与传统企业关系的比较	了解	根据增值作用和竞争实力所区分的 4 类供应链合作伙伴关系，两者在多方面的不同点
供应链合作伙伴关系管理	掌握	供应链合作伙伴关系的概念和内容
供应链合作伙伴关系管理措施	掌握	需要建立的 5 个机制
供应链合作伙伴选择误区	了解	常见的 6 个误区
供应链合作伙伴选择的原则	了解	4 个通用性原则
供应链合作伙伴选择的流程	掌握	选择流程的 7 个步骤
供应链合作伙伴选择指标体系	重点掌握	Dickson 的供应商指标选择体系
供应链合作伙伴选择方法	掌握	常用的选择方法：定性方法和定量方法

导入案例　本田公司与其供应商的合作伙伴关系

位于美国俄亥俄州的本田美国公司，非常强调与供应商之间的长期战略合作伙伴关系。本田公司总成本的大约 80% 都用在向供应商的采购上，这在全球范围内都是最高的。因为它选择离制造厂近的供应源，所以与供应商能建立更加紧密的合作关系，能更好地保证 JIT 供货，制造厂库存的平均周转周期不到 3 小时。1982 年，27 个美国供应商为本田美国公司提供价值 1400 万美元的零部件，而到了 1990 年，175 个美国供应商为它提供超过 22 亿美元的零部件，大多数供应商与它的总装厂距离不超过 150 哩。在俄亥俄州生产的汽车零部件本地率达到 90%（1997 年），只有少数的零部件来自日本，强有力的本地化供应商的支持是本田公司成功的原因之一。

本田公司与供应商之间是一种长期相互信赖的合作伙伴关系，如果供应商达到本田公司的业绩标准就可以成为它的终身供应商，而本田公司也会在以下几个方面为它们提供支持帮助，使其成为世界一流的供应商。

（1）2名员工协助供应商改善员工管理。

（2）40名工程师在采购部门协助供应商提高生产率和质量。

（3）质量控制部门配备120名工程师解决进厂产品和供应商的质量问题。

（4）在塑造技术、焊接、模铸等领域为供应商提供技术支持。

（5）成立特殊小组帮助供应商解决特定的难题。

（6）直接与供应商上层沟通，确保供应商产品的高质量。

（7）定期检查供应商的运作情况，包括财务和商业计划等。

（8）外派高层领导人到供应商所在地工作，以加深本田公司与供应商之间的了解及沟通。

本田与Donnelly公司的合作伙伴关系就是一个很好的例子。本田美国公司从1986年开始选择Donnelly为其生产全部的车内玻璃，当时Donnelly的核心能力就是生产车内玻璃，随着合作的加深，二者相互之间的关系越来越密切（部分原因是相同的企业文化和价值观），本田公司开始建议Donnelly生产车外玻璃（这不是Donnelly的强项）。在本田公司的帮助下，Donnelly建立了一个新厂生产本田的外玻璃。他们之间的交易额在第一年为500万美元，到1997年就达到6000万美元。在俄亥俄州生产的汽车是本田公司在美国销量最好、品牌忠诚度最高的汽车。事实上，它在美国生产的汽车已经部分返销日本。本田公司与供应商之间的合作伙伴关系无疑是它成功的关键因素之一。

资料来源：https://www.xuesai.cn/souti/0670DE41.html

讨论题

（1）本田公司与供应商之间的供应链合作伙伴关系是如何取得成功的？

（2）谈谈企业之间的供应链合作伙伴关系对供应链的重要性。

随着经济的发展，现代企业的竞争已不再是企业同企业之间的竞争，而是转化为供应链与供应链之间的竞争。供应链要通过改善成员企业间的关系及成员企业与最终客户间的关系来提高供应链的整体竞争力，供应链上成员企业的合适与否直接关系着供应链的整体竞争优势和链上每一个成员的切身利益，选择恰当与否又主要是由对候选合作伙伴的评价准确与否所决定的。在建立了供应链合作伙伴关系之后，如何保持和优化这种合作关系，即如何协调供应链企业之间的各种冲突与问题，将直接影响到供应链的运营效率，因此其是供应链管理的一个重要任务。

7.1 供应链合作伙伴关系概述

7.1.1 企业关系的演变历程

供应链合作伙伴关系发展的主要特征是以产品物流为核心转向以集成合作为核心。传统的供应关系向供应链合作伙伴关系转变大致经历了以下3个阶段，如图7-1所示。

（1）1960—1969年，以传统的产品买卖为特征。

（2）1970—1980年，以加强基于产品质量和服务的物流关系为特征。

（3）1990年以后，以实现集成化战略合作伙伴为特征。

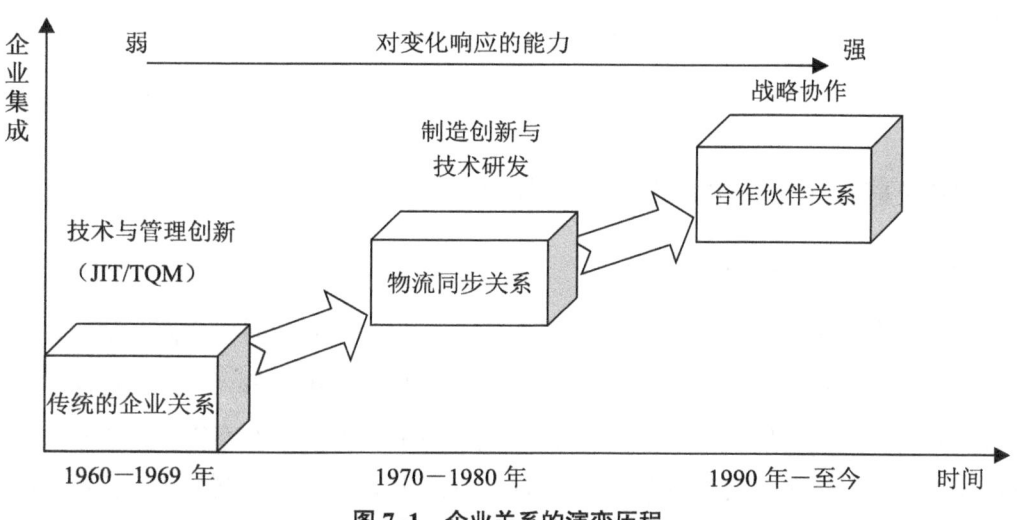

图7-1 企业关系的演变历程

1. 传统的企业关系

从传统的企业关系过渡到创新的合作企业关系模式，经历了从以生产物流相结合为特征的物流关系（20世纪70年代到80年代），到以战略协作为特征的合作伙伴关系这样的过程（20世纪90年代）。在传统的观念中，供应管理就是物流管理，企业关系主要是"买—卖"关系。基于这种企业关系，企业的管理理念是以生产为中心的，供销处于次要的、附属的地位。企业间很少沟通与合作，更谈不上协作与建立战略联盟。

2. 物流同步关系

从传统的以生产为中心的企业关系模式向物流关系模式转化，JIT和TQM等管理思想起着催化剂的作用。为了达到生产的均衡化和物流的同步化，必须加强部门间、企业间的合作与沟通。但是，基于简单物流关系的企业合作关系可以被认为是一种处于作业层和技术层的合作，在信息共享（透明性）、服务支持（协作性）、并行工程（同步性）、群体决策（集智性）、柔性与敏捷性等方面都不能很好地适应越来越剧烈的市场竞争的需要，企业需要更高层次的合作与集成，于是产生了基于战略合作伙伴关系的企业模型。

3. 合作伙伴关系

具有战略合作伙伴关系的企业体现了企业内外资源集成与优化利用的思想。基于这种企业运作环境的产品制造过程，从产品的研究开发到投放市场，周期大大缩短，而且顾客导向化（Customization）程度更高，模块化、简单化产品、标准化组件的生产模式使企业在多变的市场中柔性和敏捷性显著增强，虚拟制造与动态联盟加强了业务外包这种策略的利用。企业集成即从原来的中低层次的内部业务流程重组（BPR）上升到企业间的协作，这是一种最高级别的企业集成模式。在这种企业关系中，市场竞争的策略最明显的变化就是基于时间的竞争（Time-Based）和基于价值链（Value Chain）的竞争，企业之间的关系从竞争走向竞合。

7.1.2 供应链合作伙伴关系的概念和特征

1. 供应链合作伙伴关系的概念

供应链合作伙伴关系（Supply Chain Partnership，SCP）也就是供应商、制造商、分销商、零售商等之间的关系，或者称为卖主—买主关系（Vendor-Buyer）。供应链合作伙伴关系可以确定为供应商与制造商、制造商与分销商（包括经销商与零售商，此时制造商也是一种供应商）之间在一定时期内的共享信息、共担风险、共同获利的协作关系。这种战略合作形成于集成化供应链管理模式之下，形成于供应链中为了特定的目标和利益的企业之间。形成的原因通常是降低供应链总成本、降低库存水平、加强信息共享、改善企业相互之间的交流、保持战略伙伴相互之间操作的一贯性、产生更大的竞争优势，以实现供应链成员企业财务状况、质量、产量、交货期、客户满意度和业绩的改善与提高。

在供应链合作伙伴关系中，每个成员企业都需要扮演好一个角色，这就需要它们相互信任、交换信息、合作生产和分配利益。供应链合作伙伴需要形成强大的合作伙伴关系，以便共同应对市场的变化、提高产品质量和生产效率、降低成本及增强自身竞争力。例如，零售商与制造商之间的合作、制造商与原材料供应商之间的合作及运输公司与零售商之间的合作等。供应链合作伙伴关系的建立可以帮助企业获得更好的产品质量、更高效的生产节奏和更好的客户服务。

2. 供应链合作伙伴关系的特征

供应链合作伙伴关系是"横向一体化"思想的集中体现,即核心企业利用其他成员企业的资源和技术优势为自己服务,进而达到多赢的目的。供应链合作伙伴关系具有以下特征。

(1)长期相互信任

供应链合作伙伴关系是一种基于长远考虑的企业关系,合同或供应协议是长期的,并能够得到切实保证。这种关系意味着各成员企业都能够承担责任,期望提高供应链的整体竞争力,并最终使自己获益。

(2)共享信息与合作

合作伙伴通过共享市场信息,对供应链企业的生产与库存等进行协调,使企业及时做出或调整生产策略,以便在市场上占据主动。供应链企业对产品、工艺、市场、技术和开发问题定期进行信息交流,通过财务支持、人员参与或提供专门知识、实物等方法对企业生产能力进行有意识的投资。

(3)共担风险与共享利益

供应链合作不断改善企业之间的合作关系,使得各成员企业达成一致的方向和行动。企业要经常评价改善的进展情况,通过反馈信息有组织的优化合作关系,提高供应链的整体效益。

3. 供应链合作伙伴关系的发展阶段

出于战略需要,企业会与外界发生关联。当现有的合作伙伴关系不能满足其战略要求时,企业就有了进一步发展合作伙伴关系的动力。合作伙伴关系是逐级发展的,当战略需要满足时,合作伙伴关系不再继续深入。当战略发生改变时,原有合作伙伴的关系也必然会重新调整。供应链合作伙伴关系发展阶段如图7-2所示。

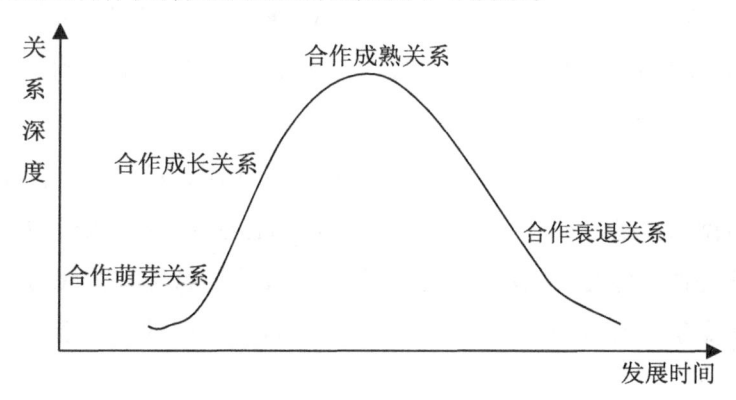

图7-2 供应链合作伙伴关系发展阶段

（1）合作萌芽关系阶段

合作萌芽关系是企业之间关系最低的一个层次，类似于企业生命周期的创业期。在这个阶段，企业之间强调的是交易的关系。这种关系要求对基本实物交易的最低程度的满足，是每一个企业生存所必需的。

（2）合作成长关系阶段

合作成长关系类似于企业生命周期的成长期。这时的关系已经发展到双方能较为明确合作能给双方带来的利益，不再长期担心原有的关系破裂。双方已经能够开始了解彼此的经营之道，并且能够预计短期的未来，也可以共同探讨需求的前景。

（3）合作成熟关系阶段

合作成熟关系类似于企业生命周期的成熟期。企业之间的关系已经达到了一个稳定而积极合作的状态，形成了双赢的局面。双方的沟通已经完全通畅，企业往往都建立了专门的合作团队。企业之间的关系已经发展成为一个不存在障碍的内部统一体，通过紧密合作挖掘双方的潜能以提升核心竞争力。

（4）合作衰退关系阶段

合作衰退关系类似于企业生命周期的衰退期，这种关系要求回归到对基本实物交换的满足。企业双方不再努力维护合作伙伴关系而倾向于与别的企业建立新的合作伙伴关系。

7.1.3　供应链合作伙伴关系类型及与传统企业关系的比较

1. 供应链合作伙伴关系的类型

在供应链管理中，供应链合作伙伴关系的运作需要各企业减少供应源的数量（但并不意味着单一的供应源），使相互的连接变得更专有，在全球市场范围内寻找杰出的合作伙伴。因此，合作伙伴可以分为两个层次：重要合作伙伴和次要合作伙伴。重要合作伙伴是少而精的，而次要合作伙伴的数量则是相对多的。供应链合作伙伴关系的变化主要影响重要合作伙伴，而对次要合作伙伴的影响较小。根据合作伙伴在供应链中的增值作用和竞争实力，合作伙伴可分成不同的类别，分类矩阵如图7-3所示。

图7-3纵轴代表的是合作伙伴在供应链中增值的作用，对于一个合作伙伴来说，如果它不能对增值做出贡献，那么它对供应链上的其他企业就没有吸引力。横轴代表某个合作伙伴与其他合作伙伴之间的区别，主要是设计能力、特殊工艺能力、柔性、项目管理能力等方面的竞争力的区别。在实际运作中，应根据不同的目标选择不同类型的合作伙伴。

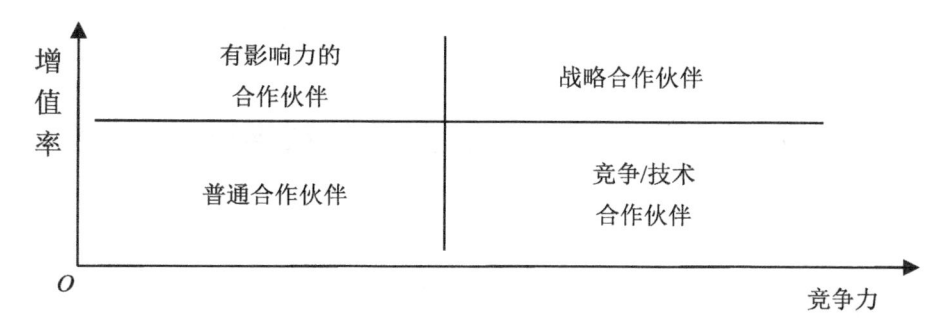

```
           ↑
    增    │    有影响力的              战略合作伙伴
    值    │    合作伙伴
    率    │  ─────────────────────────────────────
          │                           竞争/技术
          │    普通合作伙伴            合作伙伴
          │
          └──────────────────────────────────────→
         O                                      竞争力
```

图 7-3 供应商合作伙伴分类

对于长期需求而言，要求合作伙伴能保持较高的竞争力和增值率，这样选择的就是战略合作伙伴；对于短期或某一短暂市场需求而言，只需选择普通合作伙伴满足需求即可，以保证成本最小化；对于中期需求而言，可根据竞争力和增值率对供应链的重要程度的不同，选择不同类型的合作伙伴（有影响力的或竞争/技术的合作伙伴）。

2. 供应链合作伙伴关系与传统企业关系的比较

供应链合作伙伴关系注重长期的、直接的合作，强调共有的计划和共同解决问题的能力，强调相互的信任与合作，以保证供应链系统的协调性、集成性、同步性。这与传统企业关系有很大的区别。供应链合作伙伴关系与传统企业关系的比较如表 7-1 所示。

表 7-1 供应链合作伙伴关系与传统企业关系的比较

对照项目	传统供应商关系	供应链合作伙伴关系
相互交换的主体	物料	物料、服务
选择标准	强调价格	多标准并行考虑
关系稳定性	变化频繁	长期、稳定、紧密合作
合同性质	单一	开放合同（长期）
供应批量	小	大
数量	大量	少而精
规模	小	大
选择定位	当地	国内或国外
信息交流	信息专有	信息共享
技术支持	提供	不提供
战略控制	输入检查控制	质量保证
选择范围	投标评估	广泛评估可增值的供应商

7.2 供应链合作伙伴关系管理概述

7.2.1 供应链合作伙伴关系管理的含义和内容

供应链是围绕核心企业，由物流、信息流、资金流将供应商、制造商、分销商和最终客户组成一个整体的功能链。供应链中每一个成员企业既是后一个成员企业的供应商，同时也是前一个成员企业的采购商，供需关系贯穿整个供应链。供应链本身的动态性，以及成员企业在合作中由于信息不对称、利益冲突而引起的种种矛盾，都注定了供应链是一个典型的需要管理的系统，管理的目的在于使整个供应链获得的利益大于各成员企业单独获得的利益之和。

1. 供应链合作伙伴关系管理的含义

供应链作为一种特殊的组织形式，它的管理直接关系到供应链整体的效益。由于供应链是由多个独立的经济利益主体构成的，所以如何管理各个成员企业之间的利益关系就显得至关重要。供应链合作伙伴关系管理就是要对供应链企业间的关系进行管理，建立解决问题的管理机制、渠道和平台，即供应链合作伙伴关系管理是以合作思想为关系协调的指导思想，广泛采用各种协调理论分析工具和技术实现手段，通过协商、谈判、约定、沟通等管理方式，建立供应链企业关系管理机制和管理渠道，达到同时改善和优化供应链整体绩效和成员企业绩效的目标。

2. 供应链合作伙伴关系管理的内容

从供应链合作伙伴关系管理的定义可知，供应链合作伙伴关系管理的主要对象是供应链企业间以供需交易关系为主体的一系列关系的总和，包括供应链企业间物流、资金流、信息流的管理和企业间的合作关系的管理。但从供应链合作伙伴关系管理问题的解决途径和手段来看，供应链合作伙伴关系管理的内容归纳为以下3个方面。

（1）供应链企业间的信息共享

供应链企业间的信息共享是供应链关系协调的第一层次。信息共享在供应链的运营中具有举足轻重的作用，也是供应链关系管理的一个重要基础。如果没有信息的有效传递和共享，则供应链关系会出现不协调现象，如"牛鞭效应"。信息的有效共享是供应链协调的第一步。

（2）供应链企业间的利益协调

供应链企业间的利益协调是供应链关系协调的中间环节。为保证供应链具备竞争力，必须防止成员企业片面追求自身利益最大化的行为。但是，由于供应链固有的外部性的限制，所以不可能要求成员企业无偿放弃自身利益而维护供应链的整体利益。显而易见，只有供应链整体利益大于不存在战略合作时各企业利益之和时，供应链才可能维持下去。因此，核心企业必须从战略角度出发，挖掘出所处的供应链与其他供应链不同的竞争优势，保证供应链的利益，并将增加的利益进行公平合理的分配。

（3）供应链企业间的信任

供应链企业间的信任是供应链管理中的较高层次。供应链中的信任主要有两个方面。一方面是核心企业对其他成员企业的信任，这主要是一种忠诚信任。这种信任可以通过签订约束性的合同，或加大其他企业寻找新的战略伙伴的机会成本来实现。另一方面是其他成员企业对核心企业的信任，这主要是一种能力信任，即核心企业有能力在不确定的市场环境下通过构建和领导现有的供应链获得更大的市场份额，提高整体收益，并让各成员企业分享收益。这就要求核心企业不断提高自身的实力。

上述3个方面是一个渐进的过程，只有实现了前面的层次，后面的层次才有保证。只有建立长久、稳定的战略伙伴关系才能保证高效率地实现供应链的管理。

7.2.2 供应链合作伙伴关系管理措施

1. 建立公平机制

获利是形成合作伙伴关系的动力，程序公平则是维持良好合作伙伴关系的基础。无论合作伙伴的实力是强是弱，它们在参与供应链运作时都应被一律平等对待，按照事先规定的流程办事。程序公平能使合作伙伴在心理上平衡，促进相互间的信任，确保供应链良性运转。合作伙伴可以对核心企业的决策提出异议，表明自己的观点和立场，双方就有关问题进行沟通协商，得到对双方都更为有利的解决方案。除了在出现问题的时候进行沟通外，核心企业与合作伙伴之间在平时也要加强交流，对公司的相关政策、行动、流程予以解释，这样做一方面可以增进双方的了解和信任，另一方面也有利于发现新的合作机会。

2. 建立信息共享机制

在供应链中，各个企业的订单决策都是根据相邻成员的订单量，按照一定的方法进行预测的。由于上游企业不直接接触终端市场，所以整条供应链中的订单信息会发生逐级放大的现象，这种现象称为"牛鞭效应"。牛鞭效应产生的这种不真实的需求情况，会对企业排产或销售造成极大的压力。通过信息共享，企业可以直接根据来自零售商的信息安排生产，随时监控下游成员企业的库存情况，以及上游企业的供货能力，从而有效地减少了牛鞭效应的影响，降低了整条供应链需求的不确定性。

实现供应链合作伙伴间信息共享有多种途径，主要有完善企业信息系统平台、构建第三方系统平台和建立公共平台等。

（1）完善企业信息系统平台

供应链合作伙伴间通过完善企业信息系统平台，协调供应链企业间的信息系统，可以实现信息的快速、准确传递。核心企业可以把信息直接传递给合作伙伴，合作伙伴也可以直接把核心企业传递来的信息存放在自己的数据库中。

（2）构建第三方系统平台

在供应链中引入第三方信息企业，由第三方信息企业建设公共数据库，收集外部信息资料，加工处理与供应链相关的信息，向供应链企业提供额外的信息服务。

（3）建立公共信息平台

建立公共信息平台可实现企业内部信息数据库和信息平台数据库间的数据传输和处理的自动化。信息平台服务商只对平台进行维护或根据客户的需求开发新的功能模块，而不提供具体的信息服务，共享信息的种类和要求由供应链相关企业商定。

3. 建立信任机制

信任是企业间合作的基础。合作双方签订合同时，很难拟定出涵盖一切偶然因素的条款，在这种情况下，只有双方建立了相互信任的关系，才能弥补合同的不足。对于供应链中的企业来说，信任就意味着遵守合同、按时交货、按时付款、保持一贯的高质量、严格遵守合同条款等。一般来说，企业会对合作企业建立信誉记录，形成有效的信任考察机制。然而在建立对对方的考核机制时，企业也应该树立自己的信誉形象。在企业之中享有良好的声誉会使本公司更容易找到合适的联盟伙伴，也会使对方更加信任自己，从而使合作关系更长久。建立信任机制的措施如下。

（1）协调供应链合作伙伴目标

供应链在发展过程中经常会出现两种情况：伙伴的目标存在冲突，但在供应链建立初期有所掩盖；目标在合作开始时是一致的，但随着时间的推移逐渐产生冲突，形成对立。这就需要双方在合作的过程中不断调整目标，使其满足整体利益的需求，即一切从供应链整体的绩效需要出发。一般来讲，供应链中可能会存在相互冲突的长期目标，这主要是因为合作伙伴既希望从供应链中得到好处，又想极力保持相当程度的自主权。自主权的存在会导致供应链目标的潜在冲突,目标的不一致就会促使各方为了各自的利益采取机会主义的行为,导致信任关系的破裂。为此,各方都要随时对供应链状况和发展目标进行定期的检查,以确保供应链目标的协调一致。

(2)协调供应链企业间文化

统一的供应链文化能减少合作伙伴间的矛盾和冲突,确保彼此间的信任关系受到最低程度的干扰和破坏。要形成统一的供应链文化,就需要核心企业的管理人员敏锐地意识到各伙伴间的文化差异,并通过跨企业的管理培训、鼓励非正式接触、提高行为和策略的透明度等措施来努力消除彼此间的隔阂,使各种文化在供应链中相互渗透和相互交融,最终形成各方都能接受的、所信仰的文化基础,使供应链内不同文化背景的伙伴之间能够良好沟通,以促进信任关系的建立和发展。

(3)提高欺骗成本

在信息不对称的情况下,要使每个合作伙伴的行为理性化,就必须在供应链内部建立阻止相互欺骗和防止机会主义行为的机制,以提高欺骗成本,增加合作收益。提高欺骗成本,可从以下3个方面入手。

① 提高退出壁垒,即如果伙伴退出供应链,那么它的某些资产,如场所资产、人力资产和商誉都将受到很大损失。

② 设立伙伴相互间的不可撤回性投资来"锁住"对方,这样各伙伴就会像关心自己的利益一样来关心其他成员和整个供应链的兴衰,从而消除了通过欺骗得益的可能性。

③ 签署保护性合同或合法的契约来阻止机会主义行为,即对不诚信行为进行惩治。这样的合约条款可使合作伙伴清楚行为预期,消除投机心理,同时也可提高对其他合作伙伴的信任度。

增加合作收益的一个重要内容就是为伙伴提供隐性"担保",即利用供应链拥有的无形资产,如信誉、商标等使参与供应链的伙伴由于供应链本身的声誉和影响力,在客户心中树立起良好的商誉和品牌形象,从而获得较高的经济效益,使各合作伙伴都认识到,建立合作伙伴关系能比单干获得更大利益。

4. 建立激励机制

核心企业在建立信任机制后,应当加强激励机制(Encourage Mechanism)的建立,没有有效的激励机制,就不可能维持良好的合作伙伴关系。激励方式包括以下几种。

(1)价格激励

在供应链管理中,各个企业在战略上是相互合作关系,但是也并不能忽略各个企业的自身利益。价格的确定要考虑供应链利润在所有企业间的分配,以及供应链的优化所得额外收益在所有企业间的均衡。对供应商来说，高的价格能增强企业合作的积极性，不合理的低价会挫伤企业合作的积极性。但是，价格激励本身也隐含着一定风险，这就是逆向选择问题，即制造商在挑选供应商时，由于过分强调低价格的谈判，它们往往选中了报价较低的企业，而将一些整体水平较高的企业排除在外，其结果影响了产品的质量、交货期等。

因此，使用价格激励机制时要谨慎，不可一味强调低价策略。除此之外，供应链内的企业也需要订单激励。一般地说，一个制造商拥有多个供应商，多个供应商的竞争来自制造商的订单，更多的订单对供应商是一种有效激励。

（2）建立淘汰机制

在供应链合作伙伴关系中，为了能有效地使整个供应链的整体竞争力保持在一个较高的水平，核心企业必须建立起有效的淘汰机制，以此在供应链系统中形成一种危机激励机制，让各成员企业产生一种危机感，供应链上各成员企业为了维持长期的战略合作关系及其既得利益就会从各个方面注意自己的行为。

（3）新产品的共同研发

在供应链合作伙伴关系中，让可靠的合作伙伴参与新产品的研制和新技术的开发，并在其中占有相对合理比例的股份，可以调动合作伙伴的积极性，形成稳定的战略合作伙伴关系。另外，还可以对合作伙伴进行必要的投资，以维护这种合作关系。例如，核心企业可以从整体利益出发，对合作伙伴进行有关设备、流程设计、技术培训、技术创新等方面的投资。

5. 动态合同控制

动态合同（Dynamic Contract）即柔性合同（Flexibility Contract），在内容上视合作伙伴工作进展和市场变化情况设置相应的可灵活选择的条款，在形式上采用以序列合同为基础的合同形式，即若需要自动续签下一项合同，则必须完成现有合同所规定的任务，并达到相应的标准；同时合同内容体现出对于完成不同阶段任务并达标的企业，给予相应的褒奖和优惠，动态合同执行过程中配以相应的动态检查机制、激励与惩罚机制、利益分配和风险分担机制和清算机制。动态合同具有以下的优点。

（1）提高企业风险管理水平

核心企业将所负责的任务或项目分割成不同的部分或阶段，避免一次性将任务全部交给一个合作伙伴而被套牢的现象，从而有效避免了因合作伙伴选择不当所带来的风险。

（2）有效激励合作伙伴

动态合同在形式上采用序列合同的形式，能有效地激励合作伙伴按时、按质、按量地完成所承担的任务。否则，不仅会损害自身的信誉，得不到足额的报酬，而且还会失去自动续签下一阶段项目或任务合同的机会。

（3）设置灵活的合同条款

动态合同在内容上可根据工作进展和市场变化情况，设置可灵活选择的条款，有利于供应链合作伙伴关系的协调管理和多赢目标的实现。

（4）有利于检查和监督

动态合同能够进行动态检查，有利于随时了解合作伙伴的实际工作情况，从而为下一阶段的决策提供依据，同时也可以减少合作伙伴的弄虚作假等行为的发生，起到检查和监督作用。

7.2.3 供应链合作伙伴选择的误区

1. 误区一：选择合作伙伴就是选择战略合作伙伴

如图7-3所示，根据合作伙伴在供应链中的增值作用及其竞争实力，可以将合作伙伴分成4种类型：普通合作伙伴、有影响力的合作伙伴、竞争/技术合作伙伴和战略合作伙伴。不同的供应链目标需要选择不同类型的合作伙伴。

2. 误区二：所有的客户都应该成为合作伙伴

有些企业认为，既然供应链合作伙伴关系对供需双方来说具有重要意义，会形成一个多赢的局面，那么就值得将合作伙伴关系推广到所有客户身上，即所有的客户都应该成为合作伙伴。事实上，有许多看似不错的合作伙伴关系，最后获得的成效甚至无法弥补建立合作伙伴关系所花费的成本与精力。换言之，当企业关系只涉及非常单纯的产品和服务的传递，或是当基本的运送目标非常标准且固定时，合作伙伴关系的缔结就没有任何意义可言。毕竟，建立合作伙伴关系是一种高风险的策略，一旦失败将会导致大量的资源、机会与成本的浪费。

3. 误区三：只是把供应商纳入合作伙伴的选择范围

有些企业只是把供应链的上游企业——供应商列入合作伙伴的范围，而往往忽略了供应链的下游企业，如分销商等。事实上，合作伙伴关系不仅仅存在于供应商与制造商之间，也存在于制造商与分销商之间。分销商更贴近用户，也更了解用户的喜好，从而能在新产品的需求定义方面提出更为恰当的建议，使得产品的设计能做到以用户需求为主导，而不是传统地将产品推向用户。

4. 误区四：选择合作伙伴是一种阶段性行为

供应链合作伙伴关系一般都有很好的延续性和扩展性。这就需要企业在进行供应链合作伙伴选择之前就要对整个供应链有一个宏观和长期的规划，这也是企业供应链的可持续发展问题。因为供应链合作伙伴的选择是一项复杂的系统工程，对于可以进一步合作的伙伴简单地弃之不用，不仅会浪费企业的投资，还会导致时间、人工等资源的巨大浪费。

5. 误区五：选择合作伙伴的数量越少越好

有些企业在选择供应商时，趋于采用更少甚至单一供应商，以便更好地管理供应商，并与其建立长期稳定的供需合作关系。通过减少供应商的数量，一方面可以扩大供应商的供货量，从而使供应商获得规模效益，企业和供应商都可以从低成本中受益；另一方面有利于供需双方形成长期稳定的合作关系，质量更有保证。但是，采用这种策略时，如果发生意外情况或供应商缺乏竞争意识，则供应商可能中断供货。因此，企业在选择供应商时，不能简单地认为选择越少的供应商越好，应要结合双方的情况而定。

6. 误区六：交易量是选择合作伙伴重要的标准

有些企业倾向于将单次高交易量的客户作为合作伙伴的选择对象，而忽略了那些低交易量、高交易频率的客户。交易量是指企业与客户往来生意的金额大小；交易频率是指供应商与客户往来生意次数的多少，它们之间存在着本质的区别。从长远来看，企业与客户生意往来的频繁程度，对于合作伙伴关系的建立具有深远的影响。如果往来不很频繁，客户很难跳出传统交易关系的心理，因而也很难从这些单独的交易中发现合作伙伴关系的价值所在。因此，对于企业而言，选择交易频繁的客户作为合作伙伴通常比选择交易量大的客户更容易成功，风险也更小。

7.3 供应链合作伙伴的选择方法

建立供应链合作伙伴关系，必须选择适合的合作伙伴以确保供应链的韧性和稳定性。随着企业对动态联盟实践的日益深入，越来越多的企业开始在专用的企业网上公开自己的实力和优势，这样核心企业就会发现众多可供选择的优秀企业，而正确选择合作伙伴又是建立供应链合作伙伴关系的基础。

7.3.1 供应链合作伙伴选择的原则

在合作伙伴的评价选择过程中，应根据不同的供应链所面临的市场机遇等具体情况制定不同的评价选择原则和标准，一般有如下4个通用性原则。

1. 核心能力原则

参加供应链的合作伙伴必须具有为供应链贡献自己的核心能力，而这一核心能力也正是供应链所确实需要的，这样做的目的是避免重复投资。

2. 总成本核算原则

供应链总的实际运作成本应不大于个体独立完成的全部所有内部费用之和，如伙伴之间具有良好的信任关系、地理距离相对接近等。

3. 敏捷性原则

供应链管理的一个主要目标就是把握快速变化的市场机会，因此要求各个伙伴企业都应具有较高的敏捷性，对来自供应链核心企业或其他伙伴企业的服务请求应具有快速的反应能力。

4. 风险最小化原则

供应链运营具有一定的风险性，例如，无处不在的市场风险，只不过在个体伙伴之间得到了重新分配，因为伙伴企业具有不同的组织结构、技术标准、企业文化和管理观念，所以必须认真考虑风险问题，尽量回避或减少供应链整体运行风险。

违反上述原则将会极大地影响供应链的运营效率。违反核心能力原则和总成本原则，难以满足供应链"外部经济性"的要求；违反敏捷性原则，则不能保证快速迎合市场机遇的目的；忽视风险最小化原则，就会为供应链的运营埋下巨大的隐患。因此，在选择供应链合作伙伴时，必须全面认真地考虑以上4个基本原则。

上述4个原则只是供应链合作伙伴选择的一般性原则或基本原则。由于具体问题有所不同，以及供应链核心企业具体目标的差异，在选择合作伙伴时可能并不只限于上述4个基本原则，还要考虑很多其他方面的因素。比如，着眼于拓展市场边界的供应链可能还要考虑合作伙伴的所在地域、合作伙伴的商誉与品牌因素等。相应地，供应链合作伙伴评价选择的特殊性原则应根据具体情况而定。

7.3.2 供应链合作伙伴选择的流程

本小节将介绍供应链合作伙伴选择的流程，如图7-4所示。

1. 分析市场竞争环境

市场需求是企业一切活动的驱动源，是建立信任、合作、开放性交流的供应链长期合作关系的基础。分析市场需求，即分析现在的产品需求是什么、产品的类型和特征是什么，以确认客户的需求,确认是否有建立供应链合作关系的必要。如果已建立供应链合作关系,则根据需求的变化确认供应链合作关系变化的必要性,从而确认供应链合作伙伴评价选择的必要性。同时分析现有供应链合作伙伴的现状,总结企业存在的问题。

2. 确立供应链合作伙伴选择目标

企业不但要确定供应链合作伙伴评价选择程序,例如如何实施、信息流程如何运作、由谁负责等,而且必须建立实质性、实际的目标。其中降低成本是主要目标之一,供应链合作伙伴评价选择不仅是一个评价、选择过程,它本身也是企业自身、企业与企业之间的一次业务流程重构过程。实施得好,就可带来一系列的效益。

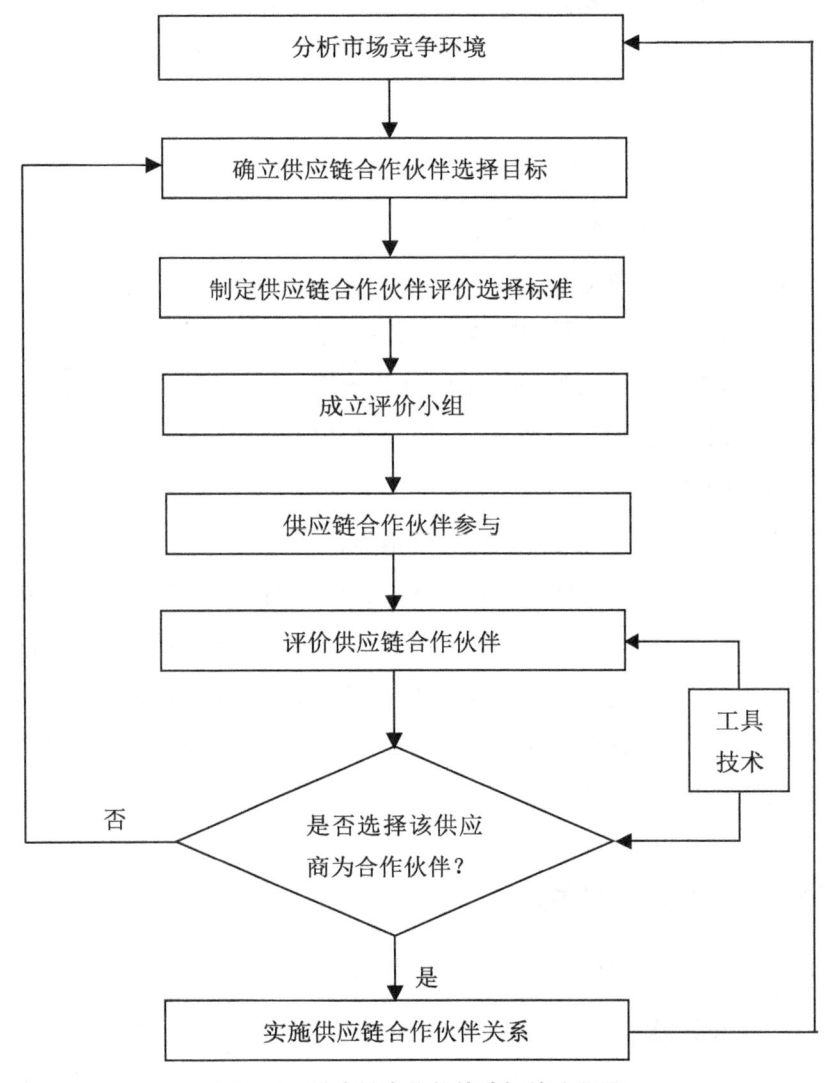

图 7-4 供应链合作伙伴选择的流程图

3. 制定供应链合作伙伴评价选择标准

供应链合作伙伴综合评价选择的指标体系是企业对供应链合作伙伴进行综合评价选择的依据和标准,是反映企业本身和环境不同属性的指标,按隶属关系、层次结构有序组成的集合。根据系统全面性、简明科学性、稳定可比性、灵活可操作性的原则,制定供应链合作伙伴的综合评价选择指标体系。不同行业、企业、产品需求、不同环境下的供应链合作伙伴评价选择应是不一样的,但都涉及供应商合作伙伴的业绩、设备管理、人力资源开发、质量控制、成本控制、技术开发、客户满意度、交货协议等可能影响合作关系的方面。

4. 成立评价小组

企业必须建立一个小组以实施对供应链合作伙伴的评价。组员以来自采购、质量、生产、工程等与供应链合作关系密切的部门为主,组员必须具有团队合作精神,并掌握一定的专业技能。评价小组必须同时得到企业和供应链合作伙伴企业最高领导层的支持。

5. 供应链合作伙伴参与

一旦企业决定进行供应链合作伙伴评价,则评价小组必须与初步选定的供应链合作伙伴取得联系,以确认它们是否愿意与企业建立供应链合作关系,是否有获得更高业绩水平的愿望。企业应尽可能早地让供应链合作伙伴参与到评价的设计过程中来。因为企业的力量和资源是有限的,企业只能与少数的、关键的合作伙伴保持紧密合作,所以参与供应链合作的伙伴不能太多。

6. 评价供应链合作伙伴

评价供应链合作伙伴的一个主要工作是调查、收集有关合作伙伴的生产运作等全方面的信息。在收集合作供应商伙伴信息的基础上,可以利用一定的工具和技术进行供应链合作伙伴的评价。评价后,根据一定的方法选择供应链合作伙伴。如果选择成功,则可以开始实施供应链合作关系,如果没有合适的供应链合作伙伴可选,则重新确立供应链合作伙伴选择目标,再次进行评价选择。

7. 实施供应链合作伙伴关系

在实施供应链合作关系的过程中,市场需求将不断变化,为此可根据实际情况的需要及时修改供应链合作伙伴评价标准,或重新开始供应商合作伙伴评价选择。在重新选择供应链合作伙伴的时候,应给予旧的供应链合作伙伴足够的时间去适应变化的环境。

7.3.3 供应链合作伙伴选择指标体系

供应链合作伙伴关系可以出现在供应链不同成员企业之间，其中以制造商对其供应商的评价选择最多。因此本小节介绍的供应链合作伙伴选择指标体系主要以制造商选择供应商为例。

供应商选择与评价问题一直是学术界和业界研究的热点问题。不少专家学者通过企业调查或切身实践，都提出了各自较为合理的评选指标体系。其中，对供应商的选择问题研究最早、影响最大的是 Dickson，他通过分析 170 份对采购代理人和采购经理的调查结果，得到了对供应商进行评价的 21 项指标，并对指标的重要性进行了分类。Dickson 认为，质量是影响供应商选择的一个"极其重要"的因素，交货、历史效益等 7 个因素则"相当重要"。Dickson 给出的供应商选择指标体系如表 7-2 所示。

表 7-2 Dickson 的供应商选择指标体系

排 序	准 则	排 序	准 则	排 序	准 则
1	质量	8	财务状况	15	维修服务
2	交货	9	遵循报价程序	16	态度
3	历史效益	10	沟通系统	17	形象
4	保证	11	荣誉度	18	包装能力
5	生产设施/能力	12	业务预测	19	劳工关系记录
6	价格	13	管理与组织	20	地理位置
7	技术能力	14	操作控制	21	以往业务量

Dickson 的供应商选择指标虽然很全面，但是它没有设置权重，不易区分不同指标的重要性，这一问题后来被很多学者加以改进和完善，出现了分层次的评价准则体系。不同的企业在选择合作伙伴（如供应商）时，可以根据自己的需要设计不同的评价指标。自 Dickson 给出供应商选择指标之后，许多学者从不同的角度对供应商的评价选择指标问题进行了广泛、深入的研究，总体来说，这些指标如表 7-3 所示。

表 7-3 供应商评价选择指标

一级指标	二级指标
质量	产品合格率和实物检验质量、产品寿命、产品维修率
成本	价格、运输费用率、期间费用率
交货	交货准时率，交货提前率
生产状况	生产和设计能力、行业竞争地位、技术装备和工艺水平，生产柔性

续表

一级指标	二级指标
设计研发	研发投入比率，员工培训支出，人才技术水平
信誉	客户的直接经验和间接经验、市场业绩
其他指标	项目管理能力，供应商的地理位置，供应商的库存水平

1. 质量

质量是指合作伙伴所提供的产品或服务满足企业生产需求的程度，主要指合作伙伴所供给的原材料、初级产品或消费品等的质量。传统的评价选择指标体系都将质量问题摆在首要的位置，现在供应链管理下合作伙伴评价选择同样将质量放在首要位置。衡量产品质量的指标不仅包括产品合格率，还应该包括一套完整质量保证系统，如 ISO 质量认证体系、全面质量管理方法（TQM）及质量改善计划等。

2. 成本

成本是竞争力的重要组成部分，成本控制程度可通过运输费用率、产品价格、期间费用率来度量。合作伙伴的产品价格决定了消费品的价格和整条供应链的投入产出比，对生产商和销售商的利润率会产生很大的影响。在现代采购环境下，企业虽然可以实时了解全球供应信息，却未必能支付高昂的运输成本，在合作伙伴选择的过程中运输费用必须重点考虑。

3. 交货

合作伙伴的供货能力十分重要，它将直接决定企业能否迅速满足市场的需求。其中，交货准时率反映的是合作伙伴在一定时期内准时交货的次数占总交货次数的百分比。在对合作伙伴企业能力，如生产柔性和生产规模考核达到指定要求的基础上，如果合作伙伴的准时交货率低，就会影响生产商的生产计划和销售商的销售计划与销售时机，由此引起连锁反应，导致大量的浪费和供应链的解体。为了降低库存，许多企业都尽量实行准时生产方式，在这种形势下，合作伙伴交货的准时性就显得更为重要。

对于企业和供应链来说，市场是外在系统，它的变化或波动都会引起企业或供应链的变化或波动，市场的不稳定性会导致供应链各级库存的波动。交货提前期的存在，必然造成供应链各级库存变化的滞后性和库存的逐级放大效应。交货提前期越短，库存量的波动就越小，企业对市场的反应速度越快，对市场反应的灵敏度就越高。由此可见，交货提前期也是重要因素之一。

4. 生产状况

生产状况主要从生产设计能力、生产技术水平和生产柔性3个方面来衡量。

（1）生产设计能力代表着一个企业的经营规模和经营范围。企业采购往往是大批量大范围的，寻找具有一定生产和设计能力的企业有利于发展长期的战略合作伙伴关系。

（2）生产技术水平决定了产品中的科技含量。往往科技含量高的设备，对使用企业而言能够节约成本、提高产值，更好地满足客户的需求，从而给企业带来较高的利润。

（3）生产柔性强调对资源的广泛协调与有效利用，以及对市场需求的快速响应和品质保障。在离散型生产组织中，生产柔性主要通过高度柔性的系统实现，而在流程型生产组织中，则主要通过介质生产的柔性中心来实现多品种、高效率、低库存的生产方式。

5. 设计研发

集成化供应链是供应链未来的发展方向，产品的更新与工艺的改进是企业开拓市场的动力。产品研发和工艺改进不仅仅是制造商的事情，集成化供应链要求合作伙伴也应承担部分研发和设计工作，提高供应的灵活性。合作伙伴的设计研发能力主要从R&D投入比率、新产品开发率、人均培训支出3个方面反映。

6. 信誉

信誉就是诚实和讲信用。企业推向市场的产品和服务应具有信得过的质量、价格和交货期。对客户合理要求的承诺及企业在推销产品时对于在售后服务中对客户所做的各种承诺要有及时兑现的信用。对与本企业发生各方面联系的及具有契约关系的各方要有真诚履约的行为。信誉对企业来说就是财富，是生存之本，企业有信誉，就会有市场竞争力并得到客户的喜爱，从而取得很好的效益。因此，企业信誉度是衡量企业竞争实力的重要指标之一。

7. 其他指标

包括项目管理能力、供应商的地理位置、供应商的库存水平、环境保护能力、环境污染程度等指标。

7.3.4 供应链合作伙伴选择方法

1. 供应链合作伙伴选择的常用方法

供应链合作伙伴评价选择的方法是指企业在对供应商调查、评价的基础上，为确定最终供应商而采用的技术工具。目前，选择供应链合作伙伴的方法很多，但归纳起来无外乎包括定性分析法和定量分析法两种类型。

（1）选择供应链合作伙伴的定性方法

① 直观判断法。直观判断法是根据征询和调查所得的资料并结合个人的分析判断，对合作伙伴进行分析、对比和评价的一种方法。这种方法主要是根据企业对合作伙伴以往的业绩、质量、服务、价格等的了解程度，提出合作伙伴名单，然后由有经验的评审人员进行判断，确定最后的合作伙伴。这种方法比较直观，简单易行，但是主观性太强，不适合选择企业的战略合作伙伴，可用于少量辅助材料的一般合作伙伴的选择。

② 招标法。当对供应需求量大而竞争又十分激烈的合作伙伴进行选择时，企业可采用招标法来选择适当的合作伙伴。这种方法是由企业提出招标条件，由招标合作伙伴进行竞标，然后由企业决标，并与提出最有利条件的合作伙伴签订合同或协议。招标法可以是公开招标，也可以是指定竞争招标。公开招标对投标者的资格不予限制；指定竞标则由企业预先选择若干个可能的合作伙伴，再进行竞标和决标。

招标法竞争性强，企业能够在更广泛的范围内选择适当的合作伙伴。但招标法手续较繁杂，操作时间长，很难适应紧急定购的需要，定购机动性差，有时定购者对投标者了解不够，双方未能充分协商，从而造成供销不对路或不及时，因此不适用于选择战略合作伙伴。

③ 协商选择法。在可供选择的伙伴较多而供需相对平衡的状况下，企业可采用协商选择的方法来选择合适的合作伙伴，即由企业先选出若干供应条件较为有利的备选合作伙伴，再分别进行协商后形成正式合作伙伴关系。与招标法相比，由于供需双方有更多的沟通，所以合作伙伴在产品供应质量、时间和售后服务等方面都有保障。但由于选择范围有限，所以这种方法不一定能够得到合理的价格和供应条件最有利的供应来源。当采购时间紧、投标单位少、竞争程度小、供方物资规格和技术条件复杂时此法较招标法更为有效。但由于这种方法没有对备选合作伙伴进行综合评价的过程，没考虑到需要和合作伙伴建立长期稳定的战略合作伙伴关系，所以在选择战略合作伙伴时不是很适用。

以上3种方法是企业在传统采购环境下常用的决策方法。在供应链采购中，供应链合作伙伴的选择变得复杂，更加需要科学决策。

（2）选择供应链合作伙伴的定量方法

① ABC成本法。ABC成本法（Activity Based Costing，ABC）是根据事物的经济、技术等方面的主要特征，运用数理统计方法，进行统计、排列和分析，抓住主要矛盾，分清重点与一般，从而有区别地采取管理方式的一种定量管理方法。鲁德霍夫（Filip Roodhooft）和科林斯（Jozef Konings）在1996年提出了用基于活动的成本分析法来评价

和选择供应商。他们将企业生产过程视为一个前后一贯、上下关联的各种作业构成的链状结构，并进一步假设企业所耗用的一切资源都是由作业的发生所导致的，而作业之所以发生是为了生产产品。在这种假设的基础上，它找出了成本与产品之间的因果联系，将间接制造费用和非生产成本准确地归属于相关产品。通过这种方法，企业可以找出特定供应商，算出采购企业产生的直接和间接成本，从而选择总成本最小的供应商作为合作伙伴。

ABC 法计算成本的结果同传统成本法计算的结果往往差异很大，这是因为它克服了后者仅仅采用直接人工工时或者直接机器工时等来分配成本所造成的扭曲。但推行 ABC 成本法存在不少困难：数据量大，收集困难；需要配备专门的人员并具有先进的数据处理水平；改变现有会计核算方法的阻力等。

② 层次分析法。层次分析法（Analytic Hierarchy Process，AHP）是 20 世纪 70 年代由著名美国运筹学家托马斯·塞蒂（T.L.Saaty）提出的。层次分析法将决策人对复杂系统的评价决策思维过程数学化，从而降低了决策中主观臆断造成的低精确性。它的基本原理是根据具有递阶结构的目标、子目标、约束条件、部门等评价方案，采用两两比较的方法确定判断矩阵，然后把判断矩阵的最大特征值相对应的特征向量的分量作为相应的系数，最后综合给出各方案的权重（优先程度）并用于该方法让评价者对照相对重要性函数表，给出各因素两两比较的重要性等级，因而可靠性高、误差小。不足之处是遇到因素众多、规模较大的问题时，该方法容易出现问题，如判断矩阵难以满足一致性要求，往往难于进一步对其分组。它作为一种定性和定量相结合的工具，目前已在许多领域得到了广泛的应用。

除了以上 3 种定性方法和两种定量方法外，多目标数学规划法、数据包络分析法、人工神经网络算法、灰色关联度、聚类分析法、模糊综合评价法、遗传算法和组合优化算法等也可应用于供应链合作伙伴的选择。

2. 基于层次分析法的供应商选择方法

虽然 AHP 方法的应用需要掌握一些数学工具，但 AHP 方法本质上是一种思维方式，其基本思路是决策人将复杂问题分解为若干层次，每一层次由若干要素组成，然后对同一层次各要素以上一层次的要素为准则两两比较、判断和计算，以获得各要素的权重，最后利用权重层层上推得到各方案对总目标（最高层目标）的相对重要性，从而得到各方案对总目标的排序，进而为选择最优方案提供决策依据。

（1）AHP 方法的递阶层次结构

应用 AHP 方法解决社会、经济、工程或管理决策问题时首先要把问题条理化、层次化，构造一个层次分析的结构模型。在这个模型下，复杂的决策问题被分解为元素的组成部分，这种结构分为 3 个层次。AHP 的递阶层次结构模型如图 7-5 所示。

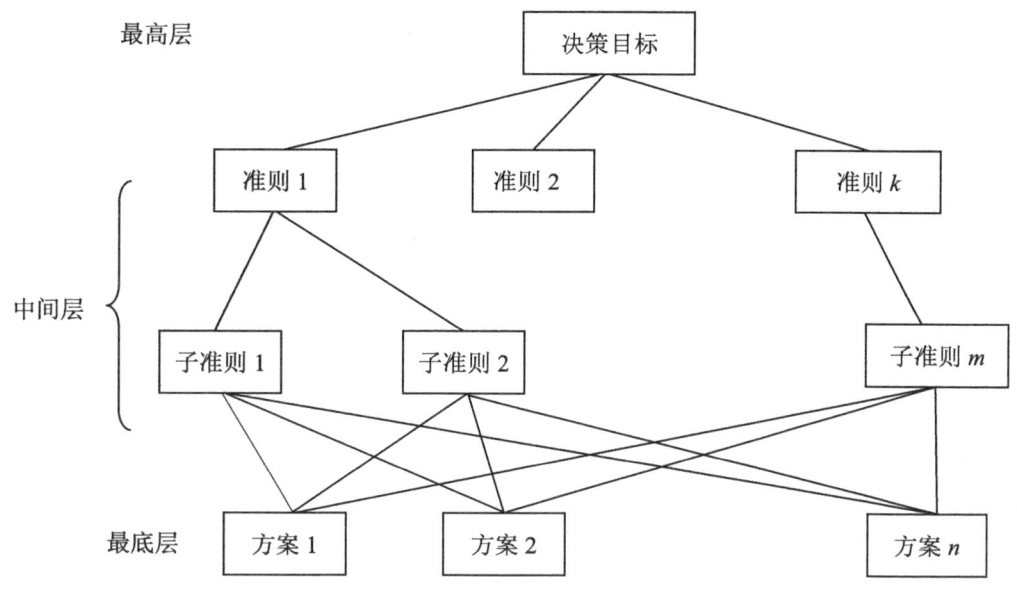

图 7-5 AHP 的递阶层次结构模型

① 最高层。这一层只有一个元素，一般它是被分析问题的预定目标，因此也称目标层。

② 中间层。这一层次包括了为实现目标而涉及的中间环节，它可以由若干个层次组成，它由目标分解得到的准则构成，因此也称为准则层。

③ 最底层。这一层次表示为实现目标可供选择的各种方案，因此也称为方案层。

【例题】某投资者欲进行投资，有 3 种方案可以选择，而对每一种方案，投资者均要用"风险程度""利润率"和"转产难易程度"3 个指标（准则）进行评价，投资者希望能对 3 种候选方案按上述指标给出投资排序。试用 AHP 方法求出投资排序。

解：这是一个典型的层次决策分析问题，其递阶层次结构如图 7-6 所示。

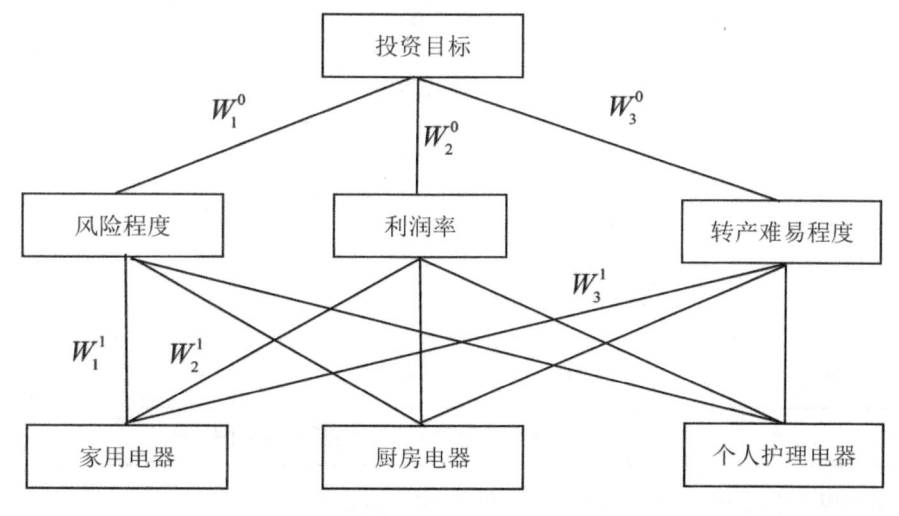

图 7-6 例题的递阶层次结构

假设以总投资目标为准则，已知：

· "风险程度""利润率""转产难易程度"的重要程度（权重）分别为 W_1^0, W_2^0, W_3^0, ($W_1^0 + W_2^0 + W_3^0 = 1$, $W_i \geq 0$, $i = 1, 2, 3$)。

· 对准则"风险程度"，投资方案"家用电器""厨房电器""个人护理电器"的重要程度（权重）分别为 W_1^1, W_2^1, W_3^1。

· 对准则"利润率"，投资方案"家用电器""厨房电器""个人护理电器"的重要程度为 W_1^2, W_2^2, W_3^2。

· 对准则"转产难易程度"，投资方案"家用电器""厨房电器""个人护理电器"的重要程度为：W_1^3, W_2^3, W_3^3。

由此可计算相对于总目标，方案"家用电器"的重要程度为：$W_1^0 W_1^1 + W_2^0 W_1^2 + W_3^0 W_1^3$。

对总目标计算出每个方案的重要程度后可按此对所有方案排序。

通过上述解题过程，可以看出应用 AHP 方法进行决策分析的步骤如下。

① 对决策问题，建立多级递阶结构。

② 对同一层次的要素，以上一级要素为准则进行两两比较，据评定尺度（表 7-4）建立相对重要程度矩阵（判断矩阵）。

③ 计算确定同层各要素对上一级某要素的权重。

④ 计算每个方案对总目标的总权重，据此对所有替代方案进行排序。

表 7-4 判断尺度表

判断尺度	含 义
1	对 E_H 而言，A_i 和 A_j 同样重要
3	对 E_H 而言，A_i 比 A_j 稍重要
5	对 E_H 而言，A_i 比 A_j 重要
7	对 E_H 而言，A_i 比 A_j 重要得多
9	对 E_H 而言，A_i 比 A_j 绝对重要
2, 4, 6, 8	其重要程度介于上述两相邻判断尺度之间

以下是判断矩阵的建立与（分）权重计算的过程。

(2) 建立判断矩阵

判断矩阵是进行层次分析所需要的基本信息,是计算各要素优先级权重的重要依据。判断矩阵是通过以上一层的某一要素E_H作为判断准则,对本层要素$A_1, A_2, \cdots, A_n$进行两两比较来确定元素间的相对重要程度,得到的要素间相对重要程度矩阵,其表示法为:

E_H	A_1	A_2	$\cdots$	A_n
A_1	a_{11}	a_{12}	$\cdots$	a_{1n}
A_2	a_{21}	a_{22}	$\cdots$	a_{2n}
$\cdots$				
A_n	a_{n1}	a_{n2}	$\cdots$	a_{nn}

其中,a_{ij}表示从判断准则E_H的角度考虑,要素A_i对要素A_j的相对重要性。显然,从逻辑上可知:$a_{ij}=1/a_{ji}$。通过长期实践,得到了表7-4中的9级判断尺度。

本例为了表述方便,设多级递阶结构的第一层的元素投资为Z,第二层的各元素分别为:风险程度B_1,资金利润率B_2,转产难易程度B_3。

通过领域问题决策人判断,得到判断矩阵为:

Z	B_1	B_2	B_3
B_1	1	1/3	2
B_2	3	1	5
B_3	1/2	1/5	1

这意味着,以"投资"为准则时,"资金利润率"比"转产难易程度"重要,"资金利润率"比"风险程度"稍重要。

(3) 相对重要度(权重)的计算

由判断矩阵进行相对重要程度的计算,实际上是计算判断矩阵的特征向量问题,也称为权重解析问题,这是AHP方法理论内涵最深刻的地方,为此得出了很多计算方法(如和法、根法、对数最小二乘法、最小二乘法等)。实际计算一般都用和法、根法等。

这里介绍的方法是根法,其本质是近似计算特征向量W,然后归一化即得到各元素A_i关于E_n的相对重要程度(权重)。

用根法计算特征向量$W=(W_1, W_2, \cdots, W_n)$的公式为:

$$W_i = \sqrt[n]{\prod_{j=1}^{n} a_{ij}}, \quad (i=1, 2, \cdots, n) \tag{7.1}$$

其中，n为判断矩阵的阶数。

对$W = (W_1, W_2, \cdots, W_n)$进行归一化处理，即可得到$A_i$关于$E_H$的相对重要程度（权重）$W_i^0$：

$$W_i^0 = \frac{W_i}{\sum_{i=1}^{n} W_i} \tag{7.2}$$

现在以例7.1中、B_2、B_3关于Z的权重计算为例，进行上述计算过程。

$$W_1 = \sqrt[3]{\prod_{j=1}^{3} a_{1j}} = (a_{11} \times a_{12} \times a_{13})^{\frac{1}{3}} = (1 \times \frac{1}{3} \times 2)^{\frac{1}{3}} = \sqrt[3]{\frac{2}{3}} = 0.87$$

$$W_2 = \sqrt[3]{\prod_{j=1}^{3} a_{2j}} = (a_{21} \times a_{22} \times a_{23})^{\frac{1}{3}} = (3 \times 1 \times 5)^{\frac{1}{3}} = \sqrt[3]{15} = 2.47$$

$$W_3 = \sqrt[3]{\prod_{j=1}^{3} a_{3j}} = (a_{31} \times a_{32} \times a_{33})^{\frac{1}{3}} = (\frac{1}{2} \times \frac{1}{5} \times 1)^{\frac{1}{3}} = \sqrt[3]{\frac{1}{10}} = 0.46$$

$$W_1^0 = \frac{W_1}{(W_1 + W_2 + W_3)} = \frac{0.87}{(0.87 + 2.47 + 0.46)} = \frac{0.87}{3.80} = 0.23$$

$$W_2^0 = \frac{W_2}{(W_1 + W_2 + W_3)} = \frac{2.47}{(0.87 + 2.47 + 0.46)} = \frac{2.47}{3.80} = 0.648$$

$$W_3^0 = \frac{W_3}{(W_1 + W_2 + W_3)} = \frac{0.46}{(0.87 + 2.47 + 0.46)} = \frac{0.46}{3.80} = 0.122$$

即B_1（风险程度）、B_2（资金利润率）、B_3（转产难易程度）关于投资总目标A的权重分别为0.23、0.648、0.122。

为了方便，上述结果一般用一个表格来描述，即：

Z	B_1	B_2	B_3	W_i^0
B_1	1	1/3	2	0.23
B_2	3	1	5	0.648
B_3	1/2	1/5	1	0.122

类似可得：

B_1	C_1	C_2	C_3	W_i^0
C_1	1	1/3	1/5	0.105
C_2	3	1	1/3	0.258
C_3	5	3	1	0.637

B_2	C_1	C_2	C_3	W_i^0
C_1	1	2	7	0.597
C_2	1/2	1	5	0.333
C_3	1/7	1/5	1	0.075

B_3	C_1	C_2	C_3	W_i^0
C_1	1	1/3	1/7	0.081
C_2	3	1	1/5	0.188
C_3	7	5	1	0.731

（4）综合权重计算

在计算各层元素对上一级元素的权重之后，即可通过计算得到各方案关于总目标的综合重要程度，即总权重，如图7-7所示。

方案"家用电器"关于总目标"投资"的权重为：

$$\overline{W_1}=0.105\times0.230+0.592\times0.648+0.081\times0.122=0.418$$

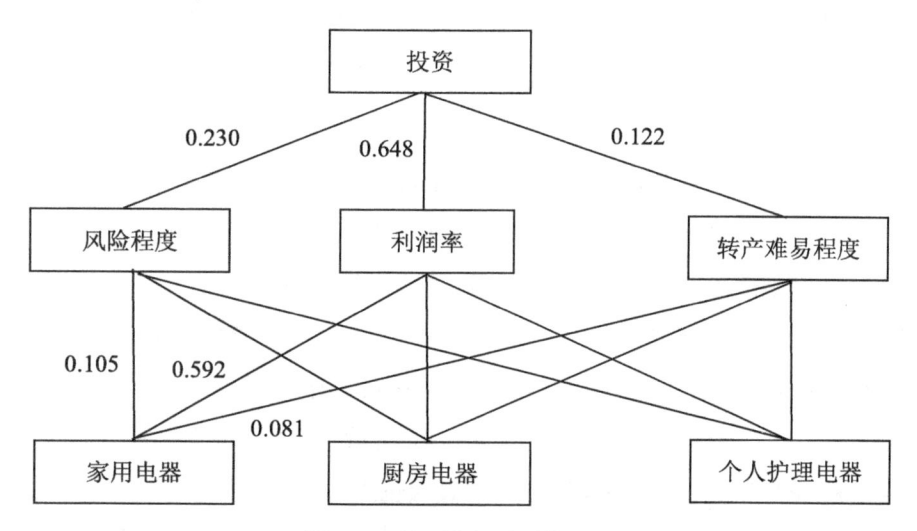

图 7-7 例题的权重计算结果

类似可得方案"厨房电器""个人护理电器"关于总目标"投资"的权重分别为：

$$\overline{W_2}=0.258\times0.23+0.333\times0.648+0.188\times0.122=0.298$$

$$\overline{W_3}=0.637\times0.23+0.075\times0.648+0.731\times0.122=0.284$$

这说明3种方案"家用电器""厨房电器""个人护理电器"关于总目标"投资"的重要程度（权重）分别为0.418，0.298，0.284，其中方案"家用电器"的综合重要程度最大为 0.418，故投资生产家用电器方案为宜。

本章小结

本章首先介绍了企业关系的演变历程，在此基础上介绍了供应链合作伙伴关系的定义和特征，并与传统企业关系进行了比较；之后介绍了供应链合作伙伴关系管理的含义、内容和管理措施；最后介绍了供应链合作伙伴选择的原则、流程和 Dickson 供应商选择指标体系，并结合实例介绍了基于层次分析法的供应链合作伙伴选择方法。通过评价选择合适的供应链合作伙伴，对提高供应链的整体竞争优势和链上每一个成员的切身利益都至关重要。

本章习题

1. 名词解释

（1）供应链合作伙伴关系　（2）合作萌芽关系　（3）合作衰退关系　（4）战略合作伙伴　（5）供应链合作伙伴关系管理　（6）直观判断法　（7）ABC 成本法　（8）层次分析法

2. 选择题

（1）供应链合作伙伴关系是_____思想的集中体现。

A. 纵向一体化　　B. 垂直一体化　　C. 准时制　　D. 横向一体化

（2）对于短期或某一短暂市场需求而言，只需选择_____合作伙伴满足需求即可。

A. 普通　　　　B. 战略　　　　C. 竞争　　　　D. 技术

（3）供应链合作伙伴关系管理的措施之一是建立_____机制。

A. 效率　　　　B. 信任　　　　C. 动态　　　　D. 平衡

（4）供应链合作伙伴选择的误区之一是选择合作伙伴就是选择_____合作伙伴。

A. 普通　　　　B. 战略　　　　C. 竞争　　　　D. 技术

（5）Dickson 认为，_____是影响供应商选择的一个"极其重要"的因素。

A. 服务　　　　B. 价格　　　　C. 质量　　　　D. 技术

（6）在 AHP 的递阶层次结构模型中，最底层也称为_____。

A. 目标层　　　B. 方案层　　　C. 准则层　　　D. 决策层

3. 简答题

（1）简述传统企业关系向供应链合作伙伴关系转变的 3 个阶段。

（2）供应链合作伙伴关系具有哪些特征？

（3）简述如何选择供应链合作伙伴关系的类型。

（4）供应链合作伙伴关系为什么可以降低牛鞭效应的影响？

（5）简述供应链合作伙伴关系中的价格激励机制。

（6）简述层次分析法的基本原理。

章末案例　徐工集团联动供应商企业攻关绿色工艺

作为国家级绿色供应链管理示范企业，如何推动供应链整体的绿色转型升级？近年来，徐州工程机械集团有限公司（以下简称徐工）通过把稳供应商准入关、组织常态化培训班、将绿色指标纳入考核体系等方式，使供应链融入绿色发展理念，打造了产业发展的绿色生态。

准入，是绿色供应链管理的第一个环节。近年来，作为国家级绿色供应链管理示范企业，徐工不断推进供应链绿色管理，通过绿色采购、绿色培训、绿色考核，严把供应商绿色关卡，打造产业发展的绿色生态，带动链上企业全生命周期开展绿色工艺及绿色精益制造。

（1）供应商准入绿色化，严格控制源头污染

对徐工来说，每年有近200家企业申请成为其新供应商，经过层层筛选，通过的不到1/5。考察中非常重要的权重，就是"绿色指标"。在对供应商的评分表上，有环评资质、危废处置、循环工装使用等多个大项，还有许多细化小项，如严格控制重金属含量，尤其是铅、汞、镉等。

供应链上中小微供应商的普遍问题是：单体规模小、竞争力弱、能耗和污染水平偏高。但是目前的市场竞争已由企业的竞争转变为供应链的竞争，真正可持续的发展才能打造出差异化的竞争优势。因此，徐工通过设置绿色准入门槛和绿色采购标准，来倒逼链上企业绿色生产，就是主动创造供应链竞争中的差异化。徐工对绿色环保的关注度越来越高，体现出政策与行业的要求越来越严格，企业只有抓住契机主动转型升级，才能实现长远发展。

（2）组织绿色培训，共享节能减排技术经验

为助力实现碳达峰碳中和目标，徐工制定了"供应链同盟军减排行动"等多项计划，对供应商"三废"纳入统一管理、统一信息披露。2022年8月，徐工组织培训班，向12家供应商介绍徐工绿色发展目标和具体要求，使供应商深入理解"双碳"目标及其重要意义，对标世界先进企业绿色供应链管理的标杆。

借助培训契机，徐州工程机械研究院和湖南株洲齿轮有限责任公司联合研发，对行星齿轮采用分体式设计。以往每级三个行星齿轮由一条总成带动，坏了一个，总成就要全部拆下换新，这样既浪费了资源，又增加了环境负荷。现在每级三个行星齿轮单独组装，单独拆卸，坏了一个单独更换，还可以通过更换齿轮的大小，在不改变壳体的情况下，调整减速机的转速，实现了以旧换新。

徐工每年面向供应商开展各类绿色培训10余次，通过引领绿色发展观念、传递先进技术经验，为供应链绿色协同赋能。自开展绿色供应链建设5年来，徐工累计联动供应商企业攻关绿色工艺72项，节能效益超5000万元，指导供应商资源回收再利用，年均节约成本超300万元。

（3）绩效考核引入绿色指标，严格落实奖优罚劣

每逢年底，徐工分布在全国各地的600多家供应商会迎来"年考"。徐工物资供应有限公司供方质量管理部主管左晖却没有到处跑现场，而是打开工作电脑，登录"徐工数字化供应链平台"，逐一调取供应商的"平时表现"，以此作为"年考成绩"的依据。

徐工从质量、成本、交付等维度对供应商进行考核，每报告一次问题就扣掉相应分数，获得绿色工厂称号、通过环评体系认证可以加分。按照90分、80分、70分划档，将供应商分为战略型、成熟型、帮扶型、限制型。不同的考核结果也对应不同的合作政策。对一批连续数年被评为"战略型"的供应商，徐工设置了加大采购比例、享有新品优先开发权等一系列奖励机制。

"5年前我们在徐工的配套额仅有几百万元，因多年考核成绩优良，徐工的采购比例逐年加大，2023年预计配套额超过4亿元。"株洲齿轮业务负责人陈宇翔说。在产业链链主企业的带动下，株洲齿轮厂积极开展绿色工艺及绿色制造，从一家普通企业一路发展为细分市场的龙头企业，在行业中起到了示范带头作用。

资料来源：https://baijiahao.baidu.com/s?id=1762208661979443945&wfr=spider&for=pc

讨论题

（1）徐工是如何与供应商合作打造绿色供应链的？

（2）徐工与供应商的密切合作给供应商带来了哪些好处？

第8章 供应链库存管理

本章学习要点

知识要点	掌握程度	相关知识
库存的概念及发展阶段	重点掌握	库存的概念，库存管理理论发展的4个阶段
库存的分类	了解	从物流状态、目的、需求特性等角度的分类
库存管理的作用	掌握	库存管理在企业经营中的5点作用
供应链库存管理面临的问题	了解	库存周期长、信息传递慢等10个问题
供应链库存的控制方法	重点掌握	最基本的4种控制策略，经济订货批量模型
协同式供应链库存管理方法	了解	CPFR的概念、特点和实施步骤
供应商管理库存的基本概念	掌握	VMI的定义、作业流程和实施步骤
供应商管理库存的主要模式	重点掌握	VMI的3种典型模式
供应商管理库存的优势与局限性	了解	VMI所带来的利益及其存在的问题

导入案例 太平鸟公司破解"高库存、高缺货"难题

2021年3月29日，宁波太平鸟时尚股份有限公司（以下简称太平鸟）发布2020年财报。该报告显示，太平鸟2020年实现营业收入93.9亿元，同比增长18.4%；净利润为7.1亿元，同比上涨29.2%，新冠肺炎疫情冲击反而使太平鸟经营业绩逆势上涨，营收、净利均创历史新高。2020年是太平鸟的变革元年，以"聚焦时尚、数据驱动、全网零售"作为根本战略，太平鸟正加速打造科技时尚公司。截至2023年第三季度，太平鸟合计门店数4057家。

随着大店模式、快速上新再叠加直营等经营方式的实施，太平鸟的库存呈指数级增长，给企业带来了巨大的资金压力和运营风险。为此，2020年9月太平鸟启动了数字化转型项目。该计划包括消费者洞察与深度链接平台、供应链运营效率提升平台、基础保障支持平台等。项目实施后的数据显示：2020年太平鸟存货周转天数为166天，相比上年下降

13 天，在公司营业收入增长的同时，存货周转天数连续 4 年降低。

太平鸟在财报中称，公司认为服装行业"高库存、高缺货"并存难题的背后，是品牌和消费者之间的链接断裂。因此，太平鸟试图通过数字化建设构建消费者需求洞察和深度链接平台，以提高设计的准确度和营销的精准度；同时构建供应链运营效率提升平台，提升供应链的智能化决策和运营水平，从而提高供应的速度和效率。目前，太平鸟已启动 IBM 数字化转型蓝图规划，致力于转型成为一家科技时尚公司。

通过数字化平台的建设，太平鸟形成了线上线下互通、跨区域互通的信息共享平台，从而能够进行跨区域的平销款、滞销款的调拨和促销。目前，该企业构筑了精益库存管理系统的框架，具体包括:（1）数字系统通过 VMI、RFID 技术快速收集消费需求和流行趋势，准确预测产品需求，减少"牛鞭效应"引起的无效库存;(2)流通运营对产品实施 ABC 分类，实施单元化、跨团队、快响应管理，实现库存快速出清;（3）库存控制借助 AI 算法运用单周期库存模型精确计算和优化库存，实现多样少量、低库存的目标。

此外，在大数据需求和流行趋势的预测依据下，太平鸟的商品开发以消费者需求为核心，以市场趋势、消费者洞察力、销售数据等为指引，通过数据赋能提高商品开发精准度，提供最符合当下消费者需求的商品。太平鸟把精准开发、避免冷背款式作为第一要务，不惜花费重金聘请国内外时尚服饰设计团队和人才，打造"企划＋研发"紧密联动的强商品模式，尽力避免供需错位形成的商品滞销。

资料来源：中国管理案例共享中心案例库，http://www.cmcc-dlut.cn/

讨论题

（1）分析太平鸟存在"高库存、高缺货"问题的原因。

（2）实施数字化战略让太平鸟的库存管理产生了哪些优势？

在供应链管理环境下，由于企业组织与管理模式的变化，供应链库存管理与传统库存管理相比有许多新的特点和要求。供应链库存管理将管理置于供应链，为降低成本和消除不确定性而存在。库存的存在完全是为了防范"缺货成本"的发生。供应链库存管理以成本为中心，以尽可能地消除"牛鞭效应"带来的不确定性为途径，实现了从点到链、从链到面的演化。

8.1 库存管理概述

8.1.1 库存的概念及发展阶段

1. 库存的概念

库存（Inventory）表示用于将来目的的、处于闲置状态的资源。一般情况下，企业设置库存的目的是防止短缺，就像水库里储存水的道理是一样的。另外，它还具有保持生产过程连续性、分摊订货费用、快速满足用户订货需求的作用。在企业生产中，尽管库存是出于种种经济考虑而存在，但是库存也是一种无奈的结果。它是由于人们无法预测未来的需求变化，才不得已采用的应付外界变化的手段，也是因为人们无法使所有的工作都做得尽善尽美，才产生的一些人们并不想要的冗余与囤积——不和谐的工作沉淀。

库存管理是指对物料的订购、储存、生产、销售和补货的管理。在库存管理理论中，人们一般根据物品需求的重复程度将库存分为单周期库存和多周期库存。单周期需求也叫一次性订货，这种需求的特征是偶发性和物品生命周期短，因而很少重复订货，如报纸，没有人会订过期的报纸来看，人们也不会在农历八月十六预订中秋月饼，这些都是单周期需求。

多周期需求是在长时间内需求反复发生，库存需要不断补充，在实际生活中，这种需求现象较为多见。多周期库存管理要回答的问题是：如何优化库存成本？怎样平衡生产与销售计划来满足一定的交货要求？怎样避免浪费，避免不必要的库存？怎样避免需求损失和利润损失？归根到底，库存控制要解决三个主要问题：确定库存检查周期；确定订货量；确定订货点，即订货时间点。

2. 库存管理的发展阶段

（1）独立需求库存阶段

独立需求库存是指客户对某种库存物品的需求与其他种类的库存无关，表现出对这种库存需求的独立性。独立需求库存是指那些随机的、企业自身不能控制而是由市场所决定的需求。

独立需求库存中的基本模型是经济订货批量模型（Economic Order Quantity, EOQ）和经济订货周期模型（Economic Order Interval, EOI），在基本模型的基础上扩展出：允许适度缺货情况下的订货与库存控制、具有数量折扣条件下的订货与库存控制、随机需求情况下的订货与库存控制等。

独立需求库存的主要局限性有以下 3 点。

① 独立需求库存理论假定需求是连续的、均衡的，但对相关需求而言，由于生产往往是成批进行的，所以需求是断续的、不均衡的。

② 独立需求库存理论假定需求是独立的，但相关需求是取决于最终产品的。

③ 独立需求库存理论根据历史数据或市场预测来决定库存和订货的时间与订货量，相关需求则是以确定的生产计划为依据。

（2）MRP 与 MRP Ⅱ 阶段

MRP 方式采取了相关需求的原理。20 世纪 60 年代，计算机首次在库存管理中获得应用，标志着制造业的生产管理上了一个新台阶。正是在这个时候，美国出现了一种新的库存和计划控制方法——计算机辅助编制的物料需求计划（Material Requirement Planning，MRP）。

EOQ 模型与 MRP 模式的区别，如表 8-1 所示。

表 8-1　EOQ 与 MRP 两种库存管理方式的区别

EOQ	MRP
面向零件	面向产品/零件
独立需求	相关需求
连续的物品需求	间断/成批的物品需求
连续的前置时间需求	无前置时间需求
以订货量为订货信号	以时间阶段为订货信号
根据过去的需求量	根据未来的需求量
预测全部物品	只预测部分产品
以数量为基础的管理系统	以数量和时间为基础的管理系统
全部物品都需要保险存货	仅部分产品需要存货

20 世纪 80 年代，制造资源计划（Manufacturing Resources Planning，MRP Ⅱ）在闭环 MRP 的基础上发展起来。MRP Ⅱ 包括市场预测、生产计划、物料需求、库存控制、车间控制和延伸到产品销售的整个生产经营过程中及与之有关的所有财务活动。

MRP Ⅱ 把企业的各子系统有机地结合起来，形成一个面向整个企业的一体化系统。这些系统在统一的数据环境下工作，从而使企业能够进行迅速、准确、高效的管理。为了适应现代人需求的个性化及市场竞争的需要，越来越多的制造业采用了 MRP Ⅱ。

MRP Ⅱ系统在生产库存管理方面的重要作用表现在以下几点。

①可使库存投资减少到最低限度。一般可降低库存20%~35%。

②可使库存损耗大大减少。一方面由于库存降低，库存损耗随之减少；另一方面由于MRP Ⅱ准确记录库存，实行周期盘点法，所以工作人员能够及时发现造成库存损耗的原因，并予以消除。

③降低采购成本，提高采购效率。资料表明，使用MRP Ⅱ可使采购成本降低5%，通过采购计划法和供应商建立长期稳定的合作关系，大大提高了采购效率。

④可以对每项物料提供未来的库存状态信息。

⑤库存控制是面向生产作业的。MRP Ⅱ遵循"以销定产"的原则，要求生产计划必须有可靠的市场依据，反对盲目生产和采购。

⑥强调需求、库存储备和订货的时间性。MRP Ⅱ以满足市场需求、提高客户服务水平为宗旨，以按时供货和缩短交货期为原则。

MRP Ⅱ的思想是，根据市场需求预测和客户订单确定主生产计划，主生产计划是MRP Ⅱ系统的主要输入信息，然后对产品进行分解，列出物料清单（BOM）。接下来，按物料独立与相关需求理论对物料清单进行分派，赋予基本零件和原材料不同的需求时间，从而确定物料的采购品种、数量和时间。在这个过程中，要不断地进行信息反馈，适时做出调整，使整个系统处于动态优化的状态。

（3）JIT阶段

JIT（Just In Time）生产是20世纪70年代日本创造的一种库存管理和控制的现代方法。这种方法在日本丰田集团得到广泛实施，并取得巨大成效。JIT生产的基本思想是适时地将生产需要的物料正确地运达生产场地。

JIT生产与传统生产系统的不同之处在于：传统生产系统是一种生产由前向后推动式的生产系统，即由原材料仓库向第一个生产程序供应原材料。生产企业把它们加工成在产品、半成品，转入第一生产程序的在产品、半成品仓库，然后再由此仓库向第二个生产程序供应半成品，进行深加工，如此向后推移，直到制成成品转入产成品仓库，等待销售。在传统生产系统中，大量原材料、半成品、产成品的存在，必然导致生产费用的占用和浪费。而JIT生产则与此相反，需求拉动产品的生产，因此，JIT生产也称为拉动式生产系统。企业以订单的要求为出发点，即要求企业由后向前全面安排生产，后一道生产程序决定前一道生产程序的内容。JIT生产要求企业的供、产、销各环节紧密配合，大大降低了库存，从而降低成本，提高了生产的效率和效益。

JIT生产所进行的一切活动归根到底就是消除浪费。任何不增加产品价值的活动都是浪费，也就是说在生产中工人所做的活动不增加价值，就应当剔除。JIT将库存看作生产的最大障碍，认为其掩盖了生产中的问题，因此坚决消除库存。实施JIT生产订货与传统订货有不同的方式和要求。

物料采购过程也就是与供应商打交道以获取企业生产产品或提供劳务所得的材料。采购的关键就是选择供应商，需要考虑价格、质量、及时交货等问题。传统采购方式最关心的是价格，而忽视了质量和及时交货的要求。在这种购买方式下，企业一般有许多供应商。第9章将介绍JIT采购。

日本JIT采购系统的成功经验极大地影响了现代采购方式。从较少的供应商那里采购比从许多供应商那里采购有许多优势。从长远的角度来看，厂商与供应商建立合作关系有利于厂商和供应商达成共识，促进双方共同获得成功。尽管价格仍然是一个不容忽视的因素，但质量和可靠性已成为现代购买方式中越来越重要的因素。在JIT生产中，如果物料质量和可靠性出现问题，整个系统将处于停顿状况。

8.1.2 库存的分类

在企业物流活动中，企业持有的库存有不同的形式，从不同的角度可以对库存进行多种形式的分类。

1. 按其在企业物流过程中所处的状态分类

按库存在企业物流过程中所处的状态，库存可以分为4种，分别是原材料库存、在制品库存、维护/维修库存和产成品库存。

（1）原材料库存

原材料库存（Raw Material Inventory）是指企业通过采购和其他方式取得的用于制造产品并构成产品实体的物品，以及供生产耗用但不构成产品实体的辅助材料、修理用备件、燃料及外购半成品等，是用于支持企业内制造或装配过程的库存。这部分库存可能是符合生产者自己标准的特殊商品，它存在于企业的供应物流阶段中。

（2）在制品库存

在制品库存（Work-in-Process Inventory）是指已经过一定生产过程，但尚未全部完工、在销售以前还要进一步加工的中间产品和正在加工中的产品，包括在产品生产的不同阶段的半成品，它存在于企业的生产物流阶段中。

（3）维护/维修库存

维护/维修库存（Maintenance/Repair Inventory）是指用于维修与养护的经常消耗的物

品或部件,如石油润滑脂和机器零件,但不包括产成品的维护活动所用的物品或部件,它也存在于企业的生产物流阶段中。

(4)产成品库存

产成品库存(Finished Goods Inventory)是指准备运送给消费者的完整的或最终的产品。这种库存通常由不同于原材料库存的职能部门来控制,如销售部门或物流部门。它存在于企业的销售物流阶段中。

以上4种库存可以位于供应链上的不同位置。原材料库存可以在两个位置:供应商或生产商之处。原材料进入生产企业后,依次通过不同的工序,每经过一道工序,附加价值都会有所增加,从而成为不同水准的在制品库存。当在制品库存在最后一道工序被加工完成后,在制品就变成产成品。产成品也可以放在不同的储存点,如生产企业内、配送中心、零售店,直至转移到最终消费者手中。

2. 按库存的目的分类

库存按目的可分为经常库存、安全库存、在途库存和季节性库存4种。

(1)经常库存

经常库存(Cycle Inventory)是指企业在正常的经营环境下为满足日常的需要而建立的库存。这种库存随着每日的需要不断减少,当库存降低到订货点时,就要订货来补充库存。

(2)安全库存

安全库存(Safety Inventory)是指为了防止由于不确定因素而准备的缓冲库存,不确定因素有大量突发性订货、交货期突然提前、生产周期或供应周期等可能发生的不测变化及一些不可抗力因素等。例如,供货商没能按预订的时间供货,生产过程中发生意外的设备故障导致某一工序停工等。

(3)在途库存

在途库存(In-Transit Inventory)是指正处于运输及停放在相邻两个工作地之间或相邻两个组织之间的库存,这种库存是一种客观存在,而不是有意设置的。在途库存的大小取决于运输时间的长短及该期间内平均需求的高低。

(4)季节性库存

季节性库存(Seasonal Inventory)是指为了满足特定季节出现的特定需要(如夏天对啤酒的需要)而建立的库存,或指对季节性出产的原材料(如大米、棉花、水果等农产品)在出产的季节大量收购所建立的库存。

3. 按客户对库存的需求特性分类

按客户对库存的需求特性可以将库存分为独立需求库存和相关需求库存两类。

（1）独立需求库存

独立需求库存是指客户对某种库存物品的需求，与其他种类的库存无关，表现出对这种库存需求的独立性。消耗品、维修零部件和最终产品的库存通常属于独立需求库存。

（2）相关需求库存

相关需求库存是指与其他需求有内在相关性的需求，根据这种相关性，企业可以精确地计算出它的需求量和需求时间，这是一种确定型需求。例如，客户对企业制成品的需求一旦确定，与该产品有关的零部件、原材料的需求就随之确定，对这些零部件、原材料的需求就是相关需求。

库存需求特性的这种分类构成了库存管理的两大部分：对相关需求库存的管理和对独立需求库存的管理。

①对相关需求库存的管理，实际上是对制成品生产的物料需求，与制成品的需求之间有确定的对应关系。库存的数量关系可以用物料清单（BOM）表示，时间关系则可以通过生产周期、生产提前期、运输时间等因素计算得出。物料需求计划（MRP）就是用来解决相关需求的采购、库存及供给问题的。

②对于独立需求库存的管理，由于其需求时间和数量都不是由企业本身控制的，所以不能像相关需求那样处理，只能采用"补充库存"的控制机制，将不确定的外部需求问题转化为对内部库存水平的动态监视与补充的问题。

4. 按库存物品所处的状态分类

库存按物品所处的状态可分为静态库存和动态库存两种。

（1）静态库存

静态库存指长期或暂时处于储存状态的库存，这是人们一般意义上认识的库存概念。

（2）动态库存

动态库存指处于制造加工状态或运输状态的库存。

5. 按库存物品的来源分类

库存按物品的来源分为外购库存和自制库存两种。外购库存是指企业从外部购入的库存，如外购材料等。自制库存是指由企业内部制造的库存，如自制材料、在制品和制成品等。

8.1.3 库存管理的作用

企业运营过程中各个环节之间都存在库存,在采购、生产、销售的不断循环过程中,库存使各个经济环节的独立运行成为可能。另外,库存可以缓解各个环节之间由于供求品种及数量的不一致而出现的种种矛盾,把采购、生产和销售等各个环节连接起来,起到润滑剂的作用。

高的顾客满意度和低的库存成本一直被人们认为是一对相冲突的目标,但现在通过应用创新的物流管理技术,同时改进企业内部管理和强化部门协调,企业就可以同时实现这两个原本相互冲突的目标。库存管理在企业经营中的作用可概括为以下 5 点。

1. 满足不确定的顾客需求

每个制造企业的存在都是为了满足顾客对特定产品的使用需求,因为顾客的需求是不确定的,所以制造商、分销商、零售商都会持有一定的库存。另外,延迟送货和意料之外的需求增长增加了缺货风险。延迟的发生可能是由于气候条件、供应商缺货等问题。持有安全库存能够降低缺货风险。安全库存是指为对付需求和交付时间的多变性而持有的超过平均需求的库存。

2. 平滑对生产能力的要求

产能是指在计划期内,企业参与生产的全部固定资产,在既定的组织技术条件下,所能生产的产品数量,或者能够处理的原材料数量。经历季节性需求模式的企业总是在淡季积累库存,以满足特定季节的过高需求。

3. 缓解运营过程中不可预料的问题

制造企业为保持生产的连续性,常用库存作缓冲,避免在设备故障时使生产陷于混乱,严重时甚至可能出现的部分业务临时中断。同样地,运用原材料库存,使得公司的生产过程和来自供应商的运送中断问题隔离开来,产成品库存使销售过程和制造过程隔离开。库存占用大量成本和空间,而采用外包和消除故障源会大大减少运作过程对库存的需要。

4. 降低单位订购费用与生产准备费用

为平衡采购和库存成本,公司往往一次性地购买超过现有需求的数量,这样就降低了单位订购费用与生产准备费用。因此,保存库存能够使公司以经济批量采购和生产,无须为短期需求与购买或生产的平衡而费尽心机。在有些情况下,集体订货和固定时间订货会更现实或更经济。

5.避免价格上涨

有时公司预期当期物价要上涨,为避免增加成本就会以超过平时正常水平的数量进行采购。储存多余商品的能力也允许公司利用更大订单获取价格折扣。

8.2 供应链库存控制策略

8.2.1 供应链库存管理面临的问题

供应链库存管理会面临很多问题,主要表现在以下10个方面。

1.库存周期长、周转慢、库存量过大

传统的供应链管理方式中,需求信息沿着供应链由下游向上游逐级传递,在此过程中,由于"牛鞭效应"的存在,需求波动逐级放大,需求的不稳定性增加,预测的准确度降低。制造商和零售商往往"淹没"在许多物品的库存里,同时,某些物品的缺货现象对它们来说也已是司空见惯。

2.对新的需求趋势反应十分迟缓

通常情况下,假如某种商品突然流行起来,并在商店脱销,那么补货订单到达零售商后,零售商并不会采取行动,而是在此商品的库存量降到最低库存水平时,才向制造商发出订单。接下来,制造商在其库存降到订货点时才订货,然后,生产计划部门开始计划新的生产。整个体系将无法及时抓住此次销售良机。传统体系由于采取沿着供应链向上游逐级转移的订货程序,没有和潜在的消费需求及时沟通,所以,往往无法做到更快地向市场供应产品。

3.缺乏供应链的系统观念

虽然供应链的整体绩效取决于各个供应链节点的绩效,但是各个独立的部门单元都有各自独立的目标与使命。有些目标和供应链的整体目标是不相干的,甚至有可能是冲突的。因此,这种各自为政的行为必然导致供应链的整体效率低下。

大多数供应链系统都没有建立针对全局供应链的绩效评价指标,这是供应链中普遍存在的问题。有些企业采用库存周转率作为供应链库存管理的绩效评价指标,但是没有考虑到客户的反应时间与服务水平。实际上,客户满意度应该始终是供应链绩效评价的一项重要指标。

4. 客户服务水平理解上的偏差

供应链管理的绩效好坏应该由客户来评价，或者用对客户的反应能力来评价。但是，对客户服务水平理解上的差异导致客户服务水平上的差异。许多企业采用订货满足率来评估客户服务水平，这是一种比较好的客户服务考核指标。但是订货满足率本身并不能保证运营问题，传统的订货满足率评价指标，也不能评价订货的延迟水平。除了订货满足率之外，其他的服务指标不容忽视，如总订货周转时间、平均再订货率、平均延迟时间、提前或延迟交货时间等。

5. 缺乏准确的交货状态信息

当顾客下订单时，他们总是希望知道什么时候能够交货。在等待交货过程中，也可能会对订单交货状态进行修改，特别是当交货被延迟以后。一次性交货非常重要，但是必须看到，许多企业并没有及时而准确地将推迟的订单引起交货延迟的信息提供给客户，这当然会导致客户的不满和再订货率的下降。

6. 低效率的信息传递系统

在供应链中，各个节点企业之间的需求预测、库存状态、生产计划等都是供应链管理的重要数据，它们分布在不同的节点企业之间，要想快速有效地响应客户需求，必须实时传递这些数据。为此，需要改善供应链信息系统模型，通过系统集成的方法，使供应链中的库存数据能够实时、快速地传递。但是，目前许多企业的信息系统并没有实现集成，当供应商需要了解客户需求信息时，常常获得的是延迟的信息和不准确的信息。信息延迟引起的需求预测的误差和对库存量精确度的影响，都会给短期生产计划的实施带来困难。

7. 忽略不确定性对库存的影响

供应链运营过程中存在诸多的不确定性因素，如订货的前置时间、货物的运输状况、原材料的质量、生产时间、运输时间、需求的变化等。为减少不确定性对供应链的影响，首先应了解不确定性的来源和影响程度。有些企业并没有认真研究和确定不确定性的来源和影响，因此错误地估计供应链中物料的流动时间，造成有的物品库存增加，而有的物品库存不足。

8. 缺乏合作与协调性

供应链是一个整体，需要协调各节点企业的活动，协调的目的是使满足一定服务质量要求的信息可以无缝地、流畅地在供应链中传递，从而使供应链能够实时响应客户的需求，形成更为合理的供需关系，适应复杂多变的市场环境。供应链的各节点企业为了应付不确定性，都设有一定的安全库存作为应急措施。问题是在供应链体系中，组织的协调涉及更多的利益群体，相互之间缺乏信任和信息透明度。组织之间存在的障碍有可能使库存控制变得更加困难，因为各部门各自都有不同的目标、绩效评价标准，谁也不愿意去帮助其他部门共享资源。在分布式的组织体系中，组织之间的障碍对库存集中控制的阻力更大。

要进行有效的合作与协调，组织之间就需要建立一种有效的合作激励机制和信任机制。信任风险的存在加深了问题的严重性，组织相互之间缺乏有效的监督机制和激励机制是供应链节点企业之间合作不稳固的主要原因。

9. 库存控制策略简单化

库存的目的是保证供应链运行的连续性和应付不确定性需求。库存控制策略制定的过程是一个动态过程，而且库存控制策略应该反映不确定性动态变化的特性。而有些企业对所有的物资采用统一的库存控制策略，物资的分类并没有反映供应与需求的不确定性。在传统的库存控制策略中，多数是面向单一企业的，采用的信息基本上来自企业内部，库存控制策略并没有体现供应链管理的思想。

10. 忽略产品流程设计的影响

现代产品设计与先进制造技术的出现，使产品的生产效率大幅度提高，而且具有较高的成本效益，然而现实是，所有节省下来的成本都被供应链上的分销与库存成本抵消。同样，在引进新产品时，如果不进行供应链规划，也会产生诸如运输时间过长、库存成本过高等现象，从而无法获得利润。另外，由于供应链缺乏柔性，造成生产出来的产品不符合当下顾客需求，销售不出去的产品大量积压，直接形成了高库存。

8.2.2 供应链库存的控制方法

在生产经营过程中，尽管库存能平衡客户资源、生产资源和运输资源，并可以解决资源冲突等问题，但由于企业运作环境的发展和变化，供应链环境下的诸多因素都直接或间接地对库存控制发生影响。因此，企业要恰当地采用库存控制方法，以尽量减少库存成本。

1. 库存控制的制约因素

库存决策受许多环境条件制约，库存控制系统内部也存在"交替损益"现象，这些制约因素可以影响决策水平，乃至决定决策的成败。主要制约因素如下。

（1）需求的不确定性

在多重因素影响下，顾客的需求具有很大的不确定性，如突发的热销造成的需求突增等会使库存控制受到制约。

（2）订货周期

订货批次和订货数量是决定库存水平的非常重要的因素。对于一个企业而言，库存决策建立在一定要求的输出前提下，因此需要调整的是输入，而输入的调整是依赖于订货，所以订货周期与库存决策关系十分密切。由于通信、差旅或其他自然的、生理等因素的影响，导致订货周期可能是不确定的，就会制约库存量的确定。

（3）运输

运输是库存决策的一个外部影响要素。有时候库存控制不能达到预期目标并不是决策本身或订货问题，而是运输的提前或延误，提前增大了库存水平，延误则使库存水平下降甚至出现失控状态。因此，运输的不稳定性和不确定性必然会制约库存决策，这种制约因素受到运输距离、运输条件、运输工具等的影响。

（4）资金

资金的暂缺、资本运转不灵等会使预定的决策目标落空，因而也是库存决策的一个制约因素。

（5）信息处理和管理水平

在库存决策中，信息要素作用的重要程度和其他系统中信息的作用相比是不分伯仲的。市场信息的采集、传递、反馈是决策中的一个关键因素。同样，管理水平达不到要求，则必然使决策的目标无法实现。

（6）价格和成本

库存决策是建立在一定的成本基础上的，因而产品的价格和成本也是库存决策时需考虑的重要因素。

2. 库存控制基本策略

独立需求库存控制大都采用的是订货点控制策略。订货点法库存补给策略很多，最基本的策略有以下4种。

（1）连续性检查的固定订货量、固定订货点策略

连续性检查的固定订货量、固定订货点策略，即（Q，R）策略的基本思想是：对库存进行连续性检查，当库存降低到订货点水平R时，即发出一个订货，每次的订货量保持不变，都为固定值Q。该策略适用于需求量大、缺货费用较高、需求波动性较大的情形。

（2）连续性检查的固定订货点、最大库存策略

连续性检查的固定订货点、最大库存策略，即（R，S）策略。（R，S）策略和（Q，R）策略类似，都是连续性检查类型的策略，也就是要随时检查库存状态。当发现库存降低到订货点水平R时，开始订货，订货使最大库存保持不变，即为常量S，若发出订单时库存

量为 I，则其订货量为（S-I）。

（3）周期性检查策略

周期性检查策略，即（t，S）策略是每隔一定时期 t 检查一次库存，并发出一次订货，把现有库存补充到最大库存水平 S，如果检查时库存量为 I，则订货量为 S-I。如此周期性检查库存，不断补给。该策略不设订货点，只设固定检查周期和最大库存量。

（4）综合库存策略

综合库存策略，即（t，R，S）策略是策略（t，S）和策略（R，S）的综合。这种补给策略有一个固定的检查周期 t、最大库存量 S、固定订货点水平 R。当经过一定的检查周期 t 后，若库存低于订货点，则发出订货，否则，不订货。订货量的大小等于最大库存量减去检查时的库存量。如此周期性进行下去，实现周期性库存补给。

3. 经济订货批量模型（EOQ）

经济订货批量模型研究了如何从经济的角度确定最佳的库存数量。在建立 EOQ 模型时，需要做一些假设，目的是使模型简单、易于理解和便于计算。假设条件如下。

① 已知全年的需求量。

② 已知连续不变的需求速率（每天的需求量为常数）。

③ 已知不变的补给完成周期时间。

④ 购买单价或运输价格与订货数量无关（不存在折扣）。

⑤ 多种存货项目之间不存在交互作用。

⑥ 不考虑在途存货。

⑦ 不限制可得资本。

⑧ 不允许缺货。

⑨ 每次订货量不变。

⑩ 维持库存费是库存量的线性函数。

在以上假设条件下，库存量的变化过程如图 8-1 所示。

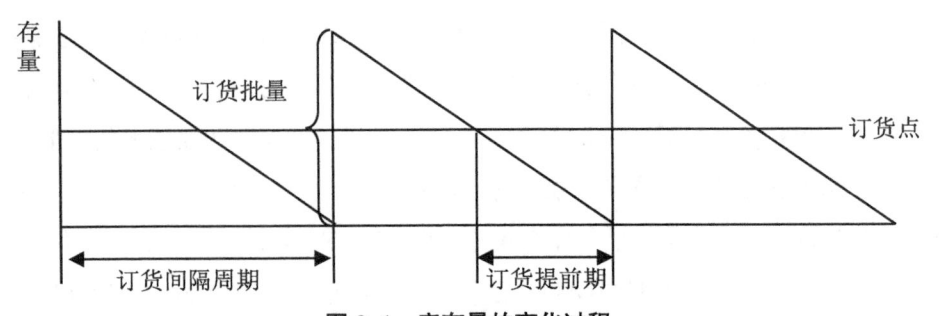

图 8-1　库存量的变化过程

在图8-1中,库存按固定需求率减少。在库存量降至订货点时,就按订货量Q发出订单。订单发出后,经过订货提前期(Lead Time,LT)后,新的一批订货到达。

与库存相关的费用如下。

(1)维持库存费用

维持库存费用(Cost of Holding):以CH表示,是维持库存所必须的费用,它随订货批量Q增加而增加,是Q的线性函数,包括资金占用、仓库建设、货物保管、保险、税收等费用。用C_i表示年度存货储存费用占货物价值的百分比,用U表示单位采购成本,则库存费CH可表示为年平均库存量$(Q/2)$与C_i和U的乘积。

(2)年订货费用

年订货费用(Cost of Reorder):以CR表示,与全年发生的订货次数有关。一般与订货量多少无关。用D表示年度订货量,C_0表示每次订货的成本,则年订货成本为C_0D/Q。

(3)年采购成本

年采购成本(Cost of Purchasing):以CP表示,与价格和定货数量有关。年采购成本为UD。

(4)年运输成本

年运输成本(Cost of Transportation):以CT表示,与订货数量有关。用K表示单位运输成本,则年运输成本为KD。

通过以上假设和分析,库存的年总成本$C(Q)$可表示如下:

$$C(Q) = CH + CR + CP + CT = \frac{C_i U Q}{2} + \frac{C_0 D}{Q} + UD + KD \tag{8.1}$$

由于年采购成本和年运输成本与每次订货量无关,暂时忽略这两项成本不会影响存储策略的确定,故将式(8.1)简化为:

$$C(Q) = \frac{C_i U Q}{2} + \frac{C_0 D}{Q} \tag{8.2}$$

现在的问题是,Q取何值时可使$C(Q)$最小?根据微积分求最小值的方法,令$C(Q)$对Q的导数等于零可求出:

$$\frac{dC(Q)}{dQ} = -\frac{C_0 D}{Q^2} + \frac{1}{2} C_i U = 0 \tag{8.3}$$

解得:

$$\text{EOQ} = \sqrt{\frac{2C_0 D}{C_i U}} \tag{8.4}$$

8.2.3 协同式供应链库存管理方法

1. 协同式供应链库存管理的概念

20世纪90年代末出现了一种新的供应链管理技术——协同规划、预测和补给（Collaborative Planning Forecasting and Replenishment，CPFR）。CPFR的形成始于沃尔玛所推动的协同预测补货（Collaborative Forecast And Replenishment，CFAR）系统。CFAR是利用互联网通过零售企业与生产企业的合作，共同做出商品市场需求预测，并在此基础上实行连续补货的系统。后来，在沃尔玛的不断推动之下，基于信息共享的CFAR系统又向CPFR发展。CPFR是在CFAR共同预测和补货的基础上，进一步推动共同计划的制定，即不仅合作企业实行共同预测和补货，同时将原来属于各企业内部事务的计划工作（如生产计划、库存计划、配送计划、销售规划等）也让供应链各企业共同参与。

CPFR是一种协同式的供应链库存管理技术，它能在降低销售商库存量的同时，增加供应商的销售量。CPFR的最大优势是能及时准确地预测由各项促销措施或异常变化带来的销售高峰和波动，从而使销售商和供应商都能做好充分的准备，赢得主动。CPFR采取了多赢的原则，始终从全局的角度出发，制定统一的管理目标及实施方案，以库存管理为核心，兼顾供应链上其他方面的管理。因此，CPFR能在合作伙伴之间实现更加深入广泛的合作。

2. 协同供应链管理的特点

CPFR提供覆盖整个供应链的合作过程，通过共同管理业务过程和共享信息，来改善供应链成员之间的伙伴关系，提高市场需求预测的准确度，最终达到提高供应链效率、降低库存和提高客户满意度的目的。CPFR的特点主要体现在下面6个方面。

（1）供应链成员企业的协同

从CPFR的基本思想看，供应链上下游企业只有确立起共同的目标，才能使双方的绩效都得到提升，取得综合性的效益。CPFR这种新型的合作关系要求双方长期承诺公开沟通、信息分享，从而确立其协同性的经营战略，尽管这种战略的实施必须建立在信任和承诺的基础上，但这是买卖双方取得长远发展和良好绩效的有效途径。正因如此，协同的第一步就是保密协议的签署、纠纷机制的建立、供应链计分卡的确立及共同激励目标的形成（不仅包括销量,也同时确立双方的盈利率)。应当注意的是,在确立这种协同性目标时,不仅要建立起双方的效益目标,更要确立协同的盈利驱动性目标,只有这样,才能使协同性体现在流程控制和价值创造上。

(2)面向客户需求的合作框架

在 CPFR 结构中,合作伙伴构成的框架及其运行规则,主要基于客户的需求和整个价值链的增值能力。由于供应链节点企业在运营过程、竞争能力和信息来源等方面都存在差异,各企业无法就某一个运营方案完全达成一致,于是 CPFR 就设计了若干运营方案供合作企业选择。一个企业可选择多个方案,各方案都确定了核心企业来承担产品的主要生产任务。

(3)整体规划

CPFR 包含了"P"的理念,即合作规划(品类、品牌、分类、关键品种等)及合作财务(销量、订单满足率、定价、库存、安全库存、毛利等)。此外,为了实现共同的目标,双方还需要协同制订促销计划、库存政策变化计划、产品导入和中止计划及仓储分类计划。

(4)基于销售预测报告的生产计划

零售商和制造商对市场有着不同的认识。零售商直接和最终消费者见面,它们可根据 POS 数据来推测消费者的需求,同时零售商也和若干制造商有联系,并了解它们的生产计划。制造商和若干零售商有联系,并了解它们的商业计划。在没有泄漏各自商业机密的前提下,零售商和制造商可交换它们的信息和数据,来改善它们对市场需求预测的能力,使最终的预测报告更为准确可信。供应链节点企业则根据这个预测报告来制订各自的生产计划,从而使供应链的管理得到集成,如图 8-2 所示。

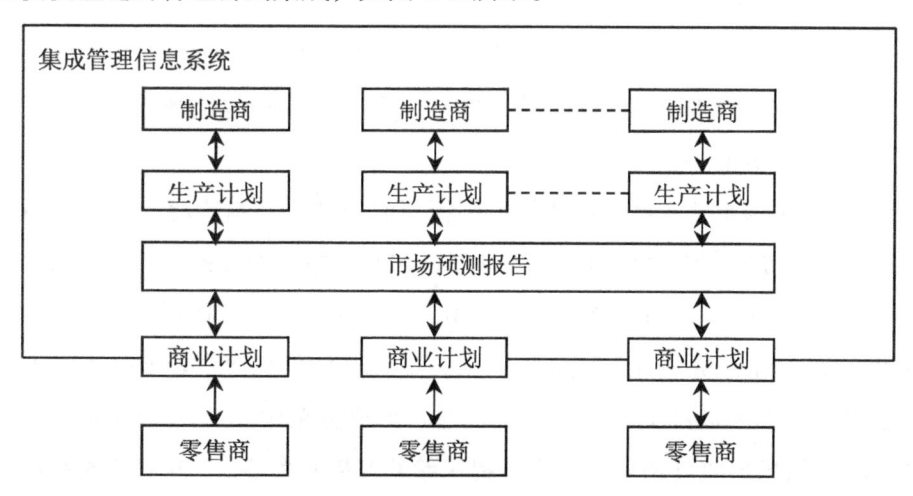

图 8-2 制造商和零售商集成系统模型

CPFR 所推动的协同预测还有一个特点，即它不仅关注供应链成员企业共同做出最终预测，同时也强调各方都应参与预测反馈信息的处理和预测模型的制定和修正，特别是如何处理预测数据的波动等问题，只有把数据集成、预测和处理的所有方面都考虑清楚，才有可能真正实现共同目标，使协同预测落在实处。

（5）供应过程中约束的消除

供应过程的约束主要源于企业的生产柔性不够。通常，零售商的订单所规定的交货日期比制造商生产这些产品的时间要短。在这种情况下，制造商不得不保持一定的产品库存，但是如果零售商能延长订单周期，使之与制造商的生产周期相一致，那么制造商就可真正做到按订单生产及零库存管理，并减少甚至去掉库存，从而大大提高企业的经济效益。另一个有望解决的限制是贯穿于产品制造、运输及分销等过程的企业间资源的优化调度问题。优化供应链库存和改善客户服务，最终为供应链伙伴带来丰厚的收益。

（6）充分考虑补货问题

销售预测必须利用时间序列预测和需求规划系统转化为订单预测，并且对供应方约束条件，如订单处理周期、前置时间、订单最小量、商品单元及零售方长期形成的购买习惯等都需要供应链各方共同考虑。根据 CPFR 的指导原则，协同运输计划也被认为是补货的主要因素，此外，例外状况出现的比率、需要转化为存货的百分比、预测精度、安全库存水准、订单实现的比例、前置时间及订单批准的比例，所有这些都需要在双方公认的计分卡基础上定期协同审核。潜在的分歧，如基本供应量、过度承诺等，双方应事先及时解决。

3. CPFR 的业务数据流

CPFR 服务器用于 CPFR 共同业务处理，由供应链的核心企业管理和维护。每个合作伙伴通过互联网与 CPFR 服务器连接，使供应链中较小的企业也能加入 CPFR 系统，且不必承担开发和维护系统的费用。

CPFR 业务数据流如下：合作伙伴根据零售商业务计划、制造商业务计划和供应商业务计划，达成合作协议，创建共同的业务计划，它们是整个 CPFR 活动的基础。零售商对来自多个 POS 的每种商品的销售量进行实时汇总，形成与消费者直接相关的动态 POS 数据，结合 POS 数据和存货情况形成商店需求，并将这些信息提供给 CPFR 服务器。分销商对来自多个分销商的商品需求进行分类汇总，形成分销中心（Distributed Center，DC）数据，结合库存信息形成分销中心需求，提供给 CPFR 服务器。CPFR 服务器基于共同业务计划和例外准则，利用 POS 数据、DC 数据和事件数据等，形成单一的销售预测。将预测订单下达给制造商，制造商生成物料需求发送给物料供应商。上述过程的所有数据将存入 CPFR 数据库，作为今后过程的数据资源和历史数据，如图 8-3 所示。

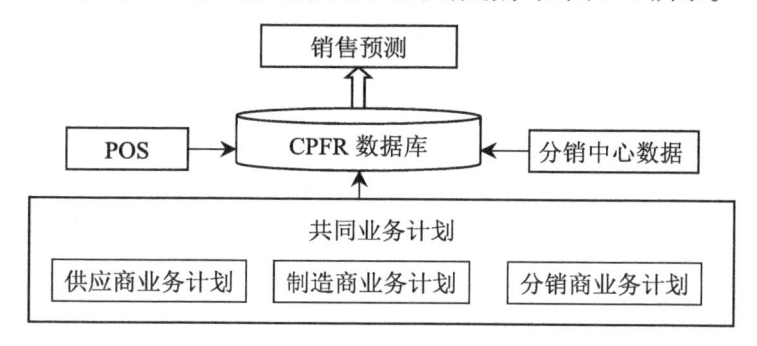

图 8-3　CPFR 业务数据处理流程

4. CPFR 的实施

CPFR 管理策略强化了信息资源的一致性和实时反馈机制，可以面向不同的供应链管理，CPFR 的体系结构是以 CPFR 概念为基础建立的供应链体系结构，分为 4 个功能层，如图 8-4 所示。

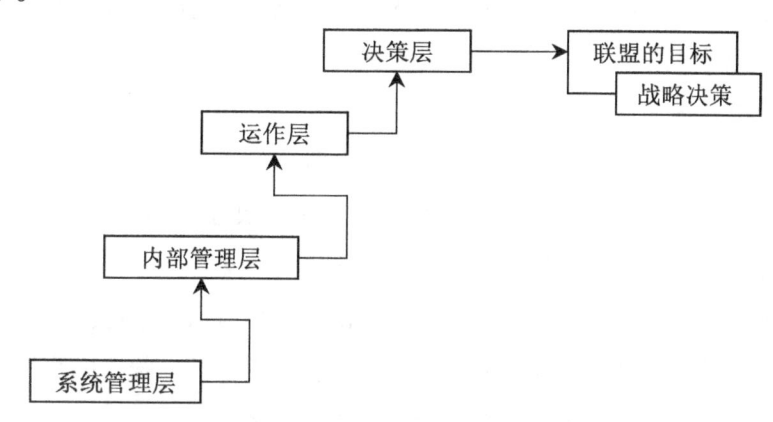

图 8-4　CPFR 的体系结构

（1）系统管理层

系统管理层主要负责供应链运营的支撑体系和环境管理及维护。

（2）内部管理层

内部管理层主要负责企业内部的运作和管理，包括商品的分类管理、库存管理、商店运营、物流、顾客服务、市场营销、制造、销售和分销等。

（3）运作层

运作层主要负责合作业务的运作，包括制订联合业务计划、建立单一共享需求预测、共担风险和平衡合作企业能力。

（4）决策层

决策层主要负责管理合作企业领导层，包括企业联盟的目标和战略的制定、跨企业的业务流程的建立、企业联盟的信息交换和共同决策。

CPFR 的实施可以分 9 个步骤来实现。

步骤一：制定框架协议。框架协议的内容主要包括各方的期望值，以及为保证合作成功所需的行动和资源、合作的目的、保密协议、资源使用的授权等，并明确规定各方的职责、绩效评价的方法，阐明各方为获得最大的收益而愿意加强合作，以及为实现信息交换和风险共担而承担的义务等。

步骤二：协同制定商务方案。零售商和制造商根据各自企业的发展计划交换信息，以便共同制定商务方案。合作各方首先要建立战略伙伴关系，确定好部门责任、目标及策略。项目管理则包括对每份订单的最少产品数、交货提前期等的管理。此方案是以后预测市场需求的基石，便于供应链各部门组织间的交流与合作。

步骤三：预测销售。零售商或制造商根据实时销售数据、预计的事务等信息来制定零售预测报告，然后将此报告与另一方进行协商，双方也可各提出一份报告进行协商。

步骤四：鉴别预测异常。根据框架协议规定的异常标准，对预测报告中的每一个项目进行审核，最后得到异常项目表。

步骤五：协商解决异常问题。查询共享信息、电子邮件、电话交谈记录、会议记录等从而解决异常项目，并对预测报告作相应变更。这种解决办法不但使预测报告更加准确，减少了异常情况发生的风险，而且还加强了合作伙伴间的交流。

步骤六：预测订单。综合实时及历史销售数据、库存信息及其他信息来生成具体的订单预测报告。订单的实际数量要随时间变化，并反映库存情况。报告的短期部分用来产生生产指令，长期部分则用来规划。订单预测报告能使制造商及时安排生产能力，同时也让零售商感到制造商有能力及时发送产品。

步骤七：鉴别预测异常。确定哪些项目的预测超出了框架协议中规定的预测极限。

步骤八：协商解决预测异常。解决办法和步骤五类似。

步骤九：生成生产计划。将预测的订单转化为具体的生产指令，对库存进行补给。指令生成可由制造商完成，取决于它们的能力、资源等情况，也可由零售商完成，同样取决于它们的能力、资源等情况。

通过对欧美若干试验性项目的研究发现，CPFR 为供应链成员企业带来的效益非常明显。CPFR 是从供应商管理库存发展而来的，它保留了供应商管理库存中一些先进的技术和管理思想，同时克服了它们的不足，代表着库存技术的发展方向。

8.3 供应商管理库存

长期以来，库存是由库存拥有者管理，即库存的拥有权与控制权同属一个组织。因此，供应链各环节中的每一个部门都是各自管理库存。但是，由于各自的库存控制策略不同，供应链中不可避免地出现需求的扭曲现象，即"牛鞭效应"，导致供应商无法快速响应用户的需求。

在供应链管理环境下，为了寻求供应链全局的最低成本，供应链各个环节的活动都应该是同步进行的，而传统的库存控制方法无法满足这一要求。近年来，出现了一种新的供应链库存管理模式——供应商管理库存（Vendor Managed Inventory，VMI），这种库存管理模式打破了传统各自为政的库存管理模式，体现出供应链的集成化管理思想，适应了市场变化的新要求，是一种新兴的有代表性的库存管理思想。

8.3.1 VMI 概述

1. VMI 的基本概念

早在 20 世纪 80 年代，VMI 已开始运用，到了 20 世纪 90 年代，相关文献大量涌现，但由于各学者研究对象和目的不同，所以学界至今对 VMI 的定义并未达成一致。VMI 是一种供应链集成化运作的决策代理模式，以双方都实现库存最低成本为目标，在一个共同框架协议下把用户库存决策权代理给供应商，由供应商代理制造商或批发商行使库存决策权力，并通过对该框架协议经常性监督和修正使库存管理得到持续改进。这一定义将供应链理念引入 VMI，体现了供应链集成化思想，是目前比较公认的 VMI 定义。我国学者马士华借鉴以上定义，将 VMI 表述为一种以用户和供应商双方都能实现库存最低成本为目的，遵守一个共同的协议，由供应商管理库存，并不断监督协议执行情况和修正协议内容，使库存管理得到持续改进的库存管理方法。

VMI 的主要思想是供应商确定库存水平和补给策略，并拥有库存控制权。精心设计与开发的 VMI 系统，不仅可以降低供应链的库存水平、降低库存管理成本和改善资金流，还会为用户带来更高水平的服务，使其与供应商共享需求变化和获得更高的用户信任度。

综上，VMI 的概念可概括如下：VMI 是由供应链上的制造商、批发商等上游企业对众多分销商、零售商等下游企业的流通库存进行统一管理和控制的一种新型库存管理方式。

VMI的主要思想就是实施供应厂商一体化。在这种方式下，供应链的上游企业不再是被动地按照下游订单发货和补充订货，而是根据自己对众多下游经销商需求的整体把握，主动安排一种更合理的发货方式，既满足下游经销商需求，同时又使自己的库存管理和补充订货策略更合理，从而带来供应链上供需双方成本降低，实现供应链上下游企业的多赢。

2. VMI系统的构成

VMI系统可分成两个模组：第一个是需求预测计划模组，可以产生准确的需求预测；第二个是配销计划模组，可根据实际客户订单、运送方式，得出客户满意度高及成本低的配送方式。

（1）需求预测计划模组

需求预测最主要的目的就是协助供应商做库存管理决策。准确预测可让供应商了解应该销售何种商品，销售给谁，以何种价格销售，何时销售等。

预测所需参考的要素包括：客户订货历史资料，即客户平常的订货资料，可以作为未来预测的需求；非客户历史资料，即市场情报，如促销活动资料。

需求预测程序为：第一，供应商收到用户最近的产品销售资料，然后做需求历史分析；第二，使用统计分析方法，以客户的平均历史需求、客户的需求动向、客户需求的周期做考虑，生成最初的预测模式；第三，由统计工具模拟不同的条件，如促销活动、市场动向、广告、价格异动等，生成调整后的需求预测。

（2）配销计划模组

配销计划模组用于有效地管理库存量，VMI可以比较库存计划和实际库存量并得知目前库存量还能维持多久。所产生的补货计划是依据需求预测模组得到的需求预测、与用户约定的补货规则（如最小订购量、配送提前期、安全库存）、配送原则等。至于补货订单方面，VMI可以自动完成最符合经济效益的建议配送策略（如运送量、运输工具的承载量）及配送进度。

3. VMI的作业流程

在VMI模式中，供应商与客户使用EDI彼此交换资料。交换的资料包括产品活动、计划进度及预测、订单确认、订单等。每个交换资料包含的主要项目如表8-2所示。

表 8-2 供应商与客户交换资料项目

项　　目	资料内容
产品活动资料	可用产品、被订购产品、计划促销产品、零售产品
计划进度及预测资料	预测订单量、预定或指定的出货日期
订单资料	订单量、出货日期、配送地点

VMI 的作业流程见图 8-5，具体过程包括以下几个方面。批发商每日或每周送出正确的商品活动资料给供应商；供应商接收用户传送来的商品活动资料并依据此资料和商品的历史资料做出补货预测；供应商根据市场情报、销售情形适当对上述产生的预测进行调整；供应商按照调整后的预测再修订补货系统预先设定的条件、配送条件、客户要求的服务等级、安全库存量等，产生出最具效益的订单量；紧接着供应商根据现有的库存量、已订购量做出最佳的补货计划；供应商根据自动货物装载系统计算得到最佳运输配送路线；供应商根据以上得到的最佳订货量，在供应商内部生成用户所需的订单；供应商产生订单后确认资料并传送给用户，对用户进行补货。

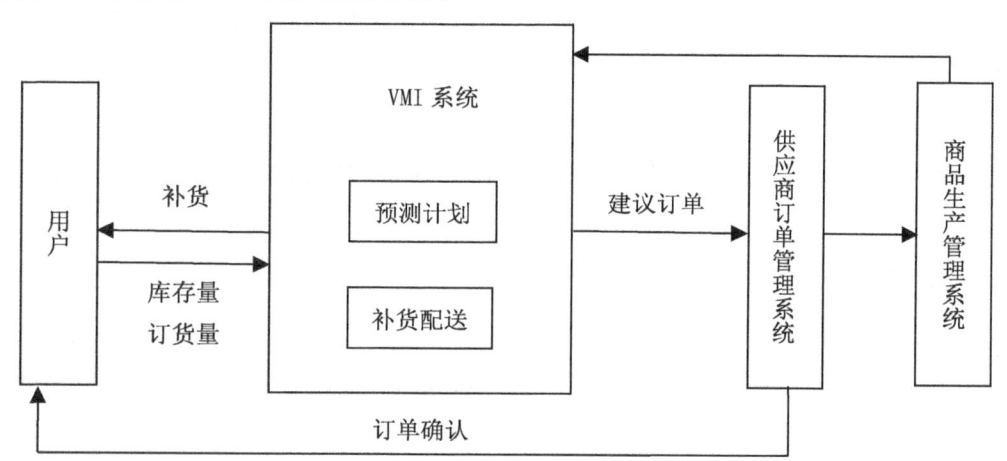

图 8-5　VMI 的作业流程

4. VMI 的实施步骤

供应商管理库存的策略可以分为以下步骤。

（1）建立顾客情报信息系统

要有效地管理销售库存，供应商必须能够获得顾客的有关信息。通过建立顾客信息库，供应商能够掌握需求变化的有关情况，把由批发商（分销商）进行的需求预测与分析功能集成到供应商的系统中来。

（2）建立销售网络管理系统

供应商要很好地管理库存，必须建立起完善的销售网络管理系统，保证自己的产品需求信息和物流畅通。为此，必须保证自己产品条码的可读性和唯一性；解决产品分类、编码的标准化问题；解决商品存储运输过程中的识别问题。

目前，许多企业已开始采用 MRP Ⅱ（Manufacturing Resources Planning）或 ERP（Enterprise Resource Planning）企业资源计划系统，这些软件系统都集成了销售管理的功能。通过对这些功能的扩展，可以建立完善的销售网络管理系统，保证自己的产品需求信息流和物流畅通。

（3）建立供应商与分销商（批发商）的合作框架协议

供应商和销售商（批发商）通过协商，确定处理订单的业务流程及控制库存的有关参数（如再订货点、最低库存水平等）、库存信息的传递方式（如电子数据交换（EDI）或互联网）等。

（4）组织机构的变革

组织机构的变革也很重要，因为 VMI 策略改变了供应商的组织模式。过去一般由会计经理处理与用户有关的事情，引入 VMI 策略后，订货部门产生了一个新的职位，负责用户库存的控制、库存的补给和服务水平的保障。

供应商以何种形式管理存货呢？根据 Carlyn 和 Mary 的研究，VMI 主要包括以下 4 种方式。

①供应商提供包括所有产品的软件进行存货决策，用户使用软件执行存货决策，用户拥有存货所有权，管理存货。

②供应商在用户所在地，代表用户执行存货决策、管理存货，但是存货的所有权归用户。

③供应商在用户的所在地，代表用户执行存货决策、管理存货，拥有存货的所有权。

④供应商不在用户的所在地，但是定期派人代表用户执行存货决策、管理存货，供应商拥有存货的所有权。

8.3.2 VMI 的主要模式

1."制造商 – 零售商" VMI 模式

这种模式通常存在于制造商作为供应链的上游企业的情形中，制造商面对其客户（如零售商）实施 VMI，如图 8-6 所示。图中的制造商是 VMI 的主导者，负责对零售商的供货系统进行检查和补充，这种模式多出现在制造商是一个比较大的产品制造商的情况下，制造商具有相当的规模和实力，完全能够承担起管理 VMI 的责任。例如，美国宝洁公司就发起并主导了对大型零售商的 VMI 管理模式的实施。

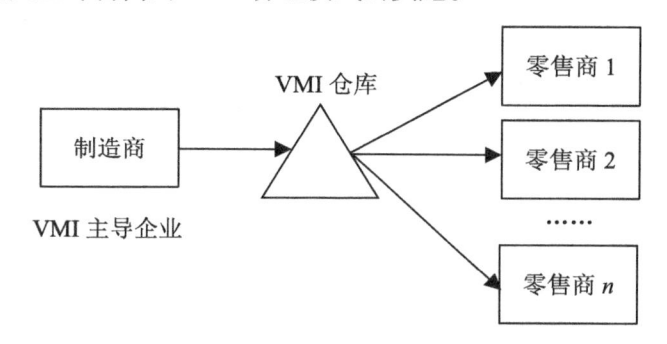

图 8-6 "制造商-零售商" VMI 模式

2. "供应商-制造商" VMI 模式

这种模式通常存在于供应商是供应链上实施 VMI 的下游企业的情况，制造商要求供应商按照 VMI 的方式向其补充库存，如图 8-7 所示。此时，VMI 的主导者可能还是制造商，但制造商是 VMI 的接受者，而不是管理者，VMI 的管理者是制造商的上游供应商。

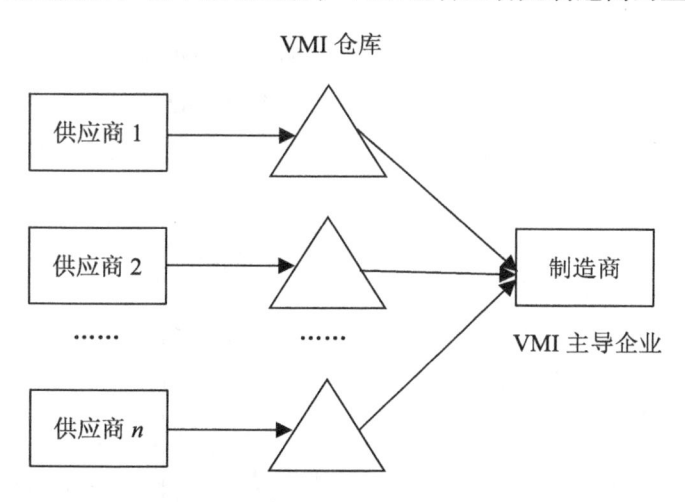

图 8-7 "供应商-制造商" VMI 模式

在汽车制造业，这种情况比较多见。一般来说，汽车制造商是这一供应链上的核心企业，为了应对激烈的市场竞争，它会要求其零部件供应商为其实施 VMI 的库存管理方式。由于许多零部件供应商规模很小、实力很弱，所以完全由这些中小供应商完成 VMI 可能比较困难。另外，由于制造商要求供应商按照 JIT 的方式供货，所以，供应商不得不在制造商的周边建立自己的仓库。这样就会导致供应链上的库存管理资源重复配置。表面上看，这些库存管理成本由供应商支付，但实际上仍然会分摊到供货价格中，最终对制造商也是不利的。

3. "供应商 – 3PL – 制造商" VMI 模式

为了克服第二种模式的弊端，研究者创出了新的方式"供应商 – 3PL – 制造商"VMI模式。这种模式引入了一个第三方物流（Third-Party Logistics, 3PL）企业，由其提供一个统一的物流和信息流管理平台，统一执行和管理各个供应商的零部件库存控制指令，负责完成制造商生产线上配送零部件的工作，而供应商则根据3PL企业的出库单与制造商结算，具体过程如图8-8所示。

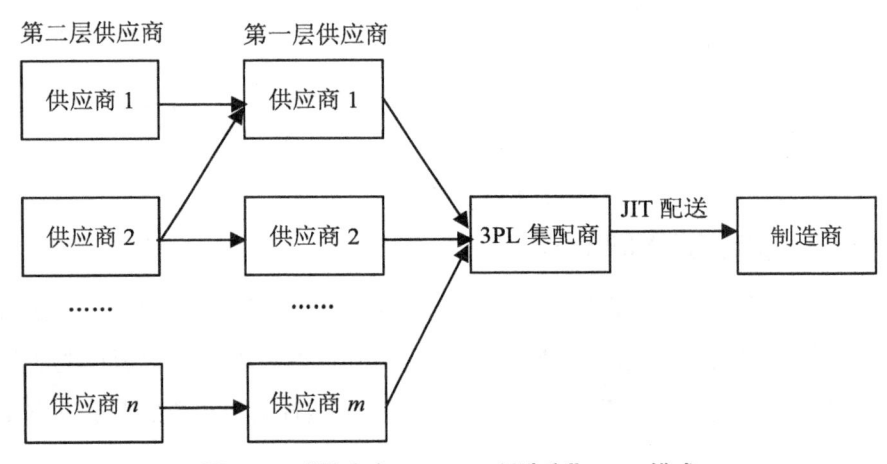

图8-8 "供应商 – 3PL – 制造商" VMI 模式

由于3PL运作的VMI仓库可以合并多个供应商交付的货物，采用了物流集中管理的方式，因此形成了规模效应，降低了库存管理的总成本。这一模式的信息流和物流流程如图8-9所示。

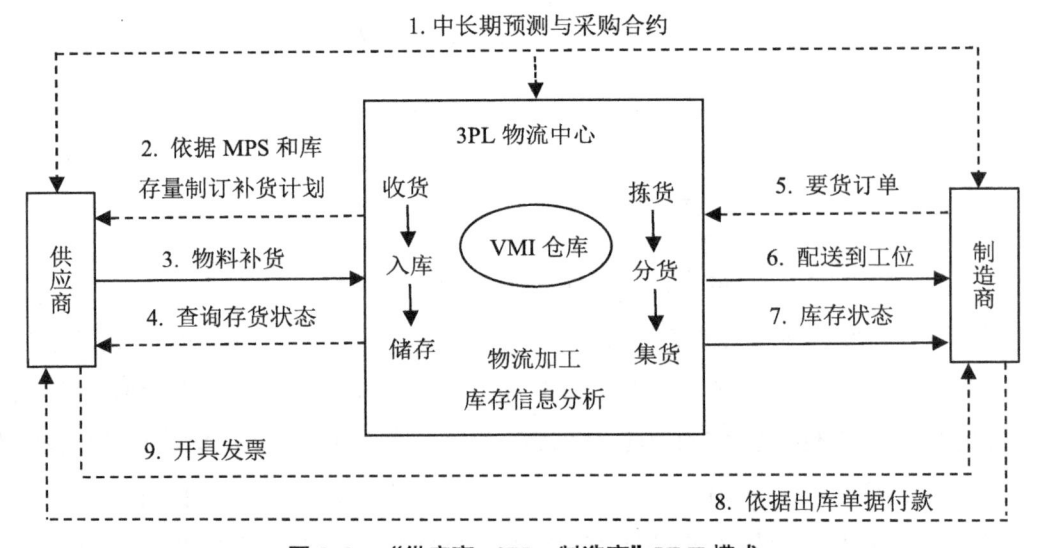

图8-9 "供应商 –3PL– 制造商" VMI 模式

这一模式的优点还有：3PL 推动了合作三方（供应商、制造商和 3PL）之间的信息交换与整合；3PL 提供的信息是中立的，根据预先达成的框架协议，物料的转移标志了物权的转移；3PL 能够提供库存管理、拆包、配料、排序和交付，还可以代表制造商向供应商下达采购订单。由于供应商的物料提前放在由 3PL 运营的仓库中，所以上游的众多供应商都省去了仓储管理及末端配送的成本，从而大大地提高了供应链的响应速度并降低了成本，因此，也有人将这种 VMI 实施模式称为 VMI-HUB。

将 VMI 业务外包给 3PL，最大的阻力还是来自制造商企业内部。制造企业的管理人员可能对 3PL 是否可以保证 VMI 业务的平稳运作存在怀疑和不理解，有人担心引入 3PL 后会失去自己的工作岗位，也有人认为 VMI 业务可以带来利润，因此希望"肥水不流外人田"，把这一业务保留在公司以获得额外的"利润"。因此，为了使 VMI 能够真正为供应链带来竞争力的提升，必须重新组织相关岗位的职责，甚至是变革企业文化。

8.3.3　VMI 的优势与局限性

1. VMI 的优势

通过国内外几年的实施，VMI 被证明是一种先进的库存管理模式，其优势如下。

（1）由供应商掌握库存，就可以把客户从库存陷阱中解救出来，客户不需要准备库存资金，不需要增加采购、入库、出库、保管等一系列工作，能够集中更多的资金、人力、物力用于提高其核心竞争力，从而为企业创造一个更加有利的局面。

（2）供应商掌握客户的库存具有很大的主动性和灵活性，能够提高资源的利用率，减少浪费及非增值活动，提高生产和运输的效率。

（3）供应商管理库存，就是掌握市场。客户的库存消耗是市场需求的组成部分，它直接反映了客户的消费水平和消费倾向，这对于供应商改进产品结构和设计、开发销售对路的新产品，对于企业的生产决策和经营决策起着有力的信息支持作用。

（4）供应商通过信息技术共享客户的需求信息，削弱了供应链的需求波动逐级放大效应，即"牛鞭效应"，从而保证了库存的安全。

（5）降低交易成本。在 VMI 模式下，供需双方是基于互信的合作伙伴关系，客户将其库存的补货决策权完全交给了供应商，从而减少了传统补货模式下协商、谈判等事务性工作，大大节约了交易费用。

（6）提高服务水平。VMI 通过供应商集成供需双方的信息及职能活动，使得企业访问的界面更加友好，业务活动同步运作，从而提高了供需双方的柔性及顾客响应能力。如当需求异常波动时，供应商能够及时获取需求信息，并快速调整补货策略。同时，生产、运输部门也能够同步做出快速反应，调整作业计划。

2. VMI 的局限性

尽管 VMI 是一种非常有效的库存管理模式，但也存在如下局限性。

（1）企业间缺乏信任，合作意识不强。VMI 是跨企业边界的集成与协调，要求供需双方建立互信的合作伙伴关系。如果企业缺乏信任，双方都视对方为竞争对手而不是合作伙伴，那么要实现信息共享和企业间的集成与协调是不可能的。供需双方互信与合作是 VMI 成功的必备条件。VMI 对于企业间的信任要求较高，而且由于供应商和客户实行库存信息共享，所以这一过程存在滥用信息和泄密的可能。

（2）VMI 中的框架协议虽说是双方协议，但供应商处于主导地位，是单行过程，决策过程缺乏足够的协商，难免产生失误。

（3）责任与利益不统一。在 VMI 模式下，供应商承担客户的库存管理及需求预测分析的责任，但却比客户所获利润少，而未承担库存管理责任的客户则获得了更多的利润，出现了责任与利益不统一，从而影响了供应商实施 VMI 的积极性。因此，购买方应从长远利益考虑，采取一些激励措施来激发供应商的积极性，如通过合约将一定比例的利润支付给供应商。VMI 的实施减少了库存总费用，但在 VMI 系统中，供应商比以前承担更多的管理责任，库存费用、运输费用和意外损失（如物品损坏）不是由客户承担，而是由供应商承担，由此可见，VMI 实际上是对传统的库存控制策略进行"责任倒置"后的一种库存管理办法，这无疑加大了供应商的风险。

由上述分析可以看出，实施 VMI 必须慎重，既要看到 VMI 所带来的利益，也要考虑其存在的问题，绝不能草率行事。

📂 本章小结

本章首先介绍了库存的概念及其发展阶段，并从不同角度对库存进行了分类，并介绍了库存管理的作用；然后介绍了供应链库存控制策略的相关内容，主要包括供应链库存面临的问题、供应链库存控制方法、协同式供应链库存管理方法（CPFR）等；最后介绍了供应商管理库存（VMI）的概念、模式、优势和局限性等。供应链库存管理是供应链管理的基本业务流程之一，它是供应链上下游企业之间在生产方面的合作，是在制造商和供应商之间架起的一座桥梁，是生产需求和物料供给之间的联系，对供应链管理起着重要的作用。

本章习题

1. 名词解释

（1）库存 （2）库存管理 （3）制造资源计划（MRP Ⅱ） （4）安全库存 （5）独立需求库存 （6）经济订货批量（EOQ） （7）协同式库存管理（CPFR） （8）供应商管理库存（VMI）

2. 选择题

（1）JIT 生产的基本思想是_____地将生产需要的物料正确地运达生产场地。

A. 及时　　　　B. 随时　　　　C. 实时　　　　D. 适时

（2）库存按_____可分为经常库存、安全库存、在途库存和季节性库存。

A. 状态　　　　B. 需求　　　　C. 目的　　　　D. 用途

（3）连续性检查的固定订货点、最大库存策略，称为_____策略。

A.（Q，R）　　B.（R，S）　　C.（t，R）　　D.（S，t）

（4）CPFR 的形成始于沃尔玛所推动的_____系统。

A. CAFR　　　B. FCAR　　　C. FCRA　　　D. CFAR

（5）VMI 的主要思想是_____确定库存水平和补给策略，并拥有库存控制权。

A. 供应商　　　B. 制造商　　　C. 批发商　　　D. 零售商

（6）在 VMI 模式中，供应商与客户使用_____彼此交换资料。

A. 条码　　　　B. EDI　　　　C. ERP　　　　D. JIT

3. 简答题

（1）画表说明 EOQ 与 MRP 两种库存管理方式的区别。

（2）简述 JIT 生产系统与传统生产系统的不同之处。

（3）简述库存控制的基本策略。

（4）简述 CPFR 的业务数据流。

（5）"供应商 – 3PL – 制造商" VMI 模式有哪些优点？

（6）VMI 模式具有哪些局限性？应该如何克服？

章末案例　登康公司的供应链库存管理优化之路

重庆登康口腔护理用品股份有限公司（以下简称登康公司）于 2001 年 12 月通过股份制改造正式注册成立。该公司以其前身重庆牙膏厂（成立于 1956 年）作为主发起人，联合重庆百货大楼股份有限公司、重庆机电控股（集团）公司、重庆化医控股（集团）公司、重庆商社新世纪百货公司等发起人，共同设立登康公司。作为一家拥有 80 余年历史的民族企业，登康公司一直致力于守护国人口腔健康和弘扬中国传统文化，始终坚持"咬定口腔不放松，主业扎在口腔中"的聚焦定位发展，主要产品有"冷酸灵"牙膏、牙刷、漱口水、"登康"电动牙刷等，年销售收入超过 10 亿元，在抗牙齿敏感领域拥有近 60% 的市场份额，深受广大消费者的青睐。

登康公司是典型的消费品行业公司。消费品市场的特点，是产品集中度高，产品的零售商多且散；市场的需求变化可预见性低，需求变化快；行业渠道种类繁多，各种业态并存；产品客户的忠诚度较低，易受价格影响。这些特点要求消费品供应链要快速响应终端客户的需求，这就意味着生产商需要及时掌握消费者需求变化信息，迅速满足消费者需求。快速消费品供应链主要涵盖供应环节、生产环节、储存环节、销售环节等，这涉及供应链合作的全过程，需要公司各相关业务部门做到协调统一，供应链各节点企业协同运作，只有这样才能使供应链实现整体最优化。而供应链管理中的核心部分是库存管理，它直接影响着企业的竞争力。

1. 登康公司供应链管理存在的问题

（1）高库存和高断货并存。最近几年来，尤其是 2017 年后，由于消费者的需求不断向个性化、差异化方向发展，登康公司也积极响应市场的变化，将以前单一的品种和规格发展到上百个。由于消费品行业存在的普遍问题是月末、季末发货比较集中，因此每个月的这些时间订单量都会增多，各地分仓库存难以满足市场需求，由于当月（季）热销品种的不确定性，各个区域会出现不同程度的断货和产品滞销现象，一方面客户需要的产品仓库没有或者备货不足，另一方面客户不需要的产品在仓库里面积压成为超期库存。

（2）内部供应链运行不畅。经过分析，登康公司发现外部市场投诉的问题主要有以下几个方面：一是产品断货严重；二是客户投诉产品违背先进先出原则；三是各地分仓爆仓，导致新调拨的货无法进入仓库，断货问题仿佛陷入了死循环。同时，内部管理问题也比较多。例如，采购的生产原料经常没有按时到达，导致原本排产的产品不得不停下来等待原料；生产部门由于本月排产品种超出以往，所以转产时间大大增加，每日产量受到极大的影响……这对本来就越发凸显的断货问题来说无疑是雪上加霜。

2. 问题的症结所在

登康公司的管理层认识到，要从根本上解决目前存在的问题，需要认清公司在供应链管理，尤其是库存管理方面存在的 6 个问题。

（1）管理信息系统的落后，导致信息传递不够高效，从而降低了供应链的运转效率。

（2）供应链团队计划制订能力不足，需求计划预测几乎空白。生产计划完全依靠销售部门的填报，准确率低，可参考性不强。

（3）供应链管理相关流程不够完善，导致部门之间衔接脱节，尤其是市场部、研发部、采购部等部门之间相互脱节。

（4）库存量设置不合理，设定方法简单，缺乏精细化思考。

（5）采购部门材料库存设定存在一定的问题，对不确定性因素对库存的影响预估不足。

（6）生产的柔性不高，导致了生产批次的加大，以至于库存不断攀升。

3. 问题解决方案

针对组织和系统存在的问题，结合公司目前的情况，登康公司采取了以下措施作为解决方案。

（1）在信息系统建设方面，登康公司 ERP 信息化系统在 2017 年 10 月上线，将营销管理系统、客户关系管理系统及公司其他管理系统整体联通，打造一体化的信息系统，结束了以往公司存在的"信息孤岛"，让各个环节的信息在公司统一的信息平台上共享。

（2）针对供应链部门需求计划预测能力不足的问题，公司计划组织层面完善了计划组织结构，新设立公司产品的需求计划预测岗位，通过新岗位的设立，以数据分析为依据进行产品需求计划预测，辅助销售的临时活动调整修正，替代公司以往的月度需求计划制定方式。

（3）供应链部门梳理了相关的管理流程，包括市场部新品的上市流程、老品退出流程、研发的试生产流程、采购部门的物料准备流程等。系统和组织流程的梳理和改进，是解决供应链问题的基础。

登康公司供应链团队从 2017 年开始，通过对供应链管理尤其是库存管理方面存在的问题进行全面分析，找到了问题的主要原因，制定了切实可行的行动方案，在系统和组织层面做了基础性的设计和改变，在执行环节做了相关的细节完善，最后经过了一年多的实践，逐步实现了供应链调整的目标，使公司的整体供应状况得到了改善，库存管理得到很大程度的优化。此外，登康公司还以大数据智能化为引领，启动实施了"智慧登康"项目，建设了 40 多项智能制造项目，加大力度推进数字化、智能化转型升级，着力打造数字化生态平台，更好地服务了消费者。

资料来源：中国管理案例共享中心案例库，http://www.cmcc-dlut.cn/

讨论题

（1）登康公司为什么会出现库存过高与市场的缺货风险交替出现的现象？

（2）供应链管理的主要环节包括需求预测、库存管理和供应链执行等，登康公司是如何统一优化以实现供应链的高效运作的？

第9章　供应链采购管理

📢 本章学习要点

知识要点	掌握程度	相关知识
采购与采购管理的概念	掌握	采购和采购管理的定义，3种采购方式
供应链采购管理的概念	重点掌握	供应链采购管理定义和特点，与传统采购相比较
供应链采购管理的目标	了解	总体目标分解为7个具体目标
JIT采购策略的概念	重点掌握	JIT采购的概念和特点，与传统采购相比较
实施JIT采购的原则和方法	了解	实施原则的5个恰当，实施的步骤
国际采购产生背景和概念	重点掌握	国际采购的概念、意义、特点和关键变量
国际采购的实施	掌握	国际采购的作业程序
国际采购的风险防范	了解	国际采购面临8个方面的风险及防范措施

导入案例　青啤公司的采购数字化转型之路

青岛啤酒股份有限公司（以下简称青啤）始建于1903年，于1993年在上海和香港两地上市，目前在全国拥有60家啤酒生产工厂，规模和市场份额居啤酒行业领先地位。2021年，青啤拥有"青岛啤酒、崂山啤酒、汉斯啤酒、青岛啤酒博物馆、王子"等品牌，2022年旗下品牌累计品牌价值超3400亿元，青岛啤酒品牌价值2182.25亿元，连续19年居中国啤酒行业首位。

采购作为青啤智慧供应链战略规划中极其重要的一环，在实现数字化转型之前，存在以下主要问题。

（1）预算管控难

青啤各工厂采购预算分散在不同的系统，各系统未打通，因此存在信息孤岛情况，在执行中工程部需要多系统查询或人工线下统计预算情况，把控及管理难度大。

（2）采购效率低

由于青啤采购品种多、供应商多、采购单品金额低、采购应用的系统多、系统间信息互通性低，所以工厂与供应商协同效率不高。同时，由于缺乏系统管理，因此采购部门需花费大量时间和精力处理各工厂提报的采购需求，寻比价频繁，所以采购周期长。

（3）采购管理成本高

因采购种类繁杂，在物料编码方面，原有 ERP 系统内存在一码多物、一物多码等现象，导致同一编码物料在不同工厂间的价格差异较大，采购管理成本高。在采购跟踪溯源方面，采购下单后无法在线实时跟踪物料物流配送，无法在线掌握到货进度。

随着大数据、云计算、人工智能、数字化技术等新一代信息技术的发展，越来越多的头部企业通过搭建内部采购数字化平台逐步实现了采购数字化转型，针对非生产性物料的复杂性、多样性、管理难度大的特点及合规管理的要求，青啤在充分调研的基础上确定通过搭建采购数字化平台，转变非生物料采购模式，实现采购业务数字化转型，助力公司高质量跨越式发展。

青啤基于采购业务现状、IT 架构及现有系统情况，聚焦降低管理成本、提升采购效率、提升风险管控和保障采购合规透明，以数字化协同为基础，促进需求用户、采购、供应商三端协同贯通，制定预算管理、采购计划、商城采购、采购协同、采购大脑等采购解决方案产品，每个产品的关键举措有如下几个方面。

（1）预算前置

通过青啤采购数字化平台与预算系统集成及数据对接，青啤实现了采购预算前置管理、预算自动校验管控、流程闭环管理，降低了库存成本，保证了采购的有效、有序。

（2）寻源管理

从需求侧驱动寻源，覆盖从需求提报、供应商认证与选择到形成协议或订单的全链路，并支持灵活选择与组合询比价、自主招标、竞价等多种寻源方式，以获取最优价格，降低采购成本。

（3）供应商管理

涵盖从供应商开发、认证引入、分类分级、绩效评估到退出的完整业务链路，建立青岛啤酒供应商关系管理模型，为保障供应、降本增效提供有效手段。

（4）商城采购

需求用户通过采购商城自助下单，实现了全程自动化和 C 端体验，不仅提高了用户满意度，还释放了采购员的大量事务型工作，缩短了采购周期。同时，采购商城充分利用了第三方电商全国化直配能力，将大部分费用化物资直发需求现场，帮助青啤有效降低了库存成本。

（5）采购协同

从需求人员下单起，全流程实时在线，采购员、供应商、财务等角色各自参与协同，实现采购全流程线上可实时追溯；同时，基于 RPA 规则灵活配置，实现申请自动转订单、单据自动流转等功能，极大地提升了执行效率。

（6）采购分析

通过构建数字化采购平台构建采购大脑，融合业务过程中产生的海量商品和业务数据，沉淀采购经验、智能执行采购业务、辅助采购决策。

青啤采购数字化平台上线后，为青啤提供了一个智慧、高效、规范、透明的采购环境，实现了非生产采购业务从需求申报到订单结算全流程的标准化、数字化和智能化，为青啤带来显著的成效，主要表现在以下几点。

（1）采购全流程"可视化"

青啤实现了采购业务从需求申报到订单结算全流程数字化管理，实现全链路打通，过程透明、可视、可控，可追溯。从技术和管理层面有效规范了采购行为、规避了潜在风险。

（2）采购成本明显降低

2022年，青啤采购数字化平台已完成了备品备件、促销品、办公用品、消防器材、实验用品、机物料、劳保用品、食堂用品、员工福利等10个品类上线，物资采购上线率提升到了85%。其中，同品类自动比价商品，采购成本降低了20%以上。

（3）采购周期大大缩短

采购收到需求申请后需先进行询价，然后发出订单，采购周期为15天，青啤采购数字化平台上线后，实现实时在线协同，需求从提报到收货采购时效少于5天。

（4）采购效率显著提升

采购数字化平台摒弃了传统的人工处理单据，通过全链璐RAP引擎实现自动实时转单；同时，自动对账、自动开票及预算管控，自动化释放生产力，人工耗时需3天以上的对账，自动对账仅需0.5天。

（5）采购流程更加标准化

青啤优化了采购流程，并建立了标准体系，包括56个生产工厂、营销中心和8大销售区域审批流程，并统一了审批节点，审批时效较之前提升了约50%。

（6）采购业务流程一体化

青岛啤酒采购数字化平台引入了电商化采购模式，利用云计算、数据分析等先进技术，实现了预算、采购、审批、结算的全流程自动化处理，应用30多个数据接口打通了内部9个系统，实现了采买一体化管理。

总之，青啤基于采购供应链数字化战略的领引，加快推进采购供应链数字化转型，构建了全链条、端到端的采购数字生态，由传统运营向数字化、智能化运营转型，达到了降本增效、数据合规、供应商在线协同、提高用户满意度等效果。

资料来源：https://www.36dianping.com/case/15052

> **讨论题**
>
> （1）实施采购数字化之前，青啤采购管理存在哪些主要问题？
> （2）青啤采购数字化转型有哪些内容？使青啤采购管理实现了哪些收效？

随着经济全球一体化进程加速，市场竞争更加剧烈，采购环节作为供应链的组成部分受到越来越多的关注。一个制造型企业，必须从外界获取原材料来满足生产的需要。从企业的整个生产经营过程看，采购是企业产品增值过程的起点，也是企业核心业务流程的始端。所以对采购的管理，不仅是经营管理的问题，更具有发展战略上的重要意义。

9.1 采购管理概述

9.1.1 采购与采购管理的概念

1. 采购职能的演进

以前企业高层管理者的兴趣往往集中在市场营销、研发、财务和生产运作上，采购仅是企业工厂或部门的附属部门。很多人认为，从事采购职业的人员既不需要专业技能，也不需要才能，企业不会让高级人才去做采购员，采购的事儿似乎人人可做。但是，采购实际上要为产品成本负责，很多的产品质量问题都来源于采购物料，采购对生产运营的影响比其他要素更大。

20 世纪 60 年代至 70 年代间，采购者的注意力主要集中在采购价格和防止生产停工上。采购部门通常有一位采购经理、几名高级和初级的采购员、办事员，或者还有驻外人员。

20 世纪 70 年代末，全球化市场及全球化采购开始出现，库存管理应用了计算机、网络通信等技术，生产过程的自动化程度大幅度提高，物料成本控制成为管理者的重要关注内容。企业高级经理意识到，降低成本要靠外部供应商，而不是内部做个项目计划就能实现的。因此，企业迫切需要提高供应商的专业化水平，并通过大规模、标准化生产来降低产品的生产成本。这就要求企业的采购职责发生改变，以适应企业对供应商要求的变化。与此同时，采购和物料管理开始在企业中发挥更重要的作用，企业对库存控制也更加关注。

20 世纪 80 年代初期，企业运用计算机生成物料需求计划（MRP）来确定生产需要的零部件及原材料的采购数量，加上准时化生产与准时化采购的运用，企业有效地减少了各项库存数量，而且保证了生产的顺利进行。企业采购部门增加了物料、物流和计算机方面的人才，当供应商要求技术支持时，制造商的技术专家可以随时出现。采购和物料管理的高效率随时保障企业生产所需，采购对企业的贡献已不可小视。

随着经济全球一体化的发展和市场竞争的加剧，采购组织在企业机构中的地位越来越重要。20世纪60年代，很多采购部是以二级部门的身份向部门经理汇报，并且是向生产部或业务部汇报。到了20世纪80年代，汇报级别有了变化，有些企业采购部的汇报对象是最高行政执行官或高级副总裁，还有同级别的其他人员。目前，大型企业组织，通常会在采购部设立不同功能的部门，以支持专业化的采购活动。例如，设立采购与谈判专业小组，由其负责特定种类的产品与服务的采购，以及供应商的识别与谈判，如机械采购组、电器采购组、工程采购组等；设立采购计划部，由其预测物料需求，进行价值分析，评估供应商能力，分析供应商成本结构等；设立运营支持部门，由其支持日常业务，如订单催货、跟单、调度等。

2. 采购与采购管理的概念

采购过程把供应链成员连接了起来，以保证供应链的供应质量。采购是入厂物流的前端活动，采购管理做得好与不好，直接关系到供应链整体绩效的高低。此外，在许多行业中，原材料投入成本占总成本的比例很大，而且原材料的质量直接影响产品的质量，并由此影响客户的满意度和企业收益，这样就不难理解采购管理为何越来越受到企业的重视了。

采购是一个复杂过程，目前很难对它进行统一的定义，根据不同的环境它可以有不同的定义。狭义地说，采购是企业购买货物或服务的行为；广义地说，采购是企业取得货物或服务的过程。然而，采购的过程不仅仅是各种活动的机械叠加，而是一系列跨越组织边界活动的成功实施。因此，对采购的定义可以是：企业为取得与自身需求相吻合的货物或服务而必须进行的所有活动。

采购管理是企业为了满足生产和销售需要，向适当的供应商，在适当的品质下，以合适的价格，在适当的时间，购入适当数量的货物或服务所采取的一切管理活动。采购管理是研究在采购货物或服务的过程中，统筹兼顾事前规划、事中执行和事后控制，以达到维持正常的产销活动、降低成本的目的的各种管理活动。采购管理在制造商和供应商之间起着纽带作用。制造商根据自己客户的订单制订生产计划，然后根据生产计划生成物料需求计划，再根据物料需求计划提出货物或服务采购申请。采购部门根据采购申请准备报价申请书、选择最佳供应商、准备订单等。这些活动将供应商与制造商紧密联系起来，如图9-1所示。

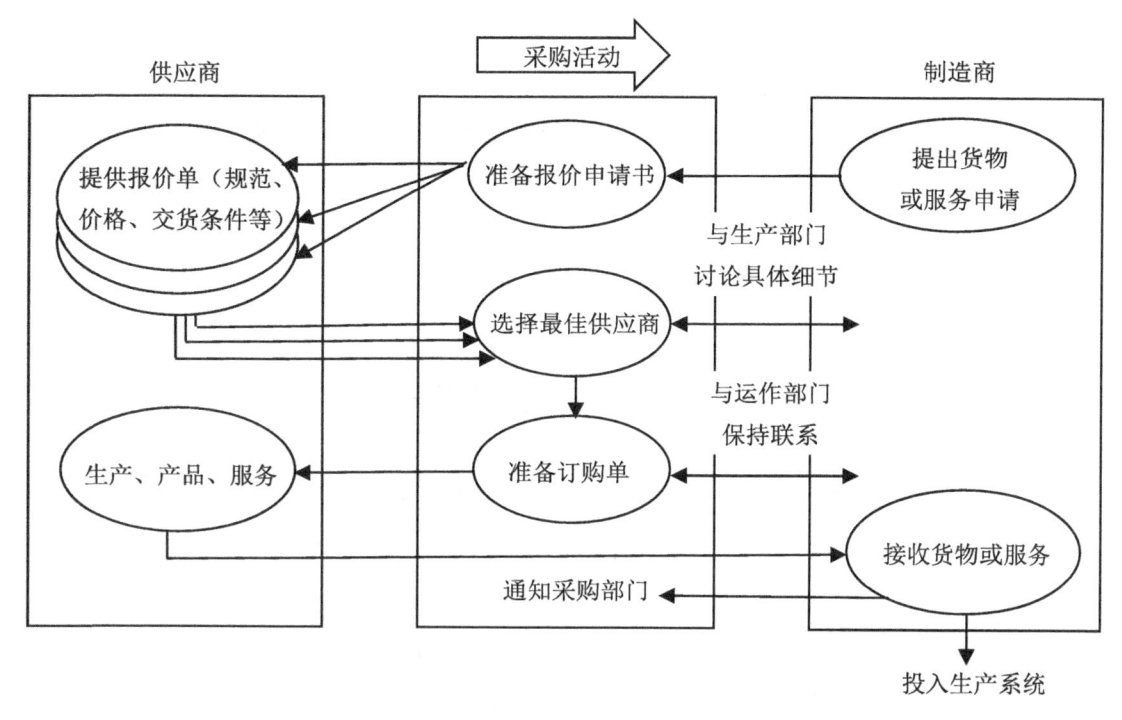

图 9-1 采购活动连接供应商和制造商

3. 采购的组织方式

（1）集中式采购方式

集中式采购方式将采购工作集中在一个部门办理，总公司各部门、分公司及各工厂均无采购权。

集中式采购方式具有以下优点。

① 可使采购数量增加，提高与卖方的谈判力量，较易获得价格折扣与良好服务。

② 只有一个采购部门，因此采购方比较容易针对作业规则采取一致行动。

③ 采购功能集中，人力占用少，便于人才培养与训练，推行专业分工，使采购作业成本降低，效率提高。

④ 拥有各部门共同物料标准，可简化物品种类，节省检验工作。

⑤ 可以统筹规划供需数量，避免各自为政，并且各部门的过剩物资可相互转用，从而降低了库存。

同时，集中式采购方式也存在如下一些缺点。

① 采购流程过长，延误时效；对零星、地域性和紧急采购状况难以适应。

② 非共同性物料集中采购，少数无数量折扣利益。

③ 采购与使用单位分离，采购绩效较差。例如，规格、物品转运等都需要与使用单

位反复对接，降低了采购效率。

集中采购方式的适用条件如下。

① 企业产销规模不大，采购量较小，全公司只要一个采购单位来办理，即可充分满足各部门对物品或劳务的需求。

② 企业各部门及工厂集中一处，采购工作并无因地制宜之必要。或采购部门与需用单位虽不同处一地，但距离较近，通信工具相当便捷，采购工作集中由一个单位负责，不至于影响需求时效。

③ 企业虽有数个生产机构，但是产品种类相同，集中采购可以达到"以量降价"的效果。

（2）分散式采购方式

分散式采购方式是将采购相关的职责与工作分别授予不同的部门执行。在这种分权式的组织方式中，采购部门只承担整个物料管理中的一部分功能与责任，也就是将有关物料或商品需求计划、采购及库存的主管部门分归到不同的指挥系统。

由于分散式采购方式的职责过于分散，因此它本身有以下缺点。

① 职责不清。由于整个物料管理功能被细分化，所以各项工作显得零乱复杂，各部门的职责也不明确。例如，交货期之延误，原因究竟是采购部门作业效率太差，还是前一阶段的物料需求计划不当，或是后一阶段的交货不及时，无法分清，这就造成部门之间争议不休、互相推诿，找不到负责解决问题的部门。

② 目标冲突。由于各部门立场不同，工作目标未必一致，难免出现本位主义，妨碍了横向的沟通与协调。例如，采购部门为了获取以量降价的利益，大批量进货，造成仓储部门库存压力增大。

③ 浪费资源。各部门之间重复相同的工作项目，如追踪物料供需动态，与供应商交涉送货、退货、物料作业电子化等，由于没有统一指挥的单位，管理工作复杂，效率低下，造成人力、设备的投资成本过高。

（3）混合式采购方式

混合式采购方式兼取集中、分散制的优点，即凡属于共同性物料，采购金额较大者，均集中由总公司采购部办理，小额、零散、临时性的采购，则授权分公司自行采购。这样，一方面能使采购资金较合理地统一管理，又能调动各分公司的积极性，及时满足经营需要。

为确保在日益激烈的全球竞争中，采购组织机构既具有集中式采购的优势，又具有分散式采购的优势，大多数企业会选择混合式采购组织：某些任务的决策权由集中化采购管理小组掌控，有些权力则分散到各运作层。混合式采购方式既不是完全的集权化，又不是完全的分散化。

值得关注的是，新兴技术的出现和发展促进了集中化电子采购的应用。电子采购将新一代信息技术应用于战略采购过程，利用互联网采购工具，实现了从电子目录到电子报价请求、电子化招投标过程中买方和卖方通过网络完成商品交易，构建了阳光下的采购平台，减少了多余的采购步骤，提高了采购的速度和灵活性，并使企业收益最大化，缩短了采购周期，从而提高了整体采购的实效性。

9.1.2 供应链采购管理的概念

1. 传统采购模式

传统采购管理的核心是请求与谈判。询价采购、比价采购和招标采购的重心都是和供应商在商业交易中进行价格比较，通过多家供应商竞争，从中选择价格最低的供应商作为合作者。虽然产品质量和交货期也是采购部门的重要考虑因素，但是在传统的采购模式中，产品质量和交货期等其他因素都是通过事后把关的方式进行控制的。

传统采购模式的局限性表现在以下 6 个方面。

（1）采购过程的非信息对称博弈

选择供应商是传统采购管理的首要任务。采购方为了从多个竞争性供应商中选择最佳的一个，以争取到更低的产品价格，往往会保留私有信息。因为向供应商提供的信息越多，供应商的竞争筹码就越大，对采购方的价格让步就会越小，这对采购方非常不利，因此采购方会尽量保留私有信息。而供应商也会在和其他供应商的竞争中隐瞒自己的信息，因为竞争对手得到自己的信息越多，在竞争过程中就越容易找到战胜自己的产品优势，从而优于自己，最终拿到订单。采购和供应双方都有意不进行有效的信息沟通，这就是非信息对称的博弈过程。

（2）质量控制的难度大

除了产品价格，产品质量和交货期也是采购方要考虑的两个重要因素。但是在传统采购模式下，质量控制只能通过事后把关的方式进行，因为采购方很难参与供应商的生产组织过程和相关的质量控制过程，他们相互的工作是独立、不透明的。因此，需要通过各种有关标准，如国际标准、国家标准等进行验收检查。缺乏合作的质量控制导致了采购部门对采购物品的质量控制难度增大。

（3）竞争多于合作

在传统采购模式下，供应方和采购方之间的合作关系是临时性的，或者是短时期的，而且竞争多于合作。在采购过程中，供应方和采购方一直把重点放在价格谈判上，所以他们之间是价格上的竞争关系,由此就导致相互之间处于对立状态,采购过程中各种抱怨和扯皮的事情比较多,很多时间都消耗在解决日常问题上,而不是做长期性的预测与计划工作,这种缺乏合作的气氛也增加了运作中的不确定性。

(4)客户需求响应能力迟钝

由于订单签完以后供应与采购双方在信息沟通方面缺乏及时的反馈,在市场需求发生变化的情况下,采购方也不能改变供应方已有的订货合同,因此采购方在需求减少时库存增加,需求增加时又供不应求。重新订货还要增加谈判环节,因此供需双方没有同步响应客户需求,缺乏应付需求变化的能力。

(5)生产部门与采购部门脱节

整个采购过程缺乏科学的分析和评价,以经验而不是技术来指导采购决策。采购部门仅仅是执行生产部门确定的订单采购任务,这样或者造成库存积压占用大量流动资金,或者使供应滞后丧失市场机会。

(6)采购过程缺乏科学的监督和控制

整个采购过程缺乏科学的分析和评价,以经验而不是技术来指导采购决策,这就造成供应商组成结构不合理、采购渠道比较单一和采购方式落后,从而影响了采购的效益和效率。采购效率没有得到公正的评价,利益驱动造成暗箱操作、舍好求次、舍贱求贵和舍近求远,出现腐败温床。

传统采购模式和采购管理思想存在的以上问题导致它已经不能适应当今企业所处的市场环境,供应链管理思想的产生和发展给采购管理提供了一个理论发展的平台,因此也就产生了供应链采购管理理论。

2. 供应链采购管理的内涵

根据美国供应协会对供应的最新阐述,把供应链采购管理定义为:企业为了追求和实现它的战略目标而进行的一系列紧密与生产和库存相连的识别、采办、获取与管理它所需的所有资源的活动。

对这个定义的正确理解需要注意以下4个方面的问题。

(1)企业的采购行为应该在其战略目标的指导下进行,这包含两方面的含义。首先,采购行为不是拘泥于企业的某个层次、某个部门或者某个时段的目标,在采购行为与某些时间上或者空间上的分目标相冲突时,其合理性要以是否有助于企业总体战略目标的实现来衡量。其次,企业的采购行为应该最大限度地保障或促进企业战略目标的实现。采购部门直接将企业内部和外部的环境相连接,但在传统采购模式中,由于组织沟通的障碍和集成的程度、科学性的欠缺，企业不能把采购部门所获取的信息和情报转化成为组织更深层次的竞争优势。所以在供应链管理思想下，采购管理应该为企业的战略目标的制订、实施和评价提供应有的支持。

（2）识别是指对市场中各种机遇的把握和辨别。机遇是指诸如新材料的出现、新技术的兴起和可能的供应商的出现这些变化。一旦市场上出现这些变化，企业的采购部门应该能够对这些变化进行分析并根据自身的特点充分利用这些机会。这就极大地突破了采购的传统事务性职能。

（3）采办是指比购买更为广泛的获取商品或服务的行为。它包括制订分析、寻找和使用供应源的策略，还意味着需要与供应商维持适当的关系、开发采购方法、优化采购流程以及协调组织内部和组织之间的关系。

（4）获取是指最终取得某种物品或服务的使用价值或潜在使用价值。这比传统的采购理念更为精确地定义了采购的对象。采购部门要获得的不是采购物品本身，而是一种功能，这就极大地扩大了可供选择的供应源的范围，通过对各种替代品或替代技术的分析提高了采购行为的科学性和经济性，使采购行为从传统的被动行为转向主动行为。

从以上对采购概念的分析可以知道，供应链采购管理就是指采购组织对企业为了追求和实现它的战略目标而进行的一系列紧密的与生产和库存相连的识别、采办、获取与管理它所需的所有资源的活动进行的计划、组织、协调和控制。在这种管理思想下，企业的采购行为与传统的采购行为相比发生了很大的变化。

3. 供应链采购的特点

在供应链管理中，采购实现了供应链系统的无缝连接，它为供应链上企业之间的原材料、半成品和产成品的生产合作交流架起了一座桥梁，是提高供应链企业同步化运作效率的关键环节，所以供应链管理中企业的采购方式和传统的采购方式相比存在很多差异。

（1）从为库存采购向为订单采购的转变

在传统采购模式下，采购的目的仅仅是为了补充库存，即为库存而采购。采购部门并不关心企业的生产制造过程，不了解生产的进度和产品需求的变化，采购过程缺乏主动性，采购部门制定的采购计划也很难适应制造需求的变化。

在供应链管理模式下，采购活动是以订单驱动方式开展的。在客户需求订单的驱动下产生制造订单，然后制造订单驱动产生采购订单，采购订单再驱动供应商，这种准时化的订单驱动模式使供应链系统得以准时响应客户的需求，从而降低了库存成本，提高了物流的速度和库存周转率。

(2) 从采购管理向外部资源管理的转变

外部资源管理就是在制造企业的采购业务活动中,将事后把关转变为事中控制。就像在建筑行业中,当采用工程业务承包时,为了对承包业务的进度与工程质量进行监控,负责工程项目的部门会派出有关人员深入到承包工地,对承包工程进行实时监管。

制造企业中传统采购管理的不足就是缺乏与供应商的合作,缺乏柔性和对需求快速响应的能力。一方面,供应商对采购部门的要求不能得到实时响应;另一方面,关于产品的质量控制也只能是事后把关,不能进行实时控制,这些缺陷使供应链企业无法实现同步化运作。实施外部资源管理也是实施精细化生产、零库存生产的要求。供应链管理中的一个重要思想是在生产控制中采用基于订单流的准时化生产模式,使供应链企业的业务流程朝着精细化生产方向努力,即实现生产过程的几个"零"化管理:零缺陷、零库存、零交货期、零故障、零(无)纸文书、零废料、零事故、零人力资源浪费等。

供应链管理思想就是系统性、协调性、集成性和同步性,外部资源管理是实现供应链管理的上述思想的一个重要步骤——企业集成。从供应链企业集成的过程来看,它是供应链企业从内部集成走向外部集成的重要一步。

(3) 从一般买卖关系向战略协作伙伴关系的转变

在传统采购模式中,供应商与需求企业之间是一种简单的买卖关系,因此无法解决一些涉及全局性、战略性的供应链问题,而基于战略伙伴关系的采购方式则为解决这些问题创造了条件。

①优化库存。在传统采购模式中,供应链的各级企业无法共享库存信息,各级节点企业都独立地采用订货点技术进行库存决策,这就不可避免地产生了需求信息的扭曲,因此供应链的整体效率得不到充分提高。但在供应链管理模式下,基于双方的合作伙伴关系,供应与需求双方可以共享库存数据,因此采购的决策过程变得透明起来,减少了需求信息失真的现象。

②降低风险。供需双方通过战略性合作关系,可以降低由于不可预测的需求变化带来的风险,如运输过程的风险、信用的风险、产品质量的风险等。

③提供便利。合作伙伴关系可以为双方共同解决问题提供便利的条件,例如,双方可以为制定战略性的采购供应计划共同协商,不必为日常琐事消耗时间与精力。

④降低采购成本。通过合作伙伴关系,供需双方都能从降低交易成本中获得好处。由于避免了许多不必要的手续和谈判过程,信息的共享减少了信息不对称决策可能造成的损失。

⑤消除组织障碍。战略性的伙伴关系消除了供应过程的组织障碍,为实现 JIT 采购创造了条件。

(4) 从交易买卖型采购向战略采购的转变

供应链管理模式下采购管理的理念实现了升级,采购活动从交易买卖型采购转为战略采购。

传统的采购模式将战略采购与操作采购混合在一起,缺乏良好的监督机制(组织上的保障),管理资源得不到优化配置。采购部门认为将材料买回来就完成了任务,很少考虑生产环节与采购的联系,生产与采购的协调难度较大,容易出现扯皮现象。随着供应链管理理念的不断深化,采购活动的组织方式也出现了从一般操作方式的采购向战略采购发展的趋势。

所谓战略采购,是指为使供应链稳健运营及提高自身的竞争力,通过与行业领先或对市场有重要影响力的供应商建立长期、稳定的合作关系,实现供需双方互惠互赢的一种新的采购业务模式。战略采购是以最低总成本建立业务供给渠道的过程,不是以最低采购价格获得当前所需原料的简单交易。它充分平衡了企业内部和外部的优势,以降低整体供应链成本为宗旨,注重长期供应商关系管理,如从关注谈判向建立战略伙伴关系转变,从一味压价向建立互赢和激励机制转变。战略采购把采购管理上升到战略性高度考虑,如采购策略和合作伙伴的选择评估标准应作为企业整体战略中的一部分,新产品的开发和改善应与战略供应商保持自始至终的合作。从企业战略的实施角度来说,战略采购是支持企业战略、供应链战略及提高供应链协调性和适应性的重要举措。

传统采购与供应链采购的特点和区别归纳起来如表 9-1 所示。

表 9-1 传统采购与供应链采购的区别

项 目	传统采购	供应链采购
供应商/买方关系	相互对立	合作伙伴
合作关系	短期可变	长期稳定
合同期限	短	长
采购数量	大批量	小批量
运输策略	单一品种整车发送	多品种整车发送
质量问题	检验/再检验	无需入库检验
与供应商的信息沟通	订单	网络
信息沟通频率	离散的	连续的

续表

项　目	传统采购	供应链采购
对库存的认识	资产	浪费
供应商数量	多头供应	单源供应
设计流程	先设计产品后询价	供应商参与产品设计
产量	大量	少量
交货安排	每月	每周或每天
供应商地理分布	很广的区域	尽可能靠近
仓库	大，自动化	小，灵活

9.1.3　供应链采购管理的目标

供应链采购职能总体目标为：它获得的物料应该是货真价实的（即满足质量上的要求），数量是符合要求的，并以准确的时间发送至正确的地点，物料必须来源于合适的供应商（即一个可靠的、能及时地履行其承诺和义务的供应商）。同时，与之相适应的，还要获得合适的服务（不仅仅是指采购之前，还包括成交之后），当然价格也必须是合理的。通常采购决策者总是试图去协调这种常常是相互冲突的目标，他们通过做出取舍来得到这些目标的最优组合。供应链采购管理的总体目标可以分解为下述具体目标。

（1）提供不间断的物料流和物资流，保证整个组织正常运转。

（2）减少采购中间环节，优化采购流程；使存货投资和损失保持最小；以可能的最低水平的管理费用来完成采购目标；保持并提高质量，避免因低质量物料投入而产生的高额纠正成本。

（3）发现或发展有竞争力的供应商，优化供应商结构，建立供应商伙伴关系且与其一起努力对流程和质量进行持续改进。

（4）当条件允许的时候，将所购物料标准化。这样有利于进行集中采购，减少库存投资，降低员工培训成本和设备使用过程中的维护费用。

（5）以最低的总成本获得所需的货物和服务。在履行采购职能的过程中，采购决策者不能仅仅将目光放在购买价格上，而要密切注意其他的隐含成本，如运输费用、设备维护和升级费用、员工培训费用、回收或者报废成本。

（6）从采购部门的角度参与新产品的开发，实现新产品开发的并行工程。

（7）在企业内部与其他职能部门建立和谐而富有生产效率的工作关系。

9.2 JIT 采购策略

JIT 采购，即准时制采购，和准时化生产一样，它不但能够最好地满足用户需要，而且可以极大地消除库存、最大限度地消除浪费，从而极大地降低企业的采购成本和经营成本，提高企业的竞争力。正是因为 JIT 采购对于提高企业经济效益有着显著的效果，20 世纪 80 年代以来，西方经济发达国家的企业非常重视对 JIT 采购的研究与应用，很多企业已经开始全部或局部应用 JIT 采购方法，并取得了良好的应用效果。

9.2.1 JIT 采购策略概述

1. JIT 采购的概念和意义

（1）JIT 采购的概念

JIT 采购是一种基于供应链管理思想的先进的采购模式。它的基本思想是，在恰当的时间、恰当的地点以恰当的数量、恰当的质量提供恰当的物品。它是从准时制生产发展而来的，是为了消除库存和不必要的浪费而进行的持续性改进。它与传统的采购方法在质量控制、供需关系、供应商的数目、交货期的管理等方面有许多不同，其中关于供应商的选择（数量与关系）、质量控制是其核心内容。JIT 采购包括供应商的支持与合作及制造过程、货物运输系统等一系列内容，这种采购方式不但可以减少库存，还可以加快库存周转、缩短提前期、提高购物的质量、获得满意交货效果等。

（2）JIT 采购的意义

JIT 采购对于企业实现 JIT 生产系统、克服传统采购缺陷及实现供应链的整体同步化运作具有重要的意义。

① JIT 采购是实现 JIT 生产系统的前提。JIT 是由日本企业首创的一种新的生产管理系统，最早使用这一系统的是全球知名的丰田汽车公司。JIT 生产系统是指企业在生产自动化、电算化的情况下，合理规划并大大简化采购、生产及销售过程，尽可能减少库存，从而达到降低产品成本、全面提高产品质量、劳动生产率和综合经济效益这些目的的一种先进生产系统。JIT 采购是 JIT 生产系统得以顺利运行的重要内容，是 JIT 系统循环的起点，推行 JIT 采购是实施 JIT 生产经营的必然要求和前提条件。

② JIT 采购可以克服传统采购的缺陷。传统采购是填充库存，并以一定的库存来应对

企业需求，为了保证企业生产经营的正常进行和应付物资采购过程中的各种不确定性（如市场变化、物资短缺、运输条件约束等），常常产生大量的原材料和外购件库存。虽然传统采购方式也在极力进行库存控制，想方设法地压缩库存，但是由于机制问题，其压缩库存的能力是有限的。特别是在需求急剧变化的情况下，常常导致既有高库存、又出现某些物资缺货的局面。高库存增加了成本，缺货则直接影响生产。而 JIT 采购作为一种先进的采购模式，不但可以有效克服传统采购的缺陷，提高物资采购的效率和质量，还可以有效提升企业的管理水平，为企业带来巨大的经济效益。

③ JIT 采购可以保证供应链同步化运作。供应链采购模式与传统的采购模式的不同在于它采用订单驱动的方式。订单驱动使供应与需求双方都围绕订单运作，从而实现了准时化、同步化运作。要实现同步化运作，采购方式就必须是并行的，当采购部门产生一个订单时，供应商即开始着手相应的准备工作。与此同时，采购部门编制详细采购计划，制造部门开始进行生产的准备，当采购部门把详细的采购单提供给供应商时，供应商就能将物资在较短的时间内交给客户。当客户需求发生改变时，制造订单又驱动采购订单发生改变。对于这样一种快速的改变过程，如果没有 JIT 采购方法，供应链企业是很难适应的，因此，JIT 采购增加了供应链的柔性和敏捷性，体现了供应链管理的协调性、同步性和集成性，供应链管理需要 JIT 采购来保证供应链的整体同步化运作。

2. JIT 采购的特点

JIT 采购和传统的采购模式有很多不同之处，其特点主要表现在以下 6 个方面。

（1）对供应商数量的选择不同

传统采购模式一般是多头采购，供应商的数目相对较多。JIT 采购模式下供应商较少，甚至是单源供应。从理论上讲，采用单一供应源比多供应源好，一方面，管理供应商比较方便，且可以使供应商获得内部规模效益和长期订货，从而有利于降低采购成本；另一方面，有利于供需之间建立长期稳定的合作关系，质量上比较有保证。但是，采用单一的供应源也有不足和风险，如产品价格偏高，对供应商的依赖过大，供应商可能因意外原因中断交货，以及供应商缺乏竞争意识，等等。所以，一些企业常采用同一原材料或外购件由两个供应商供货的方法，其中一个供应商为主，另一个供应商为辅。其实，很多企业也不愿意采用单一供应商，因为供应商是独立性较强的商业竞争者，不愿意把自己的成本数据披露给客户，而且供应商也不愿意成为其他企业的一个产品库存点，从而增加自己的成本。

（2）对交货即时性的要求不同

传统采购模式是为库存而采购，所以对交货的即时性要求不高。而 JIT 采购则要求准时交货，这是实施精细化生产的前提条件。交货准时取决于供应商的生产与运输条件。供应商要做到交货准时，可以从以下两个方面入手。

① 不断改善企业的生产条件，提高生产的连续性和稳定性，减少由于生产过程的不稳定而产生的延迟交货或误点现象。作为准时化供应链管理的一部分，供应商同样可以采用准时化的生产管理模式，以提高生产过程的准时性。

② 通过其他辅助手段以保证准时交货，如可以通过完善运输状况，或在制造商附近建立临时仓库，或由专门的第三方物流公司承运等。

（3）对供应商选择的标准不同

在传统采购模式中，采购方通过价格竞争选择的采购商，供应商与采购方是临时的短期合作关系，当发现供应商不合适时，采购方可以通过市场竞标等方式重新选择供应商。但在JIT采购模式中，供应商与采购方是长期的合作关系，供应商的合作能力将影响企业的长期经济利益，因此对供应商的要求就比较高。在选择供应商时，需要对供应商进行综合评估，这时价格不再是主要因素，质量成为最重要的标准，这种质量不单指产品的质量，还包括工作质量、交货质量、技术质量等多方面的内容。

（4）对信息交流的需求不同

传统采购模式对信息交流的需求不高，在订单签订后，供需双方很少再进行沟通。但是JIT采购要求供需双方信息高度共享，以保证供需信息的准确性和实时性。由于双方是战略合作关系，所以在生产计划、库存、质量等各方面的信息都可以及时进行交流，以便出现问题时能够及时处理。只有供需双方进行可靠而快速的双向信息交流，才能保证所需的原材料和外购件的准时按量供应，而且充分的信息交流还可以增强供应商的应变能力。

（5）制定采购批量的策略不同

传统采购模式是为库存而采购，所以为了实现经济订货批量，一般采用大批量办法。而小批量采购是JIT采购的一个基本特征。JIT采购和传统采购模式的一个重要区别就是，准时化生产需要减少生产批量，直至实现"一个流生产"，因此采购的物资也应采用小批量办法。从另一个角度看，由于企业生产对原材料和外购件的需求是不确定的，而JIT采购旨在消除原材料和外购件库存，为了保证准时、按质按量供应所需的原材料和外购件，采购必然是小批量的。

（6）对送货和包装的要求不同

由于JIT采购消除了原材料和外购件的缓冲库存，所以供应商交货的失误和送货的延迟必将导致企业生产线的停工待料。因此，可靠的送货是实施JIT采购的前提条件，而送货的可靠性，常取决于供应商的生产能力、运输条件和包装条件，一些不可预料的因素，如恶劣的气候、交通堵塞、运输工具的故障等，都可能造成送货延迟。此外，JIT 采购对原材料和外购件的包装也提出了特定的要求。最理想的情况是，对每一种原材料和外购件采用标准规格且可重复使用的容器包装，并且直接将货物送到生产线上。

综上所述，JIT 采购与传统采购模式的区别如表 9-2 所示。

表 9-2　JIT 采购与传统采购的区别

项　目	JIT 采购	传统采购
采购批量	小批量，送货频率高	大批量，送货频率低
供应商选择	长期合作，单源供应	短期合作，多源供应
供应商衡量	质量、价格、交货期	质量、价格、交货期
检查工作	逐渐减少，最后消除	收货、点货、质量验收
协商内容	长期合作关系、质量和合理价格	获得最低价格
运输	准时送货、买方负责	较低的成本、卖方负责安排
文书工作	文书工作少、需要的是有能力改变交货时间和质量	文书工作量大，改变交货期和质量的采购单多
产品说明	供应商创新、强调产品性能	买方关心设计、供应商没有创新
包装	小、标准化容器包装	普通包装、没有特别要求
信息交流	快速、可靠	一般要求

9.2.2　实施 JIT 采购的原则和方法

1. 实施 JIT 采购的原则

在供应链管理模式下，JIT 采购工作的基本原则是要做到 5 个恰当：恰当的数量、恰当的质量和时间、恰当的地点、恰当的价格和恰当的来源。

（1）恰当的数量

在传统采购模式中，采购活动主要是围绕补充库存开展的，而在供应链管理模式下，采购活动是以订单驱动方式进行的。制造订单驱动采购订单，采购订单再驱动供应商。这种准时制订单驱动模式，使供应链系统得以准时响应用户的需求，从而降低了库存成本，提高了物流的速度和库存周转率。近年来，越来越多的企业逐步实行了订单驱动的采购模式。采购数量根据企业的订单计划而定，根据订单实际需求而采购，降低了库存成本，提高了经济效益。

（2）恰当的质量和时间

质量与交货期是采购方要考虑的重要因素。在传统采购模式下，要有效控制质量和交货期只能通过事后把关的办法，因为采购方很难参与供应商的生产组织过程和质量控制活动，相互的工作是不透明的，往往通过国际、国家标准等进行检查和验收。而供应链管理思想要求系统性、协调性、集成性和同步性，外部资源管理是实现供应链管理思想的重要步骤——企业集成。它是企业从内部集成走向外部集成的重要一步，为此可以从以下几方面进行提高。

① 与供应商建立长期的、互惠互利的合作关系，这种合作关系保证了供需双方有合作的诚意和共同解决问题的积极性。

② 及时把供应商产品的质量问题反馈给供应商，便于迅速解决问题。

③ 对供应商进行 ISO 体系标准的培训，使其生产符合国家环保和生产安全等方面的要求。

（3）恰当的地点

在选择产品交货地点时应考虑各种因素，如价格、时间、产品种类等。

（4）恰当的价格

物资价格的确定是采购的重要环节。为保证物资价格恰当、合理，可以采用以下几种方法来降低采购价格。

① 采取大宗原料、辅料、包装材料集中招投标。

② 优先考虑质量稳定、价格合理、长期合作的供应商。

③ 通过信息交流和分析，考察供求关系，了解物资价格的变化趋势。

（5）恰当的来源

在传统采购模式中，供需双方之间的关系是临时性的，它们没有更多的时间来做长期性预测和计划工作，而供应链管理模式使供需关系从简单的买卖关系向双方建立战略合作伙伴关系转变。战略合作伙伴关系消除了供应过程中的各种障碍，为实现 JIT 采购创造了条件；可以降低由不可预测的需求变化带来的风险，如运输风险、信用风险、产品质量风险等；可以让双方为制定战略采购供应计划共同协商，而不必为日常琐事消耗时间和精力。

2. JIT 采购的实施方法

要实施 JIT 采购，以下 4 点十分重要。

① 看板管理是实现 JIT 采购最有效的手段。

②选择最佳的供应商,并对供应商进行有效的管理是 JIT 采购成功的基石。

③供应商与客户的紧密合作是 JIT 采购成功的钥匙。

④卓有成效的采购过程、严格的质量控制是 JIT 采购成功的保证。

实施 JIT 采购可以遵循以下的步骤。

(1)创建 JIT 采购班组

JIT 采购班组的作用就是全面处理准时化有关事宜。要制订 JIT 采购的操作规程,就要协调企业内部各有关部门的运作流程、协调企业与供应商之间的合作关系。JIT 采购除了企业采购供应部门有关人员之外,还应包括本企业及供应商企业的生产管理人员、技术人员、搬运人员等。专业采购人员有 3 个责任:寻找货源、商定价格、发展与供应商的协作关系并不断改进这种关系。因此,专业化的高素质采购队伍对实施 JIT 采购至关重要。为此,首先应成立两个班组,一个是专门处理供应商事务的班组,该班组的任务是培训和指导供应商的 JIT 采购操作,衔接供应商与本企业的操作流程,认定和评估供应商的信誉、能力,或与供应商谈判签订准时化订货合同,向供应商发放免检签证等。另外一个班组专门消除采购过程中浪费现象。这些班组人员对 JIT 的采购方法应有充分的了解和认识,必要时还要接受培训。

(2)制订计划,确保 JIT 采购策略有计划、有步骤地实施

企业要有针对性地制定采购策略,改进当前的采购方式,包括减少供应商的数量、正确评价供应商、向供应商发放签证等。在这个过程中,企业要与供应商一起商定 JIT 采购的目标和有关措施,并保持经常性的信息沟通。

(3)精选少数供应商,建立伙伴关系

供应商和企业之间是互利的伙伴关系,在这种关系的基础上,双方发展共同的目标,分享共同的利益。企业可以选择少数几个最佳的供应商作为合作对象,选择供应商应从这几个方面考虑:产品质量、供货情况、应变能力、地理位置、企业规模、财务状况、技术能力、价格、与其他供应商的可替代性等。

(4)开展试点工作

企业可以先从某种产品或某条生产线试点开始,进行零部件或原材料的准时化供应试点。在试点过程中,取得企业各个部门的支持是很重要的,特别是生产部门的支持。通过试点,总结经验,为正式实施 JIT 采购打下基础。

(5)搞好供应商的培训,确定共同目标

JIT 采购是供需双方共同的业务活动,单靠采购部门的努力是不够的,还需要供应商的配合。只有供应商也对 JIT 采购的策略和运作方法有了认识和理解,才能积极支持和配合,因此采购方需要对供应商进行教育培训。通过培训，大家取得一致的目标，相互之间就能够很好地协作，共同努力做好采购的准时化工作。

（6）向供应商颁发产品免检合格证书

JIT采购和传统采购模式的不同之处在于买方不需要为采购产品准备比较多的检验手续。要做到这一点，需要供应商提供百分之百的合格产品，当其达到这一要求时，即发给免检合格证书。为此，核发免检证书时，要求供应商提供最新的、正确的、完整的产品质量文件，包括设计蓝图、规格、检验程序及其他必要的关键内容。经长期检验达到目标后，所有采购的物资就可以从卸货点直接运送至生产线投入使用。

（7）实现配合准时化生产的交货方式

JIT采购的最终目标是实现企业的准时化生产，为此，要实现从预测的交货方式向准时化适时交货方式转变。JIT采购的目标是要实现这样的交货方式：当生产线正好需要某种物资时，该物资就能到货并运至生产线，生产线拉动它所需的物资，并在制造产品时使用该物资。

（8）继续改进，扩大成果

JIT采购是一个不断完善和改进的过程，需要在实施过程中不断总结经验教训，从降低运输成本、提高交货的准确性和产品的质量、降低供应商库存等各个方面进行改进，不断提高JIT采购的运作绩效。

9.3 国际采购

国际市场的形成是社会化分工逐渐细化及社会化大生产发展的必然结果，它打破了国与国之间的界限，使世界各国之间的经济联系日益紧密。世界各国都积极主动地参与国际交流和国际合作，努力开拓国内和国外两个市场，充分利用国内和国外的各种资源，以加速本国经济与世界经济的接轨，加入国际大流通。经济全球化的发展趋势促使各国企业及各国政府的采购工作向国际采购方向发展。

9.3.1 国际采购概述

1. 国际采购产生的背景

自20世纪90年代以来，全球经济一体化出现了加速发展的态势，并对世界各国的经济发展产生了多方面的重要影响,尤其是在资源配置范围、产业组织方式和竞争格局等方面出现了一系列革命性的变化,从而使在全球范围内采购的模式成为企业发展的必由之路。

全球经济一体化直接推动了全球范围内资源的合理配置,也成为国际采购与供应链整合的直接动因。随着全球经济一体化的加速发展,各国经济发展从过去依赖本国的能力、知识、人力资源、基础设施、商品市场等,转向了依赖资源的比较优势。经济发展的模式也因此转为采取开放型竞争战略和比较优势战略,这就使得资源的配置超越了一个国家的地理边界,得以在全球范围内重新安排,以追求最佳的、合理的配置效果。从而使得生产和经营活动组织从过去单一的在一个国家内部的组织安排、以国内企业为主进行的分工合作,转向了全球的组织安排和国际协作,跨国公司和国际企业利用它们的全球发展战略在全球范围内实现了投资、开发、生产、采购和销售的最优化,并且形成了以这些企业为核心和先导,把上下游企业联系在一起,以供应链管理为基础的分工合理、运作有序、管理严密的企业网络。

现代信息技术的迅猛发展也为国际采购提供了条件。借助现代信息技术,原来分散的各个生产、经营环节得以相互连通,成了一个有机整体。同时,在生产企业、流通企业、物流企业等众多生产性服务企业、消费者之间实现的信息共享,使这些企业都能够按照市场的要求提供产品和服务,并能够协调一致地开展各项生产经营活动。

2. 国际采购的概念和特点

(1)国际采购的概念

国际采购就是在全球范围内选择和管理供应商,寻找满足企业需求的质量好、价格优的货物或服务的过程。企业采购商品的时候,如果国内市场的商品在性能或质量上不能满足其要求,或者相同的商品在国外购买更便宜,这时候就需要进行国际采购。

国际采购货物或服务的原因有很多,包括价格、质量、本土物资缺乏、快速交货和优质服务、战略层面的考虑,以及不断降低的关税等。当然,国际采购的要求也会随着特定商品需求的变化而发生变化。但是选取国际供应商的最基本、最简单的原因是从国外采购商品或服务可以获得更多的利益。

(2)国际采购的特点

与国内市场采购相比,国际采购具有特殊性,其特点主要表现在以下几个方面。

①采购具有价格、质量等方面的优势。国际上有些原材料供应商集中生产某些商品,

从而实现经济学意义上的自然垄断,将出口商品定位在一个相对较低的价位上以便大量出口。在某些产品上,国外供应商的产品质量更加稳定,比如,以色列的滴水灌溉设备质量就相对更好一些。虽然质量因素的重要性已经降低,但企业在多变的产业发展中仍然希望能通过国际采购满足其品质上的需求,因为从事国际贸易的供应商通常具备较高的技术能力。另外,某些原材料,特别是自然资源,国内没有储存,只能从国外进口。

②采购地距离较远。由于国际采购的距离一般都比较远,所以对货源地市场不易了解清楚,这就给供应商选择造成一定的困难,并且供应物流的过程也比较复杂。国际采购意味着长距离的产品运输,必须考虑由此带来的时间成本和物流费用。

③采购程序比较复杂。国际采购除了需要国内采购几乎所有的手续和程序外,从采购前的准备,采购合同磋商、签订和履行,到处理争议的各个环节都较国内采购复杂得多。国际采购还涉及进出口许可证的申请、货币兑换、保险、租船订舱、商品检验、通关及争议处理等复杂手续和相关事宜,所以要想顺利完成采购任务,就需要了解许多国际贸易的专业知识。

④采购风险较大。在国际采购中,商品价格以商品的国际价格为依据,随着国际市场上商品供求关系的变化而变化,具有更大的价格风险。由于国际采购时间长、距离远,又涉及外汇汇率的变化,所以在运输和结算等方面都面临着很大的风险。

3. 国际采购的关键变量

(1) 质量

IBM公司曾对质量下过这样的定义:质量是客户要求被满足的程度。但是,质量本身是有多重意义和含义的,如果采购的货物或服务被评价为质量好,那么它应该具有以下3个层面的意义。

① 采购的货物或服务应该符合既定的采购规范或技术要求。采购活动的需求来自实际使用部门,但相关部门会对采购的商品或服务设定采购规范或技术要求,也即评价供应商服务水平、采购部门工作绩效、产品或服务质量的主要依据。

② 质量对企业而言,并不是越高越好。考虑到质量成本的因素,超出实际需要的、过高的质量水平会造成质量过剩,增加采购方的采购成本。

③ 质量好的程度,是随客户需求不断发展的。一个得到广泛支持的观点认为,客户认为质量是什么,质量就是什么。这一观点将质量的评价权交给了客户,促使供应方不断提高质量水平。因此,ISO 9000质量体系文件将"持续改进"作为8项质量管理原则之一。

因此，采购质量被定义为"满足采购方要求、具有适宜性和改进性的产品或服务特点的集合"。

（2）合适的数量

合适的订货数量并不总是与实际需求的数量一致，尽管这些采购的总量从长期来看与实际的需求数量相等。事实上，在反复订购过程中采购人员会应用到一些订购策略，譬如需要考虑库存，需要考虑经济批量。9.2节内容介绍的JIT采购虽然优势明显，但在采购实践中也发生过"断供"，从而带来了巨大风险和损失。因此，到底每个批次订购多少数量的采购商品，始终是采购人员进行采购决策时需要仔细考虑和研究的问题。

（3）时间

采购商品的交货期或提前期对于国际采购而言一直是采购决策中的一个重要变量。随着全球化进程的加剧和电子采购的普及，采供双方对时间的认识，以及将供应链中浪费的时间降至最低点的要求，导致了相关方对时间和响应速度的关心程度与日俱增。尽管价格仍然是决策的主要因素，但是决定选择供应商或品牌的另一个主要因素即为时间成本。时间成本是客户在等待交付或寻求替代品时必须承担的附加成本。

供应商交货期短就意味着整个交货流程得到了有效缩短。这一点在当今的信息时代具有极大的竞争优势。它意味着客户的需求能够快速得到满足。时间能够赢得市场，当代竞争方式已由传统的"大鱼吃小鱼"方式转变为"快鱼吃慢鱼"方式。

如果准时交货率时好时坏，那么再短的交货期也是不值得信赖的。因此，对采购交货时间的要求是"又要马儿跑得快，又要马儿跑得稳"。

（4）供应源决策

供应源决策不仅要为某个采购需求独立地、简单地选出供应商，而且要维持好各种关系，它既包括与实际正在提供货物或服务的首选供应商的关系，也包括与现在并不提供货物或服务的潜在供应商的关系。它还涉及有关采购策略，如如何分配现有业务的份额及开展业务的前提条件等。一般而言，好的供应商具备以下特征：按时交货、提供的货物质量可靠稳定、报价合理、商誉良好、提供良好的配套服务、对采购方的需求做出及时反应、遵守承诺、提供必要的技术支持、使采购方了解进展情况等。

（5）价格和成本

下列4个因素是定价决策的主要影响因素。

① 竞争格局和市场价格机制。一个垄断的市场，就具备制定超额利润价格的条件。

而在价格机制比较完备的市场中，则很少出现暴利式的定价。

② 消费者认同的价值。iPhone 手机首次上市的时候，由于技术创新和极大地创造了客户价值，因此消费者能够接受较高的定价。

③ 生产成本。生产成本主要由原材料和零部件成本、设备折旧、劳动力成本、制造费用、管理费用分摊等组成。

④ 战略因素。企业如果出于抢占市场份额、挤压竞争对手的目的，就有可能采取低成本竞争战略，那么这个出于长期考虑的定价策略对于短期收益来说有可能是不利的，但从长远来看，对于企业的市场发展又可能是有利的。

（6）采购谈判

采购人员的一项主要工作就是与供应商进行采购谈判，需要实现的目标是 5R，即适时（Right Time）、适质（Right Quality）、适量（Right Quantity）、适价（Right Price）、适地（Right place）地从供应商处买回所需货物或服务的活动。

9.3.2 国际采购的实施

国际采购的作业模式与国内采购在细节上有较多差异，具体程序如图 9-2 所示。

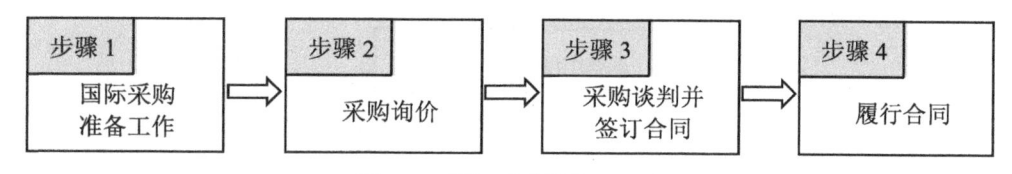

步骤1 国际采购准备工作 → 步骤2 采购询价 → 步骤3 采购谈判并签订合同 → 步骤4 履行合同

图 9-2 国际采购的作业程序

1. 国际采购准备工作

（1）国际采购计划的编制

国际采购计划规定了国际采购业务的基本要求，其内容因采购商品的种类和用途的不同而不同，主要包括采购单位名称、采购目的、采购商品名称、品质、数量、单价、总价、采购国别、贸易方式、到货口岸及经济效益分析等。

（2）市场调研

市场调研包括对采购商品的调研和对出口商资信的调研。对采购商品的调研要根据商品特点有重点地进行，比如对一般商品来说，主要调查商品的适用性、可靠性及价格、质量、成分、货源等内容，并予以全面分析和综合考虑。对大型机器设备及高新技术商品，则要注意调查其技术的先进性。对出口商资信的调查包括：出口商对我国政府的态度，目前的经营状况，以及以往交易中的信用、生产能力和技术水平等。

供应商资料收集主要有以下途径：参加贸易展览会；查阅国内外的行业报纸、杂志、期刊等；咨询政府、商会或贸易协会安排的内部代表团；参考大使馆商业部门提供的所在国合适供应商的详细资料；收集网络和出口商官网资料；如果供应商在国内有办事处或分公司，可以通过国内供应商收集信息。

（3）拟定国际采购方案

国际采购方案是采购公司在调研国外市场和比较价格的基础上，为采购业务制订的具体经营措施安排。其内容包括：采购交易对象的选择和安排、采购成交的价格及采购方式和条件的掌握。

2. 采购询价

国际采购询价的执行步骤大体与国内询价相当，只是由于距离、语言等方面的差异，国际采购询价稍显复杂，具体步骤如图9-3所示。

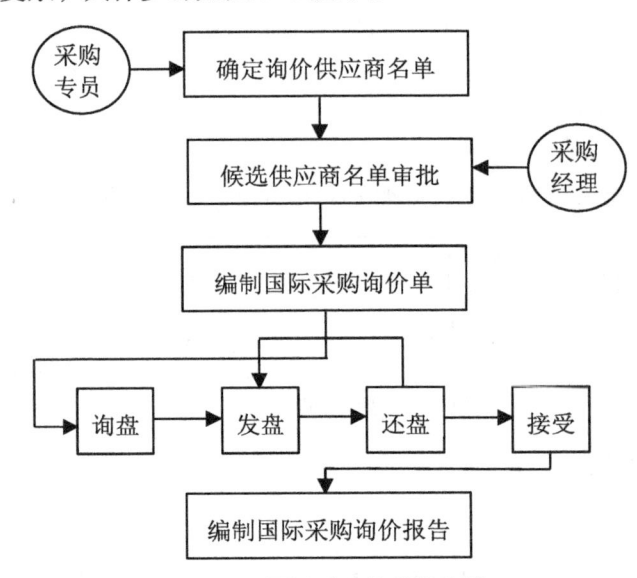

图9-3 国际采购询价的步骤

（1）确定询价供应商名单

采购专员根据国际采购准备工作阶段收集到的海外供应商信息，按照采购要求，初步确定符合条件的询价供应商名单。

（2）候选供应商名单审批

采购专员将确定的询价供应商名单报采购部经理和采购总监审核。

（3）编制国际采购询价单

供应商询价名单审批通过后，采购专员编制国际采购询价文件，并向询价供应商进行询盘。国际采购询价单样例如表9-3所示。

表 9-3　国际采购询价单

编号： Order NO.:				日期：年 月 日 Date：			
卖方： SELLER：				买方： BUYER：			
供应商名称： To：				采购方名称： From：			
供应商地址： Address：				采购方地址： Address：			
联系人： Contact the person：				联系人： Contact the person：			
联系电话和传真： Tel and Fax：				联系电话和传真： Tel and Fax：			
序号 S/N	货号 Item NO.	品名规格 Commodity and Specification	单位 Unit	数量 Quantity	单价 Unit Price	金额 Amout	
		合计 Total					
备注 Remark 1. 包装： Packing： 2. 付款条件： Terms of Payment： 3. 交货期限： Time of Delivery： 4. 质量要求： Quality Requirements：							

（4）询盘

询盘是指交易的一方向另一方询问购买或出售几种货物的各项交易条件的表示，也叫咨询。在采购业务中，多数询盘只是询问价格，因此也称为询价。询盘在法律上没有约束力，它是询盘一方愿意进行交易的一种表示，在实际采购中，常常由买方发出询盘。

（5）发盘

发盘是指交易的一方向另一方提出购买或出售某种货物的各项交易条件，并愿意按这些条件达成交易并且签订合同的一种肯定的表示。发盘具有法律效用，它的构成有4项必要条件：向一个或一个以上特定的人提出、表明发盘人订约意图、内容必须十分确定、送达受盘人。

（6）还盘

采购专员在截止报价后，汇总并分析所有海外供应商的报价，进一步了解在最适当的需求量和品质下，价格是否最低，交货期是否恰当，并开展还盘工作。还盘是指受盘人收到发盘后，对发盘的内容不同意或不完全同意，而提出修改建议或新的限制性条件的表示。一笔交易，有时候要经过多次发盘、还盘的过程。值得注意的是，还盘实际是对原发盘的拒绝表示，原发盘便宣告失败，此时还盘就成为一项新发盘。因此，交易的一方在收到对方的还盘或再还盘后，要将还盘或再还盘与原发盘的内容认真进行核对，找出其异同，仔细商讨，不宜急于求成。

（7）接受

接受是指受盘人无条件地同意发盘人在发盘中提出的交易条件，并同意按照这些条件订立合同的一种肯定的表示。一项有效的接受应具有以下4项条件：必须由特定的受盘人做出；必须用一定的方式表示出来，可以是口头或书面的声明，也可以是某种行为；通知必须在发盘的有效期内送达发盘人；必须与发盘相符，对于某些非实质性变更仍然构成有效接受。

（8）编制国际采购询价报告

采购专员将洽谈内容编写成国际采购询价报告，报采购部经理和采购总监审核。采购总监核定候选海外供应商。

3. 采购谈判并签订合同

经过采购商与供应商的交易磋商、谈判，双方达成一致意见后签订合同，根据采购合同下达采购订单。国际采购订货单样例如表9-4所示。

表 9-4 国际采购订货单

编号: Order NO.:				日期: 年 月 日 Date:	
供应商名称: To Vendor:			采购方名称: From:		
供应商地址: Supplier Address:			采购方地址: Perchase Address:		
供应商编号: Vendor ID:			交付日期: Delivery Date:		
交易条件: Trade Terms:			交货地点: Delivery Place:		
序号 S/N	货号 Item NO.	品名规格 Commodity and Specification	单位 Unit	数量 Quantity	单价 Unit Price	金额 Amout
		合计 Total				

1. 以上价格含 17% 增值税,在以上指定交货期内货到需方指定地点。
The above prices include 17% value-added tax, and the goods will be delivered to the location designated by the buyer within the specified delivery period.
2. 供方按时按量交货。
The supplier shall be binding on time delivery.
3. 收到订单 24 小时内请回传,否则视为默认以上条款。
Please reply within 24 hours of receiving the order, otherwise the above terms will be deemed as default.
4. 经合同双方签字盖章的传真视为有效文本,本合同适用于中国有关法律。
A fax signed and stamped by both parties to the contract shall be deemed a valid text, and this contract shall be governed by relevant Chinese laws.

买方 BUYER	卖方 SELLER
签字: Authorized Signature: 盖章: Stamp: 日期: Date:	

4. 履行合同

企业履行国际采购合同的主要内容有：申请开证、租船订舱、催装、办理保险、审单与付汇、接货报关和报验等。

（1）申领进口许可证

在我国，许多商品是不能直接进口的，需要根据国家的有关规定，在进口这些商品前申领进口许可证。进口许可证自签发之日起一年内有效。若一年内未与国外供应商签订合同，则此证作废，如需进口，则要重新申请。如果已经签订合同，但一年内没有实际进口，可以持已签订的合同到发证机关申请延期。

（2）开立信用证

开立信用证的具体手续是：买方按照合同规定的内容，填写开证申请书，将国际采购合同副本或复印件交送中国银行。中国银行根据国际采购合同的规定，审查开证申请书，确认无误后便开立信用证并寄发国外。开证内容必须与国际采购合同一致，信用证开出后，如果需要修改，无论由买卖双方哪一方提出，均应经双方协商后方可办理。

（3）租船订舱和催装

在开立信用证后，买方应及时委托外运公司办理租船订舱手续。手续办妥后，要迅速将船名和船期通知卖方，以便卖方备货装船，做好船货衔接工作。同时，买方还应了解和掌握卖方备货和装船前的准备工作情况，并做好催装工作。必要时，还可委托我驻外机构（企业）或委派人员就近了解情况，检查并督促卖方按时履行交货义务。

货物装船后，卖方应按合同规定及时发出装船通知，以便买方提前办理保险和接货等各项手续。如果卖方未发出或未及时发出装船通知，同样要承担违约责任。

（4）办理货运保险

国际货运运输保险是以对外贸易货物运输过程中的各种货物作为保险标的的保险。根据国际采购合同中采用的国际贸易术语的不同，买卖双方负责办理相关货运保险手续和支付相应的费用。如果是按照 FOB 条件成交的国际采购合同，办理货运保险是买方的责任，具体手续由买方委托外运公司办理。因此，每批国际货物，买方或外运公司在收到国外装船通知后，应将船名、提单号、开船日期、货物名称、数量、装运港和目的港等信息通知保险公司，并办货运保险手续。

（5）审单付款

在信用证结算方式下，货物装运后，卖方将提单等相关单据送交出口地银行议付，议付行随即将全套单据转寄开证行。开证行和买方对单据进行审核，如符合信用证规定，便向卖方付款；如果不符，应立即要求议付行改正，或暂停对外付款。按照惯例，开证行付款后无追索权。开证行向外付款的同时，通知买家付款赎单。

（6）报关接货

国际采购货物抵达目的港后，买方应及时办理报关和接货手续。海关凭进口许可证或报告单，查验无误后放行，买方接货。国际采购货物的报关、接货等工作一般由采购方企业委托外运公司代办。

（7）验收与交付货物

国际采购货物在卸船时，港务局要核对卸货，如发现缺少，应填制"短卸报告"交船方签认，作为索赔的依据；如发现残损，应将货物存于海关指定的仓库，由保险公司会同商检机构检验，做出处理。国际采购货物经过检验后，由买方委托外运公司提取货物并转交给订货单位。

（8）办理索赔

国际采购货物要进行检验，如发现其品质、数量或包装等方面有不符合合同规定的，应当进行鉴定，以便提出索赔。

9.3.3 国际采购的风险防范

1. 国际采购中的风险

国际采购可能会遇到许多潜在的问题，必须认识这些风险并采取有效措施将其影响减小到最低程度。国际采购可能遇到以下 8 个方面的风险。

（1）供应商选择的风险

选择高效、负责的供应商是进行国际采购的关键。获得国际供应商的方法基本上和选择国内供应商的方法相同。最好的方法就是到供应商所在地进行实地考察，但是进行这种评估既费时又耗力，且采购方对当地情况不熟悉，很容易上当受骗。比如，通常一个公司如果拟购买价值几百万美元的汽车生产设备，负责采购的主管就会花上其工作时间的 30%以上去供应商所在地进行调查，并与潜在的和正在供货的供应商进行磋商。

（2）隐含成本的风险

在将国内采购和国际采购做比较时，往往会忽略国际市场采购中的某些成本计算，或者有时也会出现一些突发事件使国际采购成本增加，这些都是国际采购的隐含成本。影响国际采购隐含成本的可能因素包括：采购方所在国货币表示的价格、支付给报关行的佣金、支付方式费用及财务费用、供应商所在国征收的税金、额外存货及其存储成本、额外的劳动力和货运单据带来的费用、商务考察费用、包装和集装箱的费用、咨询费用、检验费用、保险费用、报关费用、进口税率,以及为应对突发事件而设立的风险费用等。

(3)交货时间的风险

虽然随着运输和通信的逐渐发展,国际采购中的交货时间得以缩短,但还是有一些因素会引起国际采购交货时间的延长,这其中的原因主要有:采购者在首次国际采购时,通常需要开立信用证,这一般需要几个星期的时间;虽然交通运输有了很大发展,但货物在国外运输的过程还是难免会延误几天;货物在港口存放的时间取决于在港口等待卸载的船只的数量,船只的卸载只有在规定工作时间内才可进行;各国各地区的通关时间不一,也会造成一定的延误。

(4)汇率波动的风险

采购方必须选择货币的种类。如果交款时间比较短,就不会出现汇率波动问题,但是如果交款时间比较长,汇率就可能产生比较大的变动,交货结算时的价格相对合同签订时就会有很大的出入。

(5)政治因素的风险

供应商所在国家的政治问题可能使供应产生中断,如供应商所在国家发生战乱或暴动等。采购者必须对这种风险做出估计。如果风险过高,购买者必须采取一些措施监视事态的发展,以便及时对不利事态做出反应并寻找替代办法。

(6)文本工作费用的风险

文本工作费用是国际采购中的一个主要问题,在国际采购中最困难的工作就是简化办理国际运输的手续。这项工作各国都在努力,但目前仍有改进的空间。

(7)付款方式的风险

从企业的角度来说,最佳的付款方式是在验收之后付款。然而,许多国家的惯例是必须先预付款以支付前置作业所需的费用,像这样的预付费用会积压买方资金。与国内采购相比,国际采购在付款方式上有很大差异。资金的国际转账有一定的困难,也会产生一定的费用。与购买者已经建立长期合作关系的供应商可能同意提前发货,但供货方一般不会在货款未付前转让货物的所有权。

(8)法律方面的风险

当进行国际采购时,要确定出口国、进口国的法庭,以及第三方的法庭在发生争执时是否有解决问题的法律权限。国际惯例、国际贸易法规、国际公约和国际条约规范所有的国际贸易行为,只要进行国际采购,就必须遵照执行。此外,采购方还要了解供应商所在国的经济和贸易法律。国际采购引起的起诉费用昂贵并且浪费时间,因此越来越多的合同纠纷倾向于由国际仲裁机构来解决。

2. 国际采购风险防范措施

（1）做好货币风险控制

国际采购人员必须做好货币选择、汇率预测等工作，并做好外汇保值措施，确保货币风险得到有效控制。一般情况下，货币风险控制措施主要有以下几种。

①合理选择货币种类。

②根据汇率变化影响因素预测汇率，明确采购实施期间内本国货币与供应商所属国货币汇率变化的方向。

③签约时，双方把签订合同之日的汇率固定下来，实际付款时仍用此汇率，注明若汇率发生变动应重新调整货价，使双方分摊风险。

（2）严格审核合同

采购部门必须做好以下工作，对合同风险加以控制，确保国际采购各项工作的顺利开展。

①签订合同前，应对供应商进行资信调查，如政策资金、财政收支状况、负债情况、签约履历等。

②合同标的与内容必须合法，同时在条款上必须严密，要明确责任，保证双方权利和义务对等。对一些有歧义、不合理的条款要和供应商落实清楚。

③合同中的技术标准应尽量采用国际通用标准，便于验收，减少分歧。

④规范采购合同范本，设定合同保护性条款，加强合同审查工作。

（3）加强国际供应商管理

采购部门应做好国际供应商的管理工作，具体措施如下。

①应对供货的进度和过程有清楚的了解和必要的监督，以防意外情况发生。

②应及时询问备货情况，并提醒供应商需要注意的相关事项。

③建立供应商档案，对供应商的履约能力进行全面评价，从质量、服务、技术、价格、信誉、内部管理等方面对供应商进行全面考核。

（4）加强货物国际运输管理

货物运输管理是国际采购中最重要的环节之一，采购人员必须选择合理的运输方式，确保及时、安全地接收货物。一般情况下，控制国际运输风险可采用如下措施。

①选择合适的运输方式和运输路线，在保证顺利送达的前提下，控制采购成本。

②及时为国际采购物资办理合适的国际货运保险，以分摊运输风险。

③要求供应商依据合同规定包装货物，以降低运输风险。

④当货物数量较少时，可以进行拼单，以降低运输费用。

（5）加强货物通关管理

在国际物流中，通关是不可或缺的重要环节。只有通关成功，物流公司才能把货物送到目的地。通关是指货物进出一国边境关卡时，需按照各种法律法规办理规定的手续。通关需要履行各种义务，只有办理报关、检验、纳税、放行等手续后，货物才能放行，货主或申报人才能提货。

本章小结

随着全球经济一体化的发展和市场竞争的加剧，对采购进行管理，就不仅是经营管理上的问题，而是具有重要发展战略意义的问题。本章首先介绍了采购与采购管理的概念，讲述了供应链采购管理的目标；然后介绍了基于供应链管理思想的先进采购模式——JIT采购，其中关于供应商的选择（数量与关系）、质量控制是其核心内容；最后介绍了国际采购的相关知识，包括国际采购的产生背景、国际采购的概念和特点、国际采购的关键变量、实施方法，以及国际采购面临的风险和防范措施。

本章习题

1. 名词解释

（1）采购　（2）采购管理　（3）供应链采购　（4）战略采购　（5）JIT生产系统　（6）JIT采购　（7）国际采购　（8）通关

2. 选择题

（1）广义地说，采购是企业取得货物或_____的过程。

A. 物资　　　　B. 服务　　　　C. 物料　　　　D. 原材料

（2）供应链采购的特点之一是从为库存采购向为_____采购的转变。

A. 市场　　　　B. 需求　　　　C. 订单　　　　D. 战略

（3）JIT是由_____企业首创的一种新的生产管理系统。

A. 日本　　　　B. 美国　　　　C. 德国　　　　D. 英国

（4）JIT采购可以保证供应链_____化运作。

A. 透明　　　　B. 电子　　　　C. 高效　　　　D. 同步

（5）国际采购的特点之一是_____。

A. 采购价格比较高　　　　　　B. 采购风险比较小

C. 采购程序比较复杂　　　　　D. 采购时间比较短

（6）在国际采购中，_____是指交易的一方向另一方提出购买或出售某种货物的各项交易条件。

A. 发盘　　　　B. 还盘　　　　C. 询盘　　　　D. 受盘

3. 简答题

（1）简述采购中3种组织方式的优点和缺点。

（2）画表说明传统采购与供应链采购的区别。

（3）实施JIT采购对于企业具有哪些重要的意义？

（4）列出实施JIT采购的主要步骤。

（5）为什么说国际采购具有价格、质量等方面的优势？

（6）简述国际采购中隐含成本的风险。

章末案例　北京首钢集中采购标准化管理体系的创新与实践

北京首钢股份有限公司（简称首钢）是首钢集团公司所属的境内唯一上市公司，是首钢实施搬迁调整、转型发展而建设的现代化大型绿色钢铁企业，拥有首钢股份迁安钢铁公司、首钢京唐钢铁联合有限责任公司、控股首钢智新迁安电磁材料有限公司、北京首钢冷轧薄板有限公司等实体单位，具有焦化、炼铁、炼钢、轧钢、热处理等完整的生产工艺流程，拥有国际一流装备和工艺水平，具有品种齐全、规格配套的冷热系全覆盖板材产品序列，其汽车板、电工钢、镀锡板、酸洗板、管线钢、家电板等核心战略产品处于国内领先地位。

首钢采购中心全面承担企业的采购与管理职能，实现了首钢股份、迁钢、顺义冷轧、京唐、迁安焦化、京唐焦化等多基地的原燃料及物资材料备件的集中采购，同时负责首钢通钢、长钢、水钢、贵钢等钢铁板块基地协同采购工作，年采购额500亿元以上。

1. 钢铁企业集中采购标准化管理体系的创新与实践背景

采购管理作为实现企业生产经营目标的源头工作，对提高最终产品质量、减少库存投入、提高服务水平，最终增强企业的核心竞争力具有重要作用。

（1）适应钢铁企业"一业多地"集团化发展的趋势

首钢在近几年的采购模式探索中，逐渐积累了原燃料集中采购、基地间资材备件联储供应等经验，但局部的探索尝试已不能满足竞争激烈的钢铁市场变化，多个基地供应商数量多、采购合同多、采购物料和信息系统不统一、采购决策权分散、采购资源不能共享、采购成本难以降低等问题日益凸显。如何妥善解决跨区域多基地采购面临的多种问题迫在眉睫。

（2）在激烈竞争环境下实现降本增效

首钢"一业多地"的生产经营格局逐渐形成，面对新的竞争环境和组织形式，如何提高企业采购精细化管理水平,提高采购供应活动的及时性、有效性,降低采购管理和人工成本,实现采购价值最大化,优化多基地采购管理模式是企业降本增效的有效途径。

(3)传统采购理念和机制不适应企业的发展需求

首钢过去在采购方式选择上比较单一,满足3家及以上供应商时大部分选择企业自主邀请招标,在采购时间、评审环节、定标环节上与《招标投标法》有出入。个别采购环节不能高效衔接、信息化水平未能充分开发利用,从而降低了采购效率。

2. 钢铁企业集中采购标准化管理体系创新与实践的内容

首钢基于目前首钢钢铁板块跨区域多基地的生产现状,着眼于系统地优化采购供应链管理,整合策略性采购管理、供应商管理和采购执行管理,优化采购资源管理和业务管理流程,通过构建标准化的采购管理体系,把提升采购管理水平作为公司核心竞争力的有机组成部分。首钢在采购标准化管理体系创新与实践方面做了如下主要工作。

(1)开展现代供应链创新与实践

按照现代供应链管理理念,实施制度重构,建立采购制度体系。覆盖寻源采购、订单交易、物流仓储、资金结算、利旧处置等供应链全过程,实现了各环节操作的数字化、标准化、规范化管理。从供应链管理顶层设计入手,搭建全场景、全业务模式的供应链管理系统平台,构建集中采购标准化管理体系。

(2)创新企业采购模式提升规范性与采购效率

首钢依据中国物流与采购联合会发布的《国有企业采购操作规范》和《国有企业采购管理规范》,制定了《国有企业采购规范推进方案》,并对构建标准化采购管理体系提出了整体工作思路。确定依据项目特点选择相应采购方式,有多种采购方式可选时,在满足生产供应或运营的基础上,应优先选用竞争性强、透明度高的采购方式的原则,并针对采购方式、流程优化、评审管理、采购文本等细节分别制定具体的实施方案和措施。

(3)开发经营决策系统,推进企业数字化转型

经营决策系统通过对采购计划到采购付款的全过程跟踪,以采购流程为主线对计划、合同、订单、到货、领用、库存、结算和出库成本等进行分析。为支撑策略采购、把准采购节奏、降低采购成本、有效控制采购风险提供技术支持。同时采购中心利用大数据分析,探索物料分析、废钢经济性评价、大宗原燃料价格走势等业务决策模型,将各类数据信息转换为直观可用信息,不断促进数字化采购的发展。

(4)推进绿色供应链建设

首钢采购中心坚持低碳发展理念,积极推动绿色供应链建设。为助力公司早日实现碳

达峰、碳中和目标，2021年采购中心在绿色供应链基础工作建设、绿色采购相关政策及规范标准、绿色产品认定、绿色供应商评价、绿色物流等方面进行了积极的探索，并取得了卓有成效的进展。

（5）提高采购全流程电子化和自动化程度

业务人员生成采购合同时，只需要选择相应合同模板，根据模板要求创建采购合同即可，这种方法在提高合同维护效率的同时也降低了差错率。同时，借助电子采购平台、电子签章系统，通过对供应商及首钢法人、授权人的签字和公司印章的第三方认证，实现了采购合同及签章的电子化，可与供应商在线签订具有法律效力的合同。

3. 首钢集中采购标准化管理体系创新与实践效果

（1）经济效益

首钢集中采购标准化管理体系创新与实践在降低采购成本方面效果突出，新的采购管理体系实行以来，2021年共完成采购降本12.64亿元，其中，原燃料集中采购降本6.64亿元；开展经营性采购实现降本0.78亿元；调整品种结构降本0.77亿元；通过采购进口喷吹煤、热压铁块等实现降本2.47亿元；工程设备及备件共节资1.98亿元。

（2）管理效益

首钢集中采购标准化管理体系解决了跨区域多基地分散采购的各项问题，实现了高度一体化采购业务的有序开展，提高了企业采购精细化管理水平，满足了跨区域多基地高效协同的采购供应业务需要，增加了对市场资源的控制力度，提高了企业的整体竞争力。

（3）社会效益

首钢在跨区域多基地集中采购标准化管理体系的创新及实践中，针对多项采购业务痛点实现了多项采购业务变革，树立了良好的首钢采购品牌形象，这些变革在行业内极具推广价值，对其他钢铁企业乃至其他行业提升效益、降低成本也具有实际参考意义。

资料来源：https://www.logclub.com/articleInfo/NDg1OTc=

讨论题

（1）谈谈首钢传统采购模式中的几个痛点。

（2）首钢集中采购标准化管理体系给首钢带来了哪些效益？

第 10 章　现代供应链新模式

🔊 **本章学习要点**

知识要点	掌握程度	相关知识
精益供应链的产生历程	了解	精益生产，精益思想，精益供应链的产生背景
精益供应链的概念和特征	重点掌握	精益供应链的概念，6个特征和6个核心能力
精益供应链运作的实现	掌握	精益采购，精益生产，全员参加，持续改善
绿色供应链的提出背景	了解	经济全球化，全球环境问题，企业绿色发展战略
绿色供应链的概念和特点	重点掌握	绿色供应链的概念和5个特点
绿色供应链体系	掌握	设计，采购，生产，物流，营销，消费，回收
智慧供应链的概念和特征	重点掌握	智慧供应链产生背景，概念和特征
智慧供应链的流程	掌握	智慧物流，智慧商流，智慧信息流，智慧资金流
智慧供应链的构建和管理金字塔	了解	智慧供应链构建途径，金字塔体系，发展趋势

导入案例　联想公司的绿色供应链管理体系

近年来，国际上众多知名制造业企业通过开展绿色供应链管理工作，获得了良好的经济和社会效益。联想公司特别关注供应链的可持续发展，以合规为基础、生态设计为支点、全生命周期管理为方法论，探索并试行"摇篮到摇篮"的实践，从而实现了资源的可持续利用。联想通过"绿色采购＋绿色生产＋绿色包装＋绿色物流＋绿色回收"等5个维度和一个"绿色信息披露（展示）平台"来打造公司绿色供应链体系。

1. 绿色采购

联想采购部门拥有覆盖多个领域的标准化程序，制定了全面的供应商操守准则。联想关注供应商的环境表现，如有害物质的合规与减排、环保消费后再生材料使用、温室气体排放透明度及减排、避免使用冲突矿产等。联想采取的具体措施包括全面评估供应商环境表现、供应商有害物质管控、引入环保消费类再生材料、有针对性培训供应商等。

2. 绿色生产

联想关注生产过程中的能源消耗问题，通过降低经营活动中的范围一、二的碳排放，提升再生能源使用量和加强绿色工艺的开发、推广使用来降低碳排放。例如，联想攻克了锡膏生产过程中的难题，提出了创新的"低温锡膏工艺"。这不但可以通过降低生产过程的温度来减少二氧化碳的排放，也可以废除锡膏中铅的使用。预计这项工艺每年可减少约 6000 吨二氧化碳的排放，相当于每年少消耗约 250 万升的汽油。

3. 绿色包装

联想一直致力于为产品提供绿色包装，通过增加包装中回收材料种类、可回收材料的比例、减少包装尺寸、推广工业（多合一）包装和可重复使用包装等多种举措来打造绿色包装。2008—2018 年，联想共计减少超过 2000 吨包材的消耗。

4. 绿色物流

联想物流部门致力使用更环保的运输方式，以减少运输设备的温室气体排放，并聘请外部监管机构落实改善措施。2012 年，联想确定了产品运输的碳排放基准，用以协助监测联想的物流过程。通过与 DHL 紧密合作，联想持续优化物流方案，以最环保的方式运输产品。联想持续收集并计算产品运输排放量数据，该项工作和计划包括：扩大排放数据收集范围到新增主要供货商，评估成本和排放量的关系，并仔细检查上游运输及配送的排放量。

5. 绿色回收

联想期望最大限度地控制产品对环境的影响，加大可再利用产品、配件的回收，尽可能延长产品的使用寿命，同时对生命周期即将结束的产品提供完善的回收服务。联想致力于最大限度地控制产品生命周期的环境影响，加大对可再利用产品和配件的回收。同时，在全球范围内为消费者和客户提供包括资产回收服务（ARS）在内的多种回收渠道，并进一步进行无害化处理，以满足特定消费者或地域需求。2005—2018 年，联想共计从全球客户手中回收了约 9 万吨废弃产品，自身运营和生产产生的废弃产品回收达到了 6 万吨。

6. 绿色信息披露平台

联想的环保方针、政策、措施和成果，如产品的环保特性、对供应商的环保要求、体系维护情况等信息均在该绿色平台上进行展示和发布，该平台包含中英文两个版本。

资料来源：https://www.h2o-china.com/news/288993.html

讨论题

（1）联想绿色供应链管理体系的实践成效有哪些？
（2）绿色供应链有哪些主要的组成部分？

供应链的核心职能虽然是一致的，但是由于被企业商业逻辑思维的不同、市场需求的不同和生产运营方式的不同所制约，最后形成了各有特色的模式。本章介绍现代供应链中几个最新的模式：精益供应链、绿色供应链和智慧供应链。

10.1 精益供应链

10.1.1 精益供应链的产生历程

1. 精益生产方式的产生

精益生产实质上是指全面的丰田生产系统（Toyota Production System），该系统是由几位丰田公司的主要管理人员经过几十年的努力创造出来的。精益生产是通过系统结构、人员组织、运行方式和市场供求等方面的变革，使生产系统能很快适应用户需求的变化，并能使生产过程中一切无用、多余的东西被精简，最终达到包括市场供销在内的生产的各方面最优结果的一种生产管理方式。

第二次世界大战结束不久，汽车工业中统治世界的生产模式是以美国福特为代表的大量生产方式，这种生产方式以流水线形式少品种、大批量地生产产品。当时，大批量生产方式即代表了先进的管理思想和方法，大量的专用设备、专业化的大批量生产是降低成本、提高生产效率的主要方式。与处于绝对优势的美国汽车工业相比，日本的汽车工业处于发展初期，丰田汽车公司从成立到1950年的十几年间，总产量甚至不及福特公司1950年一天的产量。汽车工业是日本经济倍增计划的重点发展产业，所以日本派出了大量人员前往美国考察。丰田汽车公司在参观美国的几大汽车厂之后发现，采用大批量生产方式降低生产成本仍有进一步改进的余地，而且日本企业还面临需求不足与技术落后等严重困难。第二次世界大战后日本国内的资金严重不足，没有大量的资金投入以保证日本国内的汽车生产达到有竞争力的规模，因此他们认为在日本推行大批量、少品种的生产方式是不可取的，而应考虑一种更适应日本市场需求的生产组织策略。

以丰田的大野耐一等为代表的精益生产的创始者们，在不断探索之后，终于找到了一套适合日本国情的汽车生产方式：准时制生产，全面质量管理，并行工程，充分协作的团队工作方式和集成的供应链关系管理。后来，丰田公司逐步创立了独特的多品种、小批量、高质量和低消耗的精益生产方法。1973年的石油危机使日本的汽车工业闪亮登场。由于市场环境发生变化，大批量生产所具有的弱点日趋明显，而丰田公司的业绩却开始上升，与其他汽车制造企业的距离越来越大，精益生产方式开始为世人所瞩目。精益生产方式的诞生为精益供应链的诞生奠定了基础。

2. 精益思想的产生

在市场竞争中遭受失败的美国汽车工业，在经历了曲折的认识过程后，终于意识到致使其竞争失败的关键是美国汽车制造业的大批量生产方式输给了丰田的精益生产方式。1985 年，美国麻省理工学院的 Daniel T.Jones 教授等筹资 500 万美元，用了近 5 年的时间对 90 多家汽车厂进行对比分析，于 1992 年出版了《改变世界的机器》一书，把丰田生产方式定名为精益生产，并对其管理思想的特点与内涵进行了详细的描述。4 年之后，该书的作者出版了它的续篇《精益思想》，进一步从理论的高度归纳了精益生产所包含的新的管理思维，并将精益方式扩大到制造业以外的所有领域，尤其是第三产业，把精益生产方法外延到企业活动的各个方面，不再局限于生产领域，从而促使管理人员重新思考企业流程，消除浪费，创造价值。就这样，精益思想的理论诞生了。

精益思想的核心就是以越来越少的投入——较少的人力、较少的设备、较短的时间和较小的场地创造出尽可能多的价值；同时也越来越接近用户，提供他们确实需要的产品。精确地定义价值是精益思想关键性的第一步；确定每个产品（或在某些情况下确定每一产品系列）的全部价值流是精益思想的第二步；紧接着就是要使保留下来的、创造价值的各个步骤流动起来，使需要若干天才能办完的订货手续，在几小时内办完，使传统的物资生产完成时间由几个月或几周减少到几天或几分钟；随后就要及时跟上不断变化的顾客需求，因为一旦具备了在用户真正需要的时候就能设计、安排生产和制造出用户真正需要的产品的能力，就意味着可以抛开销售，直接按用户告知的实际要求进行生产，这就是说，可以按用户需要拉动产品，而不是把用户不想要的产品硬推给用户。

3. 精益供应链的产生

精益思想与精益生产的诞生为精益供应链的产生和发展提供了条件。当时，全球市场日趋成熟，需求千变万化，客户需求更趋多样化和个性化，这使得产品生命周期逐渐缩短，制造企业都要和时间赛跑，第一时间满足客户的需求，防止他们选择其他替代品。在这种情况下，制造商和销售商面临着各种各样的挑战。为了满足现代消费者的生产需求，必须有一种与时俱进的全新供应链方式，而建立在 JIT 管理理念上的精益供应链恰好符合这一要求，因此逐渐受到了制造企业的青睐。20 世纪 90 年代以来，全球科学技术和生产力水平都得到了显著提高，全球经济环境发生了重大变化，基于这种情况，企业面临着新的压力和挑战。在激烈的全球化买方市场竞争环境下，企业需要提高自身的竞争力，同时提升产品的质量和服务的水平来满足多变的市场需求，而这就是需要快速响应的柔性化生产体系和低成本高效的供应链系统，因此建立准时、高效的精益供应链体系迫在眉睫。

供应链管理学家从供应链管理的角度开展了大量的借鉴工作，结合精益思想与精益生产理论提出了精益供应链的新概念。精益供应链的出现，标志着供应链管理模式的一次重要转变，即由效能型供应链向响应型供应链转变，制造模式由大批量生产向精益制造模式转变。传统供应链的柔性增加，通过快速响应客户需求来捕捉商机，最终形成精益供应链。

10.1.2 精益供应链的概念和特征

1. 精益供应链的概念

关于精益供应链的概念，目前尚无统一的说法，不同学者或机构从不同的角度给出了精益供应链的定义。

吴光东等在《精益供应链的竞争优势分析》一文中将精益供应链定义为"一组通过产品流、服务流、资金流和信息流在上下游之间直接连接起来的机构或组织，它们通过高效和有效的拉动，满足客户所需的产品或服务来减少浪费，以降低成本。"

安进在《精益供应链物流运作模式探究》一文中将精益供应链定义为"在正确认识价值链的前提下，运用精益思想对供应链活动进行构建与运作，以客户需求作为价值链的动力，保证价值流的顺畅流动，并通过消除浪费，把浪费降到最低程度，使供应链活动不断改进和完善的一个动态发展过程。精益供应链的根本目的是在提供满意的供应链服务水平的同时，通过各种方法和途径消除供应链活动中的浪费。"

美国精益企业研究所的精益物流专家 Robert Martichenko 在《设计并实施精益供应链》中将精益供应链定义为"一个有计划的、稳定的、可视化的，以及上下游相互紧密合作的供应作业过程。精益供应链鼓励消除没有价值的活动，也就是浪费，来严格地缩短产品的交付时间，通过精密的流程管理减少库存以及不合格品来达成目标。供应链随着客户需求的'节拍'拉动生产，其目的是以最小的投入，提供给客户最高的价值。"

本书采用施先亮在《智慧物流与现代供应链》一书中给出的精益供应链定义："精益供应链是指能够以最低成本进行产品创新与设计，并将原材料转换成零部件、半成品、成品，以及分销给客户和进行服务的一种动态过程，其目的是以最小的投入，提供给客户最高的价值。"

2. 精益供应链的特征

精益供应链的出现，成为减少浪费、降低成本、缩短操作周期、强调客户价值、增强供应链整体竞争优势的一种"伟大的方法"。精益供应链有以下几个特征。

（1）结构体系简洁

这是供应链建模的重要原则，它可以减少不确定性对供应链的负面影响，使生产和经营过程更加透明，将非创造价值的活动减少到最低限度，并且缩短订单处理周期和生产周期。

（2）面向对象的一体化模式

精益供应链模式具有供、产、销一体化的特征，其采购过程由订单驱动，以订单为对象，实现"一个流供应，一个流生产，一个流分销"的"三流合一"。

（3）松散的集成模式

精益供应链的集成不是简单的企业兼并式集团化，而是一种松散的耦合集成、凝聚与扩散的有机结合。这其中有企业间的技术交流与扩散，有不同学科间的交叉形式的集成，有不同形式的企业组织的集成。从精益的角度来看，它能获得较好的成本效率，其成本效率来自优化的成本结构和虚拟结构冗余的减少，使系统实现了"1+1>2"的总体效果。

（4）独立制造岛的生产模式

网络化制造使企业组织形式从"机械型"向"生物型"转变，基于这种形式，生产模式将向单元化独立制造岛型转变，生产单元具有自我组织优化的能力。为此，企业业务流程需要重组，实行强—强联合，简化生产过程关系结构，使每个企业都专注于自己最拿手的工作和项目，通过互联网和EDI等现代电子商务技术，以虚拟组织的形式形成跨地区跨部门的动态联盟。

（5）采购与供销一体化的物流系统

精益生产如果没有精益的供应与分销系统与之相配，整个供应链就达不到"三流合一"的精益运作，因此，精益供应链应实行JIT采购法从而使之与JIT生产适应。

（6）开放式的企业信息系统

在精益化的供应链模式下，企业之间要有较好的信息透明度，供应商、制造商、分销商之间应保持较好的沟通和联系，实现信息共享，使供应链达到并行化、同步化。要实现这种运营模式，企业的信息系统就不能再是封闭孤岛式的企业信息系统，而应是建立在互联网之上的开放式的信息系统，也叫合作式信息系统。

3. 精益供应链的核心能力

3位专家Kate Vitasek，Karl Manrodt和Jeff Abbott专门进行了调查研究，表示6项能力应该同等重要地被精益供应链加以关注。

（1）需求管理能力

精益原则的基础是产品是由实际消费者需求带来的"推力"，而不是企业竭尽全力将产品"推向"市场的结果。最理想的状态是销售终端（POS）的数据能实时地传送到供应链中的所有合作伙伴那里,从而使每一层的供应商都能接收到消费者的需求信息。

(2)削减浪费

削减浪费是精益供应链管理中的关键理念。浪费的含义涵盖面比较广,包括时间浪费、存货流程冗余、数据垃圾等。这里的重点放在了削减浪费而非成本上。实际上,削减浪费常常产生一个重要的副产品——对供应链中的所有成员都带来成本的降低。

(3)流程和产品标准化

流程标准化能够让产品和服务在整个系统中进行无间断的流动。这里可以借用管理学中非常有名的价值链理论,即整个流程中每一项活动都能给消费者带来价值。流程标准化能够减少以往的错综复杂性,换言之,企业应首先决定什么是管理流程的最佳方式,然后将此做法标准化。

(4)采用行业标准

建立行业产品标准不但有利于消费者而且有利于生产厂商,这样可以减少产品差异的复杂性。对于供应链上的各合作伙伴,采用行业标准能够有效地节省成本(包括生产成本、沟通成本、信息成本),并且上下游企业之间可以"心照不宣"地按照行业要求生产和进行物流服务,即各企业之间用"通用的语言"互相沟通。

(5)文化变革能力

实施精益供应链时最大的障碍之一是来自企业员工的阻力。那些按照老办法行事的人员一方面不愿意变革,另一方面可能有既得利益。因此,文化的变革就成了能否成功实施精益供应链的关键挑战。成功的文化变革需要企业首先制订一份清晰的路线图,路线图应该清楚明了地向员工阐述采取精益方式的目的和益处,以及今后的发展方向。

(6)跨企业合作

在供应链上建立跨企业团队是让价值链最大化行之有效的方法。在精益供应链中,这些团队既不能是功能导向型的,也不能只关注本企业内部。它们应关注整个供应链,并且群策群力找出对所有参与者都有益处的解决方案。最有效的团队应该包含来自所有端对端供应链合作公司的成员,而且团队成员应来自主要的供应链功能部门,如规划、采购、制造、交付、财务、技术等部门。

10.1.3 精益供应链运作的实现

1. 精益采购

(1)合理制订采购计划

由各部门根据实际需要提供物资计划,主管部门根据总量需求和阶段性计划要求制订物资采购计划。这一计划是在具体实施物资采购行为之前对物资采购成本的一种估计和预测，是对整个采购资金的一种理性规划。它不仅能对物资采购资金进行合理配置和分发，还能同时建立一个资金的使用标准，以便随时监测与控制采购实施行为中的资金使用情况，确保采购资金的使用在一定的合理范围内浮动。

（2）建立物资采购档案

建立价格动态机制，对物资价格保持敏感度，在当地供应商价格过高的时候可以选择外地供应商，借助现代物流实现异地采购。要利用网络信息，建立价格档案，定期收集有关供应价格的信息，分析和评价现有价格水平，并对归档的价格档案进行评价和更新，以降低企业采购成本。

（3）对采购人员进行培训

企业可以根据实际采购需求，在企业内部选取合适人员来充实采购队伍，对其开展业务知识培训，提高其规范意识和采购工作水平，并定期让采购组的部分计划员、采购员进行岗位轮换。这样既可以让他们熟悉更多的工作岗位，掌握更多的业务知识，又可以避免计划、采购人员在同一岗位上长期对外联系、单一交往供应商而产生滥用职权的行为。

2. 精益生产

精益生产的核心是对设计和生产过程的控制工作，因此为发挥精益生产的最大化经济效益，应该对其设计和生产过程予以重视。

（1）小批量生产

一个制造企业应该小批量、高频次地从供应商处进行采购，并且小批量、多规格地生产产品。通过减少采购、半成品和制成品的库存，可以降低小批量生产的成本，这也使得企业能够更加灵活地满足不同客户的需求。让供应商参与货物运输的预测和规划，形成一套标准的小批量生产计划，也可以减少延迟支付情况的发生。

（2）精益布局

精益布局的主要设计目标是减少员工、客户或半成品的浪费，并且实现整个工厂内产品流的平稳。到处移动生产车间的零件或人员是不会增加价值的，精益布局就是让人力或物资在被需要时能尽快运到合适的地点。因此，只要有可能，加工中心、办事处或那些频繁转移零件、客户或工人的部门应该尽量互相靠拢，以最大限度地减少这种移动或浪费的时间。

（3）减少库存和准备时间

过度的库存是一种浪费，它往往会掩盖组织内部的一些采购、生产、质量等方面的问题。库存水平的降低会使这些问题浮出水面，企业在解决这些问题后，可以进一步减少库存。

同时，由于减少产品批量会导致准备时间的增加，同时会花费下一步生产线调试生产设备的时间，因此企业必须找到减少准备时间的方法，如在前一批产品还在加工时就做好前置准备工作、将机床移至靠近机器的地方、改进机床安装或接头、使安装过程标准化、采用多种方法减少安装时间、购买需要较少准备时间的设备等。

3. 全员参与

（1）企业员工全员参与

精益供应链的成功，需要具有奉献精神的员工在工作过程中不断发现和提出问题，并进行持续改进。企业要为员工提供技术、时间和其他一些必需资源来保证员工可以在工作中确定问题并采取解决措施，这样才能保证精益供应链的可持续运作。具体措施包括营造文化氛围、持续进行岗位培训、建立管理激励机制等。

（2）供应链成员全员参与

精益供应链的实现，要求核心企业与上下游合作伙伴紧密协作，共同确定客户需求、消除浪费、降低成本、提高产品质量和客户服务水平等。作为一个由多个相互独立的合作伙伴构成的精益供应链，其中的合作关系管理是关系到精益供应链运作成功与否的关键因素。想要达到企业外部全员参与的目的，就需要建立供应链合作伙伴关系，具体措施包括相互信任、信息共享、权责分明、互利互惠等。

4. 持续改善

所谓持续改善，就是运用不断改进、不断完善的管理理念，通过全员参与各个领域的目标化、日常化、制度化的改进活动，促进企业不断减少浪费，形成科学高效的生产系统，使企业持续进步，稳定发展。持续改善是一个持续循环、不断渐进的过程，需要通过一系列实践活动改变企业和员工的思想和行为习惯。持续改善需要员工发挥核心作用，员工应当形成敢于并善于发现管理存在问题的习惯。标准化和持续改善是实现精益供应链必不可少的环节，只有通过持续改善发现供应链中存在的问题，并实行标准化操作才能提高供应链的效率，最终实现精益目标。

10.2 绿色供应链

随着全球气候变暖，环境问题日益突出，社会经济和生态文明发展受到巨大影响，这使得绿色可持续发展成为越来越多学者关注的重点，越来越多企业也开始将环境因素纳入供应链运营管理中，以尽量减少环境污染，促进企业可持续健康发展。在此背景下，绿色供应链管理应运而生。当今，企业应将绿色供应链管理理念纳入发展战略规划，明确绿色供应链管理目标，设置管理部门，推进企业绿色供应链管理工作的开展。

10.2.1 绿色供应链的提出

1. 经济全球化：供应链管理和企业效率

近30年来，由于企业对时间、成本、效率的不断追求，以及现代信息技术和运输手段的高度发展，企业间的专业分工、合作得到了前所未有的深化。与此同时，供应链的概念应运而生。在产品的供应链上，从产品的研究创新到原材料的开发利用，从零部件的制造到最终产品的完成，从所有生产相关物资的流通到产品送达最终客户，制造业与物流业的充分合作，使各企业的运营效率和规模效益都达到了空前的高度。在经济全球化的浪潮下，国际市场的竞争日益激烈，企业面临着严峻的生存和发展问题，以往那种企业与企业之间单打独斗的竞争形式将不再适应当今社会经济的发展趋势，取而代之的是以协同商务、协同竞争和双赢原则为主的商业运作模式。

为了适应经济全球化发展的趋势，同时也为了提高企业在国际市场中的竞争能力，从20世纪80年代开始，国际上越来越多的企业开始采用新的经营模式，即供应链管理模式。供应链提高了产品进入市场的速度，通过规模生产提高了效率，从而为企业大大节约了成本，使企业获得了丰厚的利润。由于资源和劳动力的低成本优势，许多发展中国家的企业承担了跨国公司原材料和零部件加工的外包业务，也因此推动了发展中国家经济的发展。但是，随着全球范围对环境要求的日益提高，发展中国家供应商出现了环保问题，也给跨国公司的环境形象带来了危机。此外，能源短缺的危机使得能源价格普遍上涨，远距离物流的成本大幅提高，给全球供应链管理带来了巨大的挑战。

2. 全球环境问题：企业对环境的关注

近代工业革命使人与自然环境的关系发生了巨大的变化，尤其是在经济全球化的背景下，各国政府都在集中精力发展本国经济。然而，科学技术和世界经济的飞速发展，使人类征服自然的足迹遍布全球，人类活动正在改变地球的生态系统，环境问题也正逐渐从地区性发展成波及世界各国的全球性问题，一系列引起国际社会关注的热点问题也不断出现。

工业是造成环境问题最主要根源，它对环境的影响体现在各个阶段，包括材料的使用、生产、运输等。

（1）工业材料带来危害

在工业生产中，材料对环境的影响主要表现在非清洁材料的使用、不可更新材料的使用、高能源成分材料的使用等。使用这些材料会产生很多危害，如影响产品质量、浪费自然资源、危害人类赖以生存的自然生态环境、危害人类健康等。

（2）设备和技术落后

全球环境问题在生产上表现为设备与技术落后、生产流程不合理、产品设计不合理、环境管理意识淡薄等。

（3）物流业发展滞后

物流业落后是造成环境恶化的另一个主要原因。运输与库存过程中的能源消耗及造成的各种污染对环境的破坏力很大。尤其是小型的物流公司，无论在规模效益还是运营效率上，都无法摆脱自身生存发展的危机，因而也就很难对环境保护予以真正的关注。

3. 企业的绿色发展战略：绿色供应链管理

针对供应链中出现的环境和资源问题，绿色供应链与物流管理日益成为发达国家企业减少环境影响与环境风险、提高资源利用率的重要手段。美国、加拿大及欧洲的一些国家和地区政府都立项支持绿色供应链管理的研究，以此指导企业降低成本和提高环境绩效。一些领先企业在十几年前就开始了绿色供应链的实践，并获得了明显的环境效益和经济效益。

十多年来，绿色供应链管理受到了国内外企业界、政府和学术界的高度重视，并取得了蓬勃的发展。2008年以来的金融危机，对全球经济和商业环境带来了深远的影响。金融危机的到来，使得企业审慎地对待投资和运营，部分企业因此削减了环保投资，而部分企业认为只有继续重视环境保护，才能在金融危机中不被淘汰，并获得根本性的、长远的竞争优势。

随着世界制造中心的转移，我国成了制造大国，但受到国际上"绿色壁垒"的制约及我国制定的"碳达峰，碳中和"目标的要求，制造企业必须树立绿色发展观，开展绿色供应链管理，这也成为许多企业获得和提升国际竞争力及应对资源和环境压力的重要战略。

10.2.2 绿色供应链的概念和特点

1. 绿色供应链的概念

1996年，美国密歇根州立大学的制造研究会（MRC）提出了绿色供应链的概念："以绿色制造理论和供应链管理技术为基础，涉及供应商、生产商、销售商和消费者，其目的是使产品从物料获取、加工、包装、运输、使用到报废处理的整个过程中，对环境影响最小，资源效率最高。"

1998 年，Narasimhan 和 Carter 提出，绿色供应链是采购部门在废弃物减少、再循环、再利用和材料替代等活动中的努力。

2003 年，我国学者王能民等提出，绿色供应链是指在以资源最优配置、增进福利、实现与环境相融为目的，以代际公平和代内公平为原则地从资源开发到产品消费的过程中，包括物料获取、加工、包装、仓储、运输、销售、使用到报废处理、回收等一系列活动的集合，是由供应商、制造商、销售商、零售商、消费者、环境、规则及文化等要素组成的系统，是物流、信息流、资金流、知识流等运动的集成。

本书采用施先亮在《智慧物流与现代供应链》一书中给出的绿色供应链定义：把环保节能等"绿色"因素融入供应链的各个环节（包括采购、生产、营销、物流等），使企业充分利用具有绿色优势的外部资源，并与具有绿色竞争力的企业建立战略联盟，使各企业分别集中精力去巩固和提高自己在绿色制造方面的核心能力和业务水平，达到整个供应链资源效率最高和环境影响最小的目的。

2. 绿色供应链的特点

绿色供应链管理将全生命周期管理、生产者责任等理念融入传统的供应链当中，以核心企业为支撑点，承载上下游企业整个链条绿色推动。除了传统供应链的特征以外，绿色供应链还具有以下几个特点。

（1）实现供需良好绿色结合

供应链的意义在于流通领域当中各个渠道和环节能高效联系、协调供应，绿色供应链能将它们紧密联系在一起并为之进行协调与优化，既能顾及共同经济利益，又能考虑环境效益，实现信息流通准确迅速，保证在供应基础上实现环境绿色双向发展。

（2）多元化行为主体

首先，供应链上的全体成员企业对每个流程的绿色化都负有责任和义务，应该协同起来，从节约资源、保护环境的目标出发，制订绿色供应链管理战略规划，使企业获得持续的竞争优势；其次，各级政府在推动绿色供应链管理战略的实施过程中具有不可替代的作用，绿色供应链的发展需要政府的政策支持和法规约束；最后，公众是环境污染的受害者，公众的环保意识能促进绿色供应链管理战略的实施，并且对绿色供应链管理战略的实施起到监督作用。

（3）减少对环境的污染和资源的消耗

绿色供应链旨在降低链条环节活动对环境的影响，并降低对资源的损耗，走可持续发展道路。绿色供应链的核心内容即强调绿色发展，使链条中各个环节最优化，实现社会、经济、环境共同发展。

（4）全生命周期管理

绿色供应链整体是一个闭环式管理，包含产品从设计、采购、销售、流通、使用、回收、处理到再处理的整个全生命周期过程，核心企业将此绿色理念传递给上游企业，而且沿着供应链向下游企业延伸，从而满足回收再利用的绿色要求，推动更多再处理产品的再制造、再加工，使废旧产品的整体或部分走向一个全新的生命周期，替代其他不合格产品，实现经济效益和环境保护双赢。

（5）重视信息共享，并以信息技术为支撑

供应链能有效地整合市场和客户需求，离不开信息的全方位支撑，这就需要供应链中的各环节对供应链整体机制进行协调和控制。在借助信息技术优化的基础上，加入绿色可持续因素，使供应链在保证经济利益的前提下更加适应社会与环境的发展。

10.2.3 绿色供应链体系

绿色供应链体系的内容涉及供应链的各个环节，其主要内容有绿色设计、绿色采购、绿色生产、绿色物流、绿色营销、绿色消费及绿色回收等，如图10-1所示。

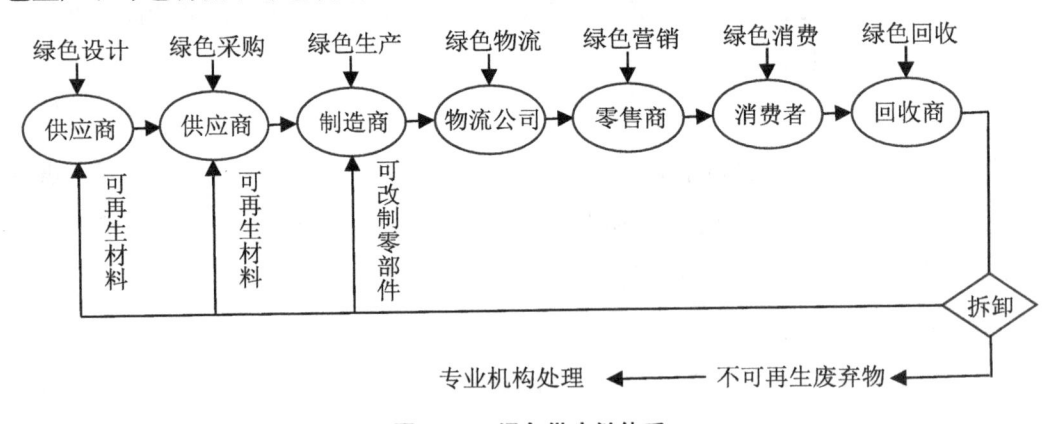

图 10-1 绿色供应链体系

1. 绿色设计

绿色设计是指在整个产品生命周期内，要充分考虑产品对资源和环境的影响，在充分考虑产品的功能、质量、开发周期和成本的同时，更要优化各种相关因素，使产品及其制造过程对环境的总体负影响降至最低，使产品的各项指标符合绿色环保的要求。其基本思想是：在设计阶段就将环境因素和预防污染的措施纳入产品设计之中，将环境性能作为产品的设计目标和出发点，力求使产品对环境的影响降为最小。对工业设计而言，绿色设计的核心是"3R1D"，即 Reduce（减少），Recycle（再循环），Reuse（再利用），Degradable（可降解），不仅要减少物质和能源的消耗，减少有害物质的排放，而且要使产品及零部件能够方便地分类回收并再生循环或重新利用。

2. 绿色采购

绿色采购是指根据绿色制造的要求，一方面生产企业应选择能够提供对环境友好的原材料供应商，来提供环保材料作为原料；另一方面企业在采购行为中应充分考虑环境因素。实现资源的循环利用，尽量降低原材料的使用和减少废弃物的产生，实现采购过程的绿色化。绿色采购强调绿色材料的采购，对其从源头上进行管理。管理的重点包括材料供应商的选择和绿色物流。

3. 绿色生产

绿色生产要求比常规生产方法更能显著节约能源和资源，同时，在生产过程中，最大限度地避免或减少对人体伤害和环境污染，例如，减少辐射、噪音、有害气体及液体等对人体的伤害和对环境的污染。绿色生产管理的重点包括：采用绿色工艺，简洁化生产、降低资源使用、减少成本；优化生产资源的配置，减少材料的浪费及回收再利用；重视制造过程的安全管理，提高员工的主动性和创造力，提高生产率；重视环境保护，减少再利用、再生产过程的环境污染。

4. 绿色物流

绿色物流是指在整个物流活动的过程中，尽量减少有害物质的产生，例如，降低废气排放量和噪声污染、避免化学液体等商品的泄漏对土壤和水源的污染等，尽可能减少物流对环境造成的危害，实现对物流环境的净化，并且使物流资源得到最充分的利用，如降低能耗、提高效率等。关于绿色物流的内容，详见本书第 5 章。

5. 绿色营销

绿色营销是指企业对销售环境的管理，包括产品包装和运输，注重辅助材料的循环利用，降低能耗。企业在销售产品过程中要充分满足消费需求、争取适度利润和发展水平的同时，能够确保消费者的安全和健康，遵循在商品的售前、售中、售后服务过程中注重环境保护的资源节约原则。绿色营销强调在营销过程中注重地球生态环境保护，注重全社会的全局利益，促进宏观的社会经济和生态的协调发展，而不是只着眼于企业本身的发展。

6. 绿色消费

绿色消费主要有三层含义：一是倡导消费者在消费时选择未被污染或有助于公众健康的绿色产品；二是在消费过程中注重对垃圾的处置，避免环境污染；三是引导消费者转变消费观念，崇尚自然、追求健康，在追求生活舒适的同时，节约资源和能源，实现可持续消费。因此，要综合考虑消费过程对环境的污染和废弃物的回收利用，消费者应根据自身情况选择节约资源或对环境污染小的产品，并正确处理废弃物。

7. 绿色回收

绿色回收是指产品报废后，对产品和零部件进行回收处理，使产品或零部件得到循环使用或再生利用，以减少环境污染，提高资源利用率。产品生命周期结束之后，若不对其废弃物回收处理，将造成资源浪费并导致环境污染。回收处理因方案各有不同，各种方案的处理成本和回收价值也不相同。

10.3 智慧供应链

随着信息技术的迅猛发展和全球市场的竞争加剧，供应链管理正面临着前所未有的挑战。为了在快速变革的环境中保持竞争优势，越来越多的企业采用智慧供应链的理念和技术。智慧供应链已经成为现代企业取得竞争优势的关键因素。

10.3.1 智慧供应链概述

1. 当前供应链面临的挑战

由于在传统供应链中，采购、物流、库存等信息不够公开透明，无法形成信息共享，无法清楚明了地了解客户真实需求，因此传统供应链容易产生库存剩余、资源浪费、客户需求响应速度慢等现象。当前，传统供应链正面临诸多不确定性带来的挑战。

（1）需求的快速变化与不确定性

企业产品由硬件为主慢慢转向以软件为主。如某公司以前生产路由器、交换机等大型硬件产品，按硬件销售，而当前多数硬件设备采取租或送的方式，按月、按软件使用收费，这种产品架构的变化对传统供应链带来了很大挑战。

（2）供应链的预测与响应能力受到考验

传统交货是及时配送，及早送达为好，而现在大多需要指定时间段，货品过早或过晚送达都不是最好的选择，相当考验供应链的反应能力和柔性，对企业来说是一个很大的挑战。

（3）企业成本与风险控制能力受到考验

对新零售企业来说，成本最大的环节是物流，尤其是最后一公里的物流成本最高，而且发生盗窃、损毁、灭失的风险也最大。如何控制这种风险也是一个很大的挑战。

面对以上这些挑战，打造智慧、高效的供应链，是制造企业在市场竞争中获得优势的关键。智慧供应链的创新发展，将从根本上改变现代企业的运作方式，推动整个制造业的重构与迭代。

2. 智慧供应链的概念

智慧供应链的概念是由复旦大学罗钢博士在2009年首先提出的，他给出的定义是，智慧供应链是结合物联网技术和现代供应链管理的理论、方法和技术，在企业中和企业间构建的，实现供应链的智能化、网络化和自动化的技术与管理综合集成系统。

随着传统供应链的发展，技术的渗透性日益增强，很多供应链已经具备了信息化、数字化、网络化、集成化、智能化、柔性化、敏捷化、可视化、自动化等先进技术特征。在此基础上，"智慧供应链"将技术和管理进行综合集成，系统化地论述技术和管理的综合集成理论、方法和技术，从而形成系统地指导现代供应链管理与运营的实践。

智慧供应链的核心在于数据的收集、分析和利用。通过物联网、大数据、人工智能等技术，将供应链的各个环节连接在一起，实现全方位的数据共享和信息透明化，使决策能够更加准确、快速。智慧供应链的数据分析和利用能力是其最大的优势之一，通过对供应链的数据进行分析，企业可以更好地了解市场、客户和供应链的情况，从而做出更加准确的决策，并提高供应链的效率和利润。

3. 智慧供应链的特征

与传统的供应链相比，智慧供应链具有更多的市场要素、技术要素和服务要素。通常，智慧供应链具有以下3个特征。

（1）*技术的渗透性更强*

在智慧供应链环境下，供应链管理和运营者会系统地主动吸收包括物联网、互联网、人工智能等在内的各种现代技术，让管理过程主动适应引入新技术带来的变化。

事实上，大多数供应链都能做到超越客户需求，但问题的关键在于客户的需求是什么。普通供应链主要与客户互动，进而提供及时、准确的交付品，而智慧供应链则将产品的整个生命周期都与客户紧密联系。通过大量先进技术的使用，智慧供应链可以从源头获取需求信息。智慧供应链还可以使用其智能来洞察与众不同之处，感知和预测用户需求、习惯、兴趣等，经过深入分析，进行详细的客户画像与分类，并为其量身定制产品，同时指导产业链上游的采购、制造、定价、库存及下游的销售、促销、仓储、物流、配送等。

（2）可视化和移动化特征更明显

相较于传统供应链，智慧供应链更倾向于使用可视化的手段来表现数据，并采用互联网和物联网技术收集和访问供应链中的数据。这种无所不在的可视性并不需要供应链合作伙伴付出任何额外的努力。这就意味着在智慧供应链中，对象（而不是人员）将承担更多的信息报告和共享工作。关键数据将来源于所涉及的货车、码头、货架和部件及产品。

这种可视性还可以扩展到其他供应链运营领域。例如，智慧供应链可以监控土壤情况和降雨量，优化灌溉；可以监控交通情况，调整运货路线和交货方式；可以追踪金融市场和经济指标来预测劳动力、能源和消费者购买力的变化，等等。

（3）信息整合性更强

依托高度开放共享的智能化信息网络，智慧供应链系统有效解决了企业各职能部门信息系统的异构性问题，实现了商流、物流、信息流、资金流的无缝对接，从而使供应链中的信息具有更强的整合性与共享性。同时，通过智慧供应链，企业可以及时有效地了解供应链内外部的各种信息，并根据实际情况随时与供应链上下游企业进行联系沟通，做出有针对性的调整与协作，从而大幅提升供应链的运作效率与效果。

10.3.2 智慧供应链的流程

供应链上有4个主要流程，分别是物流、商流、信息流和资金流。供应链各流程的畅通在很大程度上影响着供应链整体绩效的表现。在高效的智慧供应链中，各流程与传统供应链有明显的不同特征。

1. 智慧物流

物流是实体物资（商品）的流通工程，包括货物的发送、运输、仓储和接收。物的运输和存储都需要成本，同时物是价值载体，运输与存储之间的时间越长，意味着资金流动的速度越慢，这对于企业来说是一种损失。

在智慧供应链中，由于信息透明度的提升，车辆、仓库等一般性物流资源在企业之间能够很好地共享，避免空载、对流运输、重复运输等现象的出现，并在很大程度上避免了资源的浪费。智慧供应链的智能化系统还能够综合供应链上的所有数据，为企业选择最优的物流解决方案，保证物质能够以最快的速度安全、准确地送达目的地，整体物流效率与传统供应链相比有飞跃式提升。有关智慧物流的概念和特征，本教材在第5章中已经做了详细的介绍。

2. 智慧商流

商流主要是供应链上买卖的流程。网络和计算机的普及改变了原有的交易方式，供应链上的成员企业能够通过互联网便捷地签订交易合同、发送订单信息。网络销售成了一种全新的销售模式，同时也催生了线上交易渠道。在智慧供应链中，线上和线下的交易能够更好地进行联动，不同销售渠道之间从原有的发生摩擦转变为重新进行融合。

除此之外，采购寻源也与传统供应链不同。在传统供应链上，由于物流能力和信息透明度的限制，企业只能在自身有限的供应商库中选择相对合适的供应商。但在智慧供应链中，物流能力和信息透明化使企业进行全球战略性采购和寻源成为可能，企业能够在更大范围内选择适合自己的供应商及合作伙伴，从而能进一步降本增效。

在智慧供应链中，企业能够与分销商、零售商进行深度合作，这样一方面可以更加及时地收集市场需求信息，另一方面还能借助智能化的销售预测模型在计算机中以数据建模的方式寻找最优的产品组合和销售策略，以获得更高的收益。

3. 智慧信息流

信息流是供应链运作全过程中相关信息的流动，信息的透明化和互联化是智慧供应链与传统供应链特征的区别之一，同时也是智慧供应链实现物流、商流、资金流优化运营的重要基础支撑。

智慧供应链借助传感器、物流网等先进的科学技术手段，能够实现全链状态数据的实时收集和更新，真正实现物与信息的统一。信息高度透明化为企业实现精益管理奠定了坚实的基础。

不仅在企业内部，在供应链的各参与成员之间信息流也应是保持畅通的。企业根据与合作伙伴之间的合作关系决定对其开放数据的权限，这样既保证了自身数据安全，同时又能实现与供应链之成员企业间的信息共享。这种共享不仅仅是在供应链某一个环节发生波动时其他供应链成员能够及时做出调整，更在于企业能够借助共享的多元化信息完成深层次的信息挖掘和数据分析，从而更好地控制风险，提升企业盈利能力。

4. 智慧资金流

在智慧供应链中，企业已经实现了完全电子化交易，使供应链上资金周转速度更快，从而提升了企业的盈利能力与绩效。由于资金流和交易都在线上完成，供应链信息系统的安全性也面临挑战。在智慧供应链中，完善的信息安全保障措施能够为企业网络交易安全提供强有力的保障。

10.3.3 智慧供应链的构建与发展趋势

1. 智慧供应链的构建途径

（1）智慧供应链的构建标准

稳定的智慧供应链需要按照产品持续优化改进、生产计划系统不断完善的标准构建。

产品持续优化改进是企业获取利润的主要来源。在智慧供应链中，企业要积极利用产品生命周期管理方面的数字化、智能化技术增强产品的数据集成性和协同性，以此持续改进产品。企业要通过打造集产品研发技术、生产制造和计划执行等于一体的业务流程，实现产品研发管理的集中及生产工艺、生产标准、信息系统的统一化，从而借助集成技术有效地解决供应链中各成员间的异构性问题，增强成员的一致性和协同性，更好地促进产品的持续优化改进。

同时，企业应站在整个供应链的角度建立并完善生产计划管理系统，使各类产品都能匹配适宜的计划模式、物料需求和配送模式，实现企业资源计划系统与供应链管理系统的有效对接，从而大大提高终端销售工程的可视化、规范化和可控性。企业还应该构建覆盖客户交易流程与监控的可视化平台，实现终端交易的动态控制，及时预测、发现和应对可能出现的各种问题。

（2）个性化需求主导供应链设计

传统供应链与客户之间的交流仅限于按照客户的时间要求为其提供一定数量的产品。相比之下，智慧供应链与客户之间的互动贯穿于产品研发、设计、生产、销售的各个环节。在与客户交流的过程中，智慧供应链能够将客户划归到不同的群体中，根据客户的需求为其提供个性化的产品。为了提高供应链的可靠性，企业会对客户需求进行有效把握并实施完善的管理，从而做到供应与需求之间的平衡。在这个过程中，客户可以参与到供应链的管理过程中，并通过这种方式与供应商进行高效沟通，从中获得更多的利益。

（3）标尺竞争提升供应链效率

标尺竞争（Benchmark Competition）理论的中心思想是通过引入相同类型的企业，并以此作为参照对象，企业成本和资金投入分别由类型相同企业的成本和资金投入决定。在智慧供应链中，通过正确地运用标尺竞争理论，供应链管理者可以不需要全面了解各成员企业的成本与投入等相关信息。在遵循标尺竞争原理的过程中，供应链管理者应有意识地降低对成员企业相关信息的依赖性。为此，供应链管理者即使没有掌握供应链各个环节企业的全方位信息，也应能够实施科学、有效的管理，避免因信息不对称而出现监管不力的情况。

（4）强化供应链企业间的合作

供应链上下游企业间的合作是供应链管理最基本、最重要的内容。良好的合作关系有助于信息的有序、高效传递，更能科学合理地制订战略规划，共同解决组织成员经营管理中遇到的问题。在现代企业竞争中，很多上下游企业之间通常会以签署战略联盟协议的形式结成供应链合作伙伴关系（内容详见第7章），通过释放合体势能应对激烈的市场竞争。

（5）加强供应链上下游信息共享

信息共享是打造供应链合作伙伴关系的重要基础。在新生事物层出不穷的当下，上下游企业之间的信息共享显得尤为关键，所以企业应该积极引入大数据、云计算等新一代信息技术，加强企业信息化建设，为各部门及上下游合作伙伴快速、精确地提供信息服务。考虑到供应链上下游企业地域分布、业务类型、管理模式等方面的差异性，要打造各方无缝对接的信息系统，必须投入大量的资源与精力。

2. 智慧供应链管理金字塔体系结构

智慧供应链管理的金字塔体系结构从下而上由系统互联和数据交换平台、计划协同平台、控制塔和商务智能（BI）决策支持系统构成，如图10-2所示。智慧供应链管理的金字塔体系结构不是一个具体的物流系统结构，而是从整个智慧供应链管理的视角对各环节具体的智慧物流系统进行协同、全面监控和管理的。

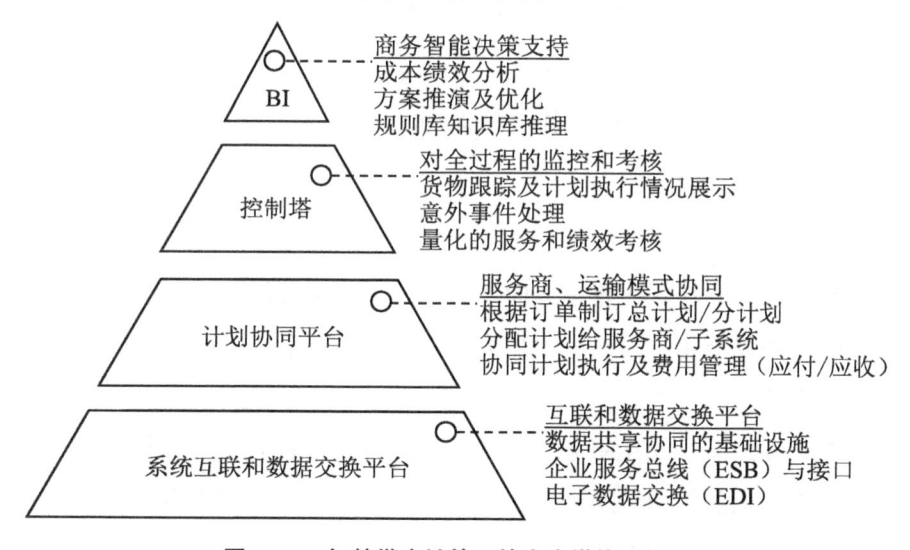

图 10-2 智慧供应链管理的金字塔体系结构

（1）系统互联和数据交换平台

金字塔最底层的系统互联和数据交换平台是与供应链各参与方或同一参与方的其他

应用系统进行互联对接集成,完成数据共享协同的基础设施。企业内部各应用系统的集成主要通过面向服务架构(Service-Oriented Architecture,SOA)体系下的企业服务总线(Enterprise Service Bus,ESB)和接口等实现,企业与外部企业(包括货主、制造商和物流分包商等)的数据交换则通过系统互联和电子数据交换(Electronic Data Interchange,EDI)实现。

(2)计划协同平台

计划协同平台是根据各种订单和供应链上的各种资源,在商务规则的控制下,以智能化的方式制订总体的物流计划,并分解成各具体环节或针对具体物流商的分计划,将这些分计划分配给各服务商或子系统,并根据总计划协调各分计划执行的平台。同时,该平台的商务模块根据与各服务商的合同和各服务商完成的服务进行付费管理,根据与货主的合同对整个供应链的费用进行应收核算管理,形成应付和应收凭证,通过接口转发财务系统。

(3)控制塔

控制塔是近几年针对复杂的供应链管理需求而发展起来的,对供应链全过程实行全面监视、异常事件控制和量化考核的体系,如同机场的居高临下、统管全局的控制塔台。

(4)商务智能决策支持系统

金字塔的顶端是商务智能决策支持系统,通常采用基于规则库、知识库的决策支持系统,可以完成诸如成本分析、方案推演及优化等基本的决策支持功能。在系统运行的大量数据的基础上,如果有业务需求,也可以通过建立数学模型或其他大数据分析的方法,实现对整个供应链运作的更高层次的智能决策支持。

3. 智慧供应链的发展趋势

(1)智能化管理

智慧供应链将逐渐向智能化管理方向发展,通过人工智能、机器学习等技术,实现供应链的自动化管理和智能化协同,进一步提高供应链的效率和质量。

(2)多元化服务

智慧供应链将逐渐向多元化服务方向发展。随着消费者需求的不断变化,企业需要提供更加多元化、个性化的供应链服务,如定制化服务、快递代收等服务,从而进一步提高客户满意度。

(3)网络化协同

智慧供应链将逐渐向网络化协同方向发展。随着供应链各环节的不断增多和复杂度的不断提高,供应链各参与方需要通过网络化协同,实现供应链的高效运作。例如,通过区块链技术,实现供应链信息的共享和透明化,提高供应链的安全性和可信度。

总之,智慧供应链作为一种新型的供应链管理模式,已经成为当前企业提高供应链效率、降低成本、增强竞争力的重要手段之一。随着科技的不断发展和创新,智慧供应链将不断向智能化、多元化、网络化协同等方向发展。企业需要不断跟进技术的发展,积极探索和应用智慧供应链管理模式,从而实现自身的可持续发展。

本章小结

本章介绍了现代供应链的3种新的模式,即精益供应链、绿色供应链和智慧供应链。这3种模式供应链的产生背景、定义、特征等各不相同。精益思想与精益生产为精益供应链的产生和发展提供了条件,标志着供应链管理模式的一次重要转变,即由效能型供应链向响应型供应链转变;减少环境污染、促进企业可持续健康发展是绿色供应链产生的背景,绿色供应链的目的是使整个供应链资源效率最高和环境影响最小;智慧供应链产生的原因是传统供应链面临诸多不确定性而带来的挑战,其核心是将供应链的各环节连接在一起,实现全方位的数据共享和信息透明化,从而使决策更加准确、快速。精益供应链、绿色供应链和智慧供应链等新的供应链模式带来了新的商业模式和产业变革,未来发展潜力巨大,随着信息技术的不断发展和应用,供应链管理的新模式将成为企业提高竞争力和降低成本的重要手段。

本章习题

1. 名词解释

(1)精益生产 (2)精益思想 (3)精益供应链 (4)绿色供应链 (5)绿色设计 (6)绿色营销 (7)智慧供应链 (8)标尺竞争

2. 选择题

(1)_____供应链的出现,标志着供应链管理模式的一次重要转变,即由效能型供应链向响应型供应链转变。

  A. 精益   B. 绿色   C. 智慧   D. 智能

(2)精益供应链的特征之一是_____。

  A. 结构体系复杂   B. 集成的松散模式
  C. 面向对象的一体化模式 D. 封闭的信息系统

(3)绿色供应链的概念最早由美国密歇根州立大学的制造研究协会在_____年提出。

  A. 1996   B. 2000   C. 2006   D. 2010

（4）对工业设计而言，绿色设计的核心是_____。

A. 1R3D　　　　B. 3D1R　　　　C. 1D3R　　　　D. 3R1D

（5）智慧供应链的概念是由复旦大学罗钢博士在_____年提出的。

A. 2006　　　　B. 2008　　　　C. 2009　　　　D. 2010

（6）标尺竞争理论的中心思想是引入_____的企业。

A. 不同类型　　　　　　　　　　B. 相同类型

C. 不同行业　　　　　　　　　　D. 相同行业

3. 简答题

（1）简述精益思想的几个关键性步骤。

（2）精益供应链中，松散的集成模式内容和优势是什么？

（3）工业造成环境问题的主要原因有哪些？

（4）简述绿色消费的含义。

（5）智慧供应链中可视化和移动化特征有哪些？

（6）简述智慧供应链的构建标准。

章末案例　解密京东智慧供应链

京东集团 CEO 刘强东在 2017 年京东年会上表示：在以人工智能为代表的第四次商业革命来临之际，京东将坚定地朝着技术方向转型，与此同时，他还正式发布了京东 YAIR SMART SC 智慧供应链战略，围绕数据挖掘、人工智能、数据再造和技术驱动 4 个原动力，形成京东的智慧供应链解决方案。4 个月后，京东 "6·18" 大促，智慧化战略初露锋芒。

作为京东智慧供应链的主要推进者，京东 Y 事业部承担着包括供应链技术研发和库存管理两块主要工作内容，一方面负责供应链技术的整体打造，包括对外的赋能和输出，另一方面又围绕零售最核心的供应链库存管理做提升周转率、拉升现货率、降低滞销这些关键的库存 KPI 的优化。

1. 打造需求驱动的供应链

"需求驱动的供应链"的建设对于电商平台来说是个比较良性的发展方向，这需要电商环境的高度数字化，但传统供应链因为本身在需求端的很多数据并没有在系统里，比如消费者的需求、市场的趋势、最新的动态等，这些数据没有数字化，因此很难分析在供应链管理中应该准备多少货及放在什么地方以给予消费者。

正是基于这些传统供应链的痛点，京东构建了智慧供应链。随着电商业务的快速成长，京东拥有了大批高质量的用户，物流也拥有一套闭环的体系。作为一家技术驱动的公司，整个供应链上的数据已经实现了高度数字化,这让平台能够分析消费者的需求是什么,然后再通过消费者的需求分析,预测销售的地点、价格等一系列供应链需求侧的要求和需求,帮助供给侧的生产与需求侧进行匹配,更高效率和低成本地满足消费者的期望。目前,京东智慧供应链的重点为大数据选品、动态定价、智慧预测计划和智能库存。

京东Y事业部在供应链方面做的优化已经卓有成效。

①对内,京东实现了一定范围内的自动化补货,在部分品类使用大数据和人工智能做商品的选品、合理定价,以及对相关供应链数据的分析和可视化。其中,自动化补货分为两方面,一是智能库存系统自动下达采购单,解放运营人员的双手去做更有价值的工作,二是智能库存系统可以用数据更准确而合理地下单,保证库存量不用太高就能满足销量需求。

②对外,京东正在把人工智能平台做深入的打造和更平台化的建设,基于人工智能平台在上面组建和抽离一些应用,正如前不久Y事业部发布的YAIR平台(Y AI Platform for Retail Business),集成了预测平台、运筹优化平台、模拟仿真平台、舆情分析平台4个平台在内的新的集成平台。

2. 机器学习、深度学习助力智慧供应链

销售预测和动态定价是构建智慧供应链的两个重点,在这两方面京东使用机器学习方法、深度学习方法等进行了很多尝试。

在销售预测方面,以机器学习为主的预测模型主要是针对每一个SKU去做特征值建模,看哪些特征值会影响销量,然后预测相对准确的销售额,再利用智能化预测的销售量指导仓库下单和补货。这主要使用了机器学习特征值分析哪个模型的优化更准确。而需求驱动意味着在销售预测的时候需要考虑很多"现实"的因素,如季节、地域等对商品需求的影响。京东目前的做法是通过预测指导补货,并在预测的过程中考虑前端消费者的因素,同时加入京东运营伙伴的卓越经验,将零售经验与机器学习算法相结合。

在动态定价方面,内部京东使用了经济学中的量价关系价格弹性模型,针对上百万个差异化的SKU做出个性化的建模,动态为商品确定一个最优的价格,建模的过程也是人工智能使用最多的过程。外部集成市场情报的数据,也包括竞争对手的数据,整合到价格弹性模型里,同时根据不同品类的商品定义多个价格影响变量。此外,动态定价系统还有一套比较强的风控体系,可保证定价不会错乱。

3. 未来发展

京东智慧供应链是基于经验打造的零售供应链管理解决方案,技术方面,京东在基于供应链管理的各个关键节点已经有算法和模型进行技术布局,并且在京东的海量数据下做了验证。同时，京东拥有庞大的零售生态和供应链协同体系，与很多合作伙伴的供应链实现了系统级对接，这些都是京东的核心优势。

从零售商业预测、供应链优化与运营自动化、营销与定价优化到图像识别与理解、自然语言理解等，京东对于人工智能技术的探索与应用已经取得了很大的成效。关于京东智慧供应链下一步的计划，主要涉及两个方面。

（1）对内，将不断优化系统，让内部业务人员有更好的试用体验。在内部希望支撑整个京东3个层面的工作：

①智能决策，包括集团层面、部门层面和个人层面怎样进行预测销售、规划销售；

②智能采销，包括如何购买，如何放在合适的地方用合适的价格进行销售；

③智能运营，对每个仓库、每个配送站输入一些单据量的预测，帮助他们判断仓库应该怎么安排，空间及相关财务如何预估等。

（2）对外，京东将把人工智能在供应链管理中的应用经验分享给合作伙伴，包括京东的卖家和大的品牌商、零售商等。希望把京东这么大体量数据下验证的技术应用以更简单或者更组件化的方式在市场上做一个展示，让其他品牌或厂商利用京东的技术将供应链管理得更好，但这还需要一段时间的准备，Y事业部会在集团技术转型的战略指导下，不断砥砺探索。

资料来源：https://www.likecs.com/show-205196698.html

讨论题

（1）京东智慧供应链在哪些方面取得了实效？

（2）京东智慧供应链中使用了哪些先进的信息技术？

参考文献

［1］李海民，王珊，陈明佳. 物流管理基础 [M]. 北京：北京理工大学出版社，2020.
［2］李严锋，张丽娟. 现代物流管理：第 3 版 [M]. 大连：东北财经大学出版社，2013.
［3］周兴建，黎继子. 现代物流管理概论：第 2 版 [M]. 北京：中国纺织出版社有限公司，2022.
［4］陈俊，刘强，饶阳春. 现代物流管理 [M]. 济南：山东大学出版社，2019.
［5］张庆英，辜勇，张梦雅. 物流管理基础 [M]. 武汉：武汉理工大学出版社，2021.
［6］张浩. 采购管理与控制：第 2 版 [M]. 北京：北京大学出版社，2018.
［7］殷延海. 智慧物流管理 [M]. 上海：复旦大学出版社，2023.
［8］慕静，邓春姊，王俊艳. 智慧物流与供应链 [M]. 北京：清华大学出版社，2022.
［9］戴小廷. 物流采购管理 [M]. 北京：机械工业出版社，2016.
［10］马士华，林勇. 供应链管理：第 5 版 [M]. 北京：机械工业出版社，2016.
［11］李海民，王珊，陈明佳. 物流管理基础 [M]. 北京：北京理工大学出版社，2020.
［12］徐天舒，刘碧玉. 全球采购与供应链管理 [M]. 北京：机械工业出版社，2010.
［13］施先亮. 智慧物流与现代供应链 [M]. 北京：机械工业出版社，2020.
［14］朱庆华，阎洪. 绿色供应链管理：理论与实践 [M]. 北京：科学出版社，2013.
［15］刘伟华，李波，彭岩. 智慧物流与供应链管理 [M]. 北京：中国人民大学出版社，2022.
［16］杨建华，王为人. 供应链物流管理教程 [M]. 北京：清华大学出版社，2016.